pendo pocket

Parallel zum Aufstieg des Bürgertums in Deutschland
zwischen 1780 und 1870 vollzog sich die Emanzipation
des Judentums, der Weg vom Ghetto in das politisch-
soziale Leben. Eine kurze, aber intensive deutsch-jüdische Beziehungsgeschichte begann, die ihr gewaltsames
Ende nach 1933 fand.

Am Lebensweg des Journalisten, Schriftstellers,
Religionsreformers und Volksaufklärers A. Bernstein
(1812–1884), des Onkels von Eduard Bernstein, können paradigmatisch die Hoffnungen und Enttäuschun-
gen dieser Aufbruchszeit abgelesen werden. Sein beruflicher Werdegang und seine geistige Entwicklung zeigen
nicht nur prototypisch eine bürgerliche Existenz im
Zeitalter des sich organisierenden politischen Liberalismus, sondern auch die Situation des deutschen und
speziell des Berliner Judentums der Jahre 1830 bis 1870.

Julius H. Schoeps, geboren 1942 in Djursholm in
Schweden. Studium der Geschichte, Politik- und
Theaterwissenschaften, 1974–1991 Professor für
Politische Wissenschaft an der Universität Duisburg, seit
1992 Professor für Neuere Geschichte und Direktor des
Moses Mendelssohn Zentrums für europäisch-jüdische
Studien an der Universität Potsdam. Zahlreiche Publi-
kationen, zuletzt »Das Gewaltsyndrom. Verformungen
und Brüche im deutsch-jüdischen Verhältnis« (1998),
»Bismarck und sein Attentäter« (Pendo 1998) und
»Neues Lexikon des Judentums« (1998).

Julius H. Schoeps

Jüdische Emanzipation

und bürgerliche Revolution

A. Bernstein in seiner Zeit

Pendo
Zürich München

»Jüdische Emanzipation und
bürgerliche Revolution« erschien
erstmals 1992 unter dem Titel
»Bürgerliche Aufklärung und
liberales Freiheitsdenken« im
Burg Verlag, Stuttgart.

pendo pocket 18
© Pendo Verlag AG, Zürich 1998
Umschlagentwurf: Federico Luci
Druck und Bindung:
Clausen & Bosse, Leck
Printed in Germany
ISBN 3-85842-518-4

INHALT

VORWORT

Der Aufstieg des Bürgertums vollzog sich in Deutschland in dem Jahrhundert zwischen 1780 und 1870. Es war nicht nur ein langwieriger, sondern auch ein mit Hindernissen versehener und mit Rückschlägen sich vollziehender sozialer und kultureller Umwandlungsprozeß, der zur Abschaffung der überlebten Privilegienordnung sowie zur Auflösung ständisch verfaßter Gesellschaftsstrukturen führte. Mit der Revolution von 1789 hatte eine Epoche begonnen, die der Ungleichheit von Gruppen und Individuen den Kampf ansagte und ihren Ausdruck in der Deklaration von Menschen- und Bürgerrechten sowie in der Forderung nach rechtsstaatlicher Verfassung und politischer Freiheit fand.

Die entstehende bürgerlich-liberale Bewegung verschrieb sich dem Kampf für die Emanzipation der Menschen. Die Vernunft sollte sich von der Vormundschaft des kanonisierten Glaubens befreien, der einzelne aus dem Zustand der Entfremdung zur Selbstbestimmung und Eigenverantwortung finden, und die Völker sollten von allem Zwang und aller Unterdrückung befreit werden. »Jede Zeit«, erklärte Heinrich Heine in seinen berühmten »Reisebildern« 1828, »hat ihre Aufgabe, und durch die Lösung derselben rückt die Menschheit weiter.«[1] Er stellte sich die Frage: »Was ist aber diese große Aufgabe unserer Zeit?« Seine Antwort: »Es ist die Emanzipation. Nicht bloß die der Irländer, Griechen, Frankfurter Juden, westindischen Schwarzen und dergleichen gedrückten Volkes, sondern es ist die Emanzipation der ganzen Welt, absonderlich Europas, das mündig geworden ist und sich jetzt losreißt von dem eisernen Gängelband der Bevorrechteten, der Aristokratie.«

Die Emanzipation der Juden bildete einen Teil des allgemeinen Emanzipationsprozesses der bürgerlichen Gesellschaft. Ihr Eintritt in das politisch-soziale Leben fiel mit dem Aufstieg und der

Ausformung der bürgerlich-industriellen Gesellschaft in Deutschland zusammen. Anfänglich schienen die Schwierigkeiten fast unüberwindbar zu sein. Einerseits waren es die religiösen Vorurteile der christlich-deutschen Bevölkerung, andererseits die gesetzlichen Beschränkungen und die Probleme, die sich daraus ergaben, daß die Juden von ihrer Umwelt gesellschaftlich nicht akzeptiert wurden. Vor 1848 gelang es nur wenigen, das Klima der Ablehnung zu durchbrechen, in der jeweiligen Umgebungskultur Fuß zu fassen und als gleichberechtigter Bürger anerkannt zu werden.

Für den Weg der Akkulturation und das Aufgehen in der deutschen Kultur entschied sich auch der Journalist, Schriftsteller und Volksaufklärer A. Bernstein. Er gehört sicherlich nicht zu den großen und gefeierten Namen des deutschen Judentums. Die historische Bedeutung eines Leopold Zunz, eines Gabriel Riesser oder Johann Jacoby hat er nicht erreicht und kann ihm auch im nachhinein nicht zugesprochen werden. Das heißt aber nicht, daß es sich deswegen nicht lohnt, sich mit ihm zu beschäftigen. Sein privater Lebensweg, sein beruflicher Werdegang und seine geistige Entwicklung spiegeln nämlich nicht nur prototypisch eine bürgerliche Existenz im Zeitalter des sich entwickelnden politischen Liberalismus wider, sondern auch die Situation des deutschen und speziell des Berliner Judentums der Jahre zwischen 1830 und 1870, der Jahre also, die von der deutsch-jüdischen Geschichtswissenschaft die eigentliche »Formationsperiode des deutschen Judentums« (Jacob Toury) genannt werden.

Die Anregung, mich mit Bernstein und seiner Zeit zu befassen, entspringt einem langjährigen Interesse für die deutsch-jüdische Beziehungsgeschichte, die nach meiner Überzeugung immer auch die Geschichte der Demokratie und der Gefahr ihres Scheiterns vor 1933 war. Die einzelnen Stationen von Bernsteins Lebensweg sind aufs engste mit Fragestellungen verknüpft, die sich aus dieser Problematik ergeben. Gefragt wird zum Beispiel, ob Bernsteins politischer Entwicklungsgang, der durch die Erfahrung der 48er-Revolution bestimmt wurde, nicht geradezu typisch für eine Generation von Demokraten jüdischer Herkunft gewesen ist. Oder es werden die Zusammenhänge erörtert, die zwischen den liberalen Ideen der Zeit und Bernsteins sehr früh sich herausbildendem Engagement für die jüdische Reformbewegung bestanden haben.

Weitere Themen, die in der vorliegenden Studie behandelt werden, sind neben der Schilderung der Entstehungsgeschichte der heute weitgehend vergessenen Novellen »Vögele der Maggid« und »Mendel Gibbor« die seinerzeit vielbeachteten Aktivitäten Bernsteins als naturwissenschaftlicher Volksschriftsteller, die geprägt waren von dem Versuch, naturwissenschaftliche Erkenntnis und geisteswissenschaftliche Kritik miteinander zu verbinden. Manches mag davon heute nicht mehr aktuell sein. Für unsere Kenntnis des 19. Jahrhunderts sind sie jedoch insofern höchst aufschlußreich, als sie deutlich machen, daß Bernstein zu jenen Liberalen gehörte, die nicht nur fest vom praktischen Nutzen des wissenschaftlichen Fortschritts überzeugt waren, sondern auch an die moralische Fort- und Höherentwicklung des Menschen glaubten.

Die Grundlage dieser Arbeit bildet die Analyse von Bernsteins Zeitungs- und Zeitschriftenartikeln sowie seiner Schriften, die zum Teil erst nach langjährigen und komplizierten Recherchen in den Bibliotheken des In- und Auslandes ausfindig gemacht werden konnten. Benutzt wurden zudem alle erreichbaren ungedruckten »Bernsteiniana« aus deutschen, israelischen und polnischen Archiven. Der Nachlaß von A. Bernstein, von dem bekannt ist, daß sich in ihm Briefe von Johann Jacoby, Moritz Veit, Berthold Auerbach, Leopold Zunz, Abraham Geiger und anderen befinden, konnte leider nicht eingesehen werden. Angeblich befand er sich noch 1934 in den Händen der Familie. Nach Auskunft von Marianne Wiener-Bernstein, der Tochter des einstigen Göttinger Mathematikers Felix Bernstein, war er in Besitz von Elizabeth Rona, der Tochter von Willy und Hulda Sklarek geb. Bernstein. Elizabeth Rona und ihr Mann Peter Rona, die beide 1934 nach Budapest übersiedelten, wo Peter Rona eine Stellung als Biochemiker an der dortigen Universität erhielt, haben den Bernstein-Nachlaß dorthin mitgenommen. Beide wurden nach dem Einmarsch der Nazis festgenommen und nach Auschwitz deportiert. Der Nachlaß ist seitdem verschollen.

Die im Text zitierten Quellen wurden in bezug auf Rechtschreibung und Zeichensetzung vorsichtig modernisiert. Die Anmerkungen, die erläuternden Charakter haben, sind so konzipiert, daß sie der weiteren Information des Lesers dienen sollen. Im Text wird der Vorname Bernsteins nur in der abgekürzten Form A. gebraucht. Der Grund dafür ist, daß in den überlieferten Dokumenten sich immer nur die Namensbezeichnung »A. Bernstein« findet. Es konnte keine einzige Unterschrift Bernsteins mit ausgeschriebenem Vornamen nachgewiesen werden. Es kann deshalb davon ausgegangen werden, daß die in der Literatur feststellbaren Schreibweisen »Aron« oder »Aaron« nicht der Bernsteinschen Selbstdarstellung entsprechen. Bernstein hat ganz offensichtlich gesteigerten Wert darauf gelegt, in Briefen, Artikeln und Büchern nicht mit vollausgeschriebenen, sondern mit dem abgekürzten Vornamen zu erscheinen.

Wenn für dieses Buch der Titel »Jüdische Emanzipation und bürgerliche Revolution« gewählt wurde, so geschah das mit der erklärten Absicht, die Aufbruchstimmung der Jahre zwischen 1830 und 1870 zu charakterisieren. Bernstein kann in seiner Person und seinem Wirken in gewisser Weise als idealtypischer Vertreter dieser Generation gesehen werden. Zum Ausdruck soll damit aber auch gebracht werden, daß Juden wie A. Bernstein zu jener Zeit gewillt waren, am politischen Leben in Deutschland teilzunehmen, und ihren Anteil zum Aufbau einer demokratischen Gesellschaft leisten wollten. Sie taten das noch in der festen Überzeugung, daß dies möglich sein würde. Es ist eine bittere Erfahrung dieses Jahrhunderts, die uns gelehrt hat, daß der politischen und persönlichen Freiheit enge Grenzen gesetzt sind und der Emanzipationsprozeß in bestimmten historischen Konstellationen rückgängig gemacht werden kann.

Für wertvolle Hinweise, wichtige Mitteilungen und Hilfen der verschiedensten Art danke ich an dieser Stelle Dr. Alex Bein s. A. (Jerusalem), Dr. Marianne Bernstein-Wiener (Cambridge, Ma.), Wolfgang-M. Böttcher (Bonn), Dr. Daniel J. Cohen s. A. (Jerusalem), Margot Cohn (Jerusalem), Horst Edler (Duisburg), Prof. Dr. Nahum T. Gidal (Jerusalem), Prof. Dr. Walter Grab (Tel Aviv), Dr. Fred Grubel (New York), Elisabeth Heid (Duisburg),

Dr. Ludger Heid (Duisburg), Margret Heitmann (Duisburg), Rolf Herzog (Duisburg), Monika Hübsch-Faust (Duisburg), Prof. Dr. Helmut Hirsch (Düsseldorf), Dr. Peter Honigmann (Heidelberg), Dr. Götz Langkau (Amsterdam), Johannes Lindner (Berlin), Dr. Cécile Lowenthal-Hensel (Berlin), Prof. Dr. Edmund Silberner s. A. (Jerusalem), Hans-Joachim Mey (Berlin), Prof. Michael A. Meyer (Cincinnati), Prof. Dr. Stephane Mosès (Jerusalem), Dr. Hermann Simon (Berlin), Dr. Ingeborg Stolzenberg (Berlin), Dr. Hans-Erich Teitge (Berlin), Prof. Dr. Jacob Toury (Tel Aviv), Dr. Marian Zwiercan (Krakau).

Gewidmet ist das Buch meiner Frau, die mich zum Weiterarbeiten ermunterte, wenn ich die Lust an der Beschäftigung mit A. Bernstein und seiner Zeit verlor. Insbesondere bin ich ihr für das entgegengebrachte Verständnis dankbar. Ich weiß, daß es manchmal schon eine ziemliche Zumutung war, wenn ich bei Aufenthalten in Städten wie London, Krakau oder Jerusalem überraschend erklärte, ich müßte mal eben um die Ecke, um in Sachen Bernstein einen kurzen Bibliotheks- oder Archivbesuch zu machen ...

J. H. Sch.

ANMERKUNGEN

1 Heinrich Heine. Sämtliche Schriften, hrsg. von Klaus Briegleb, Bd. 2, München 1969, S. 376.

AUSBRUCH AUS DEM GHETTO

Über A. Bernsteins frühe Lebensjahre ist wenig bekannt. Es fehlen Lebenserinnerungen oder andere Quellen, aus denen sich für die Nachwelt ein verläßliches Bild seiner Kindheit und Jugendjahre nachzeichnen ließe. Vorhanden sind nur kurze Hinweise, vielfach auch nur versteckte Andeutungen, die sich in den Erinnerungen von Zeitgenossen oder in den Berichten seiner Kinder finden. Wegen ihrer Ungenauigkeit können sie jedoch nur mit einem gewissen Vorbehalt herangezogen werden. Die einschlägigen Archivbestände sowie die Artikel der Konversationslexika[1] geben nur wenige Hinweise, so daß wir bei der Rekonstruktion von Bernsteins Kindheit und Jugend auf allerlei Vermutungen und Kombinationen angewiesen sind.

So viel läßt sich immerhin ermitteln, daß Bernstein am 6. April 1812 als Sohn[2] armer Eltern im Danziger Judenviertel geboren wurde. Die rechtlichen Verhältnisse der Juden in Danzig waren zur Zeit der Geburt Bernsteins im Vergleich zu anderen Gemeinden relativ gut. Die Familie Bernstein gehörte zu den rund 3700 in der Stadt und in den Vororten lebenden Juden, denen die napoleonische Besatzung gewisse Verbesserungen gebracht hatte. Napoleon hatte für den jüdischen Bevölkerungsanteil per Dekret einige Erleichterungen wie die Handelsfreiheit gewährt, die, auch nachdem Danzig wieder an Preußen gefallen war, nicht rückgängig gemacht wurden. Als eine der positiven Auswirkungen erhielten die Danziger Juden am 3. Februar 1814 die Bürgerrechte.

Es heißt, der junge Bernstein habe eine traditionell-jüdische Erziehung genossen, die sich fast ausschließlich auf das Studium der Bibel und des Talmuds beschränkte. Im verschollenen Nachlaß Bernsteins haben sich angeblich Blätter und Zettelchen mit Notizen befunden, die sich auf dieses Studium beziehen. Bernsteins Tochter Johanna berichtet zum Beispiel von einer Notiz, von der sie meint, der Vater hätte sie in späteren Jahren geschrieben: »Vier Jahre alt, lernte ich im Originaltext das dritte Buch Moses kennen: ein Jahr darauf studierte ich im Talmud (Meziah 126): ›Wenn jemand einen Wechsel findet, so soll er ihn, wenn darin hypothekarische Verschreibungen enthalten sind, nicht aushändigen.‹ Zu einer Zeit, wo ich notorisch nicht wußte, wo mein Vaterland Preußen liegt, vertiefte ich mich in die feinsten talmudischen Auslegungen, ob, wann und weshalb er ihn nicht aushändigen solle.«[3]

Was die Eltern angeht, so wird die Mutter, die mit Mädchennamen Rosenthal geheißen haben soll,[4] als eine äußerst rührige und muntere Frau geschildert, die sich um Kranke, gelegentlich auch um Wöchnerinnen kümmerte.[5] Der Vater, David Aron Bernstein, habe ein Ledergeschäft betrieben, dem eine Leihbibliothek angeschlossen war. Die Einkünfte reichten, wie es heißt, gerade aus, die vielköpfige Familie mehr schlecht als recht zu ernähren. Der häusliche Frieden habe dadurch jedoch nicht gelitten. Trotz der beengten Verhältnisse, in denen sie leben mußten, seien sie gut miteinander ausgekommen. Nicht zuletzt mag dazu beigetragen haben, daß die Eltern begeisterte Schachspieler waren. Die Enkeltochter Johanna berichtet, ihre Großmutter hätte regelmäßig in Erregung das Spiel umgeworfen, »sobald sie merkte, daß sie verlieren würde«.[6] Dem Großvater, A. Bernsteins Vater also, dem nachgesagt wird, er habe ein gutmütiges Naturell besessen, hätte das jedoch nichts ausgemacht. Meist schüttelte er nur den Kopf und hatte ein wohlwollendes Lächeln auf den Lippen. In gewisser Weise erinnert die Beschreibung an den späten A. Bernstein, dessen Persönlichkeit ähnlich geschildert worden ist.

Über den Vater, David Aron Bernstein, dessen Stammbaum angeblich eine Reihe berühmter Gelehrter und Rabbiner[7] aufweist, heißt es, er habe streng nach dem Gesetz gelebt, ganz wie es zu dieser Zeit noch üblich war. Statt in seinem Laden Kunden zu bedienen, vertiefte er sich lieber, gleich manchen seiner talmudgelehrten Vorfahren, in die heiligen Schriften. Mit seiner Person ist manche Anekdote verbunden, in der er als ein geistreicher und witziger Mann dargestellt wird, dessen Bemerkungen immer einen ernsthaften Hintergrund hatten. In der Familie erzählte man sich zum Beispiel, daß er, als einmal die Klingel des kleinen Ladens läutete, unwirsch vom »Lernen« aufgefahren sei und den verdutzten Kunden gefragt haben soll: »Nu, gibt's denn gar nirgends wo anders Bindfaden, daß ihr mich hier stören müßt?«[8]

Lebhaft erinnert sich im Rückblick der aus Putzig bei Danzig stammende und als freisinniger Abgeordneter bekannt gewordene Heinrich Joseph Horwitz[9] an den Vater Bernstein. »Was mich betrifft«, schrieb er 1892 in einem Brief, »so habe ich als 15jähriger Junge im Hause von Bernsteins Vater verkehrt; er ist in meiner Erinnerung vertrauter unter dem Namen ›Reb David Fordon‹. Er war ein ansehnlicher, würdiger alter Mann, der gern auch mit jungen Leuten auf allerhand Gespräche einging und seine Unterhaltung mit Moschelchen – Sie wissen doch, was das ist? – würzte. Ich erinnere mich z. B. eines solchen Gleichnisses; es war die Rede von jemandem, der leicht geneigt war, mit Gott zu hadern und ihn zu apostrophieren ›wie Er ihm derlei Trübsal antun könnte?‹ Das ist keine Art, bemerkte dazu der Alte B., ›man muß mit ›Schemberchu‹ (Gott) nicht ›einatmen‹ (disputieren); denn wenn einer sich herausnimmt, mit ihm im Frageton zu hadern, so hat er zu riskieren, daß Gott ihm erwidert: ›Du fragst mich? komm herauf, werd' ich Dir ›Tschuwe‹ (Antwort) geben!‹«[10]

Karl Emil Franzos, der Schriftsteller und Literaturhistoriker, der einige Jahre nach dem Ableben A. Bernsteins den ersten Versuch unternahm, eine ausführliche Würdigung von dessen Leben und Werk zu verfassen, empfand bereits spürbar den Mangel an verwertbaren Hinweisen. In seinem 1895 in der »Allgemeinen Zeitung des Judentums« (AZJ) veröffentlichten Bernstein-Aufsatz beklagte er, daß nur »dürftige Notizen und nicht die winzigste Andeutung über seinen Entwicklungsprozeß«[11] vorhanden seien. Das ist insofern bemerkenswert, als Franzos immerhin die Möglichkeit gehabt hat, Bernstein anläßlich seines 70. Geburtstages zu befragen. Die Glückwünsche hatte er seinerzeit verbunden mit der Bitte, ihm Einzelheiten über die in Danzig verlebte Kindheit und sein weiteres Leben mitzuteilen.

Bernstein hatte Franzos im Ton durchaus freundlich, aber ausweichend geantwortet. Die Zeit, meinte er, Mitteilungen zu machen, sei längst vorüber oder noch nicht gekommen. »Ich stehe am Ende meines Lebens«, hieß es in dem Antwortbrief, »noch so ganz mitten im Kampfe der Gegenwart, daß ich kaum Hoffnung hegen darf, ein verständliches Bild meiner Vergangenheit zu entwerfen. Zu meinem Trost gereicht es mir, daß nach dem Ablauf meines Daseins noch seelenkundige Talente hinterbleiben werden, die dasjenige künstlerisch vollenden werden, was ich darzustellen nicht vermag. Die siebzig Jahre, welche ich am 6. April dieses Jahres [1882] werde durchlebt haben, sind in dem entwicklungsfähigen Judentum gleich einem Jahrtausend, in welchem andere Völkergruppen und Völkertypen sich aus der Dunkelheit mittelalterlicher Vorurteile bis zur Klärung und Aufklärung der Gegenwart emporgearbeitet haben. Fassen Sie einen Ringer aus jenem Entwicklungskampf auf, so wird er auch auf mich passen. Die Person verweht, aber der Ringkampf bleibt, gleichviel, ob der Kämpfer Franzos oder Bernstein heißt.«[12]

Bis zum vollendeten 13. Lebensjahr lebte A. Bernstein in Danzig im elterlichen Haus. Welche Schulen er besuchte, läßt sich nicht mehr feststellen. In den Jahren nach 1812 lag es im Ermessen jüdischer Eltern, ob sie ihre Kinder auf christliche Konfessionsschulen schicken, sofern sie zugelassen wurden, oder sie diese von jüdischen Lehrern unterrichten lassen wollten.[13] Die letzteren, die zugleich die Funktion des Vorsängers und des Schlachters versahen, waren von den Gemeinden angestellt und hatten die Aufgabe, den Kindern elementare Bibelkenntnisse und die Anfangsgründe des Hebräischen beizubringen.[14] Bernstein ist vermutlich von einem solchen Gemeindelehrer unterrichtet worden. Eine der sogenannten »Freischulen«, wo Kinder auch Unterricht in weltlichen Fächern erhielten, hat er wahrscheinlich nicht besucht. Das konnten sich nur wohlhabendere Familien leisten. Die Bernsteins gehörten mit an Sicherheit grenzender Wahrscheinlichkeit nicht dazu.

Welches die Gründe waren, den Knaben aus Danzig wegzuschicken, entzieht sich unserer Kenntnis. Wahrscheinlich war es der Wunsch der Familie, daß sich der junge A. Bernstein weitere Kenntnisse des biblischen und talmudischen Schrifttums aneignen sollte. In Danzig scheinen dafür die Möglichkeiten nicht vorhanden gewesen zu sein. Wahrscheinlich erhoffte man sich in der Familie, daß es für den Jungen von Vorteil wäre, würde er an einer der zahlreichen Talmudschulen des Großherzogtums Posen seine Studien fortsetzen. Seinen eigenen Angaben zufolge verließ er jedenfalls im Laufe des Jahres 1825 das Elternhaus in Danzig, um sich das für den künftigen Beruf des Rabbiners notwendige Wissen anzueignen.[15]

Bernsteins Tochter Johanna hat im Nachlaß ein einzelnes Blatt gefunden, das mit »Erster Ausflug. Eine Reminiszenz« betitelt ist. Es spricht einiges dafür, daß es sich um Erinnerungen Bernsteins handelt, die authentisch seinen Abschied vom elterlichen Haus in Danzig wiedergeben: »›Zu sorgen hast Du, gelobt sei Gott, gar nicht‹, sagte mein Vater zu mir, nachdem er mich zum Abschied gesegnet hatte, mit der trostreichen Miene, die ihm nur jetzt möglich war. Er drückte mir dabei die Hand in einer Weise, die mich stolz aufrichtete aus der gebückten Stellung, in welcher ich seinen Segen empfangen und meinem Schluchzen und meinen Tränen freien Lauf gelassen hatte, und fuhr dann ermuntert fort: ›Du bist ein Bocherche [Talmudschüler], lernen kannst Du, und Kopf hast Du, und in weltlichen Sachen wirst Du Dir auch zu helfen wissen; denn wer Gemore [die Heiligen Schriften] gelernt hat, lernt die anderen Nebensachen im Spiel; Du brauchst Dich nur ordentlich zu führen, wie es sich gehört, und wo Du auch hinkommen wirst, vom Eck der Welt zum Eck der Welt, wo nur Juden sind, wird für Dich gesorgt sein. Du mußt Dich nur nicht schämen, in jeder Gemeinde gleich zum Vorsteher zu gehen; – und im übrigen bin ich versichert, daß Dich gewiß der Heilige, gelobt sei sein Name‹, bei dieser Stelle wurde mein Vater wieder weich, seine Stimme und Hand zitterten, er brach plötzlich ab und sagte mit trockenem, aber immer noch gerührtem Tone: ›Genug, jetzt nimm Dir Dein Päckchen und Deine Eßwaren, und stecke Dir die Tfilin [Gebetsriemen] in die Tasche, und da hast Du Dein Geld, und gehe zu Leben und in Frieden.‹«

Bernstein erinnert sich, daß sein Vater ihm einige Plakate unter den Arm steckte, ihm einen Taler und siebzehn Silbergroschen in die Hand drückte, »ohne Zweifel sein Barvermögen in damaliger Stunde«, und ihn sanft zur Tür hinausschob: »Ich konnte vor Schluchzen kein Wort sprechen; – in meinem damaligen Alter, ich hatte mein 13. Jahr zurückgelegt, kann man selbst bei Seelenstärke noch nicht Herr seiner Gefühle sein; und ich, ich hatte gewiß den kleinstmöglichen Teil davon. Laut schluchzend schlich ich die Treppe hinab, und als ich aus der Haustür trat, schlug der kalte Novemberwind so heftig hinter mir zu, daß ich fast umgeworfen wurde. Noch einen Blick tat ich auf das Fenster, an dem mein Vater stand, um mir den Spruch noch zu sagen: ›Gott segne Dich usw.‹, und dann schritt ich hastig darauflos, um außerhalb der Stadt zu kommen ...«[16]

Wie lange und an welchen Orten er sich aufgehalten hat, darüber hat Bernstein sich selber nur in Andeutungen ausgelassen. Nimmt man diese, dazu noch die Erzählungen und Berichte Dritter, dann ergibt sich, daß er zwei Jahre eine Talmudschule besuchte, und zwar in Fordon, einem Städtchen an der Weichsel, das zu dieser Zeit eine überwiegend jüdische Bevölkerung besaß. Zuvor, so scheint es, hat er einige Zeit in dem nicht weit von Fordon entfernten Inowrazlaw (Hohensalza) verbracht. Johanna Neumann[17] geb. Kühlbrandt, eine Kusine, die seit der Kindheit mit Bernstein befreundet war, berichtet, der junge Bernstein hätte im Hause ihres Vaters in Inowrazlaw im Hause gewohnt. Sie erinnert sich, daß er zu dieser Zeit deutsch zwar sprechen, aber nicht lesen konnte.[18]

Über Bernsteins Zeit in Inowrazlaw, insbesondere über seinen Aufenthalt im Hause des Arztes Dr. Kühlbrandt,[19] gibt es eine Schilderung des Schriftstellers Heinrich Kurtzig:[20] »Aron Bernstein hatte ... im Hause meiner Großeltern in Inowrazlaw gelebt, wohin der damals 16-jährige als Talmudjünger gekommen war, um dort bei dem hochberühmten Rabbi Joske Spior sich in die talmudischen Wissenschaften zu vertiefen. Ein Studierzimmer konnte dem Lernbeflissenen in dem kleinen Raum allerdings nicht eingeräumt werden. Bernstein ließ sich in einer in der Wagenremise stehenden alten klapprigen Kutsche häuslich nieder. Diese wurde für ihn ein geheiligter Raum, in dem er abgeschlossen und ungestört arbeiten konnte …«[21]

Im Sommer 1832 übersiedelte Bernstein nach Berlin. Die Gründe dafür kennen wir nicht. Es spricht einiges dafür, daß es ihm wie anderen jungen Juden zu dieser Zeit ging, die sich vom Leben in der preußischen Hauptstadt Zukunft und Karrierechancen erhofften. Berlin, wo zu jener Zeit nur rund 4000 Juden lebten, übte auf viele jüngere Leute aus dem Osten eine geradezu magische Anziehungskraft aus. Es kamen zwar noch nicht so viele wie nach 1850, als sich die Zahl der Juden in Berlin sprunghaft vervielfachte, aber diejenigen, denen es gelang, seßhaft zu werden, fühlten sich sehr bald in der Stadt heimisch, die einen liberalen und weltoffenen Geist atmete.

Leicht hatte Bernstein es anfänglich nicht, zumal er keine Verwandten in der Stadt hatte, an die er sich hätte wenden können. Auf sich selbst gestellt, war er gezwungen, sich einen Broterwerb zu suchen. Die Gemeinde, an die er sich bei seiner Ankunft wendete, wird ihm vermutlich nicht über das Maß des Üblichen weitergeholfen haben. In einem Brief, den er einige Jahre später dem Schriftsteller Friedrich Wilhelm Gubitz schrieb, schilderte er die Erlebnisse seiner ersten Berliner Wochen: »Mein Vermögen bestand bei meiner Ankunft aus 17 Silbergroschen … Drei Wochen lebte ich nur von schwarzem Kaffee und trockenem Brot. In den ersten Wochen ging es sehr gut, ich war in vieler Hinsicht glücklich und philosophierte über die Bedürfnisse der Menschen.«[22]

Die materiellen Nöte hinderten Bernstein nicht, sich in der neuen Umgebung zurechtzufinden. Wie es heißt, verlor er jedoch bald »das praktische Ziel der eingeschlagenen Karriere aus den Augen«.[23] Dazu beigetragen hat vermutlich die Begegnung mit dem Leben der Großstadt, eine Begegnung, die den Zwanzigjährigen fasziniert haben wird. Es war eine Welt, die für ihn neu war, deren Kontrast zu der provinziellen Enge der kleinen Städtchen Fordon bzw. Inowrazlaw ihn wahrscheinlich überwältigt hat. Er lernte Menschen kennen und machte Erfahrungen, die sein Bewußtsein radikal veränderten. Talmudische Gelehrsamkeit war bald nicht mehr das, was er anstrebte. Unter dem Eindruck der Begegnungen mit Schriftstellern, Gelehrten und Künstlern begann er, sich neu zu orientieren. Literarische und publizistische Neigungen nahmen einen immer stärkeren Platz in seinem Leben ein. »Es drängte ihn«, erinnerte sich später sein Neffe Eduard Bernstein, »Schriftsteller zu werden und als solcher für die neuen Ideen zu wirken.«[24]

Der einstige Talmudschüler, der bei seiner Ankunft in Berlin[25] Schwierigkeiten mit der deutschen Sprache hatte und zudem seinen Lebensunterhalt in mühseligster und zeitraubendster Weise als Hebräisch-Lehrer in kleinen Betstuben erwerben mußte, war nach noch nicht ganz zwei Jahren soweit, daß er Abhandlungen zu verschiedensten Themen schrieb. Männer wie Adelbert Chamisso, Willibald Alexis-Häring, Friedrich Wilhelm Gubitz, Karl Holtei, Varnhagen von Ense und andere erkannten bald seine Begabung und unterstützten wohlwollend seine ersten schriftstellerischen Versuche. Unter dem anagrammatischen Pseudonym »Rebenstein« veröffentlichte er erste Arbeiten in Alexis' »Freimüthigem«,[26] in Gubitz' »Gesellschafter«[27] und in Laubes »Mitternachtszeitung«.[28] Noch viele Jahre später war Bernstein dankbar für die Förderung, die ihm als jungen Mann vom »Olymp des literarischen Göttertums«[29] einst zuteil geworden war.

Bernstein wurde auch Mitarbeiter in der »Spenerschen Zeitung«. Wie es dazu kam, darüber gibt es eine hübsche Anekdote, von der man nicht weiß, ob sie stimmt oder nur gut erfunden ist. Karl Emil Franzos berichtet, er habe sie aus dem Munde Philipp Wertheims, der sie wiederum von Bernstein erfahren haben will. Demnach wurde der Verleger der »Spenerschen Zeitung« auf Bernstein aufmerksam, und zwar durch einen Artikel, den dieser in Alexis' »Freimüthigem« veröffentlicht hatte. Nach der Lektüre entschloß er sich, einen Boten loszuschicken, der anfragen sollte, ob Bernstein bereit und willens sei, einen Bericht über eine eben eröffnete Gemäldeausstellung[30] für die »Spenersche Zeitung« zu schreiben.

Der Bote, heißt es, der die Anfrage überbrachte, mußte einige Zeit suchen. Er wurde Bernsteins schließlich in einer Betstube habhaft, »wo dieser eben als Vorsänger seinen schönsten Triller erklingen ließ«. Bernstein habe sich das Angebot angehört, »Ja« gesagt und die Aufgabe übernommen. »Aber wie fanden sie den Mut dazu?« soll Philipp Wertheim erstaunt gefragt haben, als ihm Bernstein die Geschichte Jahre später erzählte. »Oh«, habe Bernstein lachend erwidert, »ich hatte ja damals schon die Porträts von Reb Elia Wilna und Reb Akiba Eger gesehen! Übrigens – wie's möglich war, weiß ich nicht, aber daß es möglich war, daß ich die Aufsätze[31] schrieb, daß sie sogar gefielen, daß der Verleger sie mir mit fünfzig Thalern honorierte, dies ist eine Thatsache.«[32]

Die Abhandlungen, Aufsätze und Kritiken, die Bernstein für Alexis' »Freimüthigen« und Gubitzens »Gesellschafter« und andere Blätter[33] schrieb, weisen ihn als einen guten Kenner der geistigen und politischen Strömungen der Zeit aus. Er hielt nicht mit seiner Meinung zurück, wenn er die Möglichkeit sah, zu ethischen, politischen oder allgemein geschichtsphilosophischen Problemen Stellung zu beziehen. In dem im Januar 1835 veröffentlichten Aufsatz »Das junge Deutschland«,[34] der für die Anerkennung einiger damals noch weitgehend unbekannter Schriftsteller warb,[35] erklärte Bernstein fast beiläufig, ganz in den Fußstapfen Hegels, aber dennoch skeptisch gegenüber dessen Geschichtsphilosophie: »In der neueren Zeit, wo sich die Macht des ewigen Wechsels so großartig im ganzen Gebiete der geistigen Menschheit dem geistigen Menschen offenbarte, ist man … auf die Wahrheit der Geschichte, der Entwicklung gekommen.«[36]

Den jungen Bernstein beschäftigte das Verhältnis von Tradition und Fortschritt, von Kontinuität und Umbruch. Ihn interessierten die Auswirkungen auf das literarische Leben. In einer Reihe von literaturkritischen Arbeiten unternahm er den Versuch, zwischen momentaner und geschichtlicher Wahrheit[37] zu unterscheiden, um so den Unterschied zwischen Schriftstellern der Gegenwart und der Vergangenheit näher zu bestimmen. Am Beispiel der Werke von Menzel und Goethe schien ihm dies möglich zu sein. Goethe verteidigte er gegenüber dessen Kritiker Wolfgang Menzel. Goethe, meinte er, habe im Gegensatz zu dem Literaturblatt-Redakteur des »Cottaschen Morgenblattes« über der Gegenwart gestanden, sei ein »scharfer Zertrümmerer«[38] gewesen, habe »vor der Zeit revolutioniert, im Geiste ... die Weltgeschichte«[39] verstanden – alles Äußerungen, die erkennen lassen, daß Bernstein die in jenen Jahren geführten philosophisch-politischen Debatten nicht fremd gewesen sind.

Seine geschichtsphilosophischen Interessen verdichteten sich in einem Aufsatz mit der etwas anspruchsvoll anmutenden Überschrift »Plan zu einer neuen Grundlage für die Philosophie der Geschichte«. In dem Aufsatz,[40] der im Frühjahr 1838 mit einigen anderen Arbeiten[41] zusammen in Buchform erschien, versuchte Bernstein, seine Bedenken gegenüber Hegels Geschichtsphilosophie näher zu umreißen. Was Bernstein bezweifelte, war der von Hegel aufgestellte Satz, daß der Endzweck des geschichtlichen Geschehens die menschliche Freiheit sei, nicht bloß als Zustand, sondern auch als Bewußtsein von sich selbst. Bernstein meinte, daß die Freiheit des Individuums nicht mit dem Prinzip der Notwendigkeit in der Geschichte zu vereinbaren sei. »Die Geschichte«, heißt es an einer Stelle seiner Ausführungen, »ist nicht jener Deus ex machina, der die menschliche Freiheit wie ein Roß vor seinen Siegeswagen gespannt hat, genau weiß und voraus bestimmt, wo er hinaus will ...«[42]

Wiewiet der junge Bernstein Hegel wirklich verstanden hat, ist hier nicht weiter zu erörtern. Wie viele seiner Altersgenossen stand er im Bann des Philosophen. Es gehörte in jenen Jahren zum guten Ton, und Bernstein machte da keine Ausnahme, sich als Anhänger Hegelscher Philosophie auszuweisen. In Gubitzens »Gesellschafter«, für den Bernstein eine Zeitlang so viel schrieb, daß in der Öffentlichkeit der Eindruck erweckt wurde, er sei dort festangestellter Redakteur,[43] veröffentlichte er regelmäßig eine unter dem Pseudonym Eduard Braun verfaßte Kolumne (»Zeitlosen und Zeitrosen, aus einem Tagebuch«), die erkennen läßt, daß er von der Hegelschen Art zu denken und dessen Diktion fasziniert war: »Wann wird unsere Zeit aufhören, inconsequent zu sein? Dann, wenn sie wird aufhören, consequent seyn zu wollen.«[44]

Karl August Varnhagen von Ense gegenüber, den Bernstein als junger Mann sehr bewundert und den er häufig um Rat gefragt hat

(»Ich habe nirgend edlere Motive und reinere Liebe zum Guten gefunden als eben bei Ihnen«), bekannte er, er halte es für richtig, für die Verbreitung und Popularisierung der Hegelschen Philosophie zu sorgen: »Eben weil ich nicht Philosoph bin, und dennoch philosophische Beruhigung in mir trage, bin ich auch der Überzeugung, diese [Beruhigung] allen anderen, die dieser … bedürfen, mitteilen zu können.« Von Varnhagen meinte er in dieser Hinsicht Verständnis erwarten zu können, »weil es mir war, als müßten Sie selber schon einmal den Wunsch gehabt haben, philosophische Resultate verallgemeinert zu sehen, und besonders Hegel dem Leben näher zu bringen …«[45]

Es fällt auf, daß Bernstein sich für die Verbreitung der Hegelschen Philosophie einsetzte, gleichzeitig aber das »Junge Deutschland« wegen seiner allzu großen Begeisterung für den Philosophen kritisierte. Besonders störte ihn die ahistorische Betrachtungsweise mancher seiner Vertreter und ihre Unfähigkeit zur Selbstkritik. Wiederholt bedauerte er, daß die Jungdeutschen über die Zukunft die Gegenwart vergäßen. Bernstein kritisierte ihre »Lebenskälte«, ihren »ohnmächtigen Witz« sowie den Verlust an Poesie in ihrem Literaturschaffen. »Ihre Poesie«, klagte er, »ist ihnen abhanden gekommen, ihre Illusion ist in Hegelianismus erfroren …« Und Bernstein äußerte sein Mißfallen, daß sich die Jungdeutschen nicht an den überkommenen Regeln der Ästhetik, an den Formen des tradierten Kunstbegriffs orientierten. »Orginale«, lamentierte er, »nichts als Orginale wollen sie sein. Was nicht aus ihrer Clique, es sei, wie es wolle, erscheint, wird zerrissen.«[46]

Bestimmte Tendenzen bei den Jungdeutschen[47] kritisierte Bernstein zwar, war aber deshalb kein Gegner der Literatur und Publizistik des »Jungen Deutschland«. Für die Literaturgeschichte ist es von besonderem Interesse, daß er sich früh als Anhänger Heinrich Heines zu erkennen gab.[48] Außer Varnhagen von Ense und Immermann[49] waren es damals nur einige Jungdeutsche wie Laube, Lyser und Wienbarg, die Heine als »großen Dichter-Prosaisten«[50] priesen. Das Erscheinen von Heines berühmten »Reise-Bildern« leitete über zu einer mehr und mehr geteilten

Rezeption,[51] deren Fronten sich nach der Umsiedlung Heines nach Paris noch verfestigten. In den Rezensionen und Kommentaren der zeitgenössischen Gazetten sah Heine sich einer immer gehässiger werdenden Kritik ausgesetzt. Abfällige Äußerungen gegenüber seinem Sprachstil, seiner Formlosigkeit und seinen politischen Ansichten begannen sich einzubürgern. »Unerträgliche Gemeinheiten« wurden ihm vorgeworfen. Die »Blätter für literarische Unterhaltung« bezichtigten Heine, die gesamte Literatur zur »chronique scandaleuse«[52] herabzuwürdigen. Es war die Rede von »literarischer Liederlichkeit«,[53] von »unflätigem Plunder«,[54] vor denen man die deutschen Jünglinge und Frauen nachdrücklich und so gut wie möglich bewahren müsse.

Einer der wenigen, der nicht in den Chor der Heine-Gegner einstimmte, war der junge Bernstein. Daß gerade er es war, der im aufflammenden Streit für Heine Partei bezog, blieb für die Geschichte der Heine-Rezeption nur von marginaler Bedeutung. Obwohl die Parteinahme für Heine deutlich macht, daß Bernstein die Bedeutung Heines sehr früh richtig eingeschätzt hat.[55] Im Juli 1834 hatte er in Alexis' »Freimüthigem« eine Hommage »An Heinrich Heine« in Versform veröffentlicht, die in einer schwärmerisch-unbeholfenen, fast kitschigen Manier den Dichter Heine feierte: »Dein Lied hat einen wundersamen, / Tiefen, geheimnisvollen Klang, / Nennt jedes Herzens leis'ste Namen, / Singt jeder Brust geheimsten Sang.«[56]

Vermutlich war es Ludwig Börnes bissige Rezension von Heines »De l'Allemagne«, die in deutscher Sprache im August 1835 in den »Blättern für literarische Unterhaltung«[57] erschien, die Bernstein veranlaßte, öffentlich für Heinrich Heine Partei zu beziehen und den Artikel »Die jüngst ausgebrüteten Anti-Heinianer«[58] zu verfassen. In dem Artikel nahm Bernstein Heine vor den Angriffen Börnes in Schutz und ging mit dem Verhalten einiger Jungdeutscher, ohne daß er dabei Namen nannte, hart ins Gericht: »Wenn ich so dann und wann diese Helden mit sich selber und ihrer Größe und Ruhe kokettieren sehe, wenn ich sie von ›Heine-Jammer‹ verächtlich herabsprechen höre, wenn ich oft lese, wie denn eigentlich Heine nicht nur nichts, sondern gar nichts ist, dann packt mich baß ein Mephisto, diesen Leuten einmal Stellen aus ihren eigenen Aufsätzen und Büchern zu zitieren und sie zu fragen, wo sie dieses ohne Heine gesagt hätten. Sie mögen sich in der Tat ein wenig hüten, daß nicht jemand so klug ist und Stellen und Schilderungen, die buchstäblich Nachahmungen Heines genannt werden können, zur Seite mit dem Original abdrucken läßt. Die Leute haben in der Tat vergessen, bei wem sie schreiben gelernt, wer sie sprechen gelehrt, und endlich, wer sie an sich selber hat glauben machen.«[59]

Sein Augenmerk richtete Bernstein auch auf Karl Leberecht Immermann, den Freund Heinrich Heines. Der preußische Landgerichtsrat, der in Düsseldorf das dortige Theater leitete, hatte gerade seinen in der Goethe-Nachfolge stehenden und das Zeitgefühl widerspiegelnden Roman »Die Epigonen« veröffentlicht. In ihm versuchte Immermann den Lesern klarzulegen, wie sich die alten Gesellschafts- und Kulturformen auflösen, sich feudale und industrielle Strukturen sowie das sozioökonomische Gefälle zwischen Stadt und Land zu unaufhebbaren Gegensätzen entwickeln. Bernstein zollte in einer Artikelfolge im »Gesellschafter«[60] dem Schriftsteller Immermann Bewunderung, ließ aber gleichzeitig erkennen, daß ihm die »Unentschiedenheit und geheime Zwiespältigkeit«[61] des Romans doch einige Probleme bereiteten.

Im Gegensatz zum »Trauerspiel in Tyrol« (1829) und dem »romantischen Faust«, wie Bernstein Immermanns mythisches Weltanschauungsdrama »Merlin« (1831/32) nannte, fand der »Epigonen«-Roman nur bedingt seine Zustimmung. Bernstein war zwar angetan von Immermanns Versuch, »Goethe'sche und romantische Poesie«[62] zu vereinigen, bemängelte aber, daß der vielgerühmte Familienroman nur von einer kleinen Leserschaft wahrgenommen werde. Er meinte, dies hinge mit der politischen Indifferenz Immermanns zusammen, mit seiner Unfähigkeit, in Weltanschauungsfragen eine wirkliche Position zu beziehen. »Das Publikum«, so Bernstein, »hat seinen eigenen Egoismus, einen edlen, es will lernen und nicht nur bewundern allein: es will einen Fortschritt in seiner Erkenntnis, nicht nur einen Gegenstand seiner Verehrung haben.«[63]

Neben Goethe, Heine und Immermann war es vor allem Adelbert von Chamisso, für den Bernstein ein besonderes Faible hatte. Er hielt den Verfasser der Märchennovelle »Peter Schlemihl« für einen Dichter von Rang. Im »Gesellschafter« veröffentlichte er einen Essay, in dem er die Geschichte des Mannes, der seinen Schatten verkaufte, als die Heimatlosigkeit Chamissos deutete.[64] Dieses Motiv, meinte er, zöge sich durch Chamissos ganzes Werk. Er hielt es für töricht, im Tone einer unkritischen Bewunderung vom Weltumsegler Chamisso zu sprechen. Seiner Ansicht nach hatte Chamisso die 1815 begonnene dreijährige Reise nicht aus Abenteuerlust oder Neugier, sondern nur deshalb unternommen, weil er, der sich nirgends zu Hause fühlte, dessen Familie 1790 vor der Französischen Revolution geflüchtet war, keine wirkliche Heimat besessen habe.

Bernstein besuchte Chamisso kurz vor dessen Tod. An einem heißen Sommernachmittag unterhielten sie sich über beide beschäftigende Fragen. Bernstein zeichnete dieses Gespräch anschließend auf,[65] so daß wir heute über diese Begegnung informiert sind. Dieses Gespräch ist insofern interessant, als es Chamisso von einer sehr menschlichen Seite zeigt, aber auch einen Eindruck darüber vermittelt, wie distanziert der späte Chamisso über die zeitgenössische Literatur dachte. Über Ludwig Uhland zum Beispiel, den er sonst sehr schätzte, gab er Bernstein gegenüber folgenden geistvoll-ironischen Kommentar ab: »Es kommt mir vor, als ob der Uhlang [so nannte Chamisso ihn] zwischen zwei Spiegeln stände. Im Spiegel ist ein Uhlang, und dann weiter wieder ein Uhlang, und dann wieder einer und wieder einer und so immer weiter. Ah, das sind lauter Uhlangs; aber schade, sie werden immer ein bißchen blässer, bis sie sich ganz verwischen.«[66]

Die Beschäftigung mit der zeitgenössischen Literatur hat Bernstein offensichtlich dazu gebracht, sich ebenfalls im Verfassen von Gedichten und Novellen zu versuchen. Für Alexis' »Freimüthigen« schrieb er die Novelle »Herzenserlösung«,[67] für Gubitzens »Gesellschafter« die Novellen »Sohn und Bruder«,[68] »Erlebnisse, oder die Nachtwache bei einer Kranken«,[69] »Die Kinder«,[70] »Vetter Tonnenmast«[71] und für die »Mitternachtszeitung« die Novelle

»Die Göttin«.[72] Noch Jahre später bekannte er in Briefen an Otto und Elisabeth Lewald, daß ihm die »schöngeistige« Schriftstellerei große Befriedigung verschaffe.[73] Die Erfolge, die er mit seinen frühen Schreibversuchen hatte, waren indes nur mäßig. In den literarischen Kreisen Berlins brachte man ihm zwar ein gewisses Wohlwollen entgegen, eine allgemeine Anerkennung blieb ihm jedoch versagt.

Nimmt man den 1834 im Verlag der Stuhr'schen Buchhandlung erschienenen schmalen Band mit »Minne«-Gedichten[74] zur Hand, zu dem Bernstein einige der »Lieder an Bertha« beigesteuert hatte, dann wird verständlich, warum der von Bernstein erhoffte Erfolg sich nicht einstellte. Die Verse sind ausgesprochen naiv, fallen auch nicht gerade durch besondere Originalität auf.[75] Karl Emil Franzos hat die Verse Bernsteins zu Recht nicht nur formal, sondern auch inhaltlich als schwach bezeichnet. »Die Verse«, urteilte er, »die in der Tonart hilflos Heine nachstammeln, sind nur für den Ex-Talmudisten, den im Geschmack ungefestigten Autodidakten charakteristisch, nirgendwo für den späteren Dichter.«[76]

Auch der Band »Novellen und Lebens-Bilder«,[77] der 1840 im Verlag der Vereinsbuchhandlung erschien, läßt kaum eine dichterische Veranlagung erkennen, die über ein Mittelmaß hinausgeht. Aufbau, Stil und Inhalt dieser Arbeiten sind von unterschiedlicher Qualität, scheinen im übrigen auch zu verschiedenen Zeiten entstanden zu sein. Vorbilder, denen Bernstein nachzueifern suchte, waren E. T. A. Hoffmann, Heinrich Zschokke, Ludwig Tieck, Jean Paul und Heinrich Heine. »Selten«, urteilte Franzos, »mag ein Buch solche Gegensätze vereinigt haben.«[78]

Die meisten der »Novellen und Lebens-Bilder« sind inhaltlich in Bernsteins Heimatstadt, im Danziger Milieu, angesiedelt. Über Danzig findet sich eine ganze Reihe Bemerkungen, deren biographische Note unverkennbar ist. Bernstein spricht der Stadt einen zwar nicht ausgeprägten, aber doch unverwechselbaren Charakter zu. »Die Geschichte Danzigs«, heißt es an einer Stelle der »Novellen und Lebens-Bilder«, »war von jener eine *individuelle*. Niemals hing von ihrem Schicksal das Geschick anderer ab, das machte es, daß diese Stadt von je abgeschlossener als jede andere war.«[79] Die fehlende Weltaufgeschlossenheit habe dazu geführt, daß in Danzig viel Aufgeklärtheit bei großer Intoleranz, viel Bildung bei viel Unbildung, viel Pracht bei viel Schmutz sowie viel Gerechtigkeit bei viel Betrug vorhanden seien. Danzig habe zwar als Handelsstadt an der Ostsee eine wichtige Rolle gespielt, Auswirkungen auf den Geist und die Atmosphäre der Stadt hätte dies jedoch nicht gehabt. Von jeher stolz darauf, eine freie Stadt zu sein, habe Danzig sich jenen Charakter der Abgeschlossenheit bewahrt, »jenes Selbstbewußtsein, das den Schritten der Cultur am hinderlichsten ist, und das zu vernichten wohl der fortschreitenden Zeit noch lange schwer werden wird«.[80]

Von den »Novellen und Lebens-Bildern« trägt die bemerkenswerteste Arbeit die Überschrift »Vier Stunden«.[81] Es handelt sich um eine Art poetischer Selbstbiographie, in der Bernstein verschlüsselt, aber durchaus erkennbar, über seine Jugendzeit, seinen Entwicklungsgang sowie über die Aufgaben des Literaten im allgemeinen schreibt. »Der Dichter«, heißt es da, »gibt uns das Leben, wie es sein könnte, ... dann ... die Welt, wie sie ist.«[82] Und Bernstein kommt dann – die deutliche Anspielung auf die eigene Person ist nicht zu übersehen – auf sich selbst zu sprechen: »Leben und Dichtung – wie soll das einst mit mir werden? ... Soll ich die Augen schließen und das Leben über mich hinwegströmen lassen, oder soll ich mich einspinnen lassen ... und ... ins Leben hinein, mitstürmen und fallen mit der großen Masse der Menschheit, ... meinen Nacken freiwillig ins Joch der Gesamtheit beugen, um mit zu leiden, mit zu schaffen, mit zu siegen und mit unterzugehen?«[83] Und auch über die materiellen Schwierigkeiten, mit denen ein junger Schriftsteller in jenen Jahren zu kämpfen hatte, äußert sich Bernstein. Man glaubt einen wirklichen Brief des Ex-Talmudisten an seine Danziger Verwandten zu lesen, wenn er schreibt: »Mein Einkommen ist so beschränkt, daß ich selbst das kleinste Vergnügen, das ich mir für Geld erkaufen soll, mir versagen muß, wenn ich nicht in Geldverlegenheit geraten soll, und dennoch lebe ich sehr zufrieden und glücklich ... Ihr Geldmenschen zuckt die Achseln und sprecht mit Bedauern von uns; aber ich frage Euch: Welcher junge Dichter ist so ungebildet, daß er nicht eine geldeinträgliche Beschäftigung ergreifen könnte? Welcher junge Dichter könnte nicht, wenn er sich's vornähme, ein Lehramt bekleiden, das ihn sorgenfrei hinstellte? Tut er es nicht, so leistet er selbst Verzicht auf *Euer* Glück, auf Euren Reichtum, und er dankt für Euer Mitleid.«[84]

Wegen seiner schlechten finanziellen Lage war Bernstein in den ersten Jahren seiner Berliner Zeit gezwungen, zur Untermiete zu wohnen. Für wenig Geld fand er bei der Witwe Moses in der Rosenstraße 29 eine Bleibe, die seinen Ansprüchen genügte. In seinen Erinnerungen berichtet Heinrich Laube, daß Bernstein in denkbar ungünstigen Verhältnissen gelebt habe: »Er war arm wie eine Kirchenmaus, und ich sogar, der auch nur wenig zu brechen und beißen hatte, erschien wohlhabend neben ihm. So kam er denn eine Zeitlang gewöhnlich um die Mittagszeit zu mir, und teilte mein dürftiges geschmackloses Mittagsmahl mit mir, welches ich aus einem nahen wohlfeilen Speisehaus auf mein Zimmer holen ließ. Er kam immer nur einen Tag um die anderen, sicherlich aus Bescheidenheit; denn wahrscheinlich speiste er an den dazwischenliegenden Tagen gar nicht.«[85] Auch Joseph Horwitz bestätigt, daß Bernstein in Armut gelebt habe, es aber dennoch verstanden hätte, daraus das Beste zu machen: »B. war allezeit trotz seiner Armut eine Art Lebenskünstler und darin seinen Genossen erheblich voraus. Er wußte allem einen Zug von Eleganz zu geben. Auf mich machte er immer einen noblen Eindruck, wenn ich zum Frühstück, sobald B. daran teil nahm, statt der gewöhnlichen Schrippen ›Blechschrippen‹ holen mußte (das waren auf Kuchenblech gebackene Schrippen) …«[86]

Die Freunde Mendel Kalisch[87] und Hermann Samuel Herrmann,[88] die wie Bernstein nach Berlin gekommen waren, um sich auf den späteren Beruf des Rabbiners vorzubereiten, lebten zeitweise ebenfalls zur Untermiete bei der Witwe Moses in der Rosenstraße. Wie Bernstein entwickelten sie bald andere Interessen. Den Beruf eines Rabbiners ergriff keiner von beiden. Kalisch wurde Bibliothekar, und Herrmann eröffnete eine kleine Druckerei, die später von seinen Söhnen stark vergrößert wurde. Ein anderer Freund, der nicht bei der Witwe Moses wohnte, aber in

Bernsteins frühen Jahren eine Rolle spielte, war Aron Horwitz,[89] älterer Bruder des schon genannten Joseph Horwitz, ein Mann von moderner Schulbildung, der 1845 eine jüdische höhere Knabenschule gegründet hatte, die bis 1850 bestand. Später wurde er auch Leiter der jüdischen Gemeindeknabenschule in Berlin, die noch Jahrzehnte nach seinem Tod 1881 im Volksmund die »Horwitzsche Schule« hieß.

Über seine Vermieterin lernte Bernstein auch seine erste Frau Caroline kennen, die wie er ebenfalls Bernstein hieß und aus Ellrich im Harz[90] stammte. Die Heirat erfolgte nach einer nur kurzen Verlobungszeit am 2. Juli 1837.[91] Bernstein war zu diesem Zeitpunkt gerade 25 Jahre alt. Es war eine Liebesehe, die bis zum frühen Tod von Caroline Bernstein im Jahre 1854 ausgesprochen glücklich[92] gewesen sein soll. Julius Bernstein,[93] eines der sieben Kinder[94] aus dieser Ehe, schrieb später in seinen Erinnerungen über die Mutter: »Sie war eine sanfte, liebevolle und hingebende Natur, an äußerlicher Bildung zwar dürftig erzogen, aber an innerer wahrer Herzensbildung dem Vater gleichgestimmt.«[95]

Das Glück des jungen Ehepaares bezeugt ein von Julius Bernstein in seinen Erinnerungen abgedruckter Brief, den die frisch Verheirateten im Sommer 1837 an Marianne Levi, die spätere Frau von Mendel Kalisch, nach Glogau schrieben: »Sie werden es der Freude unseres jetzigen Flitterwochenlebens gern verzeihen, wenn wir in geräuschvollem Genuß desselben es unterließen, all jene Grüße und Herzenswünsche, die wir im Stillen hegen, der Feder anzuvertrauen. Wer wie wir so viel Freudiges in unaussprechlichem Maße trägt und über sich ergehen läßt, kann schwer jene bezeichnenden Wörter finden für diejenigen, die Teil in so wahrem Sinne nehmen, wie wir's von Ihnen überzeugt sind. Deshalb mögen Ihnen vorläufig noch die stummen Grüße Ihrer Freunde genügen, die ihr Glück dadurch nur ausdrücken mögen, daß Sie ein gleiches bei Ihnen recht bald wünschen.«[96]

Bernstein verdiente den Lebensunterhalt für seine Familie mit einer im Winter 1838 auf 1839 gegründeten Leihbibliothek,[97] deren Grundstock Bücher seines Vaters bildeten.[98] Julius Bernstein erinnert sich, daß dieser in der Behrenstraße gelegenen Leihbibliothek ein Lesekabinett angeschlossen war, in dem »ein großer Teil der damaligen gebildeten Gesellschaft Berlins«[99] verkehrte. Das ist nicht übertrieben, denn berücksichtigt man, daß es zu dieser Zeit noch kein öffentliches Leben gab, so wird verständlich, daß Klubs, Konditoreien und Lesekabinette zwangsläufig zu Orten der Begegnung für Intellektuelle und Literaten wurden.[100] Bekannt zum Beispiel waren das Rote Zimmer der Konditorei Stehely[101] am Gendarmenmarkt oder Spargnapanis' Unter den Linden gelegenes Lesekabinett,[102] dessen Eröffnung Bernstein mit Sympathie begrüßte[103] und das ihn vermutlich auf die Idee hatte kommen lassen, ein eigenes Lesekabinett zu eröffnen.

In der Stadt sprach es sich schnell herum, daß von vier Uhr nachmittags an Bernsteins Lesekabinett ein geeigneter Treffpunkt war,[104] wo man ungezwungen zusammenkommen, Zeitschriften einsehen und Neuerscheinungen aus Literatur und Wissenschaft ausleihen konnte. Es läßt sich nicht mehr feststellen, wer im einzelnen dort ein- und ausgegangen ist. Angeblich soll Friedrich Engels während seiner Berliner Zeit 1841/42 dort verkehrt haben. »Wenn das Interesse«, lautete ein wohlwollender Kommentar zu dem Bernsteinschen Unternehmen, »welches man jetzt allgemein an den Begebenheiten der Zeit in Staat, Kirche, Wissenschaft und Kunst nimmt, so rege bleibt, wie jetzt, muß das Lese-Cabinett ein gutes Fortbestehen haben.«[105]

Besonders gut scheint das Unternehmen jedoch nicht floriert zu haben. Einkünfte, die er und seine Familie dringend benötigten, warf das Lesekabinett kaum ab. Bernstein nahm deshalb Willibald Alexis als gleichberechtigten Geschäftspartner auf, was aber die finanzielle Situation des Unternehmens anscheinend nicht verbesserte.[106] Bernstein war häufig in Geldnöten und gezwungen, Freunde und Bekannte um Hilfe zu bitten. Wiederholt wandte er sich an Varnhagen von Ense, der ihm verschiedene Male unter die Arme griff. »In meiner bedrängten Lage«, heißt es in einem seiner Briefe, »die mich leider mehr niederdrückt als das Bewußtsein, Ihnen, meinem geistigen Erhalter, lästig zu werden, wende ich mich noch einmal an Sie mit der Bitte, mich durch ein Darlehen von zehn Thalern aus einer Verlegenheit zu reißen ...«[107]

Aufgrund seiner permanenten Finanznot blieb Bernstein nichts anderes übrig, als sich auch noch andere Erwerbsquellen zu erschließen. Der Handel mit alten hebräischen Texten und seltenen Büchern war eines der Geschäfte, denen er sich neben der Leihbibliothek zuwandte. Von Vorteil war, daß es ihm gelang, einen kleinen Kreis von Dauerkunden aufzubauen. Für Leopold Zunz zum Beispiel, der zu dieser Zeit Direktor des jüdischen Lehrerseminars war,[108] erledigte er Buchbestellungen.[109] Er mußte dafür viel Zeit aufwenden und dementsprechend viel reisen,[110] was er aber nicht als Belastung empfand. »Ich bin zufrieden«, schrieb er an Marianne Levi, »wenn ich den Beschäftigungen soviel abgewinnen kann, um innerlich einigermaßen tätig zu sein …«[111]

Manches spricht dafür, daß es Bernstein in seinen frühen Berliner Jahren nicht so sehr um das Geldverdienen ging als vielmehr darum, die Lücken seiner Bildung zu schließen. Die beschränkten finanziellen Verhältnisse, die täglichen Schwierigkeiten haben ihn nicht gehindert, ein angestrengtes Selbststudium zu betreiben, in das er viel Zeit und Mühe investierte. Eduard Bernstein erinnert sich, daß sein Onkel wiederholt und bei verschiedenen Gelegenheiten über die »formale Schulung« des Gymnasiums spottete. Er soll später sogar die Auffassung vertreten haben, daß auch seine Söhne, so wie er es einst getan hätte, sich autodidaktisch emporarbeiten sollten.[112]

Bernsteins frühe Veröffentlichungen weisen bereits deutlich auf seine späteren Hauptinteressengebiete hin. Neben den literarischen und literaturkritischen Neigungen, neben seiner im übrigen schon früh ausgebildeten Vorliebe für die Naturwissenschaften sind es hauptsächlich religionswissenschaftliche und theologische Arbeiten, die um Fragen der Erneuerung und Reform des Judentums kreisen. So ist eine seiner ersten Veröffentlichungen eine Bearbeitung des »Hohenliedes«, das auch »Lied der Lieder«[113] genannt wird. Die von Bernstein stammende Übersetzung, die 1834 erschien und mit kritischen Anmerkungen sowie einem bibliographischen Vorwort von Leopold Zunz[114] versehen war, spiegelt deutlich den Geist der neuen Disziplin wider, der Zunz 1823 die Bezeichnung »Wissenschaft des Judentums«[115] gegeben hatte.

Bernstein lobte die Schönheit der Dichtung, nannte sie eine »Blume des Morgens«,[116] schwächte dies aber insofern ab, als er meinte, es sei notwendig, das Hohelied mit kritischen Augen zu betrachten. Wie vor ihm anderen – Zunz nennt Salomon Loewisohn[117] und Joseph Salvador[118] – ging es Bernstein darum, Plan und Anlage des Liedes zu erforschen, hielt es jedoch für notwendig, es von den Schlacken theologischer Wissenschaft, von den verkrusteten Ablagerungen mittelalterlicher Philosophie und sinnverstellender Kabbalistik zu befreien. Seine im Nachwort der Bearbeitung geäußerte Annahme, bei dem dritten Kapitel des »Hohenliedes« handele es sich um eine Hinzufügung, um eine »Interpolation« (Leopold Zunz), belegt zudem, wie Bernstein sich eine kritische wissenschaftliche Auseinandersetzung mit der Traditionsliteratur vorstellte.[119]

Der Einfluß der neuen »Wissenschaft des Judentums« ist auch in der 1837 im »Gesellschafter« veröffentlichten Studie »Rationalismus im Judentum«[120] erkennbar. Bernstein versuchte hier, die Frage zu erörtern, ob es – wenn es der historische Wandel erfordert – erlaubt sei, dem Gesetz zu widersprechen. Er hielt dies für möglich, denn, so argumentierte er, der Rationalismus sei als Prinzip tief im Judentum verankert. Am Beispiel des Opfers, das für eine »gebildete Nation« keine Bedeutung mehr haben kann, belegte er die Notwendigkeit, »das geschriebene Gesetz« den Zeitbedürfnissen anzupassen, »das Unpassende als unserem Zeitalter nicht entsprechend zu verwerfen«.[121] Seine in diesem Zusammenhang erfolgende Parteinahme für den damals umstrittenen fortschrittlichen Rabbiner Aron Choriner und dessen Ansichten[122] läßt erkennen, daß Bernstein sich bereits zu diesem Zeitpunkt für eine Reform des Judentums einsetzte und sich mit dem Zielen der entstehenden Reformbewegung zu identifizieren begann.

Naturwissenschaftliche Themen greift Bernstein erstmals Anfang der 40er Jahre auf. In den beiden 1840 erschienen Veröffentlichungen »Das 19te Jahrhundert«[123] und die »Gesetze der Rotation«[124] ist schon in den Grundzügen all das festgelegt, was später einen Teil seines Lebens bestimmen und seinen Ruhm als populärer naturwissenschaftlicher Schriftsteller begründen sollte. Besonders die letztere Abhandlung, die sich mit der Rotation der Planeten befaßt und Bernstein angeblich mit dem berühmten Astronomen Friedrich Wilhelm Bessel in Verbindung[125] gebracht haben soll, verdient besondere Erwähnung. Bernstein ließ sich hier auf eine Fragestellung ein, die ihn während seines ganzen Lebens nicht mehr losließ – die immer wieder modifizierte Frage, inwieweit »das Licht eine Rotation auf Körper bewirkt, die sich im Raum normal auf die Richtung der Lichtstrahlen bewegen.«[126] Julius Bernstein schreibt in seinen Erinnerungen, daß in dieser Schrift »zum ersten Male die Hypothese des Lichtdruckes aufgestellt worden [ist], welche Maxwell[127] erst im Jahre 1865 bis 1870 mathematisch gefolgert hat«.[128]

Zu politischen Fragen äußert sich Bernstein anfänglich nur im privaten Rahmen, obwohl er durchaus eine Meinung zu tagespolitischen Ereignissen hatte und die allgemeinen Zeittendenzen richtig einzuschätzen wußte. Seine politischen Ansichten, die er in Briefen an seine Braut und Freunde äußerte, zeigen ihn als einen Beobachter, der die Ereignisse sorgsam registrierte, aber auch kritisch Stellung bezog, wenn es zum Beispiel galt, revolutionäre Ereignisse von Volkstumulten und Pöbelexzessen zu unterscheiden. So äußerte er sich über die Unruhen, die anläßlich der Feiern zum Geburtstag König Friedrich Wilhelms III. am 3. August 1835[129] ausbrachen: »Hier war eine Revolution. An des Königs Geburtstag abends wollten die Soldaten den Bürgern das Schießen und Feuerwerksloslegen auf dem Exerzierplatz verbieten. Es kam zu einer Keilerei, wobei von beiden Seiten wirklich erschreckliche Taten geschahen. Mancher ganz ruhige und unschuldige Bürger bekam ebensogut Prügel wie die hochlöbliche Polizei. Als man das Volk durch die Stadt trieb, zerschlug es alle Laternen und an einigen Häusern, wo Beamte und Größen wohnen, die Scheiben …«[130]

Auf die Feder des späteren Publizisten und berühmten Leitartiklers lassen die Titel zweier Schriften schließen, die Bernstein aus aktuellem Anlaß verfaßte. Beide erschienen 1842, ein Jahr nachdem Johann Jacoby zum Sprecher eines volkstümlichen Radikalismus geworden war, insbesondere durch die damals großes

Aufsehen erregende Schrift »Vier Fragen, beantwortet von einem Ostpreußen«.[131] Die Schriften – sie sind heute nirgends mehr auffindbar – scheinen ganz im Stile von Jacobys Broschüre »Vier Fragen« gehalten gewesen zu sein, in der dieser bekanntlich für das preußische Volk eine konstitutionelle Verfassung forderte und damit in erheblichem Maße zur politischen Radikalisierung und Politisierung der Öffentlichkeit in Preußen beitrug.[132]

Zur Rekonstruktion des Inhalts von Bernsteins beiden Broschüren sind wir auf Vermutungen angewiesen. Der Titel der einen Schrift[133] läßt immerhin den Schluß zu, daß es sich bei dieser um einen Kommentar zu der von Liberalen und Demokraten damals heftig kritisierten Zensurinstruktion vom 22. Dezember 1841 gehandelt haben muß, die sich zwar für eine »unabhängige Presse« aussprach, gleichzeitig aber freimütige Besprechungen der inneren Zustände nur dann zulassen wollte, wenn sie »wohlmeinend« seien. Das zu entscheiden sollte nach wie vor weiterhin den Zensoren überlassen bleiben. Bernstein hat diese Verordnung vermutlich dazu benutzt, sich mit dem Problem der weiterhin durch die Behörden eingeschränkten Meinungsfreiheit zu befassen, und bei dieser Gelegenheit wahrscheinlich gegen die Einrichtung des verhaßten Zensors polemisiert, dem in vormärzlichen Zeiten bekanntlich Korrekturbögen oder Manuskripte 24 Stunden vor der Veröffentlichung zur Genehmigung vorgelegt werden mußten.

Bei der anderen Broschüre handelte es sich um eine anonym veröffentlichte Streitschrift mit dem aussageschwachen Titel »Zahlen frappiren!«,[134] die das Finanzministerium gegen eine Attacke Ernst von Bülow-Cummerows[135] verteidigte. Es heißt, in ihr sei der Nachweis geführt worden, daß die bis dahin von der Finanzverwaltung befolgte Veräußerung von Staatsdomänen zugunsten der Tilgung der Nationalschulden ein gesundes volks- und staatswirtschaftliches Prinzip enthalte. Da die Schrift die bisherige Verwaltung verteidigte, nahm man an, daß ihr Verfasser dem Finanzministerium nahestünde, und da sie schlagend die Rechenfehler Bülow-Cummerows bewies, wurde sie anfänglich Robert Freiherr von Patow, dem späteren Finanzminister der »Neuen Ära«, zugeschrieben. In der Öffentlichkeit hielt sich jedoch hartnäckig das Gerücht, der Autor sei nicht von Patow, sondern Bernstein gewesen.

Inwieweit dieses Gerücht zutreffend war, läßt sich nicht mit allerletzter Bestimmtheit sagen. Als die Broschüre erschien, in der er zudem für die Anwendung der Statistik zum Zwecke der politischen Meinungsbildung plädiert haben soll, erregte sie Aufmerksamkeit und sorgte für allerlei Spekulationen in den politischen Kreisen der preußischen Hauptstadt. Über die Autorschaft hat Bernstein sich weder damals noch später geäußert. Als noch zu seinen Lebzeiten ein Artikel mit einem entsprechenden Hinweis in der »Gartenlaube« veröffentlicht wurde,[136] sah Bernstein sich weder zu einer Antwort noch zu einer korrigierenden Stellungnahme veranlaßt. Die Indizien lassen jedoch darauf schließen, daß er tatsächlich der Autor war. Geäußert hat er sich vermutlich deshalb nicht, weil die Broschüre eine »Brotarbeit« gewesen ist, zu der sich zu bekennen er Jahre später keinen Anlaß sah.

ANMERKUNGEN

1 Spärliche Angaben finden sich u. a. bei Franz Brümmer, Lexikon der deutschen Dichter und Prosaisten. Vom Beginn des 19. Jahrhunderts bis zur Gegenwart, Bd. 1, Leipzig 1913, S. 207 f.; Encyclopaedia Judaica, Bd. 4, Sp. 297 ff.; The Jewish Encyclopedia, Bd. 3, S. 97 f.; NDB, Bd. 2, S. 133.
2 A. Bernstein hatte acht Geschwister, sechs Schwestern und zwei Brüder. Mit Namen bekannt sind die Schwestern Lotte und Rosalie sowie die Brüder Jakob und Moritz.
3 Zum hundertjährigen Geburtstag Eures Großvaters A. Bernstein. Für Euch, die Enkelkinder, niedergeschrieben von seiner Tochter Johanna. o. O. [1912], S. 6.
4 Marianne Bernstein-Wiener an den Verf., Anfang Februar 1981.
5 Zum hundertjährigen Geburtstag (s. Anm. 3), S. 4 f.
6 Ebenda, S. 5.
7 Eine Familienlegende besagt, daß die Familie Bernstein vom sagenumwobenen Saul Wahl abstammt, der einen Tag König von Polen gewesen sein soll. Vgl. unten das Kapitel »Bilder aus dem Ghetto«, s. S. 211 ff. Auch andere Familien, so zum Beispiel die von Moses Mendelssohn und die von

Gabriel Riesser, leiten ihre Abstammung von Saul Wahl ab. Vgl. Jüdisches Lexikon, Bd. IV / 2, Sp. 1277 f.

8 Zum hundertjährigen Geburtstag (s. Anm. 3), S. 4.

9 Heinrich Joseph Horwitz (1824–1899), jüdischer Herkunft, evangelisch getauft, studierte Rechtswissenschaften und hatte sich 1858 als Rechtsanwalt niedergelassen. Seit 1870 Stadtverordneter in Berlin, 1877–1879 Mitglied des Preußischen Abgeordnetenhauses für Torgau-Liebenwerda (nationalliberal), 1883–1887 Mitglied des Reichstags (freisinnig) für den gleichen Wahlkreis, 1890–1893 für Mühlhausen-Langensalza.

10 Vgl. Julius Bernstein, Erinnerungen an das elterliche Haus, Halle 1913, S. 8.

11 Karl Emil Franzos, Über A. Bernstein, in: AZJ, Nr. 1, 5, 6, 8, 10–12, 24 / 1895.

12 Ebenda, Nr. 1 / 1895, S. 7.

13 Über das jüdische Schul- und Bildungswesen in Westpreußen vgl. Max Aschkewitz, Zur Geschichte der Juden in Westpreußen, hrsg. vom Johann Gottfried Herder-Institut, Nr. 81, Marburg (Lahn) 1967, S. 119 ff.

14 Ein Zeitgenosse Bernsteins, der Arzt, Philosoph und Schriftsteller Salomon Ludwig Steinheim, hat sich über die Aufgaben eines Lehrers in einer Gemeinde zu jener Zeit geäußert. Vgl. Biographische Bruchstücke, in: Salomon Ludwig Steinheim zum Gedenken. Ein Sammelband, hrsg. von Hans-Joachim Schoeps, Hildesheim 1987, S. 182 ff.

15 Gelehrtes Berlin im Jahre 1845. Verzeichnis im Jahre 1845 in Berlin lebender Schriftsteller und ihrer Werke, Berlin 1846, S. 25.

16 Zum hundertjährigen Geburtstag (s. Anm. 3), S. 45 f.

17 Johanna Neumann, geb. 24. Juni 1816, gest. 1899, älteste Tochter des Arztes Gottlieb Kühlbrand, verheiratet mit dem Kaufmann Nehemias Neumann aus Thorn, war von Berthold Auerbach als Dichterin entdeckt worden. Bernstein ermöglichte ihr später die Herausgabe von Gedichten im Verlag von Franz Duncker. Mehrere von den in dem Band »Frauenleben« enthaltenen Kinderliedern sind in Musik gesetzt worden, u. a. das »Mandelbäumchen« von dem Wagnerianer Joachim Raff. Vgl. Lexikon deutscher Frauen der Feder. Eine Zusammenstellung der seit dem Jahre 1840 erschienenen Werke weiblicher Autoren nebst Biographien der lebenden und einem Verzeichnis der Pseudonyme, hrsg. von Sophie Pataky, Bd. II, Berlin 1898, S. 85 f.

18 Zum hundertjährigen Geburtstag (s. Anm. 3), S. 7.

19 Gottlieb Kühlbrandt (1782–1853), Arzt im Militärlazarett in Gumbinnen, erwarb sich 1831 Verdienste bei der Bekämpfung der Cholera. Anläßlich seines 70. Geburtstages ist er angeblich als erster Jude in Preußen mit dem Roten Adlerorden ausgezeichnet worden.

20 Heinrich Kurtzig (1865–1946), Schriftsteller, seit 1900 in Berlin, seit

1905 Verlagsbuchhändler, später langjähriger Generalsekretär des »Verbandes jüdischer Heimatvereine«.

21 Heinrich Kurtzig, Ostdeutsches Judentum. Tradition einer Familie, Leipzig 1930, S. 15 ff.; sowie Unbekanntes von A. D. Bernstein, in: Jüdische Allgemeine Zeitung, NF der Jüdisch-liberalen Zeitung, Jg. Nr. 4 vom 22. Januar 1936.

22 Bernstein an Friedrich Wilhelm Gubitz am 15. April 1837 (Lessingsche Autographensammlung, früher Staatsbibliothek, jetzt Krakau, Polen).

23 Karl Emil Franzos, Über A. Bernstein, in: AZJ, Nr. 2/1895, S. 56.

24 Eduard Bernstein, Von 1850 bis 1872. Kindheit und Jugendjahre, Berlin 1926, S. 5. In Eduard Bernsteins im Nachlaß befindlichen Manuskript »Aus meinem Leben. Selbstbiographisches« heißt es: »Aron Bernstein war in Fordon als Studierender mit der Literatur des jungen Deutschland bekannt geworden und hatte, von ihren Ideen hingerissen, es möglich zu machen gesucht, in Berlin, das immerhin schon ein Zentrum geistigen Lebens war, sein Zelt aufgeschlagen« (Nachlaß E. Bernstein Nr. A 51, IISG, Amsterdam).

25 Das städtische Bürgerrecht in Berlin erhielt Bernstein erst am 14. Februar 1839. Vgl. Die Judenbürgerbücher der Stadt Berlin. Mit Ergänzungen für die Jahre 1791–1809, hrsg. von Jacob Jacobsen, Berlin 1962, S. 339.

26 Willibald Alexis (Pseyudonym für Georg Wilhelm Heinrich Häring) gab seit 1827 das »Berliner Conversationsblatt« (ab 1830 vereinigt mit »Der Freimüthige«) heraus.

27 Der Gesellschafter, oder Blätter für Geist, Gemüth und Herz, hrsg. von Friedrich Wilhelm Gubitz, Berlin 1817–1848.

28 Mitternachtsblatt für gebildete Stände, ab 1829: Mitternachtszeitung für gebildete Stände, hrsg. von Adolf Müllner, später von Carl Niedmann, Karl Andree, Karl Köchy, Eduard Brinckmeyer, Heinrich Laube, Braunschweig, Wolfenbüttel 1826–1840.

29 Über die ersten Erfahrungen und Begegnungen s. das Kapitel »Mein erstes Opus« (A. Bernstein, Natur und Kultur. Betrachtungen, Leipzig 1880, S. 284–300), in dem Bernstein von seiner Aufnahme in die Berliner »Mittwochgesellschaft« sowie von seinem ersten Honorar in Höhe von vier Talern und zwanzig Silbergroschen für einen Beitrag im »Freimüthigen« berichtet.

30 Es handelt sich um die alle zwei Jahre im Herbst stattfindende Ausstellung in der Berliner Akademie. Vgl. Die Kataloge der Berliner Akademie-Ausstellungen 1786–1850, hrsg. von Helmut Börsch-Supan, Bd. 2, Berlin 1971 [1834, 1–51].

31 Die Ausstellung der Werke lebender Künstler in den Sälen der hiesigen Akademie der Künste, in: Berlinische Nachrichten von Staats- und gelehrten Sachen (Spenersche Zeitung), Nr. 221, 223, 226, 230, 234–235,

240–241, 243, 248/1834. Die Artikelfolge, die vom 22. September bis 23. Oktober 1834 erschien, ist namentlich nicht gekennzeichnet, doch läßt eine Anmerkung zum Text erkennen, daß Bernstein der Verfasser war. In der Artikelfolge wird ausführlich auf die Bilder von Karl Sohn, August von Kloeber, Heinrich Lengerich, Julius Hübener u. a. eingegangen. Über das berühmte Altarbild »Christus vor Pilatus« des Malers Wilhelm Hensel heißt es: »Ein Werk lobend beurteilen, heißt sich ihm gleichstellen. Wer wird dies hier so leicht wagen? Eine warnende Stimme spricht aus dem Bilde selbst, kein übereiliges irriges oder gar ungerechtes Urteil ... zu fällen; und sich nur mit Vorsicht dem zu nahen, welches weit über das Maß und das Wesen des Gewöhnlichen sich erhebt. Vor allem gebührt dem wackeren Künstler die ehrenvollste Anerkennung dafür, daß er [in] einer Zeit wie der unsrigen, die der Zersplitterung künstlerischer Talente in Schaffung gefälliger, der Zeitrichtung schmeichelnden Werke nur zu verführerisch entgegenkommt, die Kraft und den Mut besaß, nicht nur den Gedanken eines großartigen Kunstwerks zu fassen und geistig in sich auszubilden, sondern auch an seine Ausführungen wirklich Hand anzulegen, unermüdet sie Jahre lang zu verfolgen, und es jetzt, als vollendet, den Blikken der Welt hinzustellen. In dieser Hinsicht kann sich das Werk mit dem Bedeutendsten messen, was jene frühere große Kunstzeit hervorgebracht hat« (Nr. 230/1834). Ähnlich lobend hat sich über Hensels »Christus vor Pilatus« später auch Theodor Fontane geäußert. Vgl. Theodor Fontane über Wilhelm Hensel, in: Mendelssohn-Studien. Beiträge zur neueren deutschen Kultur- und Wirtschaftsgeschichte, hrsg. von Cécile Lowenthal-Hensel, Bd. 3, Berlin 1979, S. 185 f. Hensels »Christus vor Pilatus« kam als Altargemälde in die Berliner Garnisonkirche, mit der es 1908 verbrannte. Vgl. Cécile Lowenthal-Hensel, Wilhelm Hensel und sein zeichnerisches Werk, in: Jahrbuch Preußischer Kulturbesitz, Bd. XXIII/ 1986, S. 69, Anm. 26. Bernstein schrieb einige Jahre später noch einmal eine Ausstellungskritik, vgl. A. Rebenstein, Die Gemälde-Ausstellungen in Königsberg, Danzig, Stettin und Breslau, in: Kunst und Gewerbe (Beiblatt zum »Gesellschafter«), Nr. 5/1837, S. 391 f.

32 Franzos, Über A. Bernstein, in: AJZ 5/1895, S. 56 f.

33 So z. B.: Literarische und Kritische Blätter der Börsenhalle; Berliner Figaro; Danziger Dampfboot für Geist, Humor, Satire, Posse, Welt- und Volksleben, Korrespondenz, Kunst, Literatur und Theater, Literarischer Zodiacus; Omnibus zwischen Rhein und Weser.

34 A. R(ebenstein), Das junge Deutschland, in: Der Freimüthige, oder: Berliner Conversationsblatt, Nr. 12–14, 16–18, 20–22/1835.

35 In dem Aufsatz werden die Namen von u. a. Robert Bürkner, Ernst Keil, Franz Kugler und Robert Reinick genannt. Bernstein erklärt in diesem Zusammenhang: »Die Poesie in Deutschland hat aufgehört, eine aristokratische zu sein, und das ist ein großer, großer Fortschritt! Die Lyrik

ist jetzt Eigentum des Volkes geworden« (ebenda, Nr. 14/1835, S. 59). Vgl. A. Rebenstein, Der Verein der jüngeren Berliner Dichter, in: Literarische Blätter. Beilage zum »Gesellschafter«, Nr. 1/1837.

36 A. R(ebenstein), Das junge Deutschland (s. Anm. 34), Nr. 12/1835, S. 50.

37 A. Rebenstein, Von dem sittlich-religiös-poetischen Bettlermantel oder Göthe und Menzel redivivus, in: Der Freimüthige, Nr. 158/1835, S. 50.

38 Ebenda, Nr. 159/1835, S. 638.

39 Ebenda, Nr. 158/1835, S. 634.

40 A. Bernstein (Rebenstein), Plan zu einer neuen Grundlage für die Philosophie der Geschichte. Wissenschaftlicher Versuch nebst einigen literarischen Studien, Berlin 1838, S. 11–24.

41 In dem Varnhagen von Ense und Gubitz gewidmeten Buch sind noch folgende Arbeiten enthalten: »Rationalismus im Judentum« (S. 27–43); »Adelbert von Chamisso« (S. 44–68); »Der Goethe'sche Wagner, oder: Muster der Charakterbildung für junge Poeten« (S. 69–77); »Schönborn, Göthe und ihre Zeitgenossen« (S. 75–96); »Über den Einfluß der deutschen Studien auf E. L. Bulwer« (S. 75–105); »Coleridge und Goethe, oder ein englischer Faust« (S. 105–111).

42 Ebenda, S. 19.

43 Vgl. die »Berichtigung« (Der Gesellschafter, 202/1838) von F. W. Gubitz: »Hr. R. ist mir ein geschätzter Mitarbeiter des ›Gesellschafter‹, zum Redacteur desselben habe ich aber niemals Jemand engagiert, weil ich es stets selbst war und bin.«

44 Der Gesellschafter, Nr. 129/1837, S. 643.

45 Bernstein an Karl August Varnhagen von Ense, 29. Januar 1837 (Sammlung Varnhagen von Ense, JB Krakau, Polen).

46 A. Rebenstein, Das junge Deutschland, oder: Ein Wort zur Zeit, in: Der Freimüthige, Nr. 227/1835, S. 911. Auszüge, frz., in: Nouvelle revue germanique, 1835, Tome IV, S. 202–207.

47 Ferdinand Gustav Kühne polemisierte in einem antisemitelnden Ton in der »Zeitung für die elegante Welt« gegen Bernsteins Äußerungen, die er für falsch und deplaziert hielt. Er nannte Bernstein einen »Ignoranten« und »Schwätzer«, der von etwas spreche, von dem er nichts verstehe. Es sei Mode geworden, »Kraut und Rüben durcheinander zu mengen, daß es kaum auffällt, wenn diese junge märkische Rübe, die eigentlich Bernstein heißt, sich aber, um den Talmud nicht zu comprimittieren, Rebenstein nennt, sich auch in dieses Kraut- und Rübenfeld gemischt wissen will« (Nr. 233 und 234/1835).

48 Vgl. Julius H. Schoeps, Aron Bernstein über Heinrich Heine, in: Entgegnung in Unabhängigkeit. Ernst Liebermann zum 65. Geburtstag, hrsg. von W. Reschka und J. Kunath, Kastellaun/Hunsrück 1979, S. 137–145.

49 Der Gesellschafter, Nr. 137/1836.

50 Ludolf Wienbarg, Ästhetische Feldzüge, Hamburg 1834, Nr. 284.

51 Vgl. Heine in Deutschland. Dokumente und Rezeption 1834–1856, hrsg. von Karl Theodor Kleinknecht, Tübingen 1976, S. XVIII.

52 Blätter für literarische Unterhaltung, Nr. 361/1835.

53 Ebenda, Nr. 226/1835.

54 Ebenda, Nr. 160/1835.

55 Bereits in seiner Jugendzeit hatte Bernstein Heines 1927 erschienenes »Buch der Lieder« in Händen gehabt: »Nach und nach las ich mich tiefer und tiefer hinein. Bis in die innerste Seele ging mir jedes Wort ...« Vgl. Bernstein, Vier Stunden aus meinem jungen Leben, in: Literarischer Zodiacus. Journal für Zeit und Leben, Wissenschaft und Kunst, Leipzig 1835, S. 399.

56 A. R., An Heinrich Heine, in: Der Freimüthige, Nr. 134/1834, S. 575.

57 Blätter für literarische Unterhaltung, Nr. 217–220/1835.

58 Die Redaktion der »Allgemeinen Zeitung des Judenthums« (AZJ) hielt es 1894 für angebracht, im Zuge der vielen, zumeist vergeblichen Versuche, Heine-Denkmäler in Deutschland zu errichten, den Bernstein-Aufsatz »noch einmal zu reproduzieren«, weil er »so klingt, als wäre er gestern geschrieben und für die Köpfe unserer Zeit berechnet ...« (A. Bernstein über Heinrich Heine. Eine literarhistorische Reliquie, in: AZJ, Nr. 26/1894, S. 307).

59 A. R.(ebenstein), Die jüngst ausgebrüteten Anti-Heinianer, in: Der Freimüthige, Nr. 192/1835, S. 769 f.

60 A. Rebenstein, Carl Immermann, das deutsche Publikum und die »Epigonen«, in: Der Gesellschafter, Nr. 117–120/1836.

61 Hans Mayer, Das unglückliche Bewußtsein. Zur deutschen Literaturgeschichte von Lessing bis Heine, Frankfurt a. M. 1986. S. 544.

62 Rebenstein, Carl Immermann (s. Anm. 60), Nr. 118/1836. S. 586.

63 Ebenda, S. 587.

64 A. Rebenstein, Adelbert von Chamisso, in: Der Gesellschafter, Nr. 99–103/1836.

65 A. Rebenstein, Mein letzter Besuch bei Chamisso, in: Der Gesellschafter, Nr. 34 und 35/1839.

66 Ebenda, Nr. 34/1839. S. 170.

67 Der Freimüthige, Nr. 100–104/1835.

68 Der Gesellschafter, Nr. 53–62/1836.

69 Ebenda, Nr. 168–189/1836.

70 Ebenda, Nr. 87–94/1837.

71 Ebenda, Nr. 140–152/1838.

72 Mitternachtszeitung, Nr. 58–63/1836.

73 Bernstein an Otto Lewald, 23. Juni 1857; Bernstein an Elisabeth Lewald, 7. Januar 1858 (Nachlaß Lewald-Stahr, StaBi Berlin).

74 Nachklänge, Lieder von F. Brunold, E. Ferrand, W. Jäger, L. Kossarsky, A. Rebenstein, Berlin 1834. Bibliographisch zu ermitteln, aber mit einem Standort nicht nachzuweisen ist Bernsteins Buchveröffentlichung »(Blumen-Sprache, oder) das Buch der Blumen«, Berlin 1834.

75 Gutzkow mokierte sich in dem von ihm redigierten Literaturblatt zum »Phönix« (Nr. 30/1835) über die »Pommersche Dichterschule«, wie er die Autoren des Bandes nannte. Er warf ihnen vor, Heinrich Heine nachzuahmen: »Heine heißt ihr Unglück.«

76 Franzos, Über A. Bernstein, in: AZJ, Nr. 10/1895, S. 117.

77 A. Rebenstein, Novellen und Lebens-Bilder, Berlin 1840.

78 Franzos, Über A. Bernstein, in: AZJ, Nr. 10/1896, S. 117.

79 Rebenstein, Novellen und Lebens-Bilder (s. Anm. 77), S. 25.

80 Ebenda, S. 27.

81 Den Text hatte Bernstein bereits fünf Jahre vorher schon einmal veröffentlicht. Vgl. A. Bernstein, Vier Stunden aus meinem jungen Leben, S. 379–402.

82 Rebenstein, Novellen und Lebens-Bilder (s. Anm. 77), S. 256.

83 Ebenda, S. 258.

84 Ebenda, S. 246.

85 Heinrich Laubes gesammelte Werke in fünfzig Bänden, hrsg. von Heinrich Hubert Houben, Bd. 40 (= Erinnerungen I), Leipzig 1910, S. 323.

86 Bernstein, Erinnerungen an das elterliche Haus (s. Anm. 10), S. 8f.

87 Mendel Kalisch (1810–1863) hieß ursprünglich Kalischer und stammte aus Lissa. Vgl. Die Judenbürgerbücher der Stadt Berlin (s. Anm. 25), S. 453.

88 Hermann Samuel Herrmann (1810–1889) stammte aus Heinrichs, Kr. Erfurt. Vgl. Die Judenbürgerbücher der Stadt Berlin (s. Anm. 25), S. 325.

89 Über ihn vgl. Jüdisches Lexikon, Bd. II, Sp. 1673.

90 Caroline Bernstein (1812–1854) trug nicht nur den gleichen Familiennamen wie A. Bernstein, sondern war auch am gleichen Tag – am 6. April 1812 – geboren worden.

91 Vgl. Die Judenbürgerbücher der Stadt Berlin (s. Anm. 25).

92 Ludwig Geiger (A. Bernstein, in: AZJ, Nr. 14/1912, S. 161) gibt die folgenden Äußerungen Bernsteins aus dem Jahre 1853 wieder: »Mein Schnellläuferdasein begleitete Carolinchens ruhiger, ewig-sinniger, ewig-vorsorglicher, ewig-gleichmütiger und ewig-gleichtätiger Muttergang, eine ewig-durchsichtige klare Mutterseele, ein ewig-ebenmäßiges Mutterleben.« Einer der zahlreichen Hausfreunde schrieb 1854 kurz nach Carolines Tod: »Wir Freunde vermissen nur soviel; wir vermissen die unaussprechliche mütterliche Liebe, jenes erhabene eheliche Glück, jene merkwürdige Selbstverleugnung zugunsten ihrer Kinder, jenes seltene Mitgefühl für alles Leiden und innige Teilnahme an dem Schicksal anderer, jenes stete Trachten nach einer Gelegenheit, anderen helfen und nüt-

zen zu können – all dies und noch mehr werden und können wir in diesem Hause und wohl nirgends mehr in diesem Grade wiederfinden« (ebenda). Vgl. Zum hundertjährigen Geburtstag (s. Anm. 3), S. 11 f.

93 Julius Bernstein (1839–1917) ist als Physiologe und mehrjähriger Rektor der Universität Halle bekannt geworden.

94 Alexis, Fanny, Hulda, Johanna, Julius, Mathilde, Max.

95 Bernstein, Erinnerungen an das elterliche Haus (s. Anm. 10), S. 5.

96 Aron und Caroline Bernstein an Marianne Levi, Sommer 1837 (ebenda, S. 9f.).

97 Die Konzession für die Leihbibliothek erhielt Bernstein am 14. November 1838. Vgl. Alberto Martino, Publikumsschichten und Leihbibliotheken, in: Deutsche Literatur. Eine Sozialgeschichte, Bd. 6 [Vormärz: Biedermeier, Junges Deutschland, Demokraten 1815–1848, hrsg. von Bernd Witte], Reinbek bei Hamburg 1980, S. 32 ff. In Berlin gab es 1831 36, 1847 60 Leihbibliotheken.

98 Vgl. das Manuskript »Aus meinem Leben« des Neffen Eduard Bernstein, Nachlaß E. Bernstein, Nr. A 51 (IISG, Amsterdam).

99 Bernstein, Erinnerungen an das elterliche Haus (s. Anm. 10), S. 3.

100 Theodor Fontane schildert in seinem Erinnerungsbuch »Von Zwanzig bis dreissig« (Autobiographisches. Nebst anderen selbstbiographischen Zeugnissen, München 1967, S. 117), er habe in den Konditoreien und Lesekabinetten die Zeitschriftenliteratur wie den »Beobachter an der Spree«, den »Freimüthigen«, den »Gesellschafter« und den »Berliner Figaro« durchgelesen. Vgl. Charlotte Jolles, Fontane und die Politik. Ein Beitrag zur Wesensbestimmung Theodor Fontanes, Berlin und Weimar 1983, S. 27.

101 Bei Stehely trafen sich Berlins Oppositionelle wie zum Beispiel die Junghegelianer des sog. Doktorklubs um Bruno und Edgar Bauer, wie einem Brief Friedrich Engels' an Karl Marx vom 20. Januar 1845 zu entnehmen ist (MEW, Bd. 27, S. 17). Friedrich Saß notierte 1846: »Die neue Zeit hat gesiegt bei Stehely« (Berlin in seiner neuesten Zeit und Entwicklung, Leipzig 1846, S. 78f.). Die Polizei schickte häufig Spitzel in die »rote Stube«, die, hinter Zeitungen versteckt, die Gespräche verfolgten, um darüber Bericht zu erstatten.

102 Die bis Anfang der sechziger Jahre bestehende berühmte Konditorei von Spargnapani aus dem Engadin, Unter den Linden 50, zwischen Neustädtischer Kirchgasse (heute: Neustädtische Kirchgasse) und Friedrichstraße wurde hauptsächlich von Beamten, aber auch von Studenten und Literaten frequentiert.

103 A. Rebenstein, Spargnapani's Lese-Cabinet, in: Der Gesellschafter, Nr. 96/1837, S. 480).

104 Bernstein war bemüht, in seinem Lese-Cabinet Vorlesungen zu realisieren. An Leopold Zunz schreibt er am 8. Dezember 1841, es gäbe

Schwierigkeiten, und die Vorlesungen müßten in der Singakademie statt-
finden (Nachlaß Zunz, JNUL). Es scheint, als ob es sich bei diesen von
Bernstein organisierten Vorlesungen um Veranstaltungen des Cultur-Vereins gehandelt hat.

105 Das Berliner Lese-Cabinet, in: Der Gesellschafter, Nr. 39/1839, S. 196.

106 Der Verleger F. A. Brockhaus, dem Alexis sein Leid klagte, riet diesem, seinen Anteil wieder abzustoßen: »Ich bin gleich damals nicht für die
Ausführung Ihres Planes gewesen, insofern beabsichtigt wurde, ein *Geschäft* daraus zu machen; das deutsche Publ[icum] liest nun einmal entweder zu Hause oder in Conditoreien etc., wo sich zugleich leibliche Nahrung
findet. Auch Ihr Streben, das Institut zu vollständig auszustatten, hat
Ihnen geschadet. Das beste hätte genügen müssen, und die Kosten dafür
wären leichter aufzubringen gewesen. Ich begreife nur zu gut das Widrige
Ihrer jetzigen Lage, wo Sie ein bedeutendes Capital zu stecken haben, zu
dessen Erfolg Ihnen das rechte Vertrauen verloren ist. Zeigt Ihnen wirklich eine genaue Aufstellung, daß die Chancen für die Zukunft nicht von
der Art sind, um mindestens vollständig gedeckt zu sein, so würde ich Ihnen sehr raten, einen ersten Verlust nicht zu scheuen, aufs Ungewisse hin
immer nur Fonds in etwas zu stecken, ist bedenklich. Sind sie ernstlich gemeint, das Unternehmen nicht fortzuführen, so machen Sie irgend einem
Käufer billige Bedingungen, *opfern Sie etwas* und schaffen sich die Sache
vom Halse« (Lionel Thomas, Willibald Alexis. A German Writer of the
Nineteenth Century, Oxford 1964, S. 66 und 70).

107 Bernstein an Varnhagen von Ense, 30. Juni 1837 (Varnhagen-Ensensche Sammlung, Jag. Bibl., Krakau).

108 Zunz war am 27. April 1840 zum Direktor des Lehrerseminars berufen worden, einem Amt, das er bis Februar 1850 innehatte.

109 Bernstein an Zunz, 10. April 1843 und 9. Mai 1845 (Nachlaß Zunz,
JUNL).

110 In Buchhandelsgeschäften hatte Bernstein eine Reise – vermutlich
Mitte 1836 – nach Prag und Ungarn gemacht. Darauf läßt ein mehrteiliger
Artikel »Ein Tag in Prag« schließen, den Bernstein in Gubitzens »Gesellschafter« veröffentlichte. Der Artikel ist insofern interessant, als Bernstein darin nicht nur lesenswerte Ausführungen über das jüdische Prag
macht, sondern auch von Begegnungen mit Prager Literaten wie Karl
Egon Ebert und Rudolph Glaser berichtet (Nr. 133–140/1836).

111 Bernstein an Marianne Levi, 23. Mai 1840 (Bernstein, Erinnerungen
an das elterliche Haus [s. Anm. 10], S. 14).

112 Vgl. Bernstein, Von 1850 bis 1872 (s. Anm. 24), S. 20f.

113 Näheres im Artikel »Schir haschirim«, in: Jüdisches Lexikon, Bd.
IV/2, Sp. 214ff.; ebenfalls im Nachwort der von Stefan Schreiner besorg-
ten Edition »Das Lied der Lieder von Schelomo«, Leipzig und Weimar
1985, S. 73–96.

114 Das Lied der Lieder, oder das Hohe Lied Salomo's. Bearbeitet und erläutert von A. Rebenstein. Bevorwortet von Dr. Zunz [gedruckt bei D. Friedländer], Berlin 1834. Anfang Dezember 1859 teilte A. Bernstein seinem Sohn Julius mit, diese Übersetzung sei sein »Erstlingswerk« gewesen, »mit dem ich die literarische Laufbahn« betrat: »Mich leitete damals zu dieser Wahl der Arbeit die tiefe Herzensneigung, die mir später zum unverlierbaren Lebenslicht wurde; und doch darf ich heutigen Tags erklären, daß meine Auffassung des viel behandelten Themas nicht bloß neu und originell war, sondern auch wirklich *wichtige* Aufschlüsse über die Rätsel bot, die vor mir Bearbeiter von gewichtigem Namen nicht zu lösen vermochten« (Heinrich Kurtzig, Ein Erinnerungsblatt zum 125. Geburtstag Aron Bernsteins, in: Gemeindeblatt der jüdischen Reformgemeinde zu Berlin, Nr. 8/1937, S. 81).

115 Vgl. Nahum N. Glatzer, Leopold Zunz. Jude/Deutscher/Europäer, Tübingen 1964, S. 13 ff.

116 Das Lied der Lieder (s. Anm. 114), S. VII.

117 Salomon Loewisohn verfaßte 1816 sein Hauptwerk »Melizat Jeschurun«, in dem er u. a. das »Lied der Lieder« einer näheren Betrachtung unterzog.

118 Joseph Salvador (1796–1873) entwickelte in seiner 1822 verfaßten Schrift »La Loi de Moise, ou, Système religieux et politique des Hébreux« die von Bossuet beeinflußte These, daß es sich bei dem »Lied der Lieder« um eine Beschreibung einer hebräischen Hochzeit handele.

119 Das Lied der Lieder (s. Anm. 114), S. 29 f.

120 A. Rebenstein, Rationalismus und Judentum, in: Der Gesellschafter, Nr. 48 und 49/1837; ebenfalls abgedruckt in: Plan zu einer neuen Grundlage für die Philosophie der Geschichte, S. 27–43.

121 Ebenda, S. 34.

122 Aron Chorin[er] (1766–1844), aufgeklärter Rabbiner, der schon früh für die Reform eintrat, u. a. für die Lockerung der Speisegesetzgebung, für die Duldung der Mischehe, für die Aufhebung der Sabbatfeier und deren Verlegung auf den Sonntag.

123 A. Bernstein, Das 19te Jahrhundert. Ein Volksbuch zur Unterhaltung und Belehrung über alle Ereignisse, Begebenheiten und Interessen des gegenwärtigen Jahrhunderts, Berlin 1840.

124 A. Bernstein (Rebenstein), Die Gesetze der Rotation [als Manuskript gedruckt], Berlin 1840.

125 Bernstein hat angeblich mit Bessel in einem Briefwechsel gestanden; Vgl. Ein deutscher Zeitungsschreiber. A. Bernstein, in: Die Gartenlaube 1861, S. 454. Im Teilnachlaß Bessels (Handschriftenabteilung, StaBi, Stiftung Preußischer Kulturbesitz, Berlin) ließen sich keine Briefe Bernsteins nachweisen.

126 Der Verfasser ist Dr. Peter Honigmann dankbar für den Hinweis, daß

44

der zitierte Brief von A. Bernstein vom 27. Oktober 1875 an den Physiker Peter Theophil Riess gerichtet war (StaBi, Handschriftenabteilung, Sammlung Darmstädter, Stiftung Preußischer Kulturbesitz).

127 James Clerk Maxwell (1831–1879), englischer Physiker, dessen bedeutendste Leistung die Mathematisierung des von M. Faraday in die Physik eingeführten Kraftlinienbegriffs ist.

128 Bernstein, Erinnerungen an das elterliche Haus (s. Anm. 10), S. 27.

129 Vgl. Ilja Mieck, Von der Reformzeit zur Revolution (1806–1847), in: Geschichte Berlins, Bd. 1: Von der Frühgeschichte bis zur Industrialisierung, München 1987, S. 530f.

130 Bernstein an Caroline Bernstein, 14. August 1835 (Zum hundertjährigen Geburtstag [s. Anm. 3], S. 51).

131 Vier Fragen, beantwortet von einem Ostpreußen, Mannheim 1841, in: Johann Jacobys Gesammelte Schriften und Reden, 2. Ausgabe, Bd. I, Hamburg 1877, S. 116–147.

132 Bernstein veranlaßte, aufgefordert durch Jacoby in einem Brief am 20. Mai 1863, den Abdruck einer der »Königsberger Hartungschen Zeitung« vom 30. Mai 1863 entnommenen Besprechung der Neuauflage der »Vier Fragen« in der »Volks-Zeitung« (Nr. 129 und 130, 6. und 7. Juni 1863).

133 A. Rebenstein, Einige Worte über das Circular an die Königl. Ober-Präsidien, die Handhabung der Censur betreffend. Nebst einem Abdruck dieses Circulars, Berlin 1841. In »Gelehrtes Berlin im Jahre 1845. Verzeichnisse im Jahre 1845 in Berlin lebender Schriftsteller und ihrer Werke«, Berlin 1846, S. 25, findet sich die folgende bibliographische Angabe »Betrachtungen über das Ministerialreskript vom 24sten December 1841, die Censurverhältnisse betreffend«, Berlin 1842.

134 Zahlen frappiren! oder die Preußische Finanzverwaltung. Ein erstes Gegenwort wider die Schrift: »Preußen, seine Verfassung, seine Verwaltung, sein Verhältnis zu Deutschland« von Bülow-Cummerow, Berlin 1842. Angeblich sind zwei Auflagen erschienen.

135 Gemeint ist die Schrift Ernst von Bülow-Cummerows »Preußen, seine Verfassung, seine Verwaltung, sein Verhältnis zu Deutschland« (2 Tle., Berlin 1842).

136 Vgl. Ein deutscher Zeitungsschreiber (s. Anm. 125), S. 454.

Abb. 1 A. Bernstein im Alter von ca. 49 Jahren. In den Märztagen des Jahres 1848 nahm Bernstein an den Barrikadenkämpfen teil und entwickelte sich in seinen Überzeugungen zu einem ausgeprägten Demokraten.
Die Gartenlaube *(1861)*

AUF DEN BARRIKADEN

Die revolutionären Ereignisse des Frühjahrs 1848 erschienen vielen Zeitgenossen als die Vorboten einer neuen Zeit. Weite Kreise der jüdischen Bevölkerung wurden nahezu über Nacht von einem »revolutionären Taumel« ergriffen, »der mancherorts fast messianischen Charakter annahm«.[1] Sie erhofften sich durch politische Veränderungen nicht nur eine Verbesserung der eigenen Lage, sondern die Befreiung der Menschheit überhaupt. Die Erwartung, Revolution und Erlösung würden zusammenfallen, war von vielen geradezu verinnerlicht worden. Leopold Zunz zum Beispiel, dem die Märzereignisse gleichsam als das »Weltgericht« für die Unterdrücker erschienen und der in der Revolution den anbrechenden »Tag des Herren« für die Welt erblickte. Ähnlich empfand Adelheid Zunz, die die Erwartungen ihres Mannes teilte. »Ich glaube«, schrieb sie einer Freundin am 28. Juni 1848, »wir denken dasselbe, daß die Freiheit, geht sie selbst einen blutigen Weg, doch das Endziel ist zur Vervollkommnung des Menschengeschlechtes.«[2]

Aufgeschlossene Geister, insbesondere diejenigen, die sich als Demokraten verstanden, waren davon überzeugt, daß die alten Gewalten auf dem Rückzug seien und die Verwirklichung der seit langem erträumten und geforderten Freiheitsideale anstehen würde. Auch Bernstein vollzog im Revolutionsjahr die Hinwendung zu einem entschiedenen Vertreter der demokratisch-revolutionären Bewegung. Sein Sohn, Julius Bernstein, berichtet, er sei am 18. März in Berlin bei der Erstürmung der Wache auf dem Neuen Markt beteiligt gewesen. Angeblich habe er sich dort sogar eines Säbels bemächtigt, der ihm aber im Getümmel wieder abhanden gekommen sei.[3] Ob diese Geschichte der Wahrheit entspricht, darüber läßt sich nur spekulieren. Fest steht jedenfalls, daß Bernstein sich wie viele andere Berliner auf den Straßen befunden hat und Augenzeuge der sich überstürzenden Ereignisse an jenem Tag gewesen ist.

In seinem 1873 erstmalig veröffentlichten Buch »Aus dem Jahre 1848«[4] schildert Bernstein ausführlich die Geschehnisse, die am Nachmittag, ausgelöst durch zwei Gewehrschüsse, zum Aufstand der Berliner Bevölkerung führten: »Im Laufe von einer Stunde waren, wie mit einem Zauberschlage, die Straßen der Stadt verwandelt. Das Steinpflaster wurde aufgerissen, Tonnen, Brückenbohlen, Droschken, Omnibusse, Fuhrwerke aller Art, Wollsäcke, Brunnengehäuse, Hausgeräte und dazwischen Erde und Steinhaufen dienten zum Bau der Wälle, welche die Straßen sperrten und dem Militär den Durchzug hindern sollten. Die kleinen Steine wurde auf die Böden der Häuser gebracht, welche den Barrikaden am nächsten waren. Im Nu waren die Dächer abgedeckt und die Dachsteine als Wurfgeschosse angesammelt, um das erwartete Militär zu vertreiben.«[5]

Bernsteins Schilderung der Ereignisse des 18. März zeigt Übereinstimmung mit anderen Augenzeugenberichten wie zum Beispiel mit denen der beiden Gelehrten Leopold Zunz[6] und Moritz Steinschneider,[7] die sich an diesem Tag ebenfalls auf den Berliner Straßen aufhielten. Zunz schrieb am Abend des 19. März an die mit ihm befreundeten Philipp und Julie Ehrenberg: »Kurz und gut, ein furchtbarer Aufruhr entspann sich – ohne Schuld der Bürger – auf dem Schloßplatze, der bald alle Gewerke und Stände ergriff. Furchtbarer Kanonendonner wütete auf dem Schloßplatze vom Abend bis heute früh vier Uhr und von 7–9 Uhr immer die Königstrasse entlang. Unterdessen waren die Bürger überall in Waffen, Zeughäuser vor dem Oranienburger Tor wurden gestürmt, tüchtige Barrikaden errichtet, sogar uns gegenüber an der Ecke der Prenzlauer Strasse. Bis 9 Uhr fochten die Bürger mit dem Militär, die Sturmglocken gingen fast die ganze Nacht.«[8]

Steinschneider, von dem berichtet wird, er sei gesehen worden, »wie er versuchte, einen dicken Baum vor der Garnisonskirche mit einer kleinen Baumsäge umzufällen«,[9] schrieb am 20. März an seine Braut Auguste Auerbach nach Prag: »Ich glaube nicht, daß es an diesem Tag in Susa anders ausgesehen habe als hier – wenn

Abb. 2 Barrikadenkämpfe in der Nacht vom 18. auf den 19. März 1848 rund um die neue Königsstraße und den Alexanderplatz. Holzstich von Hagner

Abb. 3 Kampf um die große Barrikade auf dem Alexanderplatz in
der Nacht vom 18. zum 19. Mai 1848.
Lithographie, 1848

das Buch Esther mehr als ein persisch-jüdischer Roman ist. Berlin hat 8 Tage bedurft, um an den Tag zu bringen, was bereits unter der Hülle längst vorbereitet lag. Verlange keine Schilderung von Einzelheiten – bis aufs Mündliche, ich kann hier nur die Haupt-züge hinwerfen. Sonnabend um 2 hieß es: Constitution, Minister-wechsel u. s. w.; die Bürgerdeputation zog vor das Schloß, dem König ein Lebehoch zu bringen – ich selbst ... zu Schönberg[10] zu Tisch eilend trank eben ›Freiheit, Verbrüderung‹. Da heißt es um 3 $^1/_2$ Uhr: die Läden sind geschlossen, das Militär schiesst auf die Bürger u. s. w.! Ich renne den kleinen Weg nach Hause, und um 4 Uhr – hatte Berlin mehrere 100 Barricaden! Auch mich hättest Du Steine tragen und Blöcke wälzen sehen können. Indes hieß es, es sei das zufällige Losgehen 2er Gewehre auf dem Schloßplatz Grund des Mißverständnisses, Augenzeugen behaupten, daß man auf die Bürger eingehauen habe. – Die Sache ist noch nicht erklärt, genug, die Erbitterung hatte den höchsten Grad erreicht, und als um 4 $^1/_2$ Uhr das Militär anfing, sich in die verbarricadierten Stra-ßen zu begeben, fand es an vielen Punkten eine unerwartet hel-denmäßige Verteidigung der Bürger, namentlich Schützen und Studenten. Man glaubt allgemein, daß der Prinz von Preussen auf Vorschreiten des Militärs mit Kartätschen und Granaten gedrun-gen,[11] die Verteidiger mußten sich großenteils selbst die Waffen erobern ..«[12]

Rückblickend vertrat Bernstein die Ansicht, die Berichterstat-tung über die Märzvorgänge sei vielfach parteiisch gewesen und hätte an Übertreibungen gelitten, »welche eine aufgeregte Phan-tasie in jedem erzeugt, der daran teilgenommen«.[13] Fest stünde nur, daß die Kämpfe gegen fünf Uhr begonnen, die ganze Nacht angehalten und erst gegen fünf Uhr am Morgen abgeflaut seien. Die Barrikaden seien nach harter Gegenwehr durch das Militär gestürmt worden, das mit über 14000 Mann und 36 Geschützen angerückt war. Häuser, aus denen auf die Truppen geschossen oder Steine geworfen wurden, seien »Schauplätze entsetzlicher Szenen« gewesen. Der Verlust des Militärs an Toten und Verwun-deten, berichtet Bernstein, hätte nach den amtlichen Listen 274 Personen betragen, worunter 14 Offiziere gewesen seien. Auf seiten des revolutionären Volkes waren 230 Tote zu beklagen, »worunter notorisch völlig Waffenlose und Frauen und Kinder mitzählten«.[14]

Unter den rund 230 Gefallenen befand sich auch ein Angehöriger der Familie Bernstein. Ein jüngerer Bruder von Bernsteins Ehefrau, Magnus Bernstein, tätig als Setzer in einer Druckerei, war auf dem Weg von der Arbeit an einer Barrikade erschossen worden.[15] Seine Eindrücke vom Tag des Leichenbegängnisses, an dem er den Sarg mit der Leiche seines Schwagers zusammen mit dessen Brüdern vom Schloßplatz, wo die Toten einer neben dem anderen mit Blumen, Zweigen und Lorbeer aufgebahrt worden waren, zum Friedrichshain trug, hielt Bernstein folgendermaßen fest: »Von den Häusern und aus den Fenstern wehten deutsche Flaggen und große Trauerflore. Schwarze Fahnen flatterten auf den Toren und von den Zinnen des königlichen Schlosses. Die männliche Bevölkerung der Stadt trug Trauerflor um die Arme, die Frauen erschienen in schwarzen Kleidern an den Fenstern und auf den Straßen. Vor der neuen Kirche auf dem Gendarmenmarkte erhob sich eine gewaltige Estrade, worauf fast 200 Särge der Gefallenen, mit Blumen und Trauerfloren geschmückt, aufgestellt waren ... Gegen Mittag zogen die Abteilungen der Bürgerwehren, der Studenten-Korps, der Handwerker, der Korporationen von ihren angewiesenen Sammelplätzen herbei, um sich dem Zuge nach Anordnung des Komités anzuschließen. Die Schützengilde, der Magistrat, die Stadtverordneten mit ihrem Kettenschmuck, wie die Geistlichen aller Konfessionen fanden sich in der Kirche ein.«[16]

Es unterliegt heute keinem Zweifel, daß sich die Berliner Juden, gemessen an ihrem Prozentsatz zur Gesamtbevölkerung, ungewöhnlich zahlreich an den revolutionären Ereignissen beteiligt haben.[17] Wie viele Juden sich unter den Märzgefallenen befanden, läßt sich nur ungenau rekonstruieren, da die allgemeinen Gefallenenlisten die religiöse Zugehörigkeit nicht aufführen. Außer dem »Philosophen« Levin Weiss, dessen Tod auf den Barrikaden ein beträchtliches Echo in der Presse auslöste,[18] nennt weder der »Orient« noch die »Allgemeine Zeitung des Judenthums« (AZJ)

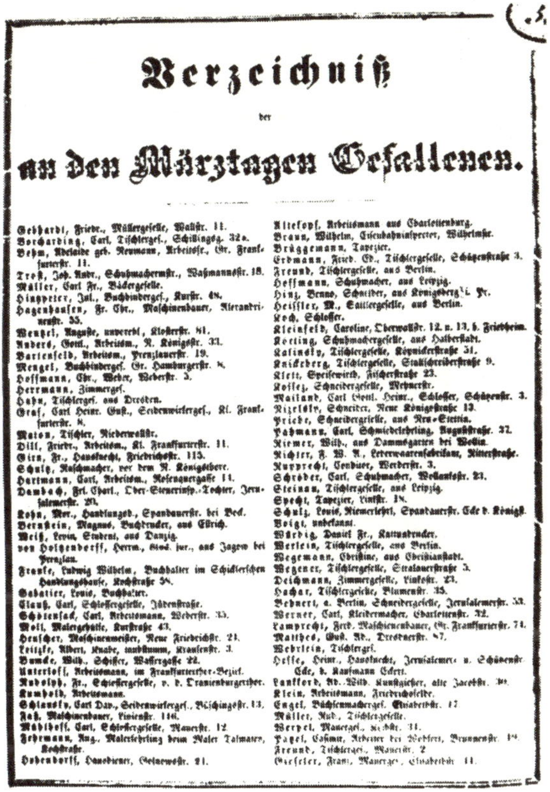

Verzeichniß

der

an den Märztagen Gefallenen.

Gebhardt, Friedr., Müllergeselle, Wallstr. 11.
Borcharding, Carl, Tischlerges., Schillingsg. 32 a.
Behm, Adelaide geb. Neumann, Arbeitsfr., Gr. Frankfurterstr. 11.
Trost, Joh. Andr., Schuhmachermstr., Waßmannsstr. 18.
Müller, Carl Fr., Bäckergeselle.
Hinppeter, Jul., Buchbinderges., Kurstr. 48.
Hagenhausen, Fr. Chr., Maschinenbauer, Alexandrinenstr. 33.
Mentzel, Auguste, unverehl., Klosterstr. 81.
Anders, Gottl., Arbeitsm., N. Königsstr. 33.
Bartenfeld, Arbeitsm., Prenzlauerstr. 19.
Mengel, Buchbinderges. Gr. Hamburgerstr. 8.
Hoffmann, Chr., Weber, Weberstr. 3.
Herrmann, Zimmerges.
Hahn, Tischlerges. aus Dresden.
Graf, Carl Heinr. Gust., Seidenwirkerges., Kl. Frankfurterstr. 8.
Maton, Tischler, Niederwallstr.
Dill, Friedr., Arbeitsm., Kl. Frankfurterstr. 11.
Girn, Fr., Hausknecht, Friedrichsstr. 113.
Schulz, Raschmacher, vor dem N. Königsthore.
Hartmann, Carl, Arbeitsm., Rosenquergasse 11.
Dambach, Frl. Charl., Ober-Steuerinsp.-Tochter, Jerusalemerstr. 20.
Kohn, Mor., Handlungsd., Spandauerstr. bei Beck.
Bernstein, Magnus, Buchdrucker, aus Ellrich.
Weiß, Levin, Student, aus Danzig.
von Holtzendorff, Herrm., Stud. jur., aus Jagow bei Prenzlau.
Franke, Ludwig Wilhelm, Buchhalter im Schicklerschen Handlungshause, Kochstraße 58.
Sabatier, Louis, Buchhalter.
Glauß, Carl, Schlossergeselle, Jüdenstraße.
Schötensack, Carl, Arbeitsmann, Weberstr. 35.
Moll, Malergehülfe, Kurstraße 43.
Heuscher, Maschinenmeister, Neue Friedrichstr. 21.
Leitzke, Albert, Knabe, taubstumm, Krausenstr. 3.
Bumcke, Wilh., Schiffer, Wassergasse 22.
Unterkoffl, Arbeitsmann, im Frankfurterthor-Bezirk.
Rudolph, Fr., Schlossergeselle, v. d. Oranienburgerthor.
Rumbold, Arbeitsmann.
Schlansky, Carl Dav., Seidenwirkerges., Büschingsstr. 13.
Faß, Maschinenbauer, Linienstr. 146.
Mühlhoff, Carl, Schlossergeselle, Mauerstr. 12.
Zehrmann, Aug., Malerlehrling beim Maler Talmann, Kochstraße.
Hobendorff, Hausdiener, Gelnerstr. 21.
Altekopf, Arbeitsmann aus Charlottenburg.
Braun, Wilhelm, Eisenbahninspector, Wilhelmstr.
Brüggemann, Tapezier.
Erdmann, Fried. Ed., Tischlergeselle, Schützenstraße 3.
Freund, Tischlergeselle, aus Berlin.
Heffmann, Schuhmacher, aus Leipzig.
Hinz, Benno, Schneider, aus Königsberg i. Pr.
Heissler, M., Sattlergeselle, aus Berlin.
Koch, Schlosser.
Kleinfeld, Caroline, Oberwallstr. 12. u. 13. b. Friedheim.
Ketting, Schuhmachergeselle, aus Halberstadt.
Kalinsky, Tischlergeselle, Köpnickerstraße 31.
Knickeberg, Tischlergeselle, Stallschreiberstraße 9.
Klett, Speisewirth, Fischerstraße 23.
Koffey, Schneidergeselle, Mehnerstr.
Mailand, Carl Gottl. Heinr., Schlosser, Schützenstr. 3.
Rizelsky, Schneider, Neue Königsstraße 13.
Priebe, Schneidergeselle, aus Neu-Stettin.
Pahmann, Carl, Schmiedelehrling, Auguststraße. 22.
Riemer, Wilh., aus Dammsgarten bei Wollin.
Richter, F. W. A., Lederwaarenfabrikant, Ritterstraße.
Ruprecht, Conditor, Werderstr. 3.
Schröder, Carl, Schuhmacher, Wollankstr. 23.
Steinau, Tischlergeselle, aus Leipzig.
Specht, Tapezier, Linkstr. 18.
Schulz, Louis, Riemerlehrl., Spandauerstr. Ecke d. Königs.
Voigt, unbekannt.
Würdig, Daniel Fr., Kattundrucker.
Werlein, Tischlergeselle, aus Berlin.
Wegemann, Christine, aus Christianstadt.
Wegener, Tischlergeselle, Stralauerstraße 3.
Deichmann, Zimmergeselle, Linkstr. 23.
Hachar, Tischlergeselle, Blumenstr. 35.
Behnert, a. Berlin, Schneidergeselle, Jerusalemerstr. 33.
Werner, Carl, Kleidermacher, Charlottenstr. 22.
Lamprecht, Ferd. Maschinenbauer, Gr. Frankfurterstr. 71.
Matthes, Gust. Ad., Dresdnerstr. 87.
Wehrlein, Tischlerges.
Hesse, Heinr., Hausknecht, Jerusalemer- u. Schützenstr. Ecke, b. Kaufmann Eckert.
Lankford, Ad. Wilh. Kunstgießer, alte Jacobstr. 89.
Klein, Arbeitsmann, Friedrichsfelde.
Engel, Büchsenmacherges. Elisabethstr. 17.
Müller, Rud., Tischlergeselle.
Werpel, Mauerges., [illegible]str. 31.
Pagel, Casimir, Arbeiter bei Webfert, Brunnenstr. 18.
Freund, Tischlerges., Mauerstr. 2.
Giesler, Franz, Mauerges., Elisabethstr. 11.

Abb. 4 Das Verzeichnis der an den Märztagen 1848 Gefallenen enthält die Namen zahlreicher Demokraten, die jüdischer Herkunft waren.

Abb. 5 Leopold Zunz (1794–1886): War nicht nur Begründer und führender Vertreter der modernen Wissenschaft des Judentums, sondern auch ein Vorkämpfer der Emanzipation der Juden in Deutschland. Wirkte 1848 aktiv an der März-Revolution in Berlin mit.

Namen jüdischer Gefallener. Aber auch wenn sich nicht die genaue Zahl der Märzgefallenen jüdischer Herkunft feststellen läßt,[19] so kann man doch sagen, daß es sich um eine durchaus signifikante Zahl jüdischer Männer gehandelt hat, die für die Sache der deutschen Freiheit ihr Leben hingegeben haben. Dafür spricht zum einen, daß Leopold Zunz ein Flugblatt drucken ließ, in dem er den »Hinterbliebenen der Märzhelden« ein »Wort des Trostes«[20] zurief. Zum anderen, daß bei der Totenfeier am 22. März auch Berlins liberaler Rabbiner Michael Sachs[21] eine Ansprache[22] hielt, was er nicht getan hätte, wenn sich unter den Toten nicht auch eine größere Anzahl jüdischer Gefallener befunden hätte.[23]

Im Rückblick hat Bernstein den 22. März, den Tag, an dem der Leichenzug zum Friedrichshain zog, als eine machtvolle Volksdemonstration gewertet. Er maß diesem Tag zeit seines Lebens eine hohe symbolische Bedeutung bei. Am 22. März, meinte er, hätten sich alle Volksschichten im »demokratischen Gemeingefühl« vereinigt. Daß König Friedrich Wilhelm IV. den Opfern seiner Truppen mit entblößtem Haupt Reverenz erweisen mußte, hat Bernstein als Demütigung des Königs und als Sieg des Volkes über den Absolutismus angesehen. »Nunmehr«, erinnerte sich Bernstein später, »wurden die Särge unter Posaunen-Choral aufgenommen, und in einer Ordnung, wie sie niemals eine allmächtige Polizei in solchen gewaltigen Massen erzeugen konnte, wurde der Zug ausgeführt, der eine Weglänge von anderthalb Stunden bis zum Friedrichshain einnahm. Der Weg ging zunächst durch die Charlottenstrasse nach den Linden. Trauer-Musik-Korps eröffneten ihn, und noch andere waren im gewaltig großen Zuge angemessen verteilt. Ein herzerschütternder Moment trat besonders auf dem Opernplatze ein. Im weiten Raum, unübersehbar mit Menschen angefüllt, entstand eine lautlose Stille, als der Zug nahte. Da, inmitten dieser feierlichen Pause, erhob der Dom-Chor, auf der Treppe des Opernhauses postiert, den Gesang ›Jesus meine Zuversicht‹, einen Strom von Wehmut und Erhebung durch alle Herzen ergießend.«[24]

Der Bestattung der Märzgefallenen gedachte Bernstein wiederholt in der »Urwähler-Zeitung« und in der »Volks-Zeitung«, insbesondere in den alljährlichen Gedenknummern zum 18. März, dem Tage des Ausbruchs der Revolution in Berlin. Welche Bedeutung Bernstein diesem Tag beimaß, wird nicht nur rein äußerlich an der Aufmachung der Titelseite deutlich, sondern auch an der Art, wie der Toten gedacht wurde. So waren die Gedenknummern von 1850 und 1851 mit einem schwarzen Trauerrand und entsprechenden Kommentaren aus der Feder Bernsteins versehen. Die Gedenknummer des Jahres 1850 brachte auf der ersten Seite ein Gedicht »Ein Todtenkranz zum 18. März 1850« mit den Schlußversen: »O schlafet wohl, o schlafet in Ruh‹/Nicht stör' Euch auf der Bösen Thaten;/Es führt den Keim der Rufe zu/der ew'ge Hort der Lebenssaaten!« Auf den nächsten Seiten wurden ein Namensverzeichnis der Märzopfer und, umrahmt von Zierleisten, ein Plan des Friedrichshains mit einigen Grabinschriften wiedergegeben: »Die Freiheit war's, wofür er sollte enden/Die Freiheit, die dereinstens wir vollenden«/–»Sein letzter Will' war auch sein letztes Handeln,/Er ruft uns zu, den gleichen Weg zu wandeln« – »Im Kampfe für des Volkes Freiheit sterben,/So heißt das Testament, nach dem wir erben.«

In den nachfolgenden Jahren haben die Polizeibehörden mit Argusaugen alle Gedenkveranstaltungen zum 18. März beobachtet. Meistens wurde es der Bevölkerung untersagt (»um Ruhestörung zu vermeiden«), an diesem Tag den Friedrichshain aufzusuchen. Bernstein mokierte sich 1850 in einem Leitartikel über die Befürchtungen der Behörden: »Ruhemacherei der Polizei ist wahre Ordnung; ein in Ruhe selbstbewußtes Volk aber ist die pure Anarchie.«[25] Vermutlich war das Verbot, den Friedrichshain aufzusuchen und der Märzgefallenen zu gedenken, einer der Gründe, daß Bernstein regelmäßig in der »Urwähler-Zeitung« und später in der »Volks-Zeitung« der Ereignisse von 1848 gedenken ließ. Das Titelblatt der Gedenknummer von 1851 zum Beispiel nahm ein Bild ein, das die Beisetzungsfeier der Opfer des 18. März ganzseitig zeigte. Über die Wirkung, die dieses Bild auf König Friedrich Wilhelm IV. ausübte, gibt es bei den Historikern unterschiedliche Ansichten.[26] Bei Varnhagen von Ense ist hierzu in einer Tagebucheintragung nachzulesen: »Dem König wurde die Urwählerzeitung

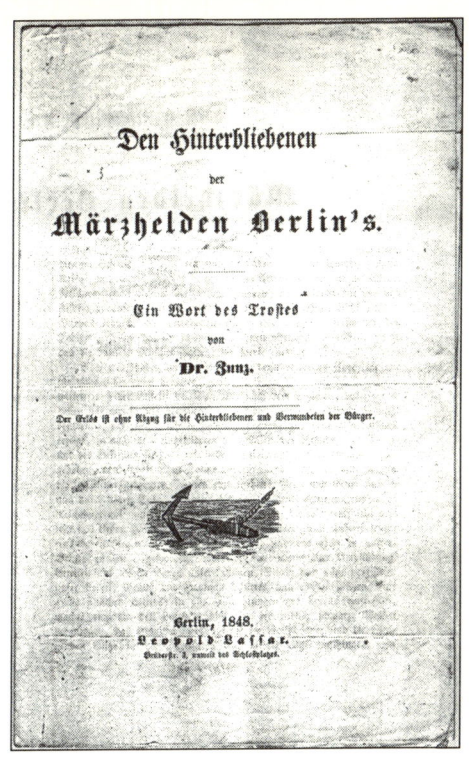

Den Hinterbliebenen

der

Märzhelden Berlin's.

Ein Wort des Trostes

von

Dr. Zunz.

Der Erlös ist ohne Abzug für die Hinterbliebenen und Verwundeten der Bürger.

Berlin, 1848.
Leopold Lassar.
Brüderstr. 3, vormals des Schlechtalegel.

Abb. 6 Titelblatt eines vierseitigen Flugblatts mit der Ansprache von Leopold Zunz, die er anläßlich der Bestattungsfeierlichkeiten der für die Freiheit gefallenen Demokraten am 22. März 1848 hielt.

vom 18. [März] vorgelegt, die das Bild hat, wie die Märzleichen bestattet werden, die Prediger dabei, der Magistrat, Fahnen – er soll das Blatt zerrissen, zur Erde geworfen und darauf gespieen haben. Er gedachte der Schmach, selber vor diesen Leichen die Mütze abgenommen zu haben.«[27]

Die Behörden haben sehr wohl gewußt, daß der Gang zum Friedrichshain für die Bevölkerung seine symbolische Bedeutung hatte. »So manches Mal«, schrieb der demokratische Journalist Hellmuth von Gerlach viele Jahre später, »bin ich am 18. März zu dem stillen Friedhof im Friedrichshain gewandelt. Immer dasselbe Bild: Neben ungezählten Schutzleuten, die dort zum Ärger ihrer Mitmenschen ihre Zeit totschlugen, Hunderte und aber Hunderte von Arbeitern und Arbeiterfrauen, dazu hier und da ein idealistischer Student und ein eisgrauer Bürger, dem man den Sturmgesellen von 1848 ansah.«[28]

Als 1897 der Vorschlag gemacht wurde, für die Gefallenen der Revolution von 1848 ein Mahnmal zu errichten, kam es zwischen den Berliner Stadtverordneten einerseits und Magistrat und Polizeibehörden andererseits zum Streit. Als die Bürgervertreter gegen den Magistrat klagten, entschied das Oberverwaltungsgericht, daß der Errichtung eines Mahnmals, das nur der »Verherrlichung der Revolution« diene, nicht zugestimmt werden könnte: »Es ist nicht Aufgabe der Polizei, über die Märzereignisse des Revolutionsjahres an Stelle des Politikers oder Geschichtsschreibers zu Gericht zu sitzen … Dagegen ist es ihre Pflicht und ihr Recht, unter allen Umständen jedem Versuche, die öffentliche Ruhe und Sicherheit durch die Pflege und Stärkung revolutionärer Gesinnung zu gefährden, soweit entgegenzutreten, als ihr die Gesetze die Mittel dazu in die Hand geben …«[29]

Sogar noch ein halbes Jahrhundert später, im Jahre 1913, gab es Verwicklungen, als der Sohn eines einstigen Lesers der Urwähler-Zeitung auf den Gedanken kam, von der Nummer 66 vom 18. März 1850 eine Reproduktion anzufertigen und im Straßenverkauf zu vertreiben. »Er hatte«, wie er bei der polizeilichen Vernehmung erklärte, »das Original des Blattes … zwischen den Papieren seines vor Jahren verstorbenen Vaters vorgefunden, der um 1850 beim 24. Infanterie-Regiment diente, welches nach der Niederwerfung des Aufstandes zuerst wieder den Wachdienst in Berlin versah.«[30] Diese Erklärungen halfen jedoch wenig. Die Behörden verweigerten die Genehmigung, die 18.-März-Nummer auf den Straßen zu vertreiben.

Wieso es zum Ausbruch der Märzrevolution in der preußischen Hauptstadt kam, dafür sind verschiedene Erklärungen ins Feld geführt worden. Die genaueren Kenntnisse, die wir inzwischen über die damaligen Ereignisse haben, zeigen, daß keinesfalls monokausale Erklärungsmuster ausreichen. Vielmehr müssen verschiedene Faktoren berücksichtigt werden, will man verstehen, wie es dazu kam, daß die Bevölkerung in den Märztagen auf die Straßen ging und Barrikaden errichtete. So haben wir es einmal ganz sicher mit den Auswirkungen der Welthandelskrise von 1847 zu tun, die Friedrich Engels bekanntlich die »eigentliche Mutter der Februar- und Märzrevolutionen«[31] genannt hat. Zum anderen dürfte es aber der Unwille der Bevölkerung darüber gewesen sein, daß ihr immer wieder Versprechungen gemacht wurden, die bürgerlichen Freiheits- und Verfassungsrechte aber weiter vorenthalten blieben. Letzteres zusammen mit der Lebensmittelknappheit[32] im Winter 1847/48 führte schließlich zu einer tiefgreifenden Politisierung der Bevölkerung. Eine unglaubwürdige Politik und konkrete soziale Mißstände boten weitaus mehr revolutionäre Sprengkraft in sich als der Einheitsgedanke, wie dies ganze Historikergenerationen immer wieder unisono behauptet haben, die die 48er-Revolution hauptsächlich nur als eine Etappe auf dem Weg zum deutschen Nationalstaat gedeutet wissen wollten.

In Bernsteins historisch-politischen Büchern wird immer wieder die Überwachungs- und Bevormundungspolitik seitens der Behörden als die eigentliche Ursache genannt, die zum Ausbruch der Revolution geführt habe. Insbesondere sei es die Institution des »Censors« gewesen, die nach Bernsteins Ansicht nicht unerheblich dazu beitrug, die revolutionäre Stimmung in Preußen anzufachen. »In jedem Orte, wo eine Buchdruckerei existierte«, erinnerte er sich, »wurde von der Regierung ein Beamter angestellt, dem man Alles, ohne Ausnahme, selbst Visitenkarten und

Speisezettel, vorlegen mußte, was gedruckt werden sollte. Was diesem Beamten nicht gefiel, das wurde gestrichen und durfte nicht gedruckt werden. Was er zum Druck gestattete, das erhielt seine Unterschrift als Druckerlaubnis, wofür ihm redlich jedesmal auch ein Groschen, der ›Censur-Groschen‹, gezahlt werden mußte.«[33]

Die Mißstimmung über die Überwachungs- und Bevormundungspolitik, so berichtet Bernstein, sei mit dem Regierungsantritt Friedrich Wilhelms IV. noch gewachsen. Der nüchtern und modern denkende Berliner habe den Kopf geschüttelt über diesen König, der zwar die Polizeiaufsicht über den Turnvater Jahn aufhob, die Brüder Grimm in die Preußische Akademie der Wissenschaaften berief und Alexander von Humboldt zum Staatsrat ernannte, gleichzeitig aber Reden hielt, die in frommen Deklamationen endeten, etwa mit den Worten Josuas im Alten Testament: »Ich und mein Haus – wir wollen dem Herren dienen.«[34] Die Verstimmung in der Bevölkerung, erinnert sich Bernstein, wurde so allgemein, daß im Staatsanzeiger im Januar 1841 eine öffentliche Verlautbarung eingerückt werden mußte, in der darauf hingewiesen wurde, daß nicht daran gedacht sei, ein Religions-Edikt zu erlassen, »worin eine strenge Kirchendisziplin, Anordnungen über die Sonntagsfeier und über den regelmäßigen Kirchenbesuch der Staatsdiener und Beamten enthalten sein werden«.[35]

Versicherungen dieser Art besänftigten meist nur für eine kurze Zeit die Gemüter. Der König kam immer wieder mit neuen Vorschlägen und Plänen, die in der Bevölkerung den Verdacht schürten, daß es letztlich doch darum ginge, ein »Regiment der Frömmelei«[36] zu errichten. Eine mißbilligende Aufgeregtheit entstand, als das Vorhaben Friedrich Wilhelms IV. bekannt wurde, in Zusammenarbeit mit England in Jerusalem ein deutsch-anglikanisches Bistum apostolischer Sukzession zu gründen.[37] Die Pläne, die auf des Königs Berater Karl Josias von Bunsen[38] zurückgingen, haben nicht nur bei den Vertretern eines konservativen Konfessionalismus Widerstand hervorgerufen,[39] sondern sind auch in der Bevölkerung auf Unverständnis gestoßen. »Der nüchterne Verstand des preußischen Volkes«, kommentierte Bernstein später die allgemeine Einstellung, »konnte den hohen Sinn dieses Entschlusses gar nicht fassen.«[40]

Die revolutionäre Stimmung wurde nach Ansicht Bernsteins besonders durch den Konflikt zwischen König und Volk angefacht, der, wie Bernstein bemerkte, nicht nur eine von Jahr zu Jahr sich steigernde Vertrauenskrise zur Folge, sondern auch negative Auswirkungen auf das Arbeitsklima und die Leistungsbereitschaft in staatlichen Institutionen hatte. Bernstein entwickelte zwar keine dementsprechende Theorie, ließ aber in verschiedenen beiläufigen Bemerkungen erkennen, daß er den Zustand von Institutionen als einen Indikator ansah, durch den auf die politische Stabilität einer Gesellschaft geschlossen werden könne. Bernstein führte als Beispiele die Provinziallandstände an, die angefangen hätten, über Pressefreiheit, über die Öffentlichkeit der Verhandlung, über die Nennung der Namen in den Berichten zu verhandeln, aber auch Stadtverordnetenversammlungen, in denen begonnen worden sei, über den allgemeinen Zustand laut nachzudenken. Für ganz besonders typisch für die zunehmenden Aufweichungserscheinungen hielt Bernstein den Sachverhalt, daß selbst in einer so konservativen Institution wie der Akademie der Wissenschaften politische Bedenken geäußert wurden – was einmal respektlos sogar in Gegenwart des Königs geschah und zu einer höchst ungnädigen Zurechtweisung des Redners durch den Monarchen führte.

Zum Eklat schließlich kam es, als Friedrich Wilhelm IV. am 11. April 1847 auf dem von ihm einberufenen »Vereinigten Landtag« eine Rede hielt, die Bernstein als den »Wendepunkt«[41] bezeichnet; sie hätte, meint Bernstein, ein durch und durch loyal gesinntes Volk quasi zur Revolution hingedrängt. Liest man den Text dieser Rede, dann ist Bernsteins Feststellung, die Bevölkerung hätte dem König nach dieser Rede nicht mehr folgen wollen, durchaus nachvollziehbar. In grotesker Verschätzung der aufgeheizten Stimmung hatte sich damals der König geweigert, konstitutionelle Zugeständnisse irgendwelcher Art zu machen: »Es drängt mich zu der feierlichen Erklärung: daß es keiner Macht der Erde je gelingen soll, Mich zu bewegen, das natürliche, gerade bei uns durch seine innere Wahrheit so mächtig machende Verhältnis zwischen Fürst und Volk in ein konventionelles, konstitutionelles zu verwandeln, und daß Ich es nun und nimmermehr zugeben werde, daß sich zwischen unseren Herrgott im Himmel und diesem Land ein beschriebenes Blatt, gleichsam als eine zweite Vorsehung eindränge, um uns mit seinen Paragraphen zu regieren ...«[42]

Den Ausbruch der Revolution hat Bernstein nachdrücklich begrüßt. Allein in der Revolution sah er die Möglichkeit zu einer demokratischen Umgestaltung der Gesellschaft. Daß das herrschende politische System die Kraft hätte, aus sich selbst heraus Reformen zu entwickeln, bezweifelte er. Weder den liberalen Kräften noch den ständischen Institutionen traute er zu, daß sie dazu in der Lage wären, den Absolutismus in ein konstitutionelles System zu überführen. Das, meinte er, könne nur durch einen Volksaufstand geschehen. Nur von einem solchen könnten die Impulse ausgehen, die für gesellschaftliche Veränderungen notwendig seien. »Die Märztage des Jahres 1848«, schrieb er später in seiner »Revolutions- und Reaktions-Geschichte«, »bilden nicht bloß die Geburtsstunden der Demokratie in Preußen, sondern mit ihnen beginnen auch, ganze Gedankenreihen und politische Aussichten und Ziele in's Leben zu treten, die bis auf den heutigen Tag noch fortdauernd in dem Stadium der Entwicklung und Verwirklichung begriffen sind.«[43]

Besondere Aufmerksamkeit widmete Bernstein in seiner »Revolutions- und Reaktions-Geschichte« der verfassungspolitischen Entwicklung. Sehr sorgfältig beschreibt er die Schritte vom Vereinigten Landtag zur konstituierenden Nationalversammlung, einen Prozeß, von dem wir wissen, daß er mehr oder weniger in den Bahnen staatsrechtlicher Legalität und Kontinuität verlaufen ist.[44] Als einen der wichtigen Meilensteine auf diesem Weg sieht Bernstein den 1. Mai 1848 an, den Tag, an dem die sogenannten Urwahlen stattfanden. Bernstein berichtet, daß viele seiner Freunde diesem Tag mit einiger Sorge entgegengeblickt hätten, weil sie befürchteten, daß die Unerfahrenheit und politische Naivität der Bevölkerung Probleme bereiten würden. Die Befürchtungen erwiesen sich jedoch als unbegründet: »Der Wahltag verlief in den Straßen in einer idyllischen Stille, die nach den Wochen der Aufregung um so auffallender war. In einzelnen Wahllokalen fanden harte Wahlkämpfe statt; aber im Großen und Ganzen verlief der große Akt selber in überraschender Ordnung und Ruhe. Sie wurden nicht gerade von der politischen Einsicht, sondern von dem moralischen Volksinstinkt geboten, der in unberechenbaren Situationen oft genug in erfreulichem Grade einwirkt.«[45]

Minutiös zeichnet Bernstein die Entwicklungen nach, die zur Auflösung der Preußischen Nationalversammlung am 5. Dezember 1848 und zur Oktroyierung einer Verfassung führten. Es ist deutlich, daß Bernstein, ein Anhänger der »Charte Waldeck«, persönlich die Maßnahmen des Königs und des Kabinetts Brandenburg auf das schärfste mißbilligte. Auf der anderen Seite räumt er jedoch im Rückblick ein, daß das Land mit dem Ausgang der Krise nicht ganz unzufrieden war. Über die Rechtsfrage, meint er, wäre man bereit gewesen hinwegzusehen, insbesondere darüber, daß die Verfassung ohne Beteiligung des Volkes und auf Grund einer herrscherlichen Anordnung zustande gekommen sei. Etwas eigenartig klingt seine Feststellung, daß die oktroyierte Verfassung für die Bevölkerung in allen »wesentlichen Punkten«[46] annehmbar gewesen sei, eigenartig deshalb, weil von der Regierung an der »Charte Waldeck« rund 40 Änderungen vorgenommen worden waren, die von der Wiedereinführung der Todesstrafe über die Beseitigung der Volkswehr bis hin zu einem absoluten Veto reichten, mit dem der König Gesetzesbeschlüsse der Kammern verhindern konnte.

Der Punkt, an dem die Geister sich endgültig schieden, war nach Ansicht Bernsteins die durch königliche Notverordnung vom 30. Mai 1949 erfolgte Abschaffung des allgemeinen und gleichen Wahlrechtes. Bernstein hat die »Fort-Oktroyierung«, wie er den Vorgang nannte, als das Ende der Revolution angesehen. Für ihn stellte diese Maßnahme einen offenkundigen Verfassungsbruch dar, von dem er meinte, daß kein Demokrat ihn gutheißen könne. Unter allen einseitig vom König befohlenen Maßnahmen dieser Zeit waren die Auflösung der Kammern und die Oktroyierung des Dreiklassenwahlrechtes, das der Wahl zur Zweiten Kammer in

Forderungen
des deutschen Volkes.

Allgemeine Volksbewaffnung mit freier Wahl der Offiziere.

Ein deutsches Parlament, frei gewählt durch das Volk. Jeder deutsche Mann, sobald er das 21ste Jahr erreicht hat, ist wahlfähig als Urwähler und wählbar zum Wahlmann. Auf je 1000 Seelen wird ein Wahlmann ernannt, auf je 100,000 Seelen ein Abgeordneter zum Parlament. Jeder Deutsche, ohne Rücksicht auf Rang, Stand, Vermögen und Religion kann Mitglied dieses Parlaments werden, sobald er das 25ste Lebensjahr zurückgelegt hat. Das Parlament wird seinen Sitz in Frankfurt haben und seine Geschäfts-Ordnung selbst entwerfen.

Unbedingte Preßfreiheit.

Vollständige Religions-, Gewissens- und Lehrfreiheit.

Volksthümliche Rechtspflege mit Schwurgerichten.

Allgemeines deutsches Staatsbürger-Recht.

Gerechte Besteuerung nach dem Einkommen.

Wohlstand, Bildung und Unterricht für Alle.

Schutz und Gewährleistung der Arbeit.

Ausgleichung des Mißverhältnisses von Kapital und Arbeit.

Volksthümliche und billige Staats-Verwaltung.

Verantwortlichkeit aller Minister und Staatsbeamten.

Abschaffung aller Vorrechte.

Abb. 7 Forderungen des deutschen Volkes 1848.

Abb. 8 Am 18. Mai 1848 begann die Nationalversammlung in der Frankfurter Paulskirche mit ihren Beratungen. Zum ersten Mal in der deutschen Geschichte versuchten vom Volk gewählte Vertreter, die Grundlagen für einen freien Nationalstaat zu schaffen.
Lithographie von L. v. Elliot

Zukunft zugrunde liegen sollte, in der Tat die folgenschwerste und bedenklichste. Mit der Einführung der Klassenwahl – die Bevölkerung sprach abschätzig vom »Groschen-Gesetz«[47] – vollzog Preußen die Wende vom bürgerlichen Verfassungsstaat zum neofeudalen Privilegienstaat. Spätere Historiker haben die Wahlrechtsverordnung, die bis 1918 Bestand haben sollte, zu Recht als einen Staatsstreich[48] bezeichnet, der dazu gedient habe, die Revolution endgültig zu beenden.

Ein anderer Tag, an den Bernstein erinnert, war der 28. März 1849. An diesem Tag beschloß das Reichsparlament in Frankfurt die erste Gesamtstaatsverfassung national-bürgerlicher Prägung. Für Bernstein ist das der »geistige Höhepunkt«, das »intellektuelle Resultat«[49] der Märztage und der 48er-Bewegungen. Schmerzlich nur war ihm die zwiespältige Haltung des preußischen Königs, der in der Frage, ob er die Kaiserkrone (»Reif aus Dreck und Lettern«) aus den Händen des Volkes annehmen sollte, hin- und hergerissen war und bekanntlich sich erst zustimmend, dann wieder ablehnend geäußert hat. Bernstein schildert in seiner »Revolutions- und Reaktions-Geschichte«, daß in der Bevölkerung insgeheim die Hoffnung gehegt wurde, der König würde schließlich doch bereit sein, sich zum Volkskaiser erheben zu lassen. Die Kammern leiteten entsprechende Adressen an ihn. Kaum jemand rechnete mit einer Ablehnung der Kaiserkrone seitens des preußischen Königs. Es war eine herbe Enttäuschung, als deutlich wurde, daß er dazu nicht bereit und offensichtlich auch nicht in der Lage war. Der Kaiserdeputation, die unter der Leitung Eduard Simsons, des Präsidenten der Nationalversammlung, von Frankfurt nach Berlin angereist war, gab er in gewundenen Worten, aber unmißverständlich zu verstehen, daß er als Grundlage für die Monarchie nicht die Volkssouveränität, sondern allein das altlutherische Gottesgnadentum und das legitimistische Fürstenrecht akzeptieren könne.

Aufschlußreich ist im Zusammenhang der Ablehnung der Kaiserkrone eine Episode am Rande, die Bernstein aber als interessant genug ansieht, um darüber zu berichten. Zu Ehren der Deputation aus Frankfurt war ein Festmahl im Charlottenburger Schloß angesetzt. Die meisten Mitglieder der Deputation blieben aus Verärgerung über die ablehnende Haltung des Königs weg, nur einige wenige folgten der Einladung, unter diesen der Abgeordnete Gabriel Riesser aus Hamburg. Der König, umgeben von Generälen und Hofstaat, bewegte sich heiter in der Gesellschaft. Lachend wandte er sich an Riesser: »Nicht wahr, Herr Dr., Sie sind ja auch überzeugt, daß ich die Verfassung nicht unbeschnitten annehmen konnte!«[50] Die Anwesenden stimmten in das Gelächter ein, während Gabriel Riesser verärgert war über die taktlose Anspielung auf seine jüdische Herkunft und es als ausgesprochen ungehörig empfand, daß sich der König über die ihm seitens des Volkes angebotene Kaiserkrone mokierte.

Die Ablehnung der Kaiserkrone durch den Preußenkönig bedeutete gleichsam die Ablehnung der Reichsverfassung und die Infragestellung der Autorität des Frankfurter Reichsparlaments. Wie viele andere Patrioten traf die Ablehnung der Kaiserkrone auch Bernstein hart. Er bedauerte, daß der König nicht in der Lage war, über den eigenen Schatten zu springen. Hätte dieser die Krone aus den Händen des Volkes entgegengenommen, dann hätte dies nach Ansicht Bernsteins ungeahnte Möglichkeiten eröffnet und nicht das Ende der Arbeit in der Frankfurter Paulskirche eingeleitet. So aber sahen viele Abgeordnete der Rechten und der Mitte keinen rechten Sinn mehr darin, in Frankfurt zu verbleiben. Sie verließen die Stadt, so daß die Nationalversammlung schließlich nur noch aus etwa rund hundert radikalen Republikanern bestand. Diese tagten noch einmal in Stuttgart, wo sie schließlich am 18. Mai 1849 von württembergischem Militär mit Gewalt auseinandergetrieben wurden. »Das Reichsparlament«, bemerkt Bernstein, »in kühnen Hoffnungen der Nation entstanden, von Kabinetts-Intrigen durchkreuzt, durch Radikalismus zu unausführbaren Plänen hingerissen, fand an diesem Tag sein Ende in hoffnungsloser Zerrüttung. Nur eines blieb zurück: die Reichsverfassung vom 28. März 1849, deren hohen Wert die deutsche Nation dereinst in besseren Zeiten vollauf noch erkennen wird.«[51]

Bernsteins besondere Aufmerksamkeit galt in seiner »Revolutions- und Reaktions-Geschichte« der Frage, inwieweit sich die restaurativen Prinzipien der Verfassungs- und Verwaltungspolitik auf die Justizpolitik Preußens niedergeschlagen hätten. Bereits in seinen Leitartikeln in der »Urwähler-Zeitung« und später in der »Volks-Zeitung« brandmarkte er bei jeder sich bietenden Gelegenheit die Maßnahmen der Regierung und die Übergriffe der Polizeibehörden,[52] von denen er annahm, daß sie aus dem Umfeld des Königs gesteuert wurden. Für ein ausgesprochen infames »Bubenstück der Reaktion«[53] hielt Bernstein zum Beispiel die am 16. Mai 1849 erfolgte Verhaftung und den späteren Prozeß gegen den demokratischen Politiker Franz Leo Benedikt Waldeck,[54] der wegen Hochverrats angeklagt worden war und dessen ungerechtfertigte Inhaftierung in der Bevölkerung großes Aufsehen erregt hatte.

Nicht zuletzt den couragierten Artikeln Bernsteins in der »Urwähler-Zeitung« war es zu verdanken, daß die Hintergründe des Komplotts aufgedeckt werden konnten. Bernstein vermutete, daß es denjenigen, die Waldeck in Untersuchungshaft gebracht hatten, in erster Linie darum ging, eine erneute Kandidatur des demokratischen Politikers zu verhindern. Besonders, so meinte er, hätte sich dabei die »Kreuzzeitung« hervorgetan, die unter Hohn und Spott einen wahrhaften »Cancan von phantastischem Konservatismus«[55] entfachte. Der Prozeß vor dem Berliner Schwurgericht machte sehr schnell deutlich, daß die Drahtzieher damit ganz bestimmte Ziele verfolgten, vor allem aber, daß die Waldeck zugeschriebenen Schriftstücke gefälscht waren. Jene Personen, die das Komplott maßgeblich vorbereitet hatten, insbesondere der Berliner Polizeipräsident Hinkeldey, der Mitarbeiter der Kreuzzeitung Hermann Gottfried Gödsche sowie der Polizeispitzel Joseph Ohm, deckten schließlich selbst während des Prozesses mit ihren widersprüchlichen und letztlich unglaubhaften Aussagen die ganze Haltlosigkeit der Anklage auf und gaben zu erkennen, daß sie auf höhere Weisung hin handelten.

Am Vormittag des 3. Dezember 1849 wurde Waldeck freigesprochen. Berlin jubelte über die Entscheidung des Gerichtes und feierte Waldeck als einen Märtyrer der Revolution. Bernstein berichtet, der Molkenmarkt, an dem das Kriminalgericht und das

Polizeipräsidium gelegen waren, sei von Tausenden von Menschen bevölkert gewesen: »Nicht bloß der Molkenmarkt und die angrenzenden Strassen, sondern fast der ganze Weg bis zur Dessauer Strasse, wo er wohnte, war vom Volke dicht besetzt, das ihn sehen und dem Befreiten zujauchzen wollte.«[56] Varnhagen von Ense, ebenfalls Augenzeuge der Vorgänge, notierte in sein Tagebuch: »Waldecks Nachhausefahren, vom Volke gezogen, tausendfacher Jubel, alle Welt in Bewegung, die Straßen schwarz vor Menschengedränge.«[57] Waldecks Gegner sprachen von »bestelltem Tumult«, der ein Vorspiel zu einem »Aufstand« hätte sein wollen, der aber glücklicherweise durch die Wachsamkeit der Polizei verhindert worden sei.[58] Der König, verärgert über den Freispruch soll Ministerpräsident Manteuffel eigenhändig die Worte geschrieben haben: »Lieber Otto, ich muß einen Gerichtshof haben, der verurteilt, wo die anderen freisprechen!«[59]

Besondere Aufmerksamkeit brachte Bernstein später den von den Behörden angezettelten Hochverratsprozessen zu Beginn der 50er Jahre entgegen,[60] von denen er meinte, sie seien nicht nur contra legem gewesen, sondern hätten in erster Linie dazu gedient, die »politischen Rechte des Volkes [zu] vernichten«.[61] Insbesondere beschäftigte ihn das Polizeikomplott, das dem berüchtigten Kölner Kommunistenprozeß zugrunde lag, in dem elf Anhänger des Kölner Kommunistenbundes unter die Anklage des Hochverrats gestellt worden waren. Über die Einzelheiten dieser Verschwörung, die vom König höchstpersönlich ins Werk gesetzt worden war, sind wir heute durch die Untersuchungen marxistisch orientierter Geschichtsschreibung[62] relativ genau informiert. So wissen wir, daß der König damals seinem Ministerpräsidenten in einem vom 11. November 1850 datierten Handschreiben die unzweifelhafte Anweisung gegeben hatte, »das Gewebe einer Befreiungsverschwörung zu entfalten und dem preußischen Publikum das lange und gerecht ersehnte Schauspiel eines aufgedeckten und (vor allem) bestraften Komplotts zu geben«.[63] Der König, wissend, daß dieses Ansinnen alles andere als lauter war, wies Manteuffel am Schluß seines Schreibens an: »Verbrennen Sie dies Blatt« – was dieser aus verständlichen Gründen jedoch nicht getan hat, vermutlich, weil er befürchtete, das Bubenstück könnte ans Licht geraten und ihm dafür die Verantwortung angelastet werden.

Bernstein ahnte zwar, daß das Anklagematerial für den Prozeß gefälscht und auf krummen Wegen beschafft worden war, kannte aber nur bruchstückshaft die Vorgänge, von denen er meinte, über ihnen würden die »Schleier des Geheimnisses«[64] schweben. So wußte er zwar, daß die Polizeibeamten Stieber[65] und Greiff nach London geschickt worden waren,[66] um das notwendige Belastungsmaterial zu beschaffen, nicht aber, daß es in Berlin der Taubstummenlehrer Carl Wilhelm Saegert war, der im Hintergrund die Fäden zog und vermutlich der eigentliche Kopf des Komplotts war. Saegert, ein gerissenes Subjekt, mit einer gehörigen Portion Größenwahn ausgestattet, hatte es verstanden, sich das Vertrauen des Königs zu erschleichen. Er nahm in einer kaum glaubhaften Weise Einfluß auf dessen Entscheidungen,[67] so daß zu Recht vermutet worden ist, der König sei ihm hörig gewesen. Obgleich sein Name offiziell nirgends fällt, weder vor noch während des Kölner Schauprozesses, sind bei der Rekonstruktion der Polizeimaßnahmen des Frühjahrs 1851 seine Aktivitäten bei manchen Vorgängen immer wieder feststellbar. Saegert scheint sogar, wie die Tagebücher und der Briefwechsel in seinem Nachlaß[68] belegen, verantwortlich zu sein für das bereits angesprochene berühmt-berüchtigte königliche Handschreiben an Manteuffel;[69] zumindest aber lenkte er aus dem Hintergrund die Spitzel und Agententätigkeiten Stiebers, den Friedrich Engels wohl nicht ganz zu Unrecht einen »der elendsten Polizeilumpen unseres Jahrhunderts«[70] genannt hat.

Der reaktionäre Kurs der Regierung hatte zur Folge, daß Rechtlosigkeit und Willkür immer stärker um sich griffen. Bernstein berichtet nicht nur vom Vorgehen der Behörden gegen freireligiöse Gemeinden, denen man unterstellte, sie seien verkappte demokratische Gesellschaften, sondern auch von der Gründung der sogenannten »Preußen-Vereine«, »in welchen«, wie Bernstein in seiner »Revolutions- und Reaktions-Geschichte« bemerkte, »notorische Verbrecher den rohesten Pöbel um sich sammelten und durch falsche Denunciationen jedem Bürger, der sich ihnen nicht anschloß, das Dasein zu verbittern suchten«.[71]

Welche Macht diese sogenannten »Preußen-Vereine«[72] hatten, die als konservative preußisch-patriotische Gesellschaften 1848/49 entstanden waren, aber sich in ihrem Charakter immer mehr verändert hatten, je stärker sie von der Reaktion[73] für ihre Zwecke in Anspruch genommen wurden, offenbarte eine Szene, die sich auf dem Bahnhof in Elbing bei der Durchreise des Königs am 1. August 1853 abspielte. Der König, durch falsche Berichte der Kamarilla über die dortigen Zustände getäuscht, hatte es abgelehnt, eine Deputation des Magistrats und der Stadtverordneten zu empfangen, und statt dessen den Wunsch geäußert, den Preußen-Verein zu begrüßen. In seiner Ansprache bedankte er sich für den Mut, mit welchem die Mitglieder der in Elbing herrschenden subversiven Richtung entgegenträten, und fügte hinzu: »Einzelne Führer und die städtischen Behörden sind es, die, den entsittlichenden und entchristlichenden Tendenzen folgend, noch immer die schmutzigsten und unheilsamen Errungenschaften einer schmachvollen Zeit anbeten. Wenn das nicht bald anders wird, so wird ein Schlag erfolgen, welcher zeigen soll, daß es noch einen Herren im Lande gibt, der die Macht und die Pflicht hat, solchem Unwesen ein Ende zu bereiten.«[74]

Daß dies keine leere Drohung war, wurde wenig später deutlich, als es darum ging, den langverdienten Elbinger Oberbürgermeister Adolph Phillips aus dem Amt zu drängen. Es wurde so lange von seiten des Preußen-Vereins intrigiert, bis Minister Westphalen ein Reskript erließ, das dem Oberbürgermeister zwar eine langjährige pflichtgetreue Amtsführung bestätigte, aber gleichzeitig von diesem forderte, er habe sich offen loszusagen von den Grundsätzen, denen er im Jahre 1848 als liberaler Abgeordneter angehangen habe. Verweigerte er diese Bekenntnis, dann müsse daraus gefolgert werden, daß er noch immer Tendenzen huldigte, die mit den Grundpfeilern des preußischen Staatswesens unvereinbar seien. Der Oberbürgermeister war klug genug, den Wink zu beachten. Er legte sein Amt freiwillig nieder, wissend, daß Recht und Gesetz zwar auf seiner Seite, es aber besser wäre, sich nicht gegen den vom König angekündigten »Schlag« zur Wehr zu setzen.

Die Hauptwaffe der Reaktion war für Bernstein der vom König und von dessen engster Umgebung propagierte Konfessionalismus. Alle liberalen und demokratischen Tendenzen wurden nach diesem Prinzip als rundweg unchristlich verworfen. Es spricht einiges dafür, daß der Konfessionalismus von der Partei Gerlach/Stahl, der »kleinen, aber mächtigen Partei«,[75] wie sie genannt wurde, hauptsächlich dazu benutzt wurde, um bei jeder sich bietenden Gelegenheit gegen die prinzipielle Gleichstellung der Juden zu polemisieren und mehr oder weniger offen ihre Rückgängigmachung zu fordern. Bernstein, der die Gefährlichkeit dieser Politik erkannt hat, schrieb deshalb in zahlreichen Leitartikeln immer wieder gegen Stahls Lehre vom »christlichen Staat« an und warnte davor, den Staat und dessen Gesetze an der Norm des Evangeliums auszurichten.[76] Er begriff durchaus, auch wenn er es nicht ausdrücklich formulierte, daß, wenn diese Idee in die Wirklichkeit umgesetzt werden sollte, dies zu einer Einschränkung des Prinzips der Gleichberechtigung für Nichtchristen führen würde – also in diesem Fall auch für Juden.

Für das Scheitern der 48er-Revolution hat Bernstein den Preußen-König Friedrich Wilhelm IV. höchstpersönlich verantwortlich gemacht. In ihm sah er einen ausgemachten Feind des demokratischen Prinzips, einen »Verächter der liberal-konstitutionellen Doktrin«.[77] Die Hoffnungen, die wohlmeinende Kreise des Bürgertums in ihn gesetzt hätten, hielt er auch noch viele Jahre später für verfehlt; schon deshalb, weil er meinte, der König, umgetrieben von Phantasien und Wahnvorstellungen, sei gar nicht in der Lage gewesen, die Zeichen der Zeit richtig zu deuten. Bernstein äußert Bedauern darüber, daß der König lieber auf jene gehört hätte, die ihn wie der Taubstummenlehrer Saegert in seinen Vorurteilen und Abneigungen noch bestärkt hätten, anstatt zur Mäßigung und Vernunft zu mahnen. Deutlich, so bemerkte Bernstein, werde das in den Briefen, die der König an seinen Vertrauten Bunsen gerichtet habe. Die Lektüre dieser Briefe zeigt in der Tat, daß der König kein Blatt vor den Mund genommen hat, wenn es galt, die Revolution zu bekämpfen. Die Demokraten nannte er »Schöpse oder Intriguanten« und bezeichnete den Liberalismus als eine »Rückenmarks-Krankheit«,[78] die sich zu einer Gefahr für die Fortexistenz des Staates auswachsen würde. Die »Verschwörungsängste« des Königs, der bekanntlich von der panischen Furcht besessen war, ihm würde fortwährend nach dem Leben getrachtet, hielt Bernstein im Rückblick für übersteigert. Er stellte in seiner »Revolutions- und Reaktions-Geschichte« zwischen den Zeilen die Frage, ob manche Äußerungen Friedrich Wilhelms IV. nicht doch als anomal angesehen werden müßten. Er hielt den König zwar nicht für geisteskrank, wie dies manche Zeitgenossen gemutmaßt haben,[79] zeigte sich aber doch verwundert über einige Bemerkungen und Stellungnahmen des Königs, von denen er meinte, sie könnten bei unvoreingenommenen Betrachtern leicht den Eindruck einer gewissen psychopathischen Veranlagung erwecken.

Bernstein war zwar ein politischer Gegner Friedrich Wilhelms IV., achtete aber durchaus die Person und die Prinzipienfestigkeit des Königs. Seine Bemerkungen über den König waren nicht durchweg negativ wie die Einschätzungen mancher seiner Zeitgenossen, die sich über den Monarchen lustig machten, die ihn als »den Impotenten«, »den Dicken« oder gar »den Rülps« verspotteten.[80] Bernsteins Äußerungen sind dagegen zurückhaltender, entsprechen mehr der Haltung des protestantischen Bibel- und Dogmenkritikers David Friedrich Strauß, der von Friedrich Wilhelm IV. als einem »Romantiker auf dem Thron«[81] sprach, oder dem bekannten ironischen Aperçu, das Heinrich Heine in seinem 1848 verfaßten Gedicht »Die Menge tut es« formuliert hatte: »Ich habe einen Faible für diesen König/ Ich glaube, wir sind uns ähnlich ein wenig/ Ein vornehmer Geist, hat viel Talent – Auch ich, ich wäre ein schlechter Regent.«[82]

Als der König am 2. Januar 1861 starb, veröffentlichte Bernstein in der »Volks-Zeitung« einen Nachruf, von dem Johann Jacoby meinte, er sei auf »großen Beifall«[83] gestoßen. Bernstein bezeichnete – über viele seiner Zeitgenossen hinausgehend – in seinem Nachruf den König als einen vielseitig begabten Mann. Ausgestattet mit Wissen, welches das Maß des Gewöhnlichen weit überschritten hätte, habe er sich darüber hinaus auch durch ausgeprägten Kunstsinn und einen guten Geschmack ausgezeichnet; auch sei er ein begutachteter Meister der Redekunst gewesen: »Von den Monarchen Preußens bestieg keiner den Thron seiner Väter von höheren Hoffnungen getragen als Friedrich Wilhelm der Vierte; jetzt, wo die stille Nachricht seines Todes durch das Land geht, sind es nicht zerstörte Hoffnungen, es sind Betrachtungen schmerzlicher Art, welche die Gemüter erschüttern, Betrachtungen über das tragische Schicksal eines Königs, dem verheißungsreicher als je Einer vor der Nation anzutreten und schmerzensreicher als je Einer aus dem Leben dahinzuscheiden bestimmt war.«[84]

In seiner »Revolutions- und Reaktions-Geschichte« hat Bernstein später bemerkt, daß Friedrich Wilhelm IV. eigentlich nicht am 2. Januar des Jahres 1861, sondern bereits am 18. März 1848 »aus der Sphäre seines Lebens« geschieden sei. Es würde ihm nicht gerecht werden, würde man ihn einen schlichten »Reaktionär« heißen. Im Grunde sei er eine tragische Gestalt gewesen, ein Monarch, der die Zeichen der Zeit nicht erkannt hätte. Er habe das Beste gewollt, sei aber an den Umständen gescheitert. Letztlich könne es als die Tragik seines Lebens angesehen werden, daß er für ein Prinzip stehen mußte, das ihm durch Geburtsrecht und Geschichte auferlegt war. Innerlich habe er sich zwar dagegen zur Wehr gesetzt, ohne jedoch damit Erfolg zu haben: »Es war ein Prinzip, das in ihm kämpfte. Es war ein Prinzip, mit dem er fiel.«[85]

ANMERKUNGEN

1 Jacob Tury, Die politischen Orientierungen der Juden in Deutschland. Von Jena bis Weimar [= Schriftenreihe wissenschaftlicher Abhandlungen des Leo Baeck Instituts, Bd. 15], Tübingen 1966, S. 68.
2 Vgl. Leopold Zunz. Jude – Deutscher – Europäer. Ein jüdisches Gelehrtenschicksal des 19. Jahrhunderts in Briefen an Freunde, hrsg. und eingel. von Nahum N. Glatzer, Tübingen 1964, S. 55 f.
3 Julius Bernstein, Erinnerungen an das elterliche Haus (als Manuskript gedruckt), Halle 1913, S. 20.

4 Im Folgenden wird zitiert nach der Ausgabe A. Bernstein, Revolutions- und Reaktions-Geschichte Preußens und Deutschlands von den Märztagen bis zur neuesten Zeit, Bd. 1: Die Märztage 1848. – 1849 Kabinetts-Intriguen. – Bis nach Olmütz 1850, Bd. 2: Die Jahre der Reaktion, Bd. 3: Die neue Ära, Berlin 1882.

5 Ebenda, Bd. 1: Die Märztage, S. 67.

6 Leopold Zunz (1794–1886), Begründer und führender Vertreter der modernen Wissenschaft des Judentums, 1819 Mitgründer des »Vereins für Cultur und Wissenschaft der Juden«, Vorkämpfer der Emanzipation der Juden in Deutschland, 1823 bis 1831, Mitglied der Redaktion der »Haude & Spenerschen Zeitung«, ab 1840 Direktor des Jüdischen Lehrerseminars in Berlin.

7 Moritz Steinschneider (1816–1907), Orientalist, Bibliograph, Pädagoge, seit 1845 in Berlin, dort 1859 bis 1907 Dozent an der Veitel-Heine-Ephraim-Lehranstalt, 1869 bis 1890 Rektor der Jüdischen Mädchenschule, 1896 Ernennung zum Honorarprofessor.

8 Leopold Zunz (s. Anm. 2), S. 267.

9 Bernstein, Erinnerungen an das elterliche Haus (s. Anm. 3), S. 20.

10 Vermutlich Samuel Benisaias Schönberg (1794–1854), Arzt, einst Mitglied des Cultur-Vereins, befreundet mit Leopold Zunz.

11 Wilhelm (1797–1888), später König von Preußen und deutscher Kaiser, wurde, weil er 1848 »auf Vorschreiten des Militärs mit Kartätschen und Granaten« gedrungen hatte, in der Reichsverfassungskampagne »Kartätschenprinz« genannt.

12 Julius H. Schoeps, Die Märzrevolution 1848 im Spiegel des Briefwechsels zwischen Moritz Steinschneider und Auguste Auerbach, in: Jahrbuch des Instituts für Deutsche Geschichte, hrsg. von Walter Grab, Bd. XIV, Tel Aviv 1985, S. 342 f.

13 Bernstein, Bd. 1: Die Märztage 1848 (s. Anm. 4), S. 69.

14 Ebenda, S. 70.

15 Vgl. Bernstein, Erinnerungen an das elterliche Haus (s. Anm. 3), S. 20.

16 Bernstein, Bd. 1: Die Märztage 1848 (s. Anm. 4), S. 92 f.

17 Vgl. Toury, Die politischen Orientierungen (s. Anm. 1), S. 55 f.

18 Der Orient. Berichte, Studien und Kritiken für jüdische Geschichte und Literatur, hrsg. von Julius Fürst, 1848, S. 114.

19 Die AZJ 1848, S. 222, stellte fest, daß die Zahl jüdischer Gefallener sich möglicherweise auf 21 belaufe.

20 Zunz sprach in dem Flugblatt »Den Hinterbliebenen der Märzhelden Berlin's. Ein Wort des Trostes« (gedruckt bei Leopold Lassar, Brüderstraße 3, Berlin 1848) zwar nicht expressis verbis die Zahl der gefallenen Juden an, gab aber zu erkennen, daß er angesichts der Toten Stand, Geburt oder gar Bekenntnis letztendlich für gleichgültig hielt. Diejenigen, die auf den Straßen und Plätzen ihr Leben gegeben hätten, seien »Be-

freier«, denen nicht genug gedankt werden könne: »Groß aber wird die Ehre seyn, die euren, die unseren Todten gezeigt wird. Denn das Reich der Freiheit wird erstehen …«

21 Michael Sachs (1808–1864), seit 1844 in Berlin, populär durch seine dichterischen Übertragungen der Gebetbücher ins Deutsche, d. h. des Siddur für den Alltag und des Machsor für die Festtage.

22 Segensspruch des Rabbiners Dr. Michael Sachs über die Opfer des 18. und 19. März. An ihren Särgen gesprochen am 22. März 1848 (Amerika Gedenkbibliothek, Berlin).

23 In einem Brief an S. M. Ehrenberg vom 7. April 1848 schreibt Zunz, daß er am 26. März mit Sachs zusammen an einer Beerdigung teilgenommen habe. Am Grab hätten erst er, dann Sachs eine Rede gehalten, »worauf eine dreifache Salve abgefeuert wurde« (Leopold Zunz [s. Anm. 2], S. 273).

24 Bernstein, Bd. 1: Die Märztage 1848 (s. Anm. 4), S. 93.

25 UZ, Nr. 66, 18. März 1850, S. 262.

26 Vgl. G. Richter, Friedrich Wilhelm IV. und die Revolutionen von 1848, in: Jb. für die Geschichte Mittel- und Ostdeutschlands, Bd. 36, Berlin 1987, S. 126 f.

27 Karl August Varnhagen von Ense, Tagebücher, Bd. 8, Berlin und Leipzig, 1872, S. 106.

28 Die Welt am Montag, 16. März 1908.

29 Vossische Zeitung, 11. Januar 1900.

30 Akten des Polizeipräsidiums. Bericht datiert vom 21. Februar 1913 (Werner Lützen, Geschichte der Urwähler-Zeitung und ihrer Weiterentwicklung zur Berliner Volks-Zeitung. Ein Beitrag zur Geschichte der deutschen Parteipresse im 19. Jahrhundert, Phil. Diss. Berlin 1940, S. 124 f.).

31 MEW, Bd. 22, Berlin-Ost 1974, S. 510.

32 Vgl. Theodore S. Hamerow, 1848, in: Die deutsche Revolution von 1848/49, hrsg. von Dieter Langewiesche, Darmstadt 1983, S. 118 ff.

33 Bernstein, Bd. 1: Die Märztage 1848 (s. Anm. 4), S. 7.

34 Hans-Joachim Schoeps, Der Erweckungschrist auf dem Thron. Friedrich Wilhelm IV., in: Preußens Könige, hrsg. von Friedrich Wilhelm Prinz von Preußen, Gütersloh – Wien 1971, S. 161.

35 Bernstein, Die Märztage 1848 (s. Anm. 4), S. 35.

36 Ebenda, S. 41.

37 Vgl. Ernst Benz, Bischofsamt und apostolische Sukzession im deutschen Protestantismus, Stuttgart 1953, S. 148 ff.

38 Christian Karl Josias Freiherr von Bunsen (1791–1860) war 1824–38 preußischer Vertreter am Heiligen Stuhl, gründete die deutsche evangelische Gemeinde in Rom und das Archäologische Institut, dessen Generalsekretär er wurde. Bunsen war seit 1842 Gesandter in London.

39 Ernst Ludwig von Gerlach zum Beispiel bemerkte in seiner ungedruckten Familiengeschichte: »Sieht man zurück auf 1848 und auf des armen Königs ganze so konfus und matt verlaufene Regierung, so liegt es nahe ... schmerzlich zu lächeln über so viel Phantasterei.« Vgl. Hans-Joachim Schoeps, Der Widerstand der Berliner Geistlichkeit gegen die Gründung des Bistums zu Jerusalem, in: Neue Quellen zur Geschichte im 19. Jahrhundert, Berlin 1968, S. 281 f.

40 Bernstein, Die Märztage 1848 (s. Anm. 4), S. 36.

41 Ebenda, S. 48.

42 Reden und Trinksprüche König Friedrich Wilhelms IV., Leipzig 1855, S. 46.

43 Bernstein, Bd. 1: Die Märztage 1848 (s. Anm. 4), S. 82 f.

44 Vgl. Ernst Huber, Deutsche Verfassungsgeschichte seit 1789, Bd. II: Der Kampf um Einheit und Freiheit 1830 bis 1850, Stuttgart 1960, S. 582.

45 Bernstein, Bd. 1: Die Märztage (s. Anm. 4), S. 122.

46 Ebenda, S. 234.

47 Ebenda, S. 300.

48 Vgl. Huber, Deutsche Verfassungsgeschichte (s. Anm. 43), Bd. II, S. 49 ff.

49 Bernstein, Bd. 1: 1849 Kabinetts-Intrigen (s. Anm. 4), S. 231.

50 Ebenda, S. 266 f.

51 Ebenda, S. 292.

52 Zum Beispiel UZ, Nr. 98, 1. August 1849 und Nr. 99, 2. August 1849; Nr. 198, 25. November 1849.

53 Vgl. Bernstein, Bd. 1: Bis nach Olmütz (s. Anm. 4), S. 310 ff.

54 Franz Leo Benedikt Waldeck (1802–1870), Jurist, 1832 Strafgerichtsdirektor in Vlotho, 1836 Oberlandesgerichtsrat in Hamm, 1846 Obertribunalrat in Berlin, 1861 bis 1869 gehörte er dem Preußischen Abgeordnetenhaus als Mitglied der Fortschrittspartei an.

55 Bernstein, Bd. 1: Bis nach Olmütz (s. Anm. 4), S. 316.

56 Ebenda, S. 321.

57 Varnhagen von Ense, Tagebücher (s. Anm. 27), Bd. 6, S. 463.

58 Vgl. Bernstein, Bd. 1: Bis nach Olmütz (s. Anm. 4), S. 322.

59 Ebenda, S. 323.

60 Als Bernsteins Buch »Die Jahre der Reaktion. Historische Skizze« im Verlag von Max Bading 1881 erschien, erinnerte die »Vossische Zeitung«, Nr. 237/1881 (Sonntagsbeilage Nr. 29), in einer Besprechung daran, was polizeiliche »agents provocateurs« anrichten und was passiert, wenn Behörden contra legem handeln: »Bernstein's Buch ist nicht blos eine zeitgemäße Erinnerung, es ist auch eine nützliche Mahnung und Warnung.«

61 Bernstein, Bd. 2: Die Jahre der Reaktion (s. Anm. 4), S. 136.

62 Siehe vor allem Rudolf Herrnstadt, Die erste Verschwörung gegen das internationale Proletariat. Zur Geschichte des Kölner Kommunistenpro-

zesses 1852, Berlin 1958, und: Der Kommunistenprozess zu Köln 1852 im Spiegel der zeitgenössischen Presse, hrsg. und eingl. von Karl Bittel, Berlin 1955.

63 Der Brief ist bei Herrenstadt, S. 12 und bei Bittel (s. Anm. 62), S. 16b, abgedruckt.

64 Bernstein, Bd. 2: Die Jahre der Reaktion (s. Anm. 4), S. 110.

65 Über Stiebers Aktivitäten informiert ausführlich Wolfram Siemann, »Deutschlands Ruhe, Sicherheit und Ordnung«. Die Anfänge der politischen Polizei 1806–1866, Tübingen 1985, S. 371 ff.

66 Julius H. Schoeps, Agenten, Spitzel, Flüchtlinge. Wilhelm Stieber und die demokratische Emigration in London, in: Im Gegenstrom. Für Helmut Hirsch zum Siebzigsten, hrsg. von Horst Schallenberger und Helmut Schrey, Wuppertal 1977, S. 71–104.

67 Als erster hat Georg Kutzsch (Friedrich Wilhelm IV. und Carl Wilhelm Saegert, in: Jahrbuch für die Geschichte Mittel- und Ostdeutschlands, Bd. VI, Tübingen 1957, S. 133–172) auf diese merkwürdige Freundschaft hingewiesen.

68 GStA Berlin, Rep. 192, Nachlaß Saegert.

69 Unter Friedrich Wilhelm IV. Denkwürdigkeiten des Ministers Otto Freiherr von Manteuffel, hrsg. von H. von Poschinger, Bd. 1, Berlin 1901, S. 328.

70 MEW, Bd. 8, S. 577.

71 Bernstein, Bd. 2: Die Jahre der Reaktion (s. Anm. 4), S. 144.

72 Zu nennen ist insbesondere der von Ferdinand Habel im März 1849 gegründete »Treubund für König und Vaterland (Royalisten-Bund)«, ein von den Behörden gesteuertes Instrument, das gegen »demokratische Umtriebe« eingesetzt wurde.

73 Über den Begriff »Reaktion« und seine Herkunft vgl. Wolfram Siemann, Gesellschaft im Aufbruch. Deutschland 1849–1871, Frankfurt a. M. 1990, S. 37 ff.

74 Ebenda, S. 147.

75 Zum Ideengut der Hochkonservativen vgl. Hans-Joachim Schoeps, Das andere Preußen. Konservative Gestalten und Probleme im Zeitalter Friedrich Wilhelms IV., Berlin 1981, der sich hauptsächlich mit Ernst Ludwig von Gerlach, Friedrich Julius Stahl, Heinrich Leo und Hermann Wagener befaßt hat. Vgl. ebenfalls die Einleitung von Hellmut Diwald (Hrsg.), Von der Revolution zum Norddeutschen Bund. Politik und Ideengut der preußischen Hochkonservativen 1848–1866. Aus dem Nachlaß von Ernst Ludwig von Gerlach, Bd. 1 [= Tagebuch 1848–1866], Göttingen 1970, S. 9 ff.

76 Julius H. Schoeps, Christlicher Staat und jüdische Gleichberechtigung. Der Antisemitismus der Konservativen und der jüdische Abwehrkampf im Reaktionsjahrzehnt in Preußen, 1850–1858, in: Konservatismus

– eine Gefahr für die Freiheit. Für Iring Fetscher, hrsg. von Eike Hennig und Richard Saage, München 1983, S. 38–54.

77 Bernstein, Bd. 1: 1849. Kabinetts-Intriguen (s. Anm. 4), S. 235.

78 Bernstein, Bd. 1: Die Märztage (s. Anm. 4), S. 165.

79 Vgl. Gerd-Hesse Goeman, Die Krankheit Friedrich Wilhelms IV. von Preußen. Eine pathographische Skizze, in: Festschrift für Werner Leibbrand zum 70. Geburtstag, hrsg. von Joseph Schumacher, Mannheim 1967, S. 17ff.; ebenfalls Walter Bußmann, Zwischen Preußen und Deutschland. Friedrich Wilhelm IV. Eine Biographie, Berlin 1990, S. 412ff.

80 Vgl. Frank Lothar Kroll, Friedrich Wilhelm IV. und das Staatsdenken der deutschen Romantik, Berlin 1990, S. 1ff.

81 David Friedrich Strauß, Der Romantiker auf dem Throne der Cäsaren, oder Julian der Abtrünnige (1847), in: ders., Gesammelte Schriften, Bd. 1, Bonn 1876, S. 175–216.

82 Heinrich Heine, Sämtliche Schriften, hrsg. von Klaus Briegleb, Bd. 6, München 1975, S. 275. Vgl. Gerd-H. Zuchold, »Und ein talentvoller König wird vergebens deklamiren!« Friedrich Wilhelm IV. in der Sicht Heinrich Heines, in: Jahrbuch Preußischer Kulturbesitz, 24/1987, S. 403–416.

83 Jacoby an Bernstein, 5. Januar 1861 (Jacoby, Briefwechsel, Bd. II, S. 135).

84 VZ, Nr. 12, 3. Januar 1861.

85 Bernstein, Bd. 2: Die Jahre der Reaktion (s. Anm. 4), S. 259.

DER LEITARTIKLER

Mit der im März 1849 erfolgten Gründung der »Urwählerzeitung« [1] schuf Bernstein sich ein Sprachrohr für seine im Revolutionsjahr sich immer deutlicher entwickelnden demokratischen Überzeugungen. In dem aus Glogau stammenden Theodor Heymann fand Bernstein dabei einen engagierten und mutigen Verleger, der seine politischen Bestrebungen nicht nur unterstützte, sondern auch gewillt war, seine Persönlichkeit ganz in den Dienst des gemeinsamen Anliegens zu stellen. Entschieden demokratisch, aber keineswegs republikanisch, sollte diese Neugründung kein Parteiorgan im politischen Tageskampf sein, sondern, wie es schon im Kopf des Blattes hieß, »ein Organ für Jedermann aus dem Volke«.[2]

Das Programm des neugegründeten Blattes, dessen erste Probenummer am Donnerstag, dem 29. März 1849, auf den Berliner Straßen verteilt wurde, war in einem Artikel mit der Überschrift »Was wir wollen« abgedruckt: »Wir sprechen es mit Offenheit aus: wir gehören der demokratischen Partei an, d. h. wir sind Anhänger der volkstümlichen Partei und halten einen Staat nur für sicher, wenn er auf breiter, volkstümlicher Grundlage beruht. Eine solche Grundlage ist das einmal erworbene Urwählerrecht.[3] Wer uns das nimmt oder schmälert, der greift in unsere Rechte ein, der gefährdet das Vaterland, und was noch mehr ist, der untergräbt das sittliche Bewußtsein des Volkes, denn er sagt dadurch: Man darf erworbene Rechte und Gesetze verletzen, wenn man nur die Macht dazu in Händen habe.« Und weiter hieß es dann: »Allein so demokratisch, das heißt, so volkstümlich wir auch sind, so halten wir doch ein Volk nicht für unfehlbar, und so sehr wir die Urwahlen gesichert sehen wollen, so glauben wir doch nicht, daß Urwahlen ganz gefahrlos sind, wenn der Urwähler nicht durchdrungen ist von dem Gedanken, daß er Urwähler-Rechte im Vaterland, aber auch heilige Urwähler-Pflichten gegen das Vaterland hat.«[4]

Im Gegensatz zu der »Neuen Preußischen (Kreuz-)Zeitung« und der »National-Zeitung«, die ebenfalls unmittelbar Erzeugnisse des Revolutionsjahres 1848 waren,[5] entsprach die »Urwähler-Zeitung« in Format und Aufmachung den Ansprüchen breiter demokratisch gesinnter Schichten. Das Blatt – in einem bescheidenen Quartformat – war in Fraktur gedruckt unter häufiger Verwendung von Fettschrift und Sperrdruck. Der Preis war so gehalten, daß der Kauf des Blattes auch für die einkommensschwachen Kreise erschwinglich war. Ein Vierteljahresabonnement kostete für Berlin 16 Silbergroschen und 3 Pfennig, mit Botenlohn 19 Silbergroschen und 6 Pfennig. Damit war sie im Durchschnitt um die Hälfte billiger als die übrigen Berliner Zeitungen.[6]

Für das Jahr 1849 fehlen jegliche Angaben über die Höhe der Auflageziffern. In einer redaktionellen Notiz wird nur erklärt, daß »die Urwähler-Zeitung das in Berlin am meisten gelesene Blatt«[7] sei. Diese Angabe ist jedoch mit einiger Vorsicht zu betrachten. Sie ist wahrscheinlich nur dann richtig, wenn man dabei nicht die Zahl der Bezieher, sondern die der Leser zugrunde legt. Da das Blatt in fast allen kleinen Schanklokalen Berlins als einzige Zeitung auf den Tischen zum Lesen auslag, scheint es so zu sein, als ob die Leserauflage noch größer war als die der Vossischen Zeitung, die in den 50er Jahren die auflagestärkste Zeitung Berlins war.[8]

Der Vertrieb der »Urwähler-Zeitung« erfolgte in erster Linie über den Straßenverkauf. Der geschäftstüchtige Verleger Theodor Heymann[9] hatte sich dazu ein System der Gewinnbeteiligung ausgedacht. Er lieferte jedem Wiederverkäufer die Zeitung pro Woche für einen Silbergroschen (statt 1 Silbergroschen 3 Pfennig), so daß derselbe neben den 3 Pfennig Botenlohn für jedes abgesetzte Exemplar weitere 3 Pfennig zusätzlich verdiente. Der Berliner Polizeipräsident, der diese Form des Zeitungsabsatzes für ungesetzlich hielt, beklagte sich darüber beim Staatsanwalt des Berliner Kammergerichts: »Die Redaktion der Urwählerzeitung begründet hauptsächlich so den Absatz ihrer Zeitung: Es werden hierzu besonders die kleinen Schankwirte, früheren Plakateure und Zettelträger, sowie überhaupt alle diejenigen Personen benutzt, welche in den Jahren 48/49 sich an ein vagabondierendes, arbeitsscheues Leben gewöhnt haben. Sie gewinnen auf diese Art mit Leichtigkeit einen ganz anständigen Tages- und Wochenlohn, da jeder, je mehr Exemplare er absetzt, nur sein eigenes Interesse mit befördert. Erwägt man, daß, wenn von den in Berlin existierenden 500 kleinen Schankwirten incl. Kleinhändlern auch nur die Hälfte 20 Exemplare jeder absetzt, so werden hierdurch allein schon 5000 Exemplare an den Mann gebracht. Der Urwähler hat nach zuverlässigen Nachrichten nur 1200 bis höchstens 1300 Abonnenten, und doch setzt er täglich 8000 Exemplare ab ...«[10]

In der Entwicklung der deutschen politischen Tagespresse stellt die »Urwähler-Zeitung« insofern einen Meilenstein dar, als tagtäglich auf der ersten Seite ein Leitartikel erschien.[11] In der Regel stammte er von einem Redaktionsmitglied, meist aus der Feder Bernsteins. Bis in das hohe Alter hat er täglich mit äußerst seltenen, nur durch Krankheit veranlaßten Unterbrechungen diesen Leitartikel geschrieben, der durch seine volkstümliche Denk- und Schreibweise häufig genug das Tagesgespräch Berlins bildete.[12] Überschrift und Text waren zumeist so gehalten, daß das Interesse des Lesers unmittelbar angesprochen wurde. Da hieß es etwa: »Was wollen die Reactionäre?« (1. April 1849) oder »Der Schein-Konstitutionalismus« (3. Juni 1849). Ein besonders beliebtes stilistisches Mittel war dabei, die Worte der Überschrift immer wieder als Schlußwort der einzelnen Absätze des Artikels in der Form eines Refrains zu wiederholen. Die Wirkung auf den Leser war außerordentlich. »Diese dauernden Wiederholungen«, notierte Varnhagen von Ense in sein Tagebuch, »werden zur furchtbarsten Anklage.«[13]

Der Erfolg, den der Leitartikel der »Urwähler-Zeitung« hatte, war in erster Linie Bernsteins unverwechselbarem Stil zuzuschreiben. Seine lebendig geschriebenen, in der Regel klar konturierten Artikel wirkten wie gesprochen. Berthold Auerbach teilte ihm einmal in einem Brief mit: »Tagtäglich sprechen Sie zu mir, lieber Bernstein, und ich freue mich Ihrer Gedanken und Ihrer Worte, ja Ihrer Stimme, denn Sie schreiben, daß man Sie sprechen hört, und das ist das beste Schreiben.« Was den Aufbau der Leitartikel betraf, so war Auerbach der Ansicht: »Ich bin wahrhaft gelabt von

Probenummer.

Urwähler-Zeitung.

Organ für Jedermann aus dem Volke.

№ 1.   Berlin, Donnerstag, den 29. März.   1849.

Unsere Zeitung wird täglich erscheinen.

Unsere Zeitung wird alles enthalten, was in andern Zeitungen steht, aber kurz und bündig.

Unsere Zeitung wird demnach in den nächsten Nummern bringen:

Allgemeine kurze Betrachtungen der wichtigsten Angelegenheiten.

Politische Nachrichten aus Deutschland und dem Auslande.

Neueste Nachrichten aus Berlin, so zahlreich und schnell wie nur irgend ein Blatt.

Kurze Berichte über die Kammerverhandlungen, Stadtverordneten- und Kriminalgerichts-Sitzungen.

Interessante kurze vermischte Nachrichten.

Dies über den Inhalt in den spätern Nummern.

Wir halten es jedoch für unsere Pflicht, in der ersten Nummer unserer Zeitung offen auszusprechen, Erstens: was wir wollen, Zweitens: Einiges über die politische Lage unseres Vaterlandes und seine Parteikämpfe und Drittens: was wir in politischer und socialer Beziehung durch diese Zeitung mit zu erstreben wünschen. Wir lassen sodann eine kurze Uebersicht der gegenwärtigen Lage der Politik in Europa folgen, um in den spätern Nummern unserer Zeitung sofort die neuesten Nachrichten kurz und bündig dem Leser, der nicht täglich viele Stunden mit Zeitungslesen zubringen mag oder kann, vorzuführen.

Die Redaktion.

Was wir wollen.

Eine Regierung ist dann nur eine glückliche und gedeihliche, wenn sie in ihren Handlungen Hand in Hand geht mit den Wünschen und Bedürfnissen des Volkes. [...] Die Wünsche und Bedürfnisse des Volkes wird aber nur aus der Regierung wahrhaft kennen lernen, wenn sie sich auf eine wahrhafte Volksvertretung stützt [...] Eine wahrhafte Volksvertretung ist aber nur möglich, wenn die Abgeordneten des Volkes aus allgemeinen Urwahlen hervorgegangen sind [...] Diese drei Grundsätze sind anerkannte Wahrheiten [...] ist nicht im Wahne lebt, daß jede Regierung von Gottes Gnaden ist, d. h. daß Gott Wille und das Volk so regiert werden soll, wie Gott

es dem Regierenden in den Sinn giebt; der nicht in dem Wahne lebt, daß wenn die Regierung das Volk beglückt, so hat es Gott dafür zu preisen; macht aber die Regierung das Volk unglücklich, so muß das Volk dies als eine Strafe Gottes betrachten und mit Geduld, ja mit Liebe dieses von Gott ihm zugefügte Unglück tragen, bis es Gott gefällt, das Unglück abzunehmen.

Wir sagen: wer nicht Pietist und Sklave genug ist, um solche Ideen zu hegen, der wird die Wahrheit der obigen Grundsätze nicht ablengnen; in ihrer Allgemeinheit sind sie ebenso Demokraten wie Konstitutionelle und Royalisten damit einverstanden. [...] in der Praxis angewendet, bringt die Idee der Urwahlen eine wesentliche Spaltung der Parteien hervor.

Die Demokraten behaupten, Urwahlen sind in

Abb. 9 Die von A. Bernstein im Frühjahr 1849 gegründete und im Verlauf der Jahre mit zahlreichen Konfiskationen belegte »Urwähler-Zeitung« wurde allgemein als eines der führenden Presseorgane der Demokratie in Preußen angesehen.

der Art, wie Sie so durchsichtig mit gesundem Menschenverstand all das diplomatische Gewirr beleuchten. Es ist ja Einem dabei oft wie auf weiten Ebenen, wo hundert Wagengeleise durcheinander laufen und man vor lauter Wagen keinen Weg mehr findet.«[14]

Ähnlich äußerte sich Isidor Kastan, der Berliner Arzt und Literat, der im Rückblick bemerkte, »fast jeder dieser kurzen, scharf zugespitzten, klaren, an witzigen, aber dem Verständnis, der Veranschaulichung des Gesagten dienenden Anspielungen reichen Artikel war in seiner Art ein journalistisches Meisterwerk«. Im Gegensatz zu Ernst Hilaris, der ein Gegner Bernsteins war und nicht viel von dessen Leitartikeln gehalten hat und sich über diese herablassend ausließ,[15] meinte Kastan, daß schon bei den Leitartikeln die Wahl der Überschrift den »Meister der volkstümlichen Denk- und Schreibweise«[16] verraten hätte.

Bernstein wandte sich direkt und ohne Umschweife an den Leser. Manchmal sprach er ihn sogar in Du-Form an, ging auf dessen soziale Nöte an, seine Sympathien und Antipathien. Witz und Ironie gehörten dabei ebenso dazu wie der Gebrauch von Redewendungen, die der Alltagssprache der Arbeiter und Handwerker entnommen waren. Bernstein vermied es grundsätzlich, »akademisch« zu schreiben. Politische Fachausdrücke war er bemüht mit einfachen Worten zu erklären. So machte er zum Beispiel den Begriff »Absolutes Veto« dem Leser in einem seiner Leitartikel folgendermaßen verständlich: »Veto heißt: ich verbiete, – absolutes Veto heißt: ich verbiete durchaus. Das heißt: mögt Ihr reden, was Ihr wollt, mögt Ihr beschließen, was Ihr Lust habt, mögt Ihr etwas fordern, so oft es auch beliebt: ich verbiete, ich sage nein! ein für alle Mal und so oft es mir gefällt.«[17]

Die Leitartikel der »Urwähler-Zeitung« behandelten in den folgenden Jahren fast durchweg Fragen der Tagespolitik.[18] Bernstein, der sich selbst einmal einen »beschränkten Handlanger der Politik« (25. Mai 1850) genannt hat, war bemüht, in seinen Artikeln den revolutionären Geist des Jahres 1848 wachzuhalten. »Wir«, bemerkte er einmal, »halten fest an dem Geiste, der hoch über der Revolution dieser Tage stand« (18. März 1852). Das Volk, meinte er, dürfe nicht wieder in einen Zustand »vormärzlicher Harmlosigkeit«[19] zurückfallen. Die Errungenschaften der Revolution müßten bewahrt werden, insbesondere die 1848 auf den Barrikaden erkämpften demokratischen Rechte. In keinem Fall dürfte man sich der Fürstenwillkür und der Reaktion beugen. »Seid einig«, heißt es in einem der Bernsteinschen Leitartikel, »benutzt jedes gesetzliche Mittel, Euren Willen gemeinsam wie ein Mann kund zu tun, und seid überzeugt, der Tyrann soll erst noch geboren werden, der im Stande ist, dem gemeinsamen kundgebenden Willen einer Majorität des Volkes auch nur auf kurze Zeit zu widerstehn!« (23. August 1849).

Die Kritik in den Spalten der ersten Jahrgänge der »Urwähler-Zeitung« richtete sich hauptsächlich gegen die von Friedrich Wilhelm IV. am 5. Dezember 1848 oktroyierte Verfassung,[20] die von Bernstein und der Redaktion des Blattes als ein eklatanter Rechtsbruch und als ein Akt der Illegalität angesehen wurde. Bernsteins Artikel kreisen immer wieder um diesen Sachverhalt, und wiederholt wies er darauf hin, daß die gesetzliche Garantie der Grundrechte als die Vorbedingung für die Anerkennung der Regierung durch das Volk angesehen werden müsse: »Wollt ihr wirklich Ruhe, wirkliche Ordnung, ... wirkliche Stärke der Regierung, wirkliche Festigkeit des Staates, ... so gebt uns einen wirklichen Rechtszustand, eine wirkliche Volksvertretung, eine wirkliche Sicherung der Freiheit, ... haltet Euch fern von Gewalttat, von Oktroyierung, von Scheinvertretungen und von Rechtsbruch und soweit Menschen sich und ihr Vaterland glücklich machen können, wird das blutende, trauernde Vaterland glücklich werden« (26. Juni 1849).

Aus dem Protest wird allmählich immer mehr bitterer Sarkasmus. Neue Änderungen der Verfassung werden oft mit Überschriften in der »Urwähler-Zeitung« kommentiert wie »Wiedrum oktroyiert«, »Neue Oktroyierungen« oder »Es lebe die Oktroyierungsfabrik«. Als dann der König kurz vor dem Abschluß der Revidierungen in seiner Botschaft vom 7. Januar 1850 nochmals eine Anzahl von Verfassungsänderungen verlangte, brachte das Blatt (als Auszug aus der »Neuen Oder-Zeitung«) ohne Kommentar eine sehr geschickt aufgemachte Nebeneinanderstellung der verschiedenen Proklamationen des Königs vom 22. März 1848 bis zu dieser letzten Botschaft vom 7. Januar 1850,[21] die beweisen sollte, daß der König fortwährend seine dem Volk gemachten Versprechungen gebrochen habe.

Besondere Beachtung finden die in ununterbrochener Reihenfolge aufeinanderfolgenden Verhaftungen, Strafprozesse und Verurteilungen, mit denen die Reaktion gegen alle Republikaner und demokratisch Gesinnten vorging. Zum Beispiel wird nicht nur auf die Haltlosigkeit der Beschuldigungen eingegangen, die in dem von der preußischen Regierung angezettelten »Hochverratsprozeß« gegen Benedikt Leo Waldeck[22] erhoben wurden,[23] sondern es werden auch die Umstände beschrieben, die zur Verhaftung, Einkerkerung und schließlichen Flucht des Bonner Professors Gottfried Kinkel aus den Spandauer Kasematten führten. Das Blatt ließ dabei keinen Zweifel, auf wessen Seite es stand. Im Falle Kinkel werden alle Einzelheiten der Flucht[24] liebevoll ausgeschmückt und langatmig geschildert in Fortsetzungsartikeln,[25] die erkennen lassen, daß es Bernstein und den Redakteuren der »Urwähler-Zeitung« darum ging, die Erinnerung an das Revolutionsjahr und seine Helden im allgemeinen Bewußtsein wachzuhalten.

Es wäre falsch, anzunehmen, Bernstein und die »Urwähler-Zeitung« wären in einer prinzipiellen Opposition verharrt. Sie kritisierten zwar die reaktionäre Linie des Königs und seiner Regierung, insbesondere deren Unfähigkeit, das Volk als mündig anzusehen und diesem das Selbstbestimmungsrecht zuzugestehen. »Das mündige Volk« bemerkte Bernstein einmal, »will nicht glücklich gemacht werden, sondern sich selber glücklich machen« (3. November 1849). Auf der anderen Seite waren Bernstein und die Redakteure des Blattes aber einsichtig genug, zu wissen, daß sie nur dann etwas erreichen würden, wenn sie den Lesern Empfehlungen geben, die es diesen ermöglichen, sich mit den bestehenden Verhältnissen halbwegs zu arrangieren. In einer vielbeachteten Artikelfolge »Der Staat und die Volkspartei«[26] forderte Bernstein die »Volkspartei« auf, womit er die Linke – die außer- bzw. nichtparlamentarische Opposition – meinte, nicht in reiner Obstruktion zu verharren, sondern sich von rechts wie von links abzugrenzen und an allen Wahlen sich zu beteiligen: »Ja, wir müssen uns, wo es ohne Verleugnung unserer Grundsätze geschehen kann, einer bestehenden constitutionellen Opposition anschließen.«[27]

Im Gegensatz zu den verfassungspolitischen Fragen, die in den Spalten des Blattes einen breiten Raum einnahmen, spielte die Beschäftigung mit Problemen der preußischen Außenpolitik anfänglich nur eine untergeordnete Rolle. Eine Änderung zeichnete sich erst im Vorfeld des Krim-Krieges ab, als die »Volks-Zeitung«, die Nachfolgerin der »Urwähler-Zeitung«, sich verstärkt der Außenpolitik[28] zuwandte und eine eigene Rubrik für »Orientalische Angelegenheiten« einrichtete.[29] Aber auch dann wurden die behandelten Probleme zumeist unter dem Gesichtspunkt des Primats der Innenpolitik gesehen, was bedeutete, die Redaktion des Blattes entnahm ihre Kategorien zur Beurteilung der Außenpolitik der Innenpolitik. Leitmotivisch zieht sich denn auch durch fast alle außenpolitischen Artikel das ideologische Grundmuster des Blattes, das bestimmt wurde durch das Bekenntnis zur Demokratie und die immer wiederkehrenden Gegensatzpaare Freiheit – Unterdrückung und Fortschritt – Reaktion.

Was die Beurteilung der europäischen Großmächte der Zeit angeht, so verteilen sich Sympathien und Antipathien nach dem jeweiligen Grad der Freiheit, die den Untertanen in diesen Ländern gewährt wird. Das Bild Rußlands, das in der »Urwähler-Zeitung« gezeichnet wird, ist ausgesprochen negativ. Rußland gilt als der Quell allen Übels, als der eigentliche Hort der konservativen Interessen im europäischen Mächtekonzept seit 1815. Es kam hinzu, daß die hochkonservative Fraktion um die »Neue Preußische (Kreuz-)Zeitung« sich als Sachwalter der russischen Politik verstand, was dazu führte, daß Bernstein sie gelegentlich mit dem Terminus »Russen des Inlandes« belegte. Die antirussischen Ressentiments der »Urwähler-Zeitung« spiegeln sich in Bezeichnungen wie zum Beispiel »Reich der Knuten« (24. Dezember 1850), ein »Hort der Barbarei« oder »Unkultur« (19. Februar 1852).

Nicht sehr viel freundlicher ist die Einstellung der »Urwähler-Zeitung« gegenüber Österreich, das wie Rußland verantwortlich gemacht wird für das 1815 entstandene Unterdrückungssystem. Immerhin erfährt Österreich, das anfänglich noch als »Schergen-Staat« (15. April 1849) bezeichnet wird, eine Neubewertung im Zuge des Krim-Krieges.[30] Das gleiche gilt für das bonapartistische Frankreich, das anfangs bezeichnet wird als eine Gefahr für den europäischen Frieden,[31] aber anders bewertet wird, als es sich im Krim-Krieg gegen Rußland stellt: »Vorläufig steht Frankreich auf, um den Besitzstand Europas zu erhalten, und so lange dies der Fall ist und sein wird, kann Frankreich unmöglich unser Feind genannt werden.«[32] Rückhaltlose Bewunderung erfährt allein England, das für die »Urwähler-Zeitung« die Personifizierung des Fortschritts in Europa ist: »Reform ist das große Wort, durch welches England groß geworden ist. Europa bemüht sich rückwärts zu gehen und England geht vorwärts« (5. Januar 1853).

In Fragen der Wirtschaft vertrat das Blatt einen liberalen Standpunkt. Eingriffe in das Wirtschaftsleben seitens des Staates wurden für nicht akzeptabel gehalten. »Nicht einzugreifen in dieses Naturgesetz der Volkswirtschaft ist das einzige Gesetz, das wir verlangen«, heißt es in einem der Artikel.[33] Wie und was damit gemeint war, wird deutlich an den Kommentaren des Blattes zu der damals heftig kontrovers geführten Debatte um die Handels- und Gewerbefreiheit. So wurden protektionistische Maßnahmen strikt abgelehnt, insbesondere das Schutzzollsystem, das von der »Urwähler-Zeitung« als der Versuch reaktionärer Kreise gewertet wurde, den Einfluß des liberal und freiheitlich gesinnten Bürgertums auf das Wirtschaftsleben einzuschränken: »Dieses System ist eine Weltbeglückung von Staats wegen … es will organisieren durch den Staat, durch das Gesetz – also Zwang, Gewalt, Beschränkung, aber keine Freiheit, keine Selbständigkeit« (20. August 1850).

Bernstein und die Redakteure waren entschiedene Anhänger der Gewerbefreiheit. Sie waren der Ansicht, daß das Gewerbegesetz vom 9. Februar 1849, spöttisch von ihnen »Gewerbe-Beschränkungs-Gesetz«[34] genannt, nicht nur die »Produktionsfähigkeit des Volkes« hemme, sondern letztlich die Entstehung eines Gesellenproletariats zur Folge haben würde. Obgleich sie zwar einen radikalen Wirtschaftsliberalismus vertraten, verloren sie aber deshalb nicht die sozialen Belange der Leser aus den Augen. Sie setzten sich insbesondere für die selbständigen Gewerbetreibenden ein, vergaßen aber auch nicht die Gesellen und Arbeiter,[35] denen es um die Abschaffung der überkommenen Privilegienordnung ging und die sich schon aus diesem Grunde mit der Linie des Blattes identifizieren konnten.

Die »Urwähler-Zeitung« hatte von Anfang an Schwierigkeiten mit den Behörden, insbesondere mit dem Berliner Polizeipräsidium, dem das Blatt wegen seiner oppositionell-demokratischen Haltung ein Dorn im Auge war. Auf Anordnung des Polizeipräsidenten Hinkeldey[36] kam es fortwährend zu Beschlagnahmungen. Eine offizielle Begründung wurde meistens nicht genannt. Die Berichte des Polizeipräsidiums an die Staatsanwaltschaft des Berliner Stadtgerichts zeigen, daß die Konfiskationen meist unter recht fadenscheinigen Vorwänden vorgenommen wurden. »Hinkeldey«, empörte sich Varnhagen von Ense in seinem Tagebuch, »hat erklärt, die Urwählerzeitung müsse zugrunde gerichtet werden, es komme garnicht darauf an, gesetzliche Vorwände zu finden; man werde das Blatt von Zeit zu Zeit blindlings wegnehmen, die Leser würden dessen bald überdrüssig werden.«[37]

Insgesamt gab es in den vier Jahren des Bestehens der »Urwähler-Zeitung« 48 Konfiskationen. Die Begründungen, die in den Akten nachzulesen sind, reichen vom Verstoß gegen bestimmte Pressebeschränkungen bis hin zur Beschuldigung der Majestätsbeleidigung. Nur in neun Fällen kam es zur Einleitung eines strafrechtlichen Verfahrens. In 36 Fällen wurde die vom Polizeipräsidium verfügte Beschlagnahmung vom Stadtgericht wieder aufgehoben.[38] Die Staatsanwaltschaft lehnte es meistens ab, Hinkeldeys Antrag weiterzuverfolgen – einmal sogar mit dem deutlich tadelnden Hinweis, es sei nicht ersichtlich, warum eine Beschlagnahme überhaupt erfolgt sei, und daß auf einen Verstoß gegen geltendes Recht nicht erkannt werden könne.[39]

Mit allen Mitteln waren die Behörden bemüht, den Vertrieb der »Urwähler-Zeitung« zu verhindern. So wurde den Kaffehäusern und Konditoreien in Berlin bei Androhung der Entziehung der

Gewerbeerlaubnis untersagt, das Blatt zum Lesen auszulegen. Man ging sogar so weit, Austräger des Blattes auf der Straße zu verhaften und ihnen ihre Zeitungen wegzunehmen.[40] In Potsdam wurde der Verkauf der Zeitung dadurch verhindert, daß man ihn als unbefugtes Gewerbe mit Strafe belegte. »Die Gemeinderäte und der Magistrat erklären«, schrieb Varnhagen von Ense in sein Tagebuch, »es liege kein Bedürfnis vor, in Potsdam die Urwählerzeitung zu halten.«[41] Ähnlich war es in Küstrin und im Regierungsbezirk Frankfurt/Oder, wo den Buchhändlern gedroht wurde, denen die Konzession zu entziehen, »die fernerhin sich mit dem Debit der Urwählerzeitung befassen würden«.[42]

Der vom Berliner Polizeipräsidum geführte Kleinkrieg gegen die »Urwähler-Zeitung« zeigte insofern Wirkung, als die regelmäßigen Beschlagnahmungen[43] dazu führten, daß mitunter mehrere Tage hintereinander keine Ausgabe erschien. Die Redakteure waren deshalb gezwungen, sorgfältig darauf zu achten, sich in ihren Artikeln keine Blöße zu geben, was in gewisser Weise einer Art Selbstzensur gleichkam und genau das war, was Hinkeldey mit seiner Politik der Einschüchterung bezweckte. Das einzige Mittel, das die Redaktion des Blattes dagegen einsetzen konnte, war das der Ironie und des Sich-lustig-Machens wie etwa in dem Vorblatt zum Jahr 1851, wo man den »Zeitungs-Boten« erklären läßt: »Und läßt uns Herr von Hinkeldey / das Blatt nicht konfiszieren / komm ich trotz finst'rer Nacht herbei, / Ihre Gunst nicht zu verlieren.«[44]

In den vier Jahren zwischen 1849 und 1853 standen die Redakteure und Mitarbeiter der »Urwähler-Zeitung« insgesamt 16mal vor den Schranken des Gerichts. In den meisten der Fälle lautete die Anklage auf Beleidigung, entweder des Königs, des Ministerpräsidenten, des Magistrats, des Polizeipräsidenten, kirchlicher Institutionen oder eines Konstablers im Dienst. 7 der 16 Presseprozesse endeten mit Freispruch der Angeklagten. Bernstein, der wie sein Mitarbeiter Hermann Holdheim[45] verschiedene Male in Haft genommen wurde, stand insgesamt viermal vor Gericht.[46] Zweimal wurde er verurteilt. In dem einen Fall wegen Majestätsbeleidigung zu vier Monaten Gefängnis[47] und zum Verlust der Na tionalkokarde, im anderen Fall wegen »Anreizung zum Haß« zu 20 Talern Geldbuße.[48]

Über die Umstände seiner Verhaftung, die am 23. Mai 1850 erfolgte, hat Bernstein unmittelbar nach seiner Entlassung am nächstfolgenden Tag einen seine Empörung und Betroffenheit widerspiegelnden Bericht geschrieben. Polizeibeamte waren demnach nachmittags in der Expedition des Blattes erschienen und hatten ihn von dort in das Stadtvogtei-Gefängnis abgeführt. Gleichzeitig hatten sich andere Beamte in seine Wohnung in die Schönhauser Allee 103 begeben, hatten seine Papiere durchwühlt und diese mit Beschlag belegt.[49] Gründe für die Verhaftung wurden nicht genannt. Später stellte sich heraus, daß man Bernstein im Polizeipräsidium verdächtigte, an dem am gleichen Tag stattgehabten Attentat des Unteroffiziers Sefeloge auf den König verwickelt gewesen zu sein.[50] Varnhagen von Ense kommentierte die Verhaftung Bernsteins in seinem Tagebuch: »Die ganze Verkehrtheit zeigt sich in dieser Maßregel, aber auch die verstockte Bosheit der herrschenden Partei, sie benutzt das Vorgefallene um gehässige Vermutungen auszustreuen und zu nähren, sie tut, als wenn dies notwendig ein demokratischer Anschlag sein müsse …«[51]

Bernstein war zutiefst davon überzeugt, daß die Verhaftung nur deshalb erfolgt sei, weil die Polizei sich in den Besitz seiner Papiere und Briefe setzen wollte, um Hinweise auf eine in den Amtsstuben vermutete Verschwörung zu erhalten. Bernstein hielt das alles für lächerlich, für ausgemachte Hirngespinste, und erklärte, er habe nichts zu verbergen, schon gar nicht unter seinen Papieren. Die Polizei, schrieb er in der »Urwähler-Zeitung«, werde »Literarisches, Astronomisches, Pastoralisches, Chronologisches in einzelnen Abrissen, in fertigen Abhandlungen finden. Sie wird finden Briefschaften von Hitzig, Streckfuß, Chamisso, Varnhagen von Ense, Freiherr von Auffenberg, Theodor Mundt, Heinrich Laube, unter anderem Briefe vom verstorbenen Bessel in Königsberg, vom Prof. Mädler, von de Vico, Direktor der Sternwarte in Rom, nebst Zuschriften von fast sämtlichen neueren Rabbinern Deutschlands über Reformen im Judentum – von Staatsverbrechen und Staatsverbrechern aber findet sie keine Spur«.[52]

Im April 1851 mußte Bernstein die Haftstrafe antreten, zu der er ein Jahr zuvor verurteilt worden war.[53] Es gelang ihm in der Haft aber trotzdem, den täglichen Leitartikel weiter zu verfassen. Mit dem Essen wurden die Zeitungen hinein- und der Leitartikel hinausgeschmuggelt.[54] Möglich wurde dies dadurch, daß Gefängnisbeamte mit den politischen Gefangenen sympathisierten. Hinkeldey schäumte darüber vor Wut. Er ließ die Druckerei durchsuchen, jedoch ohne Ergebnis. Bernstein erinnert sich, daß Hinkeldey persönlich in seine Zelle gestürmt kam, schrie und tobte: »Alles ist Betrug, ein ganzes Heer von Bestochenen ist hier, die Artikel sind von Bernstein, kein anderer hat sie geschrieben; vor meinen Augen wird hier alles durchsucht.« Gefunden wurde nichts, kein Stückchen Papier, nichts, was irgendwie Verdacht erregen konnte. »Und *doch*«, bemerkte Bernstein, »wurden die Artikel von mir in der Zelle geschrieben ...«[55]

In einer Tischrede hat Bernstein sich einige Jahre später noch einmal rückwirkend über die Fehden geäußert, die die »Urwähler-Zeitung« in den Jahren ihres Bestehens mit den Behörden auszutragen hatte: »Ihr ärgster Feind war Hinkeldey, der rührige Polizeipräsident. Er tat uns oft die Ehre an, die Zeitung zwei-, ja dreimal wöchentlich zu konfiszieren; aber ausnahmslos wurde sie von der Staatsanwaltschaft für straffrei erklärt, so daß sie immer wieder freigegeben werden mußte. Das ging bis in das Jahr 51 so hinein, das Blütejahr der Reaktion; da kriegten sie mich doch einmal zu packen. Wir hatten einen Polizeispion in unserer Druckerei; jawohl, wir wußten es auch, konnten es aber nicht gleich ändern ...«[56]

Nach vierjährigen Auseinandersetzungen zwischen Hinkeldey und der »Urwähler-Zeitung« vereinigten sich Polizeipräsidium, Innenministerium und Stadtgericht zu einem koordinierten Vorgehen,[57] um die Einstellung der »Urwähler-Zeitung« zu erzwingen. Innenminister von Westphalen empfahl Hinkeldey, ein sogenanntes Konzessions-Entziehungs-Verfahren sowohl gegen den Drucker als auch den Verleger der »Urwähler-Zeitung« einzuleiten,[58] was dieser unverzüglich tat. Als Vorwand für die Beschlagnahmung des Blattes und die damit einhergehende Verhaftung Hermann Holdheims diente ihm ein vergleichsweise harmloser

Leitartikel, der am 27. März 1853 erschienen war. Mit dieser Maßnahme wurde das Ende der »Urwähler-Zeitung« eingeläutet.
Theodor Heymann, der Verleger, ließ zwei Tage darauf zwar noch
ein Extrablatt erscheinen, in dem er den Lesern mitteilte, daß wegen der Verhaftung des Redakteurs und anderweitiger Hindernisse das Erscheinen der »Urwähler-Zeitung« für einige Zeit ausgesetzt werden müßte. Die insgeheime Hoffnung, daß es vielleicht
doch noch möglich sei, sich mit den Behörden zu arrangieren,
sollte sich nicht erfüllen. Die Tage des in der Revolution gebore-
nen Blattes waren endgültig gezählt.

Bernstein gab die Idee eines demokratischen Volksblattes jedoch nicht auf. In der Person des durch und durch demokratisch
gesinnten Franz Dunckers [59] gelang es ihm, einen kapitalkräftigen
Verleger zu finden, der bereit war, das Blatt unter neuem Namen
fortzuführen. [60] Am 1. April sollte die erste Ausgabe der »Volks-
Zeitung«, die wie die »Urwähler-Zeitung« den Untertitel »Organ
für Jedermann aus dem Volke« trug, ausgeliefert werden. Sie
wurde jedoch sofort beschlagnahmt, ebenfalls die Nummer 2, deren Erscheinen für den 10. April vorgesehen war. Erst am 12. April
wurde das Blatt von den Behörden freigegeben, was nicht zuletzt
damit zusammenhing, daß der angesehene Hofbuchhändler Alexander Duncker [61], der Bruder Franz Dunckers, sich bei Hinkeldey
für das Erscheinen des neuen Blattes verwendete und diesen davon überzeugen konnte, daß das Blatt keine Gefahr für den preußischen Staat darstelle.

Aufmachung, Stil und politische Einstellung des Blattes hatten
sich nicht geändert. In der ersten Nummer der »Volks-Zeitung«
wurde zum Ausdruck gebracht, daß man gedenke, an die Tradition der »Urwähler-Zeitung« anzuknüpfen, wobei jedoch sorgfältig vermieden wurde, Reizvokabeln wie »Demokratie«, »Liberalismus« oder »Konstitutionalismus« zu verwenden. »Indem wir«,
hieß es, »mit der Volks-Zeitung als die berechtigten Erben der Urwähler-Zeitung auftreten, wollen wir den Lesern der Urwähler-
Zeitung einen Ersatz für dieselbe bieten, soweit die Zustände dies
möglich machen und soweit wir aus innerer Überzeugung in die
Fußstapfen jenes außerordentlich vielgelesenen, vielgehaßten und

vielverehrten Blattes treten mögen.« Und weiter hieß es: »Wir wollen ihren [der UZ] Todesmut durch einen ernsten Lebensmut ersetzen. Wir wollen nicht mit wilden, wir wollen mit milden Waffen für die gute Sache des Rechtsstaats und des Volkstums streiten.«[62]

Befürchtungen der Behörden, es würde sich am Kurs nichts ändern, das Blatt im gleichen Stile wie bisher fortgeführt werden, versuchte Franz Duncker bei einer von Hinkeldey angeordneten Vorladung auf das Polizeipräsidium zu entkräften. »Die neue Zeitung wird in keiner Weise eine bloß zersetzende und negierende, sondern eine positiv wirkende und belehrende Richtung verfolgen.« In dem Bericht des Beamten, der die Anhörung durchzuführen hatte, wird die dort von Duncker abgegebene Versicherung kolportiert, daß das Blatt künftig bemüht sein wolle, »alle mit dem Kommunismus verwandten Ideen zu bekämpfen und demselben positive und gesunde Vorschläge entgegenzusetzen, um auf diese Weise in populärer Form richtige volkswirtschaftliche Ansichten zu verbreiten«.[63]

Als verantwortlicher Redakteur der »Volks-Zeitung«, deren Auflage sich in den nächsten Jahren stetig aufwärtsentwickelte,[64] zeichnete anfangs Hermann Dierke.[65] Jedermann war jedoch klar, daß er nicht die Verantwortung hatte, sondern nur vorgeschoben war. Der eigentliche Chefredakteur blieb weiterhin A. Bernstein. Er wurde zwar nicht im Impressum genannt, bestimmte aber – was auch den Behörden nicht entging – weiterhin die Linie des Blattes, wie er das zuvor schon bei der »Urwähler-Zeitung« getan hatte. »Es ist unverkennbar«, beklagte sich der Innenminister bei Hinkeldey, »daß die Volks-Zeitung sich von der Urwähler-Zeitung nur in der Wahl der Anknüpfungspunkte für ihre Betrachtungen unterscheidet. Während die Urwähler-Zeitung bei ihrer Polemik gegen die bestehenden Zustände und gegen die Staatsregierung mehr gerade herausging und die inneren Verhältnisse des preußischen Staates unmittelbar zum Thema ihrer Leitartikel nahm, knüpft die Volkszeitung meist an Verhältnisse der allgemeinen europäischen Politik oder anderer Staaten als des österreichischen, russischen, und dergl. an. Diese heterogenen Gesichtspunkte hindern indessen nicht, daß überall Urteile und Bemerkungen über die preußische Politik einfließen, welche sich in Gehässigkeiten von denen der Urwähler-Zeitung in nichts unterscheiden.«[66]

Ein Blick in die Leitartikel der Jahre 1853 und 1854 zeigt tatsächlich eine zunehmende Verlagerung von innenpolitischen zu außenpolitischen Themen, was ganz offensichtlich mit der durch den Zaren ausgelösten Schwarzmeer-Krise zusammenhing. Geschickt die allgemeine Volksstimmung ausnutzend, die im Unterschied zur Regierung fast durchweg rußlandfeindlich war, wurde in den Spalten der »Volks-Zeitung« insbesondere gegen den Zaren polemisiert, dem vorgeworfen wurde, den Frieden Europas aufs Spiel zu setzen,[67] »rein aus eitlen Motiven der Ruhmsucht und des Aberglaubens« (10. Juli 1853). Mit Freude wurde über jeden Mißerfolg der russischen Armee berichtet, »jener Armee, die nur durch blinden Gehorsam zusammengehalten ist« (15. Januar 1854). Und über die Ziele der russischen Politik wird folgendermaßen geurteilt: »Rußland will viel. Rußland will alle Throne im tiefsten Mißtrauen mit den Völkern erhalten. Rußland hat seine bezahlten und unbezahlten Diener und Freunde, die ihm in diesem Geschäft sehr beistehen. Rußland will allenthalben den Zwiespalt der zivilisierten Welt, damit es mit seiner Macht als Retter allenthalben erscheinen könne« (20. Januar 1854).

Der preußische Innenminister, der die preußische Politik der »aktiven Neutralität«[68] zu vertreten hatte, stand der antirussischen Einstellung der »Volks-Zeitung« ablehnend gegenüber. In verschiedenen Schreiben an den Polizeipräsidenten versuchte er, diesen zu Schritten gegenüber dem Blatt zu bewegen: »Wie auch unsere gegenwärtigen Beziehungen zu der orientalischen Verwicklung beschaffen sein mögen – in jedem Falle kann ich es von meinem Standpunkte aus nur beklagen, daß eine solche Sprache, wie die Volkszeitung sie führt, ungestraft geführt werden darf.«[69] Auf ein Antwortschreiben Hinkeldeys, in dem dieser vor einem Vorgehen gegen die »Volks-Zeitung« warnte, da diese nur die öffentliche Meinung wiedergebe, notierte von Westphalen die außerordentlich charakteristische Randbemerkung: »Ist die sogenannte öffentliche Meinung die Richtschnur für den Herrn Referenten?«[70]

Zur allgemeinen Überraschung gab Hinkeldey dem Drängen des Innenministers nicht nach. Er verteidigte sogar die Haltung der »Volks-Zeitung«, was als erster vorsichtiger Schritt in Richtung einer allgemeinen Liberalisierung gedeutet werden könnte.[71] Von Westphalen gegenüber zählte er alle Bedenken auf, die er gegen ein Einschreiten seitens der Behörde hatte. Scharfe Maßregeln, meinte er, würden in der Bevölkerung »den Russenhaß bis zum Fanatismus steigern«.[72] Auf des Innenministers Entgegnung, daß er das nicht akzeptieren könne und auf einer Verwarnung Dunckers bestehen müsse,[73] gab Hinkeldey zu bedenken: »Nach meiner innigen Überzeugung würde man dem Redakteur der hiesigen Volkszeitung eine Wichtigkeit geben, welche derselbe nicht im Entferntesten hat, wollte man ihm die Möglichkeit beilegen, irgendwie auf die Entschließungen der Regierung influenzierende Gewalt hervorzurufen. Die administrativen Mittel, welche man gegen diese Zeitung in Anwendung bringen wollte, würden daher ein großes Geschrei verursachen, ohne den beabsichtigten Effekt irgendwie zu erreichen.«[74]

Neben der verstärkten Betonung der Außenpolitik war eine wesentliche Veränderung zur »Urwähler-Zeitung« die, daß der »Volks-Zeitung« ab Juli 1853 ein unterhaltender Teil beigefügt wurde.[75] Blättert man durch die Sonntagsbeilagen der ersten Jahrgänge, stellt man fest, daß sie neben anspruchsvollen Reiseschilderungen, Berichten über historische Ereignisse und kunstkritischen Artikelserien[76] Erzählungen und Gedichte namhafter deutscher und ausländischer Schriftsteller und Dichter enthalten, so zum Beispiel eine Erzählung von Charles Dickens aus den »Household Words« unter dem Titel »Das fürchterliche Bett«, eine Dorfgeschichte von George Sand, »Das Teufelsmoor«, aber auch irische Sagen und Märchen, die extra für die »Volks-Zeitung« übersetzt worden waren.

Andere Autoren der Beilagen waren zum Beispiel Willibald Alexis, von dem Auszüge aus seinem Roman »Cabanis« abgedruckt wurden. Von Gottfried Keller, der mit Franz Duncker befreundet war,[77] erschien die Novelle »Frau Regel Amrain und ihr Jüngster«[78] und von Turgenjew die Erzählung »Das Lauterwasser«. Aber es wurden auch andere Arbeiten in das Blatt hineingenommen, und zwar solche im Stile der »Gartenlaube«, die keinen Anspruch auf literarische Qualität erhoben. Die Titel dieser Serien, die ganz offensichtlich auf die Leserschaft der »Volks-Zeitung« zugeschnitten waren, sprechen für sich selbst: »Juana, Sittenschilderung aus dem Tale der Andorra-Republik«, »Aus den Privatakten eines Rechtsanwalts«, »Polizei und Liebe«, »Die Tochter der Wildnis«, »Wiener Polizeigeschichten«.

Auffallend wenig Resonanz fand in der »Urwähler-Zeitung« und später in der »Volks-Zeitung« die damals in Kammerdebatten und in den konservativen Blättern heftig diskutierte sogenannte »Judenfrage«.[79] Vermutlich hing das damit zusammen, daß Bernstein sich in der Öffentlichkeit Zurückhaltung auferlegte, weil er ahnte, daß er sich bei allzu starker Betonung seines Judentums unnötigen Angriffen seiner Gegner aussetzen würde. Es gab jedoch Gelegenheiten, die ihn zwangen, aus der Reserve herauszutreten. Auf eine antisemitische Attacke der »Vossischen Zeitung« zum Beispiel, in der behauptet wurde, Bernstein würde mit seiner »schamlosen Frechheit« nicht nur »Schändungen und freche Aufreizungen unter das Publikum verbreiten«, sondern auch »alles Erhabene in Staub« herabziehen, antwortete er in der »Urwähler-Zeitung« mit einem namentlich gezeichneten Artikel. Für ihn, schrieb er da, gelte allein der Grundsatz, »die Religion darf nie durch die Politik influiert, bestimmt werden; die Politik dagegen darf sich nie von den allgemein sittlichen Grundlagen der Religiosität entfernen« (30. Dezember 1849).

Bernstein sah die Frage, ob Juden die gleichen Rechte wie die Nichtjuden erhalten sollten, mit der erfolgten 48er-Revolution als erledigt an. Für ihn waren die Widerstände gegen die im Prinzip vollzogene Gleichstellung der Juden Widerstände gegen den fortschreitenden Demokratisierungsprozeß. In einem Artikel, der auf den Vorwurf einging, die »Urwähler-Zeitung« schweige sich stets über die Rechte der Juden aus, heißt es: »Man verwechsele ja nicht die jetzigen Dinge mit der Judenfrage vor 1848. Damals war

die Judenemanzipation eine Forderung der fortschreitenden Zeit
… Das Volk hat 1848 die Juden emanzipiert … und bewiesen, daß
es frei von jedem törichten Vorurteil ist« (18. August 1852). Ein
anderer Leitartikel, der sich mit der Frage befaßte, ob Juden Beamte werden dürften, verbindet die gerechte Sache der Juden mit
der gerechten Sache des Volkes: »Früher war die Sache der Judenemanzipation eine Angelegenheit der Humanität, der Menschen-
liebe und der religiösen Duldung; jetzt aber ist sie eine Prinzipien-
frage andrer Art geworden …« (16. März 1853).

Mit dem Verleger Franz Duncker, den Mitarbeitern Hermann
Holdheim, Rudolf Elchos[80] und Heinrich Steinitz[81] gelang es Bernstein, die »Volks-Zeitung« in den 50er und 60er Jahren zu einem der
entschiedensten Sprachrohre des liberal-demokratischen Bürgertums zu gestalten.[82] Bernstein galt als einer der führenden Journalisten Berlins, der von den Kollegen geachtet wurde und in den einschlägigen Gremien für deren Interessen eintrat.[83] Sein Name
wurde in der Bevölkerung mit dem Blatt identifiziert. Sprach man
von ihm, dann war zumeist ein Artikel gemeint, den er gerade für
die »Volks-Zeitung« geschrieben hatte. Daß das Blatt bis in die Arbeiterschaft hinein Leser fand, führt Franz Mehring, der berühmt
gewordene Historiker der deutschen Arbeiterbewegung, darauf
zurück, daß Bernstein es verstand, in seinen Artikeln die Nöte und
Probleme breitester Bevölkerungsschichten zu artikulieren.[84]

Es spricht einiges dafür, daß Bernstein die Anfänge der Hirsch-
Dunkerschen Gewerkvereine mit Sympathie begleitet hat. Die im
August 1868 in der »Volks-Zeitung« veröffentlichten und aus der
Feder von Max Hirsch stammenden »Sozialen Briefe aus Lon-
don«, in denen der Aufbau von Gewerkvereinen der Arbeiter
nach dem Muster der »Trade Unions« vorgeschlagen wurde,
dürften im großen und ganzen seinen Ansichten entsprochen ha-
ben. Als daraufhin Johann Baptist von Schweitzer und Friedrich
Wilhelm Fritzsche einen Arbeiterkongreß einberiefen und zur
Gründung von Gewerkschaften aufforderten, die planmäßig den
Kampf gegen das Kapital organisieren sollten, stellte sich die
»Volks-Zeitung« und vermutlich auch Bernstein gegen die Pläne
der Lassalleaner.

Von den sympathisierenden Artikeln in der »Volks-Zeitung« abgesehen, soll sich Bernstein von praktisch-organisatorischen Problemen weitgehend ferngehalten haben. Es ist unwahrscheinlich, daß er an der Protestversammlung Berliner Maschinenbauarbeiter teilgenommen hat, bei der es dann am 28. September 1868 in enger Anlehnung an die »Fortschrittspartei« zur Gründung der Hirsch-Dunckerschen Gewerkvereine kam, die den Klassenkampfgedanken ablehnten und statt dessen die Idee propagierten, daß zwischen Kapital und Arbeit eine Harmonie der Interessen bestände, die es zu fördern gelte. Binnen weniger Monate bildeten sich damals Hunderte von Arbeitervereinen in allen Provinzen, die sich Pfingsten 1869 zum »Verband der deutschen Gewerkvereine« zusammenschlossen.[85]

Besonders imponierten Franz Mehring, der nach dem Tode Bernsteins fester Mitarbeiter der »Volks-Zeitung« wurde,[86] die Professionalität, die Maßstäbe, die Bernstein für das Verhältnis zwischen Redaktion und Verleger gesetzt hatte. In seiner Schrift »Kapital und Presse« zitierte er aus einem Brief an Franz Duncker vom 28. März 1865, in dem Bernstein sich gegen jede Einmischung des Verlegers in die journalistische Arbeit verwahrt: »Machen Sie mir, lieber Freund, das Leben nicht sauer durch eine Über-Redaktion! Es kann ja sein, daß ich einmal irre. Welche Zeitung ist frei davon? Aber die Zeitung soll kein Organ irgend einer Partei sein und darum muß sie ihren Gang unbeirrt von augenblicklichen Parteistellungen gehen ... Allen Respekt vor dem Verleger, wo er seine Interessen gefährdet sieht! Allen Respekt vor dem wackren Freunde, wenn er seine Ehre oder seinen Charakter durch irgend ein Wort, das ich schreibe, bedroht glaubt! Allen Dank für kleine Verbesserungen in Stil und sachlichen Bemerkungen! Aber keine Über-Redaktion! Das geht nicht!«[87]

Ähnlich wie Mehring, der lobend davon sprach, daß Bernstein einen ganz spezifischen Geist in die Redaktion gebracht hätte, der auch noch nach seinem Tode spürbar gewesen sei, äußerte sich auch der Berliner Arzt Isidor Kastan über Bernstein und seine Tätigkeit für die »Volks-Zeitung«. Im Rückblick würdigt er ihn als einen Journalisten, der selbst im wildesten Kampfgetümmel nicht die Contenance verloren habe:»Eigentümlich war an ihm bei aller Schärfe in der journalistischen Bekämpfung des Gegners ein gewisses Phlegma, eine ironische Ruhe. Er lächelte selbst bei den erbittertsten Auseinandersetzungen mit dem Gegner, den er dadurch zu verhängnisvollen Unvorsichtigkeiten reizte. Hatte er seinen Gegner erst in diese Stimmung gebracht, dann zerzauste er ihn erbarmungslos und ließ ihn dabei die ganze ätzende Schärfe seines Spottes fühlen, ohne jedoch jemals die literarischen Verkehrsformen zu verletzen. Er besaß einen natürlichen untrüglichen Geschmack und einen tüchtigen Zusatz von Humor, mit dem er dem Widerpart zu begegnen und ihn zu entwaffnen wußte. Bernstein war ein durchaus selbständiger Politiker und auf keine Parteiformel eingeschworen ...«[88]

Ein wirklich rückhaltloser Bewunderer war der Schriftsteller Karl August Varnhagen von Ense, der Bernstein seit seinen ersten Anfängen in Berlin kannte und ihn bereits als jungen Mann gefördert hatte. In seinen Tagebüchern finden sich zahlreiche Eintragungen zu Bernsteins journalistischen Tätigkeiten, wie zum Beispiel am 22. November 1849:»Diese kleine Zeitung [Urwähler-Zeitung] ist von der größten Tapferkeit und trifft immer den rechten Fleck. Ich dachte früher nicht, an Herrn Bernstein so große Ehre zu erleben.«[89] Oder am 7. September 1850:»Auch heute hatte die Urwählerzeitung wieder einen vortrefflichen Artikel, gründliche Wahrheit mit bitterer Ironie! Ich möchte bisweilen glauben, der Urwähler belausche meine Selbstgespräche, bearbeite meine Gedanken und Einfälle. Daß diese zugleich in anderen Köpfen entstehen, ist eine gute Probe ihrer Richtigkeit.«[90] Am 29. Juni 1851 heißt es:»Die National-Zeitung und die Urwählerzeitung haben heute Leitartikel, die ich geschrieben haben könnte, was den Inhalt betrifft; die darin ausgesprochenen Gedanken habe ich nicht aufgehört nach allen Seiten mitzuteilen ...«[91]

Ähnliche, wenn auch nicht derart überschwengliche Worte der Anerkennung findet 20 Jahre später der liberal gesinnte Kronprinz Friedrich Wilhelm, der spätere Kaiser Friedrich,[92] der nach eigenem Bekenntnis die Leitartikel des Blattes »mit großer Zustimmung« las, da sie ihm, wie er einmal bemerkte, »aus der Seele geschrieben«[93] seien. Anläßlich der Wahlen zum Preußischen Abgeordnetenhaus am 13. November 1870 notierte er in sein Kriegstagebuch: »Mit wahrem Wohlgefallen lese ich die Leitartikel der Volkszeitung über die Wahlen; ihre Warnungen, sich durch die Kriegserfolge nicht beirren zu lassen, sondern an dem liberalen Prinzip unter allen Umständen festzuhalten, sind mir aus der Seele geschrieben, wie überhaupt die Sprache jenes Blattes während der ganzen Kriegszeit würdig und gehalten gewesen ist.«[94] Am 21. November 1870 heißt es: »Wir bleiben doch am Königlich preußischen grünen Tisch ewig die unverbesserlichen Kannegießer. Im Gegensatz zu solchen Erfahrungen erfrischt mich jetzt außerordentlich die Sprache der Volkszeitung, welche den Nagel immer auf den Kopf trifft.«[95] Und am 12. Dezember 1870: »Die Volkszeitung, deren Leitartikel vorzüglich abgefaßt sind, enthält einen Aufsatz, der schlagend nachweist, wie wir mit der heutigen Verfassung [gemeint ist die Verfassung des Deutschen Reiches] einen Kaiser ohne Reich, eine Verfassung ohne Grundrechte, einen Reichstag ohne Verantwortung besitzen.«[96]

Geschätzt wurde die »Volks-Zeitung« aber nicht nur beim Kronprinzen und bei Männern wie Kastan oder Varnhagen von Ense. Auch in der breiten Bevölkerung hatte die »Urwähler-Zeitung«, dann ihre Nachfolgerin, die »Volks-Zeitung« eine dem jeweiligen Blatt treu ergebene Lesergemeinde. Ein Gedicht, in artigen, fast liebevollen Versen anläßlich des 75jährigen Jubiläums der Zeitung verfaßt, und zwar von einem Mann »aus dem Volke«, läßt erkennen, nicht nur wie beliebt, sondern auch wie stark die Bindung war, die sich im Verlauf von Jahrzehnten zwischen Leserschaft und Zeitung herausgebildet hatte: »Als Jung' hab ich sie buchstabiert, / Als Jüngling sie gelesen. / Mit einundzwanzig abonniert, / Wir sind uns treu gewesen. / Vom Vater habe ich's ererbt: / Sie war mir stets Begleitung; / Weil sie die Wahrheit nie gefärbt, / Die Ur-Urwähler-Zeitung.«[97]

Die »Volks-Zeitung« war nach Bernsteins Tod 1884 weiterhin bemüht, die von ihrem Gründer vertretene Linie fortzuführen. In der Zeit der Sozialistenverfolgungen stand das Blatt auf seiten der sozialdemokratischen Presse in scharfer Opposition zu Bismarcks Innenpolitik. Am 15. Februar 1889 erschien zum Beispiel ein Artikel, der mit »Uff!« überschrieben war. In diesem berühmt gewordenen Artikel wurde ausgeführt, das deutsche Volk würde erleichtert »uff« sagen, wenn es eines Tages von Bismarck erlöst würde. Noch mehr Aufsehen erregte ein drei Wochen später zum ersten Todestag Wilhelms I. erschienener Gedenkartikel »Zum 9. März«, in dem gegen den allerorten betriebenen Hohenzollernkult polemisiert wurde. Beide Artikel hatten in guter alter Tradition Beschlagnahmeverfügungen durch die Behörden zur Folge und führten jeweils zu einem zeitweiligen Erscheinungsverbot.

Die konsequent an ihrer demokratischen Grundhaltung festhaltende »Volks-Zeitung« verlor jedoch zunehmend Leser durch den Zulauf, den in den 70er und 80er Jahren die Nationalliberalen hatten.[98] Nach dem finanziellen Zusammenbruch des Dunckerschen Unternehmens im Jahre 1876 wurde die Fortexistenz des Blattes nur durch das Einspringen einiger den Nationalliberalen nahestehender kapitalkräftiger Männer gerettet, die den Verlag in eine Aktiengesellschaft umwandelten und dadurch dem Blatt eine halbwegs gesunde finanzielle Basis verschafften. Emil Cohn, der Schwager Rudolf Mosses, der 1887 zwei Drittel der Aktien aufkaufte, schaffte es jedoch nicht, die Auflage so zu steigern, wie er sich das wohl vorgestellt hatte.

Eine Steigerung der Auflage wurde erst erreicht, als das Blatt 1904 an den Rudolf-Mosse-Verlag überging. Dem Mosseschen Organisations- und Vertriebsapparat gelang es, in relativ kurzer Zeit die Bezieherzahl zu verhundertfachen.[99] Die »Volks-Zeitung«, die 1906 noch 28 000 Bezieher besaß, hatte 1918 rund 300 000, ein enormer Zuwachs, der damit zusammenhing, daß das Blatt in der Aufmachung sich immer mehr den Boulevardblättern anglich, die bei den Lesern auf zunehmende Beliebtheit stießen und mit einer entsprechenden Auflage rechnen konnten.

Trotz der Kommerzialisierung und der damit verbundenen Zwänge war die Redaktion bemüht, an demokratischen Positionen festzuhalten. Otto Nuschke[100] zum Beispiel, der die Zeitung bis 1927 als Chefredakteur leitete, vertrat nicht nur pazifistische

Positionen, sondern kämpfte auch gegen die zunehmenden Rechtstendenzen. Wegen ihrer Attacken auf die Regierung Papen kam es Ende Juni 1932 sogar zweimal dazu, daß das weitere Erscheinen des Blattes durch Verbotsmaßnahmen der Behörden überhaupt in Frage gestellt war – und zwar auf Grund des Paragraphen 6, Absatz 1, Ziffer 4 der Notverordnung gegen politische Ausschreitungen vom 14. Juni 1932.

Was in der Republik nicht gelang, wurde wenige Monate später erreicht. Das endgültige »Aus« für die »Berliner Volks-Zeitung« kam im Frühjahr 1933, als Blatt und Redaktion durch die Nazis »gleichgeschaltet« wurden. Die »Volks-Zeitung« existierte zwar noch bis zum 1. Februar 1939, erinnerte aber nur noch durch den Namen im Zeitungskopf an die ruhmreiche demokratische Tradition des von A. Bernstein im Revolutionsjahr 1848 gegründeten Blattes.

ANMERKUNGEN

1 Bernstein richtete an General Wrangel am 27. März 1849 ein Gesuch, die »Urwähler-Zeitung« herausgeben zu dürfen (StA Potsdam Rep. 30 Berlin C Tit 95 lfde. Nr. 14764). Probenummern erschienen am 29., 30. und 31. März 1849, die erste offizielle Ausgabe am 1. April 1849. Mit Vorbehalten wegen ihrer im Nazijargon verfaßten Diktion informiert über Gründung und Geschichte des Blattes Werner Lützen, Geschichte der Urwähler-Zeitung und ihrer Weiterentwicklung zur Berliner Volks-Zeitung. Ein Beitrag zur Geschichte der deutschen Parteipresse im 19. Jahrhundert. Phil. Diss. Berlin 1940. Vgl. Ursula E. Koch, Berliner Presse und europäisches Geschehen 1871. Eine Untersuchung über die Rezeption der großen Ereignisse im ersten Halbjahr 1871 in den politischen Tageszeitungen der deutschen Reichshauptstadt, Berlin 1978, S. 80 ff.
2 Die Gründung scheint eine Wiederbelebung des durch Wilhelm Weitling im Oktober 1848 gegründeten Blatts »Der Urwähler« zu sein, die den Untertitel »Organ des Befreiungsbundes« hatte und nach fünf Nummern eingegangen ist. Im Prospekt, der am 10. Oktober 1848 erschien, geschmückt mit der Vignette eines Hahns, der die Sonne ankräht, war das Blatt als Organ für das gesamte Assoziationswesen und als Ratgeber für Auswanderungsinteressenten angekündigt worden. Vgl. Helmut Hirsch, Wahrscheinlich oder vielleicht? Zu einem Bettine-Dubiosum in der »Ur-

wähler-Zeitung«, in: Internationales Jahrbuch der Bettina-von-Arnim-Gesellschaft, 2/1988, S. 182 ff.

3 »Urwähler« ist bei der mittelbaren Wahl der Wähler, der nicht den Abgeordneten unmittelbar wählt, sondern nur einen Wahlmann, der dann den Abgeordneten zu wählen hat.

4 UZ, Nr. 1, 29. März 1849.

5 Über die Anfänge der NPZ vgl. Kurt Dannenberg, Die Anfänge der »Neuen Preußischen (Kreuz-)Zeitung unter Hermann Wagener 1848–1952, Phil. Diss. Berlin 1942; Julius H. Schoeps, Die Neue Preußische (Kreuz-)Zeitung, in: Criticon, Nr. 22/1974, S. 67 ff.

6 Der Bezugspreis für ein Vierteljahr ohne Botenlohn betrug 1850 für die Vossische Zeitung 1 Reichstaler 2 1/2 Silbergroschen, für die Neue Preußische (Kreuz-)Zeitung und die National-Zeitung 1 Reichstaler und 15 Silbergroschen.

7 UZ, Nr. 214, 14. Dezember 1849.

8 Für das Jahr 1852 hat Georg Elkan (Die preußische Zeitungssteuer, Jena 1922, S. 31) aus den Steuerlisten folgende Zahlen, die Auflagen für das 3. Vierteljahr 1852 betreffend, errechnet: Urwähler-Zeitung 5500, Vossische Zeitung 11 000, Spenersche Zeitung 8000, National-Zeitung 5000, Neue Preußische (Kreuz-)Zeitung 4600, Die Zeit 4200.

9 Moritz Theodor Heymann, geb. 1823 oder 1824 in Glogau, Sohn des Verlegers Carl Heymann, war ab 1847 Teilhaber des Verlages. Bald jedoch kam es zu Differenzen zwischen Vater und Sohn. Während Carl Heymann (1794–1862) stets darauf bedacht war, seine guten Beziehungen zu den Staatsbehörden durch Zeigen von loyaler Gesinnung zu verbessern und der revolutionären Bewegung gegenüber betonte Distanz zu wahren, trat sein Sohn offen für die demokratische Partei ein. Vgl. Carl Heymanns Verlag Berlin. Zum Gedenktage des einhundertjährigen Bestehens der Buchhandlung, Berlin 1915.

10 Schreiben von Hinkeldeys vom 14. 10. 1851 (StA Potsdam, Rep 30 Berlin C Tit 95 lfde. Nr. 14746).

11 Wann in Berlin der erste Leitartikel erschien, darüber gehen die Meinungen der Zeitungsforscher auseinander. H. H. Houben (Hier Zensur – wer dort?, Leipzig 1918, S. 170) beispielsweise erwähnt, daß der Mitarbeiter der Kleistschen »Abendblätter«, Adam Müller, bereits 1810 Leitartikel gegen Hardenbergs Reformkurs verfaßte. Gustav Dahms (Das literarische Berlin. Illustriertes Handbuch in der Reichshauptstadt, Berlin [1895], S. 28) nennt den 30. August 1844 als den Tag, an dem die »Vossische Zeitung« ihren ersten Leitartikel brachte, »eine bis dahin in Berlin unbekannte Erscheinung«. Arend Buchholtz (Die Vossische Zeitung. Geschichtliche Rückblicke auf drei Jahrhunderte, Berlin 1904, S. 108) meint, schon früher, im April 1842 zur Eröffnung des Vereinigten Landtages, sei der erste Leitartikel in das Blatt hineingenommen worden. Otto Groth

(Die Zeitung. Ein System der Zeitungskunde, Bd. 1, Mannheim 1928, S. 729) dagegen ist der Ansicht, August Theodor Woeninger hätte Anfang 1843 den ersten Leitartikel für die »Vossische Zeitung« und Julius Curtius den ersten für die »Spenersche Zeitung« geschrieben.

12 Hierzu vgl. Ein deutscher Zeitungsschreiber, in: Die Gartenlaube, 1861, S. 433: »Die Leitartikel tragen einen Talisman in sich, welcher unwiderstehlich ist; sie überzeugen, sie sprechen zu Sinn und Herzen des unstudierten Mannes; sie rücken den Gegenstand in seine unmittelbare Nähe, entkleiden ihn von allem falschen Beiwerk, welches Unverstand oder Parteisophistik ihm angehängt haben, und zergliedern dann mit unwiderleglicher Logik Schritt für Schritt, Satz für Satz, die ganze Frage in alle ihre Bestandteile, kurz, bündig, handgreiflich, so daß der Leser am Schlusse das Fazit selbst ziehen muß und ausruft: der Mann hat Recht – das ist sonnenklar! Er trifft eben immer den Nagel auf den Kopf. Und wo es angebracht ist, trifft er nicht blos, sondern mit einer prächtigen Wendung, mit beißender Ironie, mit zündendem Witz zermalmt er seine Gegner. Es ist bezeichnend für den Ton dieser Artikel, daß sie mit gleichem Interesse vom Kutscher auf dem Bocke und vom Tagelöhner, wie von den gebildetsten Ständen gelesen werden, welche von den abgestandenen Leitartikeln der monotonen Doctrinairs großer politischer Zeitungen, bei diesen geharnischten und gleichsam aus der Pistole geschossenen Artikelchen Erholung und Anregung suchen.«

13 K. A. Varnhagen von Ense, Tagebücher, Bd. 6, Berlin und Leipzig 1872, S. 31.

14 Berthold Auerbach an Bernstein, 10. Mai 1859.

15 »Die Leitartikel der ›Volks-Zeitung‹ schaffen weder Ideen noch Gedanken zu Tage, sondern satyrieren oder ironisieren bloß Zustände, Einrichtungen, Willens- und Meinungsäußerungen. Darum sind sie denn vorzugsweise nach dem Geschmack der ungebildeten, nicht denkenden Masse« (E. Hilaris, Die Berliner Presse, Leipzig 1863, S. 10).

16 Isidor Kastan, Berlin wie es war ..., Berlin 1919, S. 178.

17 UZ, Nr. 20, 22. April 1849.

18 Zur Problematik und Struktur des Leitartikels in der UZ vgl. Lützen, Geschichte der Urwähler-Zeitung (s. Anm. 1), S. 60 ff.

19 UZ, Nr. 132, 9. September 1849.

20 Vgl. Günther Grünthal, Zwischen König, Kabinett und Kamarilla. Der Verfassungsoktroi in Preußen vom 5. 12. 1848, in: Jahrbuch für die Geschichte Mittel- und Ostdeutschlands, 32/1983, S. 119–174.

21 UZ, Nr. 22, 26. Januar 1851.

22 Benedikt Leo Waldeck war am 16. Mai 1849 als Mitschuldiger an einem »hochverräterischen Unternehmen«, das »die Herstellung einer einigen unteilbaren, sozialdemokratischen Republik in Deutschland« zum Zwecke hatte, verhaftet worden. Vgl. Heinrich Bernhard Oppenheim, Be-

nedikt Franz Leo Waldeck, der Führer der preußischen Demokratie, Berlin 1873, S. 118. Johann Jacoby, schrieb am gleichen Tag, als er von der Verhaftung Waldecks erfuhr, an Simon Meyerowitz: »Wenn irgend einer, so ist dieser Mann vollkommen rein und schuldlos; aber eben deshalb ist er dem Absolutismus gefährlich. Der Absolutismus sieht sein Ende voraus und wendet jedes erdenkliche Mittel an, dem Geschicke zu entgehen. Es ist die alte Fabel von Ödipus!« (Johann Jacoby Briefwechsel 1816–1849, hrsg. und erläutert von Edmund Silberner, Bd. 1. Hannover 1974, S. 571).

23 In den elf Nummern (Nr. 198–208/1849) der UZ werden von 32 Textseiten etwa 25 Seiten, also rund 68 Prozent des gesamten Textteils, mit Berichten über den Waldeck-Prozeß gefüllt. Vgl. insbesondere die Leitartikel »Waldeck in Untersuchung« (18. September 1849), »Die künftigen Staatsretter« (9. Oktober 1849), »Waldeck's Wort – eine Inschrift« (7. November 1849) und andere.

24 Die Geschichte der Befreiung ist durch die Lebenserinnerungen von Schurz (Sturmjahre. Lebenserinnerungen 1829–1852, Berlin 1982, S. 305 ff.) allgemein bekannt geworden. Dazu noch Walther Heynen, Kinkels Flucht. Eine Schurz-Nachlese auf Grund der Akten, in: Preuß. Jbb., 236 (1934), S. 162–176.

25 »Kinkel und sein Retter« (19., 25. und 26. Jan. 1851), »Aus einem Brief von C. Schurz« (11. Februar 1851), »Kinkel in England« (7. und 8. März 1851), »Sitzung des Kreisschwurgerichts wegen der Entweichung G. Kinkels« (23. Okt. 1851).

26 UZ, Nr. 39 und 40, 15. und 16. Februar 1850.

27 Ebenda.

28 Jürgen Frölich (Die Berliner »Volks-Zeitung« 1853 bis 1867. Preußischer Linksliberalismus zwischen »Reaktion« und »Revolution von oben«, Frankfurt a. M. 1990, S. 82 ff.) hat für den Zeitraum 1853 bis 1867 insgesamt 4374 Leitartikel ausgewertet, mit dem Ergebnis, daß außenpolitische Themen in ihrer Häufigkeit an erster Stelle stehen und Vorrang vor den innenpolitischen haben.

29 Ebenda, S. 94 ff.

30 Ebenda, S. 104 ff.

31 Hierzu vgl. Anneliese Pfannschmidt, Der Staatsstreich Napoleons III. und seine Aufnahme in der deutschen öffentlichen Meinung, Phil. Diss. München 1922.

32 VZ, Nr. 49, 26. Februar 1854.

33 UZ, Nr. 19, 23. Januar 1850.

34 UZ, Nr. 166, 19. Juli 1850.

35 Werner Lützen (vgl. Anm. 1, S. 217) hat die Bezieherlisten der UZ für das dritte Vierteljahr 1851 ausgewertet. Demnach setzte sich die berufliche Schichtung des Leserkreises folgendermaßen zusammen: 1. Wissen-

schaftliche, künstlerische und soziale Berufe, höhere Beamte und Offiziere 4,6 %, 2. Fabrikanten, Unternehmer und Großhändler 4,2 %, Untere Beamte, Angestellte und Rentiers 7,4 %, 4. Kleingewerbetreibende und Schankwirte 13,2 %, Selbständige Handwerker 31,6 %, Gewerbe-Gehilfen, Tagelöhner und Dienstboten 39,9 %. Aus diesen Zahlen ergibt sich, daß 83 % der Bezieher sich aus Kleingewerbetreibenden, Handwerkern, Gesellen und Arbeitern rekrutieren.

36 Karl Ludwig Friedrich von Hinkeldey (1805–1856), Jurist, war seit dem 14. November 1848 Polizeipräsident von Berlin, 1854 Generalpolizeidirektor im preußischen Innenministerium, fiel 1856 in einem Duell. Vgl. Berthold Schulze, Polizeipräsident Carl von Hinkeldey, in: Jahrbuch für die Geschichte Mittel- und Ostdeutschlands, hrsg. vom Friedrich-Meinekke-Institut der Freien Universität Berlin, Tübingen 1955, S. 81–108.

37 Die Tagebücher Varnhagens sind voll mit Schmähungen gegen Hinkeldey. Er nennt ihn »frech und anmaßend«, von »ungeschliffenem Wesen«, einen »Halunken«, einen »Schuft«, einen »Janitscharen-Aga« (s. Anm. 13; Bd. 6, S. 110, 456, 459, 491; Bd. 14, S. 246).

38 Die Zahl der Konfiskationen hat Lützen, Geschichte der Urwähler-Zeitung (s. Anm. 1), S. 148 f., errechnet.

39 So z. B. der Oberstaatsanwalt an Hinkeldey, 22. Januar 1850 (StA Potsdam Rep 30 Berlin C Tit 95 lfde. Nr. 14764).

40 UZ, Nr. 248, 25. Oktober 1850.

41 Varnhagen von Ense, Tagebücher (s. Anm. 13), Bd. 7, S. 215.

42 Heymann an das Polizeipräsidium, 30. Oktober 1850 (StA Potsdam Rep 30 Berlin C Tit 95 [14764]).

43 Die in den Akten verzeichneten Artikel, die von den Behörden beschlagnahmt wurden, hatten Überschriften wie: »System oder Systemlosigkeit« (Nr. 236/1850); »Gewinn und Sieg« (Nr. 2/1851); »Behandlung der Revolution (Nr. 68/1851); »Die politischen Verbrechen nach dem Strafgesetz-Entwurf« (Nr. 76/1851); »Die Redensart von der öffentlichen Sicherheit« (87/1851); »Der Reaktionslorbeer und der Revolutionslorbeer (Nr. 215/1852); »Wer an der Reaktion schuld hat« (Nr. 251/1852); »Die toten Gesetze und die lebenden Menschen« (Nr. 31/1853).

44 In Berlin wurde eine Art Vorzensur praktiziert. Druckerzeugnisse mußten vor der Auslieferung bei einem Druckschriftenbüro beim Polizeipräsidium eingereicht werden, wo eigens bestallte Lektoren diese prüften und gegebenenfalls Antrag auf Beschlagnahmung stellten. Es gab aber auch die Möglichkeit, das Gericht zu umgehen, indem man drohte, die Gewerbekonzession zu entziehen. Vgl. Wolfram Siemann, »Deutschlands Ruhe, Sicherheit und Ordnung«. Die Anfänge der politischen Polizei 1806–1866, Tübingen, 1985, S. 363 ff.

45 Hermann Holdheim (7. September 1825 – 14. Januar 1901), geb. in Kurnick im Großherzogtum Posen, Sohn des Predigers Samuel Hold-

heim, hatte als Barrikadenkämpfer an der Märzrevolution teilgenommen, stand über 50mal vor den Schranken des Gerichts, etwa 25mal verbüßte er empfindliche Freiheitsstrafen.

46 In einem Fall wandte sich Bernstein am 12. April 1850 auf Anraten seines Anwaltes Dorn an Varnhagen von Ense mit der dringlichen Bitte (»Es handelt sich bei mir um alles!«), vor Gericht für ihn auszusagen (Slg. Varnhagen-Ense, Jag. Bibl., Krakau). Varnhagen notierte am 13. April in sein Tagebuch:»Billet von Herrn Bernstein, er verlangt nun, daß [ich] schriftlich für ihn zeuge, was ich denn auch thun werde« (Varnhagen-Ense, Tagebücher [s. Anm. 13], Bd. 7, S. 131). Über die stattgehabte Gerichtsverhandlung heißt es:»Bernstein ist freigesprochen worden, aber nach hartem Kampf. Der Vorsitzende, Herr Harrossowitz, benahm sich höchst parteiisch, das Gericht schwach, der Staatsanwalt Meyer geradezu schändlich. Bernstein wurde zweimal unwohl. Mein Zeugnis durfte nicht verlesen werden. Dorn vortrefflich« (ebenda, S. 136).

47 11. Mai 1850:»Bernstein heute vom Schwurgericht verurteilt, vier Monate Gefängnis und Geldstrafe. Völlig ungerecht. Der Staatsanwalt ungebührlich und leidenschaftlich, der Vorsitzende feindlich« (ebenda, S. 171).

48 UZ, Nr. 109, 12. Mai 1850.

49 Vgl. Julius Bernstein, Erinnerungen an das elterliche Haus, Halle 1913.

50 Vgl. Adolf Streckfuss, 500 Jahre Berliner Geschichte. Vom Fischerdorf zur Weltstadt. Geschichte und Sage, Berlin 1886, S. 1296 ff.

51 Varnhagen von Ense, Tagebücher (s. Anm. 13), Bd. 7, S. 192 f.

52 UZ, Nr. 119, 25. Mai 1850.

53 Hermann Holdheim vertrat Bernstein während seines Gefängnisaufenthaltes in der Funktion als verantwortlicher Redakteur.

54 Julius Bernstein (s. Anm. 46, S. 26) erinnert sich, daß sein Vater und seine Mutter Briefe in hebräischer Sprache wechselten, um die vom Gefängnisdirektor angeordnete Zensur zu unterlaufen.

55 Zum hundertjährigen Geburtstag Eures Großvaters A. Bernstein, o. O. [1912], S. 19.

56 Tischrede am 28. März 1863 zum zehnjährigen Bestehen der Volkszeitung, abgedruckt in: ebenda, S. 18.

57 Von Westphalen beklagte sich noch am 14. Februar 1852 bei Hinkeldey, daß das Gericht Beschlagnahmeverfügungen zurückweisen würde (StA Potsdam Rep 30 Berlin C Tit. 95 lfde. Nr. 14 765).

58 Von Westphalen an Hinkeldey, 21. März 1853 (ebenda).

59 Franz Duncker (1822–1888), Politiker und Publizist, 1861 Mitbegründer der Deutschen Fortschrittspartei und der Hirsch-Dunckerschen Gewerkvereine.

60 Über die Hintergründe der Neugründung vgl. die ausführliche Darstellung von Frölich, Die Berliner »Volks-Zeitung« (s. Anm. 28), S. 17 ff.

61 Alexander Duncker (1813–1897), Buchhändler, hatte 1837 die Verlagsbuchhandlung Duncker & Humblot übernommen.

62 VZ, Nr. 1, 1. April 1853.

63 Protokoll des Gesprächs vom 11. April 1853 (StA Potsdam Rep 30 Berlin C Tit. 95 lfde. Nr. 14774).

64 1853 war die Volks-Zeitung nach der Vossischen und der Spenerschen Zeitung mit 6375 Auflagenexemplaren die Zeitung mit der drittgrößten Auflage in Berlin. Ab 1855 hatte die VZ nach der Vossischen Zeitung die höchste Auflage aller Berliner Blätter.

65 Weitere Redakteure waren neben Hermann Holdheim Siegfried Heinrich Steinitz, Heinrich Ernst Sachse (geb. 1813), Dr. Edmund Philip und Wilhelm Berghausen (geb. 1844).

66 Von Westphalen an Hinkeldey, 29. Juni 1853 (StA Potsdam Rep. 30 Berlin C Tit. 95 lfde. Nr. 14774).

67 Noch ein Vierteljahrhundert später bezweifelte Bernstein, daß der russischen Politik im Krim-Krieg ein rationales Kalkül oder irgendwelche Prinzipien oder Ideen zugrunde gelegen hätten. Vgl. A. Bernstein, Wie man Kriege einfädelt. Populärer Beitrag zur Kennzeichnung der russischen Politik unter besonderer Berücksichtigung des Krimkrieges, Berlin 1877.

68 Vgl. Hans-Joachim Schoeps, Der Weg ins Kaiserreich, Berlin 1970, S. 30 f.

69 Von Westphalen an Hinkeldey, 24. Januar 1854 (StA Potsdam Rep 30 Berlin C Tit 95 lfde. Nr. 14774).

70 Hinkeldey an von Westphalen, 27. Februar 1854 (ebenda).

71 Lützen (Geschichte der Urwähler-Zeitung [s. Anm. 1], S. 188) will sogar in der veränderten Haltung Hinkeldeys gegenüber der VZ die ersten Anfänge der »Neuen Ära« erkennen. Berthold Schulze (vgl. Polizeipräsident Carl von Hinkeldey [s. Anm. 36], S. 101) schreibt, Hinkeldey habe in seinen letzten Jahren nur noch selten Zeitungen verboten, weil er der Ansicht gewesen sei, »man müsse der Volksmeinung im kleinen einen Ausweg geben, um sie im ganzen in der Hand zu behalten«.

72 Hinkeldey an von Westphalen, 31. Januar 1854 (StA Potsdam Rep 30 Berlin C Tit 95 lfde. Nr. 14774).

73 Am 1. Februar 1854 wurde Duncker verwarnt, daß, wenn die VZ weitere »verletzende Angriffe auf die russische Regierung bringe, sofort und ohne weiteres das Konzessions-Entziehungs-Verfahren gegen den Drucker und den Verleger der Volks-Zeitung eintreten werde« (StA Potsdam Rep 30 Berlin C Tit 95 [14774]).

74 Hinkeldey an von Westphalen, 27. Februar 1854 (ebenda).

75 In der UZ sind nur einige Abdrucke von Gedichten nachweisbar, die

zumeist allgemeine Zeitthemen aufgreifen und bemüht sind, an die Traditionen der oppositionellen Lyrik aus dem Vormärz anzuknüpfen. Vgl. Bodo Rollka, Die Belletristik der Berliner Presse des 19. Jahrhunderts. Untersuchungen zur Sozialisationsfunktion unterhaltender Beiträge in der Nachrichtenpresse, Berlin 1985, S. 257. In der Ausgabe Nr. 69 vom 1. Juli 1853 teilte die VZ mit, daß »die Sonntagsnummer vergrößert werden [wird], so daß in derselben Raum für unterhaltende und belehrende Mitteilungen aus dem Bereich der Literatur, Kunst und Wissenschaften gewonnen wird. Dieselben werden abwechselnd bestehen aus Erzählungen und Gedichten namhafter deutscher und fremder Schriftsteller und Dichter, belehrenden Aufsätzen aus allen Gebieten des Wissens, Besprechungen der besseren Erscheinungen in Kunst und Wissenschaft«.

76 1856 enthält die VZ einen über vier Sonntagsbeilagen hinweggehenden Bericht über eine Berliner Kunstausstellung.

77 Über das Verhältnis Gottfried Kellers zu Franz Duncker siehe Emil Ermatinger, Gottfried Keller und das Dunckersche Haus in Berlin, in: Deutsche Rundschau, Bd. 153, S. 36 ff. und 221 ff.

78 VZ, Nr. 210–241, vom 9. September bis 14. Oktober 1855.

79 Julius H. Schoeps, Christlicher Staat und jüdische Gleichberechtigung. Der Antisemitismus der Konservativen und der jüdische Abwehrkampf im Reaktionsjahrzehnt in Preußen (1850–1858), in: Konservatismus – eine Gefahr für die Freiheit. Für Iring Fetscher, hrsg. von Eike Hennig und Richard Saage, München 1983, S. 38–54.

80 Rudolf Elchos war Anfang der 60er Jahre zur »Volks-Zeitung« gekommen. Zuvor hatte er als einer von Garibaldis »Rothemden« für die Freiheit Italiens gekämpft. Er wird beschrieben als »ein auffallend schöner Mensch, hoch gewachsen, schlank, schwarzlockig«, der »mehr einem italienischen Künstler als einem deutschen Schriftsteller« glich. Vgl. Kastan, Berlin wie es war ... (s. Anm. 16), S. 184.

81 Über Heinrich Steinitz (1833–1904) schreibt Kastan, daß ihm ein »Zug unfreiwilliger Komik« anhaftete. Er sei von Haus aus Jurist gewesen, »aber an der Referendarecke Schiffbruch gelitten« habe. In seiner »guten Zeit« habe er als »Parteiredner« gewirkt. »Allein es ging sehr rasch mit ihm abwärts. Er wurde immer lässiger und immer zerstreuter, so daß er schließlich wie geistesabwesend einherzuwandeln schien« (ebenda, S. 185).

82 In einem Polizeibericht vom 22. Oktober 1860 hieß es: »Volks-Zeitung. Redacteur, Verleger und Drucker ist der Buchhändler Franz Duncker, eines der tätigsten Mitglieder der demokratischen Partei (früher Spediteur des berüchtigten Londoner Hermann). Sein Vertreter und Gehülfe bei der Redaction ist ein Herr Dr. Holdheim. Die Leitartikel schreibt meistens Dr. Bernstein, Mitarbeiter sind Temme, Heinrich Simon, Bamberger in Paris, auch Carl Vogt, auch Lassalle hierselbst ist nicht

unbeteiligt« (StA Potsdam Rep 30 C Tit 94 Lit. S. Nr. 729, lfde. Nr. 12879).
Freier Mitarbeiter war im übrigen der einstige 48er-Demokrat Karl Blind
(vgl. Julius H. Schoeps, Im Kampf um die deutsche Republik. Karl Blind
und die Revolution in Baden 1848/49, in: Revolution und Demokratie in
Geschichte und Literatur. Festschrift für Walter Grab, hrsg. von Julius H.
Schoeps und Imanuel Geiss, Duisburg 1979, S. 259–276), der aus London
gelegentlich für die »Volks-Zeitung« Artikel schickte.

83 Bernstein war Mitglied im am 3. Juli 1862 gegründeten »Verein der
Berliner Presse«. Vorsitzender war anfangs Alexis Schmidt, Redakteur der Spenerschen Zeitung. Konstituiert hatte sich der Verein am
20. August 1863 im ehemaligen Café Belvedere hinter der Hedwigskirche
in Berlin. Vgl. Ernst Wichert, Der Verein Berliner Presse, in: Beiträge zur
Kulturgeschichte in Berlin. Festschrift zur Feier des 50jährigen Bestehens
der Korporation der Berliner Buchhändler, Berlin 1898, S. 97–110. Die
Gründe, weswegen Bernstein aus dem Verein am 6. Dezember 1863 ausgetreten ist, sind nicht zu ermitteln. Vgl.: Der Verein Berliner Presse und
seine Mitglieder 1862–1912. Zum fünfzigjährigen Bestehen. Nach Sit-
zungsprotokollen und Jahresberichten im Auftrage des Vorstandes zu-
sammengestellt von Paul Schneider, Berlin 1912, S. 54.

84 Vgl. Franz Mehring, Gesammelte Schriften, Bd. 1 (Geschichte der
deutschen Sozialdemokratie. Erster Teil. Von der Julirevolution bis zum
preußischen Verfassungsstreite 1830 bis 1863), Berlin 1960, S. 561.

85 1869 umfaßte die Organisation 258 Ortsvereine mit rund 30000 Mitgliedern. Vgl. Max Hirsch, Die Arbeiter-Bewegung und Organisation in
Deutschland, Berlin 1892, S. 26ff.

86 In diesem Zusammenhang sei angemerkt, daß die von Mehring für die
VZ verfaßten sozialpolitischen Artikel dazu führten, daß das Blatt unter
den Auswirkungen des Sozialistengesetzes im März 1889 für drei Wochen
verboten wurde (vgl.: Der Kampf der deutschen Sozialdemokratie in der
Zeit des Sozialistengesetzes 1878–1890. Die Tätigkeit der Reichs-Kom-
mission, hrsg. von Leo Stern [= Archivalische Forschungen zur Geschichte
der deutschen Arbeiterbewegung, Bd. 3/I], Berlin 1956, S. 307–325). Veranlassung zum Verbot durch die Landespolizeibehörde gab der Leitartikel
»Ein Gedenktag« zu Ehren der Toten des 18. März 1848, der im Übersen-
dungsbericht der Landespolizeibehörde an die Reichs-Commission vom
22. März 1889 als ein »revolutionärer Hetzartikel« bezeichnet wird, in welchem »namentlich die arbeitenden Schichten als die Helden der Revolution hingestellt« würden. Interessant ist, daß in diesem Bericht behauptet
wird: »Überall tritt die von der ›Volks-Zeitung‹ angestrebte Gemeinsam-
keit der Tätigkeit der deutschfreisinnigen und der sozialdemokratischen
Presse zutage« (ebenda, S. 314). Über Mehrings Mitarbeit an der VZ in den
Jahren 1884–1890 informiert ausführlich Thomas Höhle, Franz Mehring.
Sein Weg zum Marxismus 1869–1891, Berlin 1958, S. 191–266.

87 Franz Mehring, Kapital und Presse. Ein Nachspiel zum Fall Lindau, Berlin 1891, S. 7f.

88 Kastan, Berlin wie es war (s. Anm. 16), S. 179.

89 Varnhagen von Ense, Tagebücher (s. Anm. 13), Bd. 6, S. 448.

90 Ebenda, Bd. 7, S. 317.

91 Ebenda, Bd. 8, S. 232.

92 In der Jubiläumsnummer »75 Jahre Berliner Volkszeitung« (Nr. 1, 1. Januar 1927) druckte die VZ unter der Überschrift »Kaiser Friedrich und die Volkszeitung« mehrere Zitate aus dessen Kriegstagebuch ab und wies darauf hin, daß die VZ das »Leibblatt« des Kronprinzen gewesen sei.

93 Kaiser Friedrich III. Das Kriegstagebuch von 1870/71, hrsg. von Heinrich Otto Meisner, Berlin 1926, S. 312.

94 Ebenda, S. 211.

95 Ebenda, S. 233.

96 Ebenda, S. 271.

97 B.V.Z.-Ulk. Illustriertes Witzblatt der Berliner Volkszeitung, Nr. 1, 1. Januar 1927.

98 Beim Tode Bernsteins im Jahre 1884 hatte die Zeitung rund 25 000 Bezieher.

99 Zu den Absatzzahlen ausführlich vgl. Lützen, Geschichte der Urwähler-Zeitung (s. Anm. 1), S. 248.

100 Otto Nuschke (1883–1957), Politiker und Journalist, vor 1918 Mitglied der Fortschrittl. Volkspartei, danach der Deutschen Demokratischen Partei, war 1921 bis 1933 Abgeordneter im preußischen Landtag, nach 1945 Mitbegründer der CDU in der Sowjet. Besatzungszone Deutschlands, von 1949 bis zu seinem Tode stellvertretender Ministerpräsident der DDR.

Preußischer Linksliberalismus

Als Prinz Wilhelm in Preußen für seinen kranken Bruder im Oktober 1857 die Regentschaft übernahm, wurde das allgemein als der Anbeginn einer »Neuen Ära« empfunden. In der Bevölkerung regte sich die Hoffnung, daß das »Willkür-Regiment der Reaktion«[1] endgültig abgewirtschaftet habe und jetzt verfassungsmäßige Zustände einkehren würden. Insbesondere der Erlaß vom 9. Oktober 1858, mit dem der Prinz die beiden Kammern einberief, damit »in vereinigter Sitzung über die Notwendigkeit der Regentschaft« beschlossen werden könne, verstärkte die Ansicht, der Prinzregent erstrebe tatsächlich aufrichtig ein konstitutionelles, der Verfassung verpflichtetes Regiment. Daß dies keine leeren Hoffnungen zu sein schienen, machte der Tag des 26. Oktober deutlich, an dem Wilhelm den Eid auf die Verfassung ablegte, obwohl ihm sein Vorgänger davon abgeraten hatte.

Wenige Tage später entließ der Prinzregent das konservative Ministerium Manteuffel und ersetzte es durch ein Ministerium liberal-konservativer Prägung.[2] An die Spitze des am 5. November 1858 gebildeten Kabinetts trat als Ministerpräsident Fürst von Hohenzollern-Sigmaringen. Zum eigentlichen Leiter der Geschäfte wurde jedoch der Minister ohne Portefeuille Rudolf von Auerswald ernannt, der in der Revolutionszeit von Juni bis September 1848 an der Spitze des liberalen Ministeriums Auerswald/Hansemann gestanden hatte und ein Jugendfreund Wilhelms war. In der vielbeachteten Ansprache, die der Prinzregent am 8. November 1858 an das neuberufene Kabinett richtete, fielen die berühmten und später immer wieder unterschiedlich interpretierten Worte: »In Deutschland muß Preußen moralische Eroberungen machen ...«[3]

Im Unterschied zu der Mehrzahl seiner Zeitgenossen hatte Bernstein Bedenken gegenüber der Rede des Prinzregenten, in der bekanntlich nicht nur moralische Eroberungen in Deutschland versprochen wurden, sondern auch weise Gesetzgebung, Förderung sittlicher Elemente, Einigung im nationalen Sinne, Verteidigung des Rechts und Rücksicht auf das öffentliche Ansehen der Regierung. Viele meinten, die Rede habe das Programm der neuen Regierung wiedergegeben. Anders Bernstein, der noch Jahre später die Ansicht äußerte, es habe sich bei dieser Rede um ein Mißverständnis gehandelt, und zwar in zweifacher Weise. Einmal, so argumentierte er, hätte der Prinzregent, was die Zeitgenossen nicht erkannt hätten, nur seine persönlichen Ansichten vorgetragen. Zum anderen hätte die Bevölkerung etwas in die Rede hineingelesen, was gar nicht in ihr vorhanden gewesen sei. In gewisser Weise, meinte Bernstein, sei die Bevölkerung Wunschvorstellungen aufgesessen. Die Rede sei irrtümlich als die »Verkündung eines konstitutionellen Staatswesens«[4] begriffen worden, als das Signal zum Beginn einer neuen Epoche.

Mag sein, daß Bernstein bei seinen Bedenken gegenüber der Rede sich von Erinnerungen an den »Kartätschenprinzen« und dessen zwielichtige Rolle in der 48er-Revolution hat leiten lassen.[5] Es spricht einiges dafür, daß diese Erinnerungen ihn mißtrauisch gestimmt haben. Wie viele seiner Zeitgenossen argwöhnte auch er, der Prinz meine es nicht ehrlich und die neue Haltung sei nur gespielt. Vor allem mißtraute er dessen vorgeblichem Wandel von einem Ultraroyalisten während der Revolutionsjahre zum Verfechter eines liberal-konservativen Kompromisses, der beim Antritt seiner Regentschaft den Anschein erwecken wollte, als ob er einen vernünftigen und gerechten Ausgleich zwischen Autorität und Freiheit anstrebe, dem es um eine – wie der Verfassungshistoriker Ernst Rudolf Huber formuliert hat – »schrittweise Transformation der rechtsstaatlich-konstitutionellen Verfassungsnormen in eine rechtsstaatlich-konstitutionelle Verfassungswirklichkeit«[6] gegangen sei.

Bei aller Kritik, die Bernstein am Prinzregenten und an den Umständen des Machtwechsels hatte, anerkannte er jedoch, daß mit der Regentschaft die Verfassungsmäßigkeit wiederhergestellt worden sei. Das eigentliche Problem, das ihn beschäftigte, aber

Abb. 10 Johann Jacoby (1805–1877): Arzt und Publizist, 1848
Mitglied des Frankfurter Vorparlaments. Wurde 1849 als
Ersatzmann in die Frankfurter Nationalversammlung gewählt.
Von 1863 bis 1870 für die Fortschrittspartei Mitglied des
Preußischen Abgeordnetenhauses. 1872 Übertritt zur SPD.
Nach einer Buchillustration (1893)

auch bedrückte, war der immer mehr zutage tretende Sachverhalt, daß das demokratische Bewußtsein und damit die im Revolutionsjahr 1848 entstandene demokratische Kultur durch die Reaktionszeit schwere Schäden erlitten hatten. »Keine politische Partei«, bemerkte er später, »hat die Wut der Reaktion schwerer zu tragen gehabt, als die demokratische. Verfolgt, gepeinigt, verleumdet und von Herrschsucht und Willkür niedergetreten, ward die Demokratie, wie keine andere Partei, zum Märtyrer des Volksgeistes ...«[7]

Bestärkt wurde Bernstein in seinen Ansichten u. a. durch gleichgesinnte Freunde wie den Königsberger Arzt und Schriftsteller Johann Jacoby, der wie er im Regierungswechsel den ersten hoffnungsvollen Schritt zur stufenweisen demokratischen Umgestaltung des Landes sah. Am 16. November 1858 teilte Jacoby ihm in einem Brief mit, Abwarten helfe nicht weiter, geboten sei »einmütiges Handeln« aller Demokraten: »Manteuffel und seine Teufeleien sind wir los, aber noch lange nicht die verderbliche Pandora-Erbschaft desselben. Freuen wir uns der Umkehr zum Besseren, seien wir aber nicht zu sanguinisch im Hoffen! Kein Prinzregent – sein Wille sei noch so gut und ernst – kann dem Volk die Freiheit schenken; wir müssen sie uns selbst durch eigene Arbeit verdienen!«[8]

Aus seiner Revolutions- und Reaktions-Geschichte sowie aus dem Briefwechsel mit Johann Jacoby wissen wir, daß Bernstein in den Wochen nach dem Regierungswechsel politisch sehr aktiv war, daß er sich mit Gleichgesinnten traf, um darüber zu beraten, wie es in Preußen weitergehen sollte. Bernstein war zum Beispiel Teilnehmer an Beratungen im Hause des Rechtsanwalts Otto Lewald,[9] des Bruders der Schriftstellerin Fanny Lewald, wo man bis spät in die Abendstunden hinein darüber debattierte, wie es mit Preußen weitergehen solle. Bernstein vertrat dabei einen kritischen Standpunkt gegenüber dem von Prinzregenten berufenen Ministerium, von dem er der Meinung war, es sei nur bedingt geeignet, mit den in der Reaktionszeit aufgekommenen Problemen, insbesondere mit den in der Verwaltung und durch die Verwaltung entstandenen Schäden, fertig zu werden. »Die Minister«, bemerkte er später, »ahnten nicht, wie tief die Korruption das sonst so vortrefflich eingeschulte und bureaukratisch geordnete Beamtentum angefressen hatte. Die Minister waren von dem Wahn befangen, daß wenn man nur die Fesseln löste, in welchen die besseren Elemente des Beamtentums schmachteten, dann der zerrüttete Zustand, welchen die Korruption angerichtet hatte, von selber verschwinden werde.«[10]

Bei der ersten Wahl in der »Neuen Ära« im November 1858 gehörte Bernstein zu denen, die darauf drängten, daß die führenden 48er Demokraten – zu ihnen gehörten der westfälische Obertribunalrat Benedikt Waldeck, der Kreisrichter Hermann Schulze-Delitzsch und Johann Jacoby – sich Zurückhaltung auferlegten und auf eigene Kandidaturen verzichteten. Darüber hinaus war er bemüht, die Anhänger der Linken dahingehend zu beeinflussen, ihre Stimmen für die altliberalen (»konstitutionellen«) Bewerber abzugeben.[11] Dahinter stand die Überlegung, daß die Linke bei den Wahlen keine Chance haben würde und es deshalb vorzuziehen sei, die Kandidaten der gemäßigten Liberalen zu unterstützen. Bernstein versprach sich dadurch zwar keine Vorteile, erhoffte sich aber, es würde durch diese Geste Mißtrauen abgebaut, und die Gegensätze könnten überbrückt werden, die im Revolutionsjahr die beiden Flügel des bürgerlichen Liberalismus hatten auseinanderdriften lassen.[12]

In den Briefen, die er mit Johann Jacoby in jenen Tagen wechselte, plädierte Bernstein anfänglich für eine Politik der Mäßigung, wohl hoffend, daß die Stunde der Demokraten noch kommen würde. Daß taktische Zurückhaltung angebracht war, wurde durch das Ergebnis der Parlamentswahl vom 23. November 1858 bestätigt. Die gemäßigten Liberalen erhielten die absolute Mehrheit,[13] ein Ergebnis, das aller Wahrscheinlichkeit eben nur deswegen zustande gekommen war, weil die Linke darauf verzichtet hatte, eigene Kandidaten aufzustellen. »Unsere Zeit«, schrieb Johann Jacoby am Tage der Wahl an Bernstein, »ist noch nicht gekommen; den Gothaern gehört die Gegenwart. Sehen wir zu, ob diese sich so weise dünkenden Staatsmänner ohne uns mit der Reaktion fertig werden! … Wir können für jetzt nichts Besseres tun,

*Abb. 11 Hermann Schulze-Delitzsch (1808–1883): Jurist. Kam
1848 als Demokrat in die Preußische Nationalversammlung,
dann in das Abgeordnetenhaus. Entwickelte insbesondere
Aktivitäten auf sozialpolitischem Gebiet.
Nach einer Lithographie von Neumann*

Abb. 12 Moritz Veit (1808–1864): Verlagsbuchhändler und Politi-
ker. Einer der Vorkämpfer der Emanzipation der Juden. Mit-
glied der Frankfurter Nationalversammlung. Von 1858 bis 1861
Mitglied des Preußischen Abgeordnetenhauses.

als die Partei sammeln, organisieren und zum künftigen einmütigen Handeln vorbereiten.«[14]

Was Jacoby in dem Brief an Bernstein mehr oder weniger direkt andeutete, war das Konzept der Mobilisierung, das die Demokraten in den Wochen und Monaten nach dem Regierungswechsel systematisch verfolgten, so zum Beispiel bei zwei Kampagnen, die dem Zweck dienten, in der Bevölkerung ein nationales und demokratisches Bewußtsein zu aktivieren. Bernstein verhielt sich zwar zurückhaltend, hat aber bei beiden Kampagnen aus dem Hintergrund mitgewirkt. In der »Volks-Zeitung« erschienen nicht nur Artikel, die diese Aktivitäten begleiteten und die letztlich zur Gründung des Nationalvereins führten, sondern auch solche, die die Vorbereitungen unterstützten, die den Gedenkfeiern zum hundertsten Geburtstag Friedrich Schillers vorangingen,[15] die im Herbst 1859 unter Sympathiebekundungen der Bevölkerung bis hinein in die Arbeiterkreise stattfanden und als ein »kultur- und nationalpolitisches Ereignis«[16] ersten Ranges begriffen wurden.

Die Gründung des Nationalvereins ist auf dem Hintergrund der politischen Ereignisse des Jahres 1859 zu sehen, insbesondere des italienisch-österreichischen Krieges, der in Deutschland eine Welle nationaler Solidarität auslöste. Bei zwei Versammlungen deutscher Demokraten, von denen die eine am 17. Juli 1859 in Eisenach und die andere einige Tage später in Hannover stattfand, nahm Bernstein zwar nicht teil, sympathisierte aber mit der dort erhobenen Forderung, den deutschen Bundestag durch eine Zentralregierung zu ersetzen und eine deutsche Nationalversammlung einzuberufen. Der am 14. August in Eisenach[17] verabschiedete Aufruf, der alle deutschen Vaterlandsfreunde – Demokraten sowohl wie Konstitutionelle – aufforderte, die nationale Unabhängigkeit und Einheit höherzustellen als die Forderungen ihrer Parteien, und darauf drängte, für das Ziel einer kräftigen Verfassung Deutschlands zusammenzuwirken, wurde einige Tage später auch in der »Volks-Zeitung«[18] veröffentlicht.

Die Initiatoren der Erklärung, unter ihnen Hermann Schulze-Delitzsch und Franz Duncker, der Verleger der »Volks-Zeitung«, beriefen Mitte September einen Kongreß nach Frankfurt ein, wo über die Bildung einer deutschen Nationalpartei beraten werden sollte. Die rund 190 Teilnehmer aus allen Teilen Deutschlands, von denen mindestens 13 jüdischer Abstammung waren,[19] konnten sich jedoch nicht auf ein einheitliches Programm verständigen. Einig war man sich nur in der Forderung, die Einheit Deutschlands so schnell wie möglich herbeizuführen, nicht jedoch über den Weg, wie dies geschehen sollte. Schulze-Delitzsch war es schließlich zu verdanken, daß es wenigstens zur Verabschiedung eines Status und zur Gründung des Vereins kam, ein Akt, den Bernstein einige Jahre später als »eine epochemachende Tat«[20] bewertet hat.

Den Aktivitäten des Verlegers ist es vermutlich zuzuschreiben, daß sich die »Volks-Zeitung« in den Dienst des Nationalvereins stellte. Auf der anderen Seite dürfte das Programm des Nationalvereins aber auch den Überzeugungen Bernsteins entsprochen haben, dem es darum ging, Liberaldemokraten und Konstitutionell-Liberale auf eine gemeinsame Linie einzuschwören. In zahlreichen Artikeln berichtete die »Volks-Zeitung« über die Stationen des Weges, die zur Gründung des Nationalvereins[21] geführt hatten, insbesondere aber unterstützte sie die Forderung nach einem Nationalparlament und einer Zentralgewalt, die als Kristallisierungspunkte der deutschen Einheit angesehen wurden.[22] Deutlich wird dabei jedoch auch, daß die »Volks-Zeitung« die kleindeutsche Lösung favorisierte, diese jedenfalls als Voraussetzung für eine gesamtdeutsche bzw. großdeutsche Lösung ansah. »Wir werden«, heißt es in einem der Bernsteinschen Artikel, »nie zu Ganzdeutschland kommen, wenn wir nicht erst nach und nach Teil nach Teil zur Einheit bringen« (5. Juli 1859).[23]

So wie man sich von der Gründung des Nationalvereins Anstöße in Richtung auf die Einigung Deutschlands versprach, so erhoffte man sich auch vom geplanten Schillerfest, daß es eine politische Signalwirkung haben würde. Das Komitee, das sich in Berlin gebildet hatte, sah ein dreitägiges Festprogramm vor, dessen Höhepunkt am 9. November 1859 ein Fackelzug durch die festlich illuminierten Straßen sein sollte. Bernstein, der gebeten worden war, in dem Komitee mitzuwirken, lehnte jedoch ab. Otto Lewald teilte er mit, er habe dafür »triftige Gründe«,[24] über die wir heute nur spekulieren können. Vielleicht hatte er Rücksicht auf die »Volks-Zeitung« zu nehmen, insbesondere auf den Verleger Franz Duncker und dessen politische Ambitionen? Es kann aber auch sein, daß er nicht die Berliner Polizei provozieren wollte, die dem Komitee Auflagen gemacht hatte. Was auch immer der Grund gewesen sein mag, am Tage nach der Schillerfeier, dem »Jubeltage Schillers«, gratulierte Bernstein jedenfalls Otto Lewald und bedankte sich bei diesem für dessen Einsatz bei den Vorbereitungen für die Feierlichkeiten.[25]

Bernstein und die »Volks-Zeitung« verhielten sich bis in den Herbst 1859 gegenüber der Regierung und dem Parlament mehr oder weniger wohlwollend. Möglicherweise lag die Ursache dafür in dem Sachverhalt, daß die vorhandene Kluft zwischen den in die »Neue Ära« gesetzten Hoffnungen und deren tatsächlichem Verlaufe sich anfänglich noch nicht in ihrem vollen Umfang abzeichnete.[26] Wahrscheinlicher aber ist, daß Bernstein und die Redakteure des Blattes sich in dem Irrtum befanden, Regierung und Parlament seien grundsätzlich bereit, sich auf den Boden der Verfassung zu stellen, was aus ihrer Sicht die Voraussetzung war, um sich mit den bestehenden politischen Verhältnissen halbwegs arrangieren zu können.

Die anfängliche Hochachtung wich bald immer mehr einer zunehmenden Ernüchterung, als deutlich wurde, daß die Regierung nicht geneigt war, mit dem alten System zu brechen, sondern allenfalls bereit war zu halbherzigen Maßnahmen, die aber nicht den Erwartungen der demokratisch Gesinnten entsprachen. In seiner »Revolutions- und Reaktions-Geschichte« spricht Bernstein von einer um sich greifenden »Verstimmung«,[27] von der man meint, sie hätte vielfältige Ursachen gehabt. Vermutlich ist es so gewesen, daß die zwischen der altliberalen Regierung und den Liberaldemokraten eintretende »Entfremdung«[28] dadurch entstanden ist, daß auch nach einem Jahr »Neue Ära« sich nicht viel an der Struktur der preußischen Verwaltung geändert hatte. Veranstaltungen, wie zum Beispiel die Schillerfeiern, die einen freiheitlich-demokratischen Anstrich hatten, wurden von den Behörden wei-

Abb. 13 Franz Leo Benedikt Waldeck (1802–1870): Jurist. Seit 1846 Obertribunalrat in Berlin. Gehörte von 1861 bis 1869 dem Abgeordnetenhaus als Mitglied der Fortschrittspartei an.

terhin mit Argwohn betrachtet, und die liberale Presse hatte nach wie vor mit Überwachungen,[29] Durchsuchungen und Konfiskationen[30] zu rechnen.

Was Demokraten und die in der Opposition stehenden Liberalen schließlich gegen die Regierung aufbrachte, waren die am 12. Januar 1860 in der Thronrede[31] angekündigten und vom Kriegsminister am 10. Februar 1860 im Abgeordnetenhaus eingebrachten Militärvorlagen.[32] Man hatte zwar nichts gegen eine Verstärkung des Heeres als solche einzuwenden, wollte diese jedoch abhängig gemacht wissen von der Beschränkung der Dienstzeit auf zwei Jahre und von der Erhaltung des überlieferten Verhältnisses von Linie und Landwehr. In einer zehnteiligen Leitartikelfolge wurden in der »Volks-Zeitung« die Bedenken vorgetragen,[33] die gegen die Militärvorlagen der Regierung sprachen. Insbesondere warnte man vor den Plänen, die Landwehr zu liquidieren. Dahinter, das wurde sehr schnell begriffen, steckte mehr als nur die Debatte um ein technisch-organisatorisches Problem. Den Nachdenklicheren war klar, daß es darum ging, die Armee zu »einem zuverlässigen Instrument in der Hand des Kriegsherrn zu machen«.[34] Die Reformpläne der Regierung wurden deshalb als eine Attacke empfunden, die sich gegen die Prinzipien der bürgerlichen Gesellschaft richtete, deren Selbstverständnis sich u. a. gerade in Formeln wie »Bürger im Soldatenrock« oder »Volk in Waffen« dokumentierte.

Ungeklärt bleibt, warum Bernstein und die »Volks-Zeitung« schließlich nachgaben und die Militärreform akzeptierten.[35] Sie bestanden nur darauf, daß sich das Parlament Klarheit über die tatsächliche Verwendung der bewilligten Gelder verschaffe. »Nicht einen Groschen, wenn man nicht sieht, wozu man die Militärverstärkung verwenden will«,[36] hieß es in einem Artikel. Daß Bernstein, wie im übrigen auch fast alle Mitglieder des Abgeordnetenhauses,[37] seine Bedenken gegen die Militärreform zurückstellte, hing vermutlich zum einen mit der von der Regierung geschickt eingefädelten Provisoriums-Politik zusammen, die in der Versicherung gipfelte, alle Maßnahmen könnten notfalls rückgängig gemacht werden. Zum anderen dürfte eine Rolle gespielt haben, daß Bernstein nicht mit dem Odium behaftet werden wollte, »durch bedingungslose Opposition zum Sturz der Regierung der ›Neuen Ära‹ beigetragen zu haben«.[38] Später sah er ein, daß die Politik der Duldung und des Kompromisses eine falsche war, die geradezu zwangsläufig Auseinandersetzungen im liberalen Lager zur Folge haben mußte.[39]

Mit dem Entstehen des Heereskonflikts »erhielt die politische Entwicklung in Preußen immer stärker krisenhafte Züge«.[40] Die Differenz der Ansichten über das, was von der »Neuen Ära« erwartet wurde, brach immer mehr auf. Die Opposition begann in Vereinen, Versammlungen und in der Presse ihren Unmut zu äußern, einmal über die Politik der Regierung, vor allem aber über das Verhalten der sogenannten Fraktion Vincke, der gemäßigten Liberalen im Abgeordnetenhaus, denen vorgeworfen wurde, nicht genügend Druck auf die Regierung auszuüben. »Wir teilen nicht die Ansicht«, hieß es in einem »Volks-Zeitungs«-Artikel, der sich mit der allgemeinen Situation befaßte, »daß die Regierung selber sich aus der Krise, in der sie sich jetzt befindet, heraushelfen kann.«[41]

Besondere Beachtung verdient die sich schon vor Beginn der »Neuen Ära« herausbildende engere Beziehung Bernsteins zu Johann Jacoby, die an frühere Kontakte anknüpfte.[42] Es war keine wirkliche Freundschaft, eher eine Art Zweckgemeinschaft, die sich in einer punktuellen Zusammenarbeit niederschlug. Jacoby war hauptsächlich an einer publizistischen Unterstützung seiner Aktivitäten durch die »Volks-Zeitung« interessiert, und Bernstein erhoffte von Jacoby, er würde zur Durchsetzung demokratischer Verhältnisse beitragen. Beide ließen keine Gelegenheit aus, sich lobend übereinander zu äußern, sich gegenseitig in warmen Worten ihre Hochachtung zu versichern. »Mein Hochverehrtester«, heißt es in einem Schreiben Bernsteins an Jacoby, »Sie sind in meinen Augen – und werden es in der Geschichte in den Augen aller Späteren sein – wie einer der alten Propheten, der verewigt ist in unserem Verfassungsleben.«[43] Und in einem Brief Jacobys an Bernstein wiederum steht: »Ihre Leitartikel sind treffliche Wegbahner der Demokratie.«[44]

Wie die Zusammenarbeit sich gestaltete, wird Anfang Dezember 1860 deutlich, als Bernstein sich an Jacoby mit der Aufforderung wandte, eine Petition an das Haus der Abgeordneten zu richten mit der Bitte, eine Untersuchung der Lage des Landes in die Wege zu leiten.[45] Jacoby, Waldeck, Unruh[46] und Rodbertus[47] sollten die Petition unterzeichnen, von der Bernstein meinte, sie müßte den »Stempel der Meisterhaftigkeit« tragen. Jacoby antwortete umgehend aus Königsberg; einen freien Rechtsstaat in Preußen herzustellen, sei zweifellos die Aufgabe der Zeit; gleichwohl sei weder vom Ministerium Auerswald-Schwerin noch von den Schönrednern der Kammer eine Reform der Zustände zu erwarten.[48]

Bernstein, der sich bei seinem Vorstoß die Mitwirkung des Chefredakteurs Friedrich Zabel[49] gesichert hatte, ersuchte Jacoby, einen Text zu verfassen, der u. a. insbesondere die Beseitigung des reaktionären Beamtentums und der Ministerverantwortlichkeit fordern sollte. »Die demokratische Partei«, heißt es in Bernsteins Schreiben, »soll sich durch die Hauptführer an die Kammer mit einem Schriftstück monumentalen Inhalts wenden, in welchem sie sich nichts vergibt, sondern einen Mahnruf erläßt, wie ihn in der Tat die Zeit erfordert, einen Mahnruf, ein einmal gewonnenes geschichtliches Moment von Bedeutsamkeit für unser Staatsleben und dessen friedliche Entwicklung nicht durch Mattigkeit zu vernichten.«[50]

Die von Bernstein und Zabel erhoffte Petition der Demokraten ließ sich jedoch nicht realisieren. Bernstein war zum einen nicht mit dem von Jacoby ausgearbeiteten Text einverstanden,[51] und es gelang darüber hinaus nicht, Waldeck, Unruh und Rodbertus für das Vorhaben zu erwärmen. Jacoby entschloß sich deshalb zum Alleingang und veröffentlichte den Text in eigener Verantwortung, versehen mit der Überschrift »Cavete! Mahnruf an Preußens Vertreter«. Der erst im Königsberger Telegraphen«,[52] dann aber auch in der »Volks-Zeitung«[53] und in der »Vossischen Zeitung«[54] abgedruckte »Mahnruf« beklagte, die Staatsverwaltung sei haltlos, das Rechtsbewußtsein des Volkes verletzt, und überall im Lande würden Mißtrauen, Zerwürfnis und tiefe Verstimmung herrschen. Vom Verhalten des Volkes, zunächst vom Verhalten seiner Vertreter, hänge das Wohl des Staates ab. Preußen bleibe nur die Wahl: entweder auf jede politische Geltung zu verzichten oder den von der Geschichte ihm vorgezeichneten Beruf zu erfüllen; entweder sich selbst aufzugeben oder Deutschlands Bruderstämme in staatlicher Freiheit zu einen: »Möge Preußen unter Wilhelm I. das Rechte erwählen!«

Die Zusammenarbeit zwischen Jacoby und Bernstein hatte dort ihre Grenzen, wo Bernstein befürchtete, die Unabhängigkeit des Journalisten könnte bedroht sein. Eine Kontroverse ergab sich zum Beispiel in Verbindung mit dem Vorhaben von Jacoby, seinem verstorbenen Freund Heinrich Simon[55] ein Denkmal zu errichten.[56] Jacoby war in diesem Zusammenhang an Bernstein im Dezember 1860 mit der Bitte herangetreten, die Denkmalssache zu einer Angelegenheit der »Volks-Zeitung« zu machen. »Und Sie«, schrieb er ihm, »als wackerer Freund und Demokrat müssen dabei hilfreiche Hand bieten!«[57] Bernstein lehnte das jedoch ab, meinte, eine Redaktion dürfe keine Agitation betreiben, das würde nicht ihrem Auftrag entsprechen. In seinem Antwortschreiben heißt es: »Wir [Zeitungsschreiber] können nur anregend wirken und tun schon genug, wenn wir gelegentlich wieder auf ein spezielles Interesse zurückkommen, um es nicht in Vergessenheit geraten zu lassen ... Mit einem Wort: Schreiben Sie, was Sie wollen, und senden Sie es mir, und die Zeitung wird alles abdrucken; aber selbständig ein Zeitungsinteresse aus dem Denkmal für Heinrich Simon zu machen, dazu – glauben Sie mir – können wir es beim besten Willen nicht bringen.«[58]

Die Spaltung der Liberalen, die dann am 6. Juni 1861 zur Gründung der »Deutschen Fortschrittspartei« führte, ist oft beschrieben worden,[59] so daß sie an dieser Stelle nicht noch einmal dargestellt werden muß. Aufschlußreich in unserem Zusammenhang ist vielleicht nur, daß die »Volks-Zeitung« sich zurückhaltend gezeigt hat, was die Kommentierung der innerliberalen Auseinandersetzungen anging,[60] insbesondere was die Verhandlungen zwischen der Fraktion »Jung-Litthauen«[61] und der lokalen Berliner Organisation des Nationalvereins betraf, die der Gründung der Fortschrittspartei vorangingen. Der Grund für diese Zurückhaltung war vermutlich der, daß Chefredakteur und Verleger der »Volks-Zeitung« zu den Hauptakteuren hinter den Kulissen gehörten und das Blatt aus den Auseinandersetzungen um die Parteigründung herausgehalten werden sollte, um nicht in der Öffentlichkeit den Vorwurf der Parteilichkeit auf sich zu ziehen.

Wo die Sympathien der »Volks-Zeitung« lagen, war für den Leser unverkennbar. So unterstützte das Blatt in seinen Spalten nicht nur die Nachwahl des ehemaligen 48ers und Steuerverweigerers Schulze-Delitzsch[62] im dritten Berliner Wahlkreis,[63] sondern nahm auch Waldeck in Schutz gegen Angriffe Vinckes in einer Kammerdebatte, in der dieser behauptet hatte, Waldeck und seine »Gesinnungsgenossen« wollten wie 1848 den König »beugen«[64] und bloßstellen. Abgedruckt wurden des weiteren auch das am 9. Juni 1861 veröffentlichte Gründungsprogramm der neuen Partei,[65] das bekanntlich 17 Jahre lang gültig blieb,[66] sowie zahlreiche Zustimmungs- und Beitrittserklärungen, die deutlich machten, daß die »Volks-Zeitung« ihren Platz gefunden hatte und sich als Sprachrohr der neuen Partei verstand.[67]

Die Unterstützung der neuen Partei bedeutete aber nicht, daß die »Volks-Zeitung« kritiklos allem zugestimmt hätte. Es war nicht nur Taktik, sondern entsprach durchaus den Überzeugungen Bernsteins und der Redaktion, sich für eine gemäßigte Parteilinie auszusprechen. Sie waren der Ansicht, es sei notwendig, die Partei gegenüber manchen Positionen der radikalen Linken deutlich abzugrenzen. »Unsere Demokratie«, hieß es zum Beispiel in einem Leitartikel, »ist fern von jedem Gedanken einer gewaltsamen Umwälzung und einer gesetzwidrigen Agitation. Sie ist eine politische Partei, die nichteinmal prinzipiell der Regierung feindselig gegenübersteht, sondern nur etwas entschiedener zu dem Fortschritt hindrängt, dem die jetzige Regierung selbst huldigt.«[68]

Als die Wahlen zum Abgeordnetenhaus im Dezember 1861 anstanden,[69] brachen die Konflikte zwischen den gemäßigten Liberalen und den Linken erneut auf, verschärft noch durch die Wahlkampfagitation der Konservativen, die nicht einmal vor dem Gebrauch antisemitischer Propaganda zurückschreckten, um de-

mokratische Politiker jüdischer Herkunft zu verunglimpfen.
Jacoby zum Beispiel, den der dritte und vierte Berliner Wahl-
bezirk als Kandidaten aufgestellt hatte, zweifelte vielleicht auch
wegen der latent vorhandenen und durch die Konservativen ge-
schürten judenfeindlichen Stimmung an den Chancen seiner Kandidatur, die von seinen politischen Freunden im Vorfeld aber nicht
nur deshalb,[70] sondern schon wegen seiner in der Öffentlichkeit
allseits bekannten demokratischen Überzeugungen als nicht sehr
erfolgreich eingeschätzt wurde.

Bernstein, der sehr bemüht war, Jacoby von der Kandidatur ab-
zubringen, befürchtete, daß, sollte Jacoby tatsächlich bei der Wahl
antreten, dies die Chancen der Fortschrittspartei verschlechtern
würde. Die Gegenwart, so führte er in zwei Schreiben an Jacoby
aus, sei eine Zeit trauriger Transaktionen, »wo man durch Schein
und Umgehung den Weg verhüllen muß, den man zum Besseren
einschlägt«. Jacoby würde in solcher Situation nur »die notgedrungenen Illusionen stören oder in ehrlicher Transaktion ein
Stück heroischer Geschichte vernichten!«.[71] Seine Wahl könne
den Entschluß des Königs zum Bruch mit dem liberalen Regiment
beschleunigen; das große Philistertum würde sie als eine Heraus-
forderung dazu empfinden. Um eventuell gewählt zu werden,
müßte er sich einer überaus großen Mäßigung befleißigen, die
»wie eine halbe Verleugnung Ihrer Grundsätze aussähe«.[72] In der
Kammer gebe es sowieso nichts Großes zu tun; bestünde sie sogar
aus lauter Fortschrittsmännern, »würde sie erst recht zur Transaktion [im Sinne von Übereinkunft; der Verf.] Zuflucht nehmen«.
Ein entschiedenes Auftreten Jacobys in der Kammer hätte die
Spaltung der Partei zur Folge, was nur der Reaktion zugute kommen würde. Besser wäre es also, »für diesmal ... auf ein Mandat zu
verzichten«.[73]

Ob der schließliche Verzicht Jacobys auf die Kandidatur sich
positiv oder negativ für die Wahlchancen der Fortschrittspartei
ausgewirkt hat, mag dahingestellt bleiben. Da Ergebnis war aus
der Sicht der Linken jedenfalls durchaus zufriedenstellend. Die
Partei erhielt auf Anhieb 109 Mandate,[74] die ausreichten, um zusammen mit jenen Fraktionen, von denen sie im Heereskonflikt

unterstützt wurde, die absolute Mehrheit zu gewinnen. Bernstein und die »Volks-Zeitung«, die gehofft hatten, daß mit der neuen Kammermehrheit eine innenpolitische Wende eintreten würde, mußten jedoch zu ihrer Enttäuschung zur Kenntnis nehmen, daß unter den gegebenen Umständen die altliberal-konservative Regierung unfähig war, »aus Preußen zumindest ansatzweise einen wirklich liberalen Staat zu machen«.[75] Jacoby schien in seinen Zweifeln bestätigt zu werden. »Durch friedliche Reform«, hatte er am 8. Februar 1862 an Ludwig Simon[76] geschrieben, »wird die große Frage: ob Militärstaat, ob Rechtsstaat? nicht gelöst werden.«[77]

Näher als Johann Jacoby stand Bernstein in seinen Überzeugungen Hermann Schulze-Delitzsch,[78] der wie Bernstein bei der Entstehung des Nationalvereins, aber auch in den Anfängen der Fortschrittspartei die Rolle des Vermittlers zwischen den verschiedenen Richtungen des Liberalismus und der Demokratie wahrgenommen hatte. Im Gegensatz zu Jacoby hatte er Ende der 50er Jahre die Wende zum Realpolitiker vollzogen.[79] Wahrscheinlich war das der Grund, warum Bernstein ihn in der »Volks-Zeitung« unterstützte, aber auch privat mit ihm verkehrte. Anläßlich seines 70. Geburtstages veröffentlichte er im Auftrag der Genossenschaft 1879 sogar eine Monographie,[80] die Schulze-Delitzsch als einen entschiedenen Demokraten, einen engagierten Sozialpolitiker und Vorkämpfer der deutschen Einheit portraitierte.[81] Als er 1883 starb, würdigte Bernstein insbesondere dessen Geist, die Tatkraft und die Charaktergröße, drei hervorstechende Eigenschaften, von denen er meinte, sie hätten sich wie bei keinem anderen bei Schulze-Delitzsch glücklich vereinigt.[82]

Vor allem waren es Schulze-Delitzschs Aktivitäten auf sozialpolitischem Gebiet, die Bernstein mit Aufmerksamkeit und Sympathie begleitete. In der »Volks-Zeitung« wurde Schulze-Delitzschs Genossenschaftsprogramm bei jeder sich bietenden Gelegenheit als die liberale Sozialpolitik propagiert[83] und die Ansicht vertreten, die Arbeiterfrage sei nicht durch den Staat, sondern allein durch das Prinzip der Selbsthilfe zu lösen. Bereits in dem schon genannten programmatischen Artikel, abgedruckt in der ersten Nummer der »Volks-Zeitung« am 9. April 1853, war jede Form staatlicher Intervention abgelehnt worden. Die Bekämpfung der Armut seitens des Staates erschien Bernstein und den Redakteuren des Blattes als »Staatskommunismus«, der nicht nur den allgemeinen Bedürfnissen widerspreche, sondern auch nicht mit der Würde des Individuums zu vereinbaren sei:[84] »Wo der Staat die Sorge der Arbeiter übernimmt, da werden sie zu Staatssklaven; wo die menschliche Gesellschaft sich in die Sorgen gleichmäßig teilt, da büßt jeder einzelne Mensch seine Freiheit ein ...«[85]

Es mag sein, daß die sozialpolitische Ideenwelt des deutschen Liberalismus sich nach der gescheiterten Revolution von 1848/49 von dem Konzept einer »klassenlosen Bürgergesellschaft« im Vormärz zu einer Mittelstandsideologie verengt hat.[86] Für diese von Liberalismus-Historikern formulierte These spricht, daß zeitweilig die Handwerker die Arbeiter als Problemgruppe in der öffentlichen Diskussion ablösten.[87] In der »Volks-Zeitung« ist zum Beispiel nachweisbar, daß sie sich eine Zeitlang verstärkt der sogenannten »Handwerkerfrage« annahm. Zwei unabhängig voneinander bestehende Gründe dürften dabei eine Rolle gespielt haben: einmal das intensive Werben der Konservativen um die Handwerker zur Unterstützung ihrer Politik, was verständlicherweise seitens der »Volks-Zeitung« nicht gerade mit großer Freude gesehen wurde; zum anderen die Hoffnung des Blattes, in den Kreisen der Handwerker neue Leser zu finden. Insgesamt gesehen, war das jedoch nur eine Zwischenphase. Mit dem Entstehen und Aufkommen der Arbeiterbewegung traten die Probleme der Handwerker wieder mehr in den Hintergrund, und Bernstein und die »Volks-Zeitung« wandten sich wieder verstärkt den allgemeinen sozialpolitischen Problemen zu.

Wenn Bernstein und die »Volks-Zeitung« eine gewisse Zurückhaltung gegenüber der sich auf Versammlungen in Berlin und Leipzig organisierenden Arbeiterschaft an den Tag legten, dann hatte das weniger mit Desinteresse,[88] sondern vor allem mit den unterschiedlichen ideologischen Standpunkten und der unterschiedlichen Bewertung von Sachfragen zu tun. Strikt ablehnend verhielten sie sich insbesondere gegenüber Überlegungen, Betriebe zu verstaatlichen. Forderungen dieser Art entsprachen nicht Bernsteins liberalem Selbstverständnis, das sich an Schulze-Delitzsch und den Prinzipien einer liberalen Sozialpolitik orientierte.[89] Gegen die Sozialisierung, das heißt die Errichtung von Produktivassoziationen mit Staatshilfe, wie sie zu jener Zeit propagiert wurden, war Bernstein vor allem deshalb, weil er die Überzeugung vertrat, nur das in einer Gesellschaft anerkannte und entsprechend umgesetzte Prinzip des Privateigentums würde die für den Fortschritt notwendigen schöpferischen Initiativen in der Bevölkerung freisetzen.

Skeptisch äußerte sich Bernstein auch gegenüber Forderungen wie der nach sofortiger Einführung des allgemeinen, gleichen und direkten Wahlrechts. Von einer Änderung des Wahlrechts versprach er sich nur wenig.[90] Das Wahlergebnis, meinte er, würde kaum anders als beim verhaßten Dreiklassenwahlrecht ausfallen. Auf der anderen Seite waren das Äußerungen, die mehr taktischer Natur waren und nicht allzu ernst genommen werden dürfen. Sie klingen so, als hätte Bernstein sie mit Blick auf die Arbeiterbewegung formuliert. In Wirklichkeit aber waren sie an die Adresse der Konstitutionellen gerichtet, die Bernstein nach wie vor als Bündnisgenossen im Kampf um die Durchsetzung liberaldemokratischer Strukturen ansah.

Der tatsächliche Grund für die anfängliche Zurückhaltung gegenüber der sich formierenden Arbeiterbewegung dürfte aber ein anderer gewesen sein. Bernstein hatte eine ausgeprägte Antipathie gegenüber Ferdinand Lassalle,[91] den er von Anfang an für einen ausgemachten »Demagogen« gehalten hat, von dem er noch Jahre später meinte, er habe sich »ganz nach dem französischem Muster eines Louis Blanc«[92] verhalten. Lassalle, der freundschaftlich mit den Dunckers verbunden war, insbesondere mit Lina Duncker,[93] in deren Salon er verkehrte,[94] fand nicht die Unterstützung der »Volks-Zeitung«. Wahrscheinlich war es Bernstein, der dies hintertrieben hat. Wohl nicht ganz zu Unrecht befürchtete er, Lassalle plane insgeheim, die »Volks-Zeitung« zu instrumentalisieren, um einen Keil in das bürgerliche Lager zu treiben und die angestrebte Annäherung von Demokraten und Konstitutionellen zu verhindern.

Bereits zu Anfang des Jahres 1859 hatte Bernstein Lassalle den Wunsch abgeschlagen, diesen in der »Volks-Zeitung« zum italienischen Krieg Stellung beziehen zu lassen. Seine Weigerung schließlich, einen Artikel Lassalles in das Blatt aufzunehmen, der Plagiats-Vorwürfe gegen Friedrich Zabel, den Chefredakteur der »National-Zeitung« enthielt,[95] führte zum endgültigen Bruch.[96] Auch Franz Duncker, der Verleger des Blattes, fand nicht die richtigen Worte, um Bernstein nachsichtiger zu stimmen.[97] Bernstein verharrte in einer klaren Abwehrhaltung. In zwei Fällen wurde dies besonders deutlich. Beide Male kam es zu Auseinandersetzungen um Lassalles politische Aktivitäten, beide Male ging es aber auch um Lassalle in Person.

Hart aneinander gerieten Bernstein und Lassalle zum einen Anfang 1863, als Lassalle die Fortschrittspartei zum »Parlamentsstreik« aufforderte. Bernstein und die »Volks-Zeitung«, äußerst brüskiert, fühlten sich zu einer harschen Entgegnung herausgefordert. Lassalles Vorschlag, meinte Bernstein, leiste »bewußt oder unbewußt der Reaktion sehr kostbare Dienste.«[98] Entschiedener noch als zu Beginn des Jahres bezog Bernstein dann Ende April 1863 gegen Lassalle Position, als er dessen berühmtes Sendschreiben an das Leipziger Arbeiterkomitee als »horrenden Blödsinn« und als »Universal-Quacksalberei«[99] bezeichnete. In dem zehnteiligen Leitartikel, der überschrieben war mit »Agitatorische Demagogie«, stellte sich Bernstein hinter Schulze-Delitzsch und die liberale Sozialpolitik und attackierte gleichzeitig Lassalle mit heftigen Worten: »Es ist nicht mehr bloß Eitelkeit, Arroganz, Einbildung der eigenen Unfehlbarkeit, Mißachtung aller wissenschaftlichen Leistungen und tatsächlichen Erfolge, sondern solch ein Überspringen aller wissenschaftlichen Prüfungen, solch apodiktisches Aussprechen der Überzeugungen und sofortiges Heranrufen urteilsloser Massen zur Ausführung unter Beschwörung ihres Hungers – das ist die absolute agitatorische Demagogie, die über die Grenze des Erlaubten hinausgeht.«[100]

In der Konfliktzeit, wie die Jahre von 1862 bis 1866 allgemein genannt werden, in denen sich der Heereskonflikt zu einem Verfassungskonflikt ausweitete,[101] hielt sich die »Volks-Zeitung« auffallend zurück. Sie trat zwar dafür ein, in den politischen Auseinandersetzungen die Verfassungsmäßigkeit zu wahren und die Stellung des Parlaments im preußischen Staat zu stärken. Darüber hinaus unterließ sie es jedoch, mit klaren Worten gegen die Regierung Bismarck Stellung zu beziehen, was im übrigen auch nicht ganz einfach war, denn das Blatt wurde im Zuge der Presseüberwachung[102] mit einer Welle von Verwarnungen, Konfiskationen und Presseprozessen überzogen. Zeitweilig nahmen die Repressalien solche Ausmaße an, daß ganz auf den Abdruck von Leitartikeln verzichtet werden mußte und in der Öffentlichkeit der Eindruck entstand, die »Volks-Zeitung« kusche vor der Regierung.

An der Person Bismarcks und an seiner Machtpolitik schieden sich die Geister.[103] Verbindungen, aber auch in der »Neuen Ära« entstandene Zweckfreundschaften zerbrachen, wie zum Beispiel die zwischen Bernstein und Johann Jacoby. Letzterer hatte sich vergeblich bemüht, Bernstein dazu zu bewegen, in der Heeresfrage, die im Mai 1863 erneute im Abgeordnetenhaus diskutiert wurde, Waldecks Standpunkt[104] einzunehmen und diesen zu unterstützen.[105] Bernstein, der anfänglich entschieden gegen die Haltung der Regierung opponiert hatte,[106] insbesondere gegen die Politik des »budget-losen Regiments«, schwenkte allmählich auf die Linie des konstitutionellen Flügels der Fortschrittspartei ein. In mehr oder weniger offenen Widerspruch zu seinem Verleger geriet er dabei, als dieser sich öffentlich gegen die Behandlung der Militärfrage durch die Regierung aussprach und mit Schulze-Delitzsch zusammen am 9. März 1863 eine Gesetzesvorlage zur Frage der Ministerverantwortlichkeit einbrachte.[107] Bernstein war gegen diese Vorlage, wohl auch deshalb, weil ihm bewußt war, ein solches Gesetz würde zwar die Zustimmung des Abgeordnetenhauses, nicht aber des Herrenhauses und der Krone erhalten.

Ein kritikloser Parteigänger Bismarcks ist Bernstein allerdings nicht geworden. Dafür waren seine Vorbehalte zu groß, die er gegenüber dem »Junker« hatte, wie Bismarck abschätzig von vielen Liberalen zu jener Zeit tituliert wurde. Dessen Ernennung zum

Ministerpräsidenten galt ihm als ein »mystischer Ausweg«, und Bernstein bezweifelte, ob ein so wurzellos dastehendes Ministerium überhaupt ein vernünftiges Regierungsprogramm anbieten könne. Im übrigen glaubte Bernstein nicht, daß Bismarck die Zeichen der Zeit richtig erkennen würde. Er versuchte, dies mit antidemokratischen bzw. antiliberalen Aussagen Bismarcks zu belegen. So zitierte er zum Beispiel eine Bemerkung des preußischen Ministerpräsidenten, die in ihrem Tenor alle Befürchtungen zu bestätigen schien: »Meine Herren von der Majorität, ich bin total in der Minorität ... je mehr ich in der Minorität bin, desto weniger werde ich Hindernisse haben, der Majorität Zugeständnisse zu machen.« [108]

Im Zusammenhang mit Bismarcks 1862 erfolgtem Eintritt in die Politik hat Bernstein im Rückblick gefragt: »Was ist denn in Preußen vorgegangen, um einen solchen Sprung vom redlichsten Liberalismus in die reaktionärste Färbung der Kreuzzeitungspartei zu rechtfertigen?« [109] Eine Antwort beziehungsweise eine Erklärung dafür hatte er nicht. Die Leitartikel, die er in der Konfliktzeit schrieb, machen jedenfalls deutlich, daß er Bismarcks Politik »der großen Idee« skeptisch gegenüberstand. Anfang 1863 lästerte er sogar, von dem »großen Aktionär« sei nur der »kleine Reaktionär« übriggeblieben. [110] Daß dieses Urteil zu kurz gegriffen war, ist Bernstein nicht vorzuwerfen. Er sprach nur das aus, was viele seiner Zeitgenossen dachten, die Probleme hatten, eine Einstellung zu dem Machtpolitiker Bismarck zu finden.

Bismarcks politischem Kalkül, das die Außenpolitik als Instrument innerer Disziplinierung benutzte, hat Bernstein in den Konfliktjahren ziemlich ratlos gegenübergestanden. Seine Kommentare zur Rußlandpolitik, zu Bismarcks Schachzügen in der Schleswig-Holstein-Frage, [111] zu der Art und Weise, wie er Österreich mehr und mehr in die kriegerische Auseinandersetzung hineinmanövrierte, spiegeln Unverständnis, aber auch eine gewisse Hilflosigkeit wider. Innerlich widerstrebte ihm Bismarcks Politik, die davon ausging, daß die großen Fragen der Zeit nicht durch Reden und Mehrheitsbeschlüsse, sondern durch »Blut und Eisen« entschieden werden. Auf der anderen Seite hatte er ein durchaus ambivalentes Verhältnis zur Bismarckschen »Realpolitik«,[112] die weder reine Interessenpolitik noch rücksichtslose Machtpolitik war, sondern darum bemüht war, die politischen Zielsetzungen den realen Gegebenheiten anzupassen. Bernstein lehnte diese Politik zwar im Prinzip ab, war aber andererseits geradezu fasziniert von der Rücksichtslosigkeit, mit der Bismarck seine politischen Ziele durchsetzte.

Letzteres wurde besonders deutlich, als Bismarck zur großen Überraschung der Liberalen den Bundestagsgesandten von Savigny am 9. April 1866 anwies, beim Bundestag den Antrag zu stellen, durch demokratische Wahlen ein gesamtdeutsches Bundesparlament berufen zu lassen.[113] Bernstein hielt – wie die Mehrzahl der Linken – diesen Antrag für eine geschickt eingefädelte Finte, von der er überzeugt war, sie diene dem preußischen Ministerpräsidenten allein zu dem Zweck, von seiner Außenpolitik abzulenken. So irritiert er deswegen war, glaubte er aber dennoch, daß der Antrag ernst genommen werden müsse.[114] »Herr von Bismarck«, bemerkte er in einem seiner Leitartikel, »steht vor seinem letzten Experiment. Gelingt es, so gelingt es für uns; mißlingt es, so mißlingt es für ihn. Wenn wir nicht in blindem Vertrauen das Experiment unterstützen, sondern uns mit offenem Auge an seinem Verlauf beteiligen, so kann es uns viel nützen und gar nichts schaden.«[115]

Viele von Bernsteins Freunden im linksliberalen Lager machten ihren Frieden mit der Bismarckschen Politik. Überwältigt von den Erfolgen, beeindruckt durch die Macht der Tatsachen, schlugen sie sich auf Bismarcks Seite und stimmten mit ein in die Propaganda und das Kriegsgeschrei gegen Österreich.[116] Zu dieser Kehrtwendung der Liberalen hat Bismarck bekanntlich dadurch beigetragen, daß er Kontakt zu ihnen via Hans Viktor von Unruh aufnahm und anstelle des zurückgetretenen Bodelschwingh den Altliberalen von der Heydt zum neuen Finanzminister berief. Im Hintergrund hatte im übrigen der 48er Revolutionär Lothar Bucher mitgewirkt, der als Bismarcks intimer Vertrauensmann es sogar verstanden hat, Fäden zu Ferdinand Lassalle und selbst zu Karl Marx zu spinnen.[117]

Bernstein plädierte für eine Politik der Mäßigung und der Friedenssicherung, selbst dann, als offensichtlich wurde, daß die Masse der Bevölkerung bereit war, Bismarck zu folgen, und das Interesse der Öffentlichkeit am Kurs der »Volks-Zeitung« zunehmend erlahmte.[118] Wiederholt warnte Bernstein vor dem sich abzeichnenden militärischen Schlagabtausch mit Österreich, von dem er meinte, daraus könne »ein unheilvoller, ein deutscher, ein Bruderkrieg«[119] erwachsen. Bernstein verlegte sich deshalb auf die Linie einer »maßvollen Opposition«, was Ende Juni 1866 sogar zu einer Verwarnung der »Volks-Zeitung« durch die Behörden führte.[120] Selbst als der siegreiche Ausgang des Krieges feststand, konnten Bernstein und das Blatt sich nicht zu einer positiven Beurteilung der Bismarckschen Politik durchringen. Das hätte die Verleugnung aller Prinzipien und moralischen Maßstäbe bedeutet, denen sich Bernstein und die Redaktion seit dem Revolutionsjahr 1848 verpflichtet fühlten.

Im Gegensatz zu anderen liberalen Blättern wie der »National-Zeitung« und der »Kölnischen Zeitung« war die »Volks-Zeitung« bemüht, weiterhin Distanz zu Bismarck und seiner Politik zu halten. Als die Regierung durch den König bei der Eröffnung des neuen Landtags am 5. August 1866 um Indemnität ansuchte,[121] das heißt um nachträgliche Zustimmung der Volksvertretung für die Zeit des Regierens ohne ordentliches Budget, bezog die »Volks-Zeitung« nicht direkt Stellung. Sie äußerte weder Zustimmung noch Ablehnung. Auch gab es keinen der sonst üblichen kritischen Kommentare Bernsteins, was wahrscheinlich damit zusammenmenhing, daß er nicht mit Franz Duncker aneinandergeraten wollte, der, erst unsicher, ob er es tun solle oder nicht, dann aber schließlich doch wie die meisten seiner Fraktionskollegen für die Annahme der Indemnitätsvorlage stimmte.

Bernsteins ablehnende Haltung gegenüber dem Verlangen der Regierung nach Indemnität läßt sich u. a. daran ablesen, daß er die in äußerst scharfer Form gehaltene Rede Jacobys gegen die Vorlage in der »Volks-Zeitung«[122] abdrucken ließ. Hinzu kommt, daß er und die Redaktion, als die betreffende Ausgabe von den Behörden beschlagnahmt wurde, sich hinter Jacoby stellten, was einer Identifizierung mit dessen Ablehnung der kleindeutschen Lösung und seiner Warnung vor einer »Verpreußung« Deutschlands gleichkam. »Meine Herren!« hatte es in der Rede Jacobys geheißen,[123] »täuschen wir uns doch nicht über die Bedeutsamkeit kriegerischer Erfolge. Mögen immerhin andere Völker Europas auf dem Wege der Gewalt, durch eine Art Blut- und Eisenpolitik zu ihrer staatlichen Einheit gelangt sein, das deutsche Volk – eine tausendjährige Geschichte bezeugt es – hat von jeher allen solchen Einigungsversuchen erfolgreich Widerstand geleistet. Zwangseinheit, Einheit ohne Freiheit ist eine Sklaveneinheit, die weder Wert hat noch Bestand; am allerwenigsten aber kann man sie, wie es in der Adresse geschieht, als eine Vorstufe zur Freiheit betrachten.«[124]

Auch in der Debatte um die Annexionen, die unmittelbar nach Kriegsende einsetzten, hielten Bernstein und die »Volks-Zeitung« auf Abstand. Wie schon 1864, als das Blatt gegen die Einverleibung der Herzogtümer Schleswig und Holstein protestiert hatte,[125] kam es auch unmittelbar nach Beendigung der Kriegshandlungen mit Österreich zu Attacken gegen die »wüsten Annexionsverehrer« und das »verworrene Machtgeschrei«.[126] Als das Abgeordnetenhaus sich mit einer überwältigenden Mehrheit, einschließlich des linken Flügels der Fortschrittspartei,[127] für die Einverleibung von Hannover, Kurhessen, Nassau und Frankfurt aussprach, kommentierte Bernstein deprimiert: »Alle Kinder auf der Straße spielen Königsgrätz, warum nicht auch das Abgeordnetenhaus?« Mit ihrer blinden Eilfertigkeit, warnte Bernstein, schaufelten die Abgeordneten nur ihr eigenes Grab: »Man bejubelt seinen Sieg und merkt nicht, daß man sich nur selber bekriegt und besiegt hat.«[128]

Neben den für die Fortschrittspartei verheerenden Ergebnissen bei den Neuwahlen zum preußischen Landtag,[129] die ironischerweise auf den 3. Juli gefallen waren, den Tag von Königsgrätz also, waren es wahrscheinlich Siegesgefühl, Nationalstolz und schlicht Opportunismus, die so manchen Wortführer im liberalen Lager haben umfallen lassen. Für aufrechte und überzeugte Demokraten wie Jacoby und Bernstein mußte es schmerzhaft gewesen sein, zu erfahren und zu sehen, wie manche der einstigen Gesinnungsgenossen binnen weniger Wochen Kehrtwendungen um 180 Grad vollzogen und mit wehenden Fahnen in das Lager Bismarcks übergingen.

Als ein besonders eklatantes Beispiel der Gesinnungslosigkeit hat Hans-Joachim Schoeps die Selbstgleichschaltung des großen Juristen Rudolf von Ihering in Göttingen angeführt,[130] der sich kurz vor Kriegsausbruch am 14. Juni über Bismarcks »Schamlosigkeit« und »grauenhafte Frivolität« bei seinem juristischen Kollegen Bernhard Windscheid ausgelassen hatte: »Mein Rechtsgefühl steht auf Seiten Österreichs, ich verdamme das frevelhafte Spiel, das Bismarck mit allem treibt, was Recht und Wahrheit heißt. Und doch, ich zittere bei dem Gedanken, daß das Recht triumphiert ... Ein Sieg Bismarcks ist trotz Junkertum und Absolutismus ein gewaltiger Schritt vorwärts auf der Bahn deutscher Entwicklung, ein Sieg Österreichs ein Rückschritt von einem Jahrhundert.« Zwei Monate später aber, am 19. August, schrieb er an denselben Adressaten: »Welch beneidenswertes Los, daß wir diese Zeit noch erlebt haben, diesen Wendepunkt in der Geschichte Deutschlands ... Hat jemals in der Geschichte die Intelligenz und die geistige Energie einen solchen Triumph über die rohe Kraft gefeiert? Es ist doch ein herrliches Ding um diesen Geist, der dies kleine Preußen beseelt, diesen Geist, der uns alle aus dem Zustand der Ohnmacht und Schmach erlöst ... Ich beuge mich vor dem Genie eines Bismarck ... Ich gebe für einen solchen Mann der Tat ... hundert Männer der liberalen Gesinnung, der machtlosen Ehrlichkeit.«[131]

Das Jahr 1866 ist zweifellos die entscheidende Weichenstellung in der Geschichte Mitteleuropas gewesen.[132] Es stellt die eigentliche Zäsur dar, eine vermutlich sogar tiefere als die Reichsgründung von 1870/71, »die in mancherlei Hinsicht nur noch das in die Realität umsetzte, was dort schon angelegt war«.[133] Die Debatte, ob es sich damals um den Beginn des heute vieldiskutierten »deutschen Sonderweges«[134] gehandelt hat, bedarf in unserem Zusammenhang keiner weiteren Erörterung; sie ist mehr akademischer Natur und ändert nichts an dem Sachverhalt, daß die Wende 1866/67, die nachgewiesenermaßen nicht von allen gesellschaftlichen Schichten selbst, sondern von den traditionellen Eliten initiiert und durchgeführt wurde, eine »Revolution von oben«[135] war und von den Zeitgenossen auch als solche empfunden wurde. Bismarcks Rechnung war aufgegangen: Mit der für Preußen entschiedenen Schlacht von Königsgrätz hatte er nicht nur die Mehrzahl der Liberalen auf seine Seite gebracht, sondern auch die gesteckten Hauptkriegsziele erreicht: freie Hand Preußens im norddeutschen Raum, Auflösung des Deutschen Bundes und insbesondere die Beseitigung der österreichischen Vormachtstellung in Europa.

Für Bernstein stellte sich noch nicht die Frage, ob der Krieg von 1866 inszeniert worden war, um Preußen zu vergrößern und ihm den Führungsanspruch in Deutschland zuzusichern, ober ob Bismarck diesen nur geführt hatte, um den Verfassungskonflikt zwischen Krone und Parlament zu beenden.[136] Um diese Frage aufwerfen zu können, bedurfte es der Kenntnisse der Quellen, die erst späteren Historikern zur Verfügung standen. Einiges spricht auch dafür, daß ihn diese Fragen eigentlich nur peripher interessiert haben. Ihn beschäftigte, als immer deutlicher wurde, daß Bismarcks Linie sich durchsetzte und der Krieg für Preußen entschieden war, mehr das Problem, ob das seit 1866 in Konturen sichtbar werdende Gebilde Deutschlands ein Einheits- oder ein Bundesstaat sein sollte.

Bernsteins Option für einen Bundesstaat mag geleitet gewesen sein von den Befürchtungen, die preußische Regierung plane die Errichtung eins quasi absolutistischen Systems wie im Frankreich Napoleons III. Das Eintreten für den Bundesstaat brachte ihn einerseits zeitweilig in die Nähe Bismarcks,[137] andererseits in einen deutlichen Gegensatz zu den im Herbst 1866 von der Fortschrittspartei abgespaltenen Nationalliberalen, die bei den Beratungen zu einer Norddeutschen Bundesverfassung statt für die Schaffung eines Bundesstaates für die Errichtung eines Einheitsstaates mit starker Exekutive plädierten.

Die geeigneten Mittel, um in der Einheit die Freiheit aufrechtzuerhalten, sah Bernstein im Modell der Paulskirchenverfassung, die er als Grundlage der Verfassungsberatungen für den Norddeutschen Bund genommen wissen wollte. Mit der Reichsverfassung von 1849, so glaubte er, könnten bestehende innenpolitische

Gegensätze überbrückt, die preußische Führungsrolle dem restlichen Deutschland schmackhaft gemacht und die Einheit der Liberalen wiederhergestellt werden. Die Vorzüge der Paulskirchenverfassung, auf die er wiederholt zu sprechen kam, beschrieb er folgendermaßen: »Sie ist die Einheit, sie ist die Freiheit Deutschlands! In ihr kann Nord und Süd geeint, durch sie kann historisches Recht und Fortschritt der Zeit ausgesöhnt werden. Mit ihrer Geltung würden wir eine alte Schuld tilgen und eine neue Zeit anbahnen, die das deutsche Vaterland machtvoll genug hinstellt, um der Gefahr zu entgehen, daß im Streit nach dem Krieg die Frucht der Siege verlorengeht.«[138]

Das Interesse der »Volks-Zeitung« an den Verfassungsberatungen, die am 9. März begannen und bis zum 16. April 1867 dauerten,[139] hielt sich in Grenzen. Die von Bismarck bestellte Verfassungsvorlage hatte Bernstein noch zu heftiger Kritik herausgefordert, insbesondere weil kaum etwas aus der Paulskirchenverfassung in sie eingeflossen war. Dies, schrieb er, sei keine Verfassung, sondern »ein Fürstenbündnis mit unverantwortlicher Regierung«.[140] Fehlen würden die Grundrechte, die umfassende Gewaltenteilung, verantwortliche Minister, umfassendes Budgetrecht und Rechnungsprüfungsinstanzen. Alles in allem bezweifelte Bernstein, daß sich diese Vorlage durch Amendements verbessern ließe, und bedauerte, daß die Politiker sich nicht an der Reichsverfassung von 1849 orientierten.

Auch beim Übergang vom Norddeutschen Bund zum Deutschen Reich maß Bernstein die Bismarcksche Schöpfung an der Schablone der Frankfurter Verfassung aus dem Jahre 1849.[141] Im Gegensatz zu den Verfassungsberatungen zum Norddeutschen Bund war er jetzt jedoch gewillt, nachdem König Wilhelm die deutsche Kaiserkrone angenommen hatte, die Wahlen zum ersten Reichstag anstanden und die Verfassung weitere Revisionen erfahren sollte, das Bismarcksche Werk der Reichsgründung zu akzeptieren. Er stand zwar dem ganzen Vorhaben noch immer kritisch gegenüber, war aber davon überzeugt, daß sich über kurz oder lang der »Sieg des Volksgeistes« durchsetzen würde, nicht zuletzt auch deshalb, weil die seit 1848 erhobenen vier Hauptforderungen, das »deutsche Kaisertum«, das »deutsche Reich«, das »deutsche Reichs-Parlament« und das »volkstümliche Wahlgesetz«, sich durchgesetzt hätten. »Die Entwicklung«, so einer der optimistischen »Wahrsprüche« Bernsteins, »kommt zum Durchbruch und zur Verwirklichung, wie vielfach auch die alten Künste des Regierens ihr Hemmnisse in den Weg legen!«[142]

ANMERKUNGEN

1 A. Bernstein, Revolutions- und Reaktions-Geschichte Preußens und Deutschlands von den Märztagen bis zur neuesten Zeit, Bd. 3: Die Neue Ära, Berlin 1882, S. 12 ff.

2 Die VZ, Nr. 260, 5. November 1858, sprach von einem »vollständigen Personen- und Systemwechsel«.

3 Der vollständige Text bei Hans Fenske, Der Weg zur Reichsgründung. 1850–1870, Darmstadt 1977, S. 133.

4 Bernstein, Revolutions- und Reaktions-Geschichte (s. Anm. 1), Bd. 3, S. 39.

5 Insbesondere bei den 48er-Demokraten war der Thronfolger äußerst verhaßt. Vgl. Joachim Paschen, Demokratische Vereine und preußischer Staat. Entwicklung und Unterdrückung der demokratischen Bewegung während der Revolution von 1848/49, München/Wien 1977, S. 49.

6 Ernst Rudolf Huber, Deutsche Verfassungsgeschichte seit 1789, Bd. 3: Bismarck und das Reich, Stuttgart 1963, S. 277.

7 Bernstein, Revolutions- und Reaktions-Geschichte (s. Anm. 1), Bd. 3, S. 47.

8 Jacoby an Bernstein, 16. November 1858 (vgl. Johann Jacoby, Briefwechsel, 2 Bde., hrsg. und erläutert von Edmund Silberner, Hannover 1974, Bd. II, S. 64 f.).

9 Otto Lewald (1813–1874) hatte in der Ära Manteuffel in verschiedenen politischen Prozessen die Verteidigung der Angeklagten übernommen und sich den Ruf eines aufrechten Demokraten erworben.

10 Bernstein, Revolutions- und Reaktions-Geschichte (s. Anm. 1), Bd. 3, S. 58.

11 VZ, Nr. 261, 6. November 1858: »Jetzt fordern wir zur Wahl auf, jetzt ist sie uns heilige Pflicht.«

12 Vgl. Heinrich August Winkler, Preußischer Liberalismus und deutscher Nationalstaat. Studien zur Geschichte der Deutschen Fortschrittspartei 1861–1866, Tübingen 1964, S. 1 ff.

13 Bei der Wahl erlitten die Konservativen eine vernichtende Niederlage. Die Zahl ihrer Abgeordnetensitze sank von 224 auf 47.

14 Jacoby an Bernstein, 23. November 1858 (Jacoby, Briefwechsel [s. Anm. 8], Bd. II, S. 73).

15 VZ, Nr. 222, 236, 262–264, 23. September, 9. Oktober und 10.–12. November 1859.

16 Vgl. Karl Obermann, Die deutsche Einheitsbewegung und die Schillerfeiern 1859, in: Zeitschrift für Geschichtswissenschaft, 3/1955, S. 705–734; ebenfalls Rainer Noltenius, Dichterfeiern in Deutschland. Rezeptionsgeschichte als Sozialgeschichte am Beispiel der Schiller- und Freiligrath-Feiern, München 1984, S. 77 ff.; Peter Uwe Hohendahl, Literarische Kultur im Zeitalter des Liberalismus 1830–1870, München 1985, S. 198 ff., sowie Laurenz Demps, Der Gensd'armen-Markt. Gesicht und Geschichte eines Berliner Platzes, Berlin 1988, S. 352 ff., der über die Vorgeschichte der Errichtung des Schiller-Denkmals berichtet.

17 Vgl. Rudolf Schwab, Der deutsche Nationalverein, seine Entstehung und sein Wirken, Berlin 1902; insbesondere Shlomo Na'aman, Der deutsche Nationalverein. Die politische Konstituierung des deutschen Bürgertums 1859–1867, Düsseldorf 1987.

18 VZ, Nr. 205, 3. September 1859.

19 Vgl. Jacob Toury, Die politischen Orientierungen der Juden in Deutschland. Von Jena bis Weimar, Tübingen 1966, S. 111.

20 A. Bernstein, Schulze-Delitzsch, Berlin 1879, S. 113.

21 Vgl. VZ, Nr. 166–168, 175, 177, 183–185 und 189, 20.–22., 30. Juli, 2., 9.–11. und 16. August 1859.

22 Vgl. Jürgen Frölich, Die Berliner »Volks-Zeitung« 1853 bis 1867. Preußischer Liberalismus zwischen »Reaktion« und »Revolution von oben«, Frankfurt a. M. 1990, S. 302.

23 Die von der VZ vertretene Position stieß auf Widerspruch, insbesondere des Vereines »Deutsche Einheit und Freiheit« in London. Dort organisierte der 48er-Demokrat Karl Blind den Druck politischer Flugschriften, die an den Nationalverein adressiert waren. Die Pamphlete, die zumeist von Blind selbst verfaßt worden waren, hatten Titel wie »Was sollen unsere Österreichischen Bundesprovinzen thun«? [1860] oder »Der Vorschlag der ›Ersten Theilung‹ Deutschlands« [1860] und agitierten für die großdeutsche Lösung. In dem »Offenen Brief der Gesellschaft der Vaterlandsfreunde zu London«, gerichtet »An den Ausschuß des Vereins der deutschen National-Partei zu Frankfurt am Main« [1860], heißt es: »Die erste Bedingung aber für die Gedeihlichkeit einer deutsch-einheitlichen Agitation ist die, daß das ganze Vaterland, und nicht bloß ein Theil desselben in's Auge gefaßt – daß die Vereinigung, und nicht die Verfeindung der verschiedenen Volksbruchtheile angestrebt werden.« Die aus London betriebene Flugschriftpropaganda wurde finanziert aus Mitteln der sog.

Revolutionsanleihe (Nationalanleihe zur Beförderung der bevorstehenden republikanischen Revolution), die Mitte 1851 durch Gottfried Kinkel, August Willich und den ehemaligen Abgeordneten der Frankfurter Nationalversammlung Graf Oskar Reichenbach aufgelegt worden war und für die Gelder in den USA gesammelt worden waren. Vgl. Der Bund der Kommunisten. Dokumente und Materialien, Bd. 3: 1851–1852, Berlin 1884, S. 421 ff. Einzelheiten ergeben sich aus den bisher noch nicht ausgewerteten Polizeiakten, die im Staatsarchiv in Potsdam (Rep. 30 Berlin C Tit 94 lfd. Nr. 8537) aufbewahrt werden. Blind hatte Ende Oktober/Anfang November 1857 sich in verschiedenen Briefen an Kinkel gewandt und diesen gebeten, Mittel für die Flugschriftenpropaganda aus der Revolutionsanleihe zur Verfügung zu stellen. Am 12. Mai 1858 wurden ihm zu diesem Zweck durch Freiligrath etwas über 100 Pfund ausgezahlt. Vgl. Blind an Kinkel, 28. November 1857, 16. Januar 1858, 5. und 13. Mai 1858, 1. Oktober 1859, 5. April 1861 (Nachlaß Kinkel, Universitätsbibliothek Bonn S 2660) und Kinkel an Blind, 2. und 21. November 1857, 12. und 13. Januar 1858, 4. Mai 1858, 27. September 1858 (Blind Papers, The British Library, ADD 40 124). Insgesamt sind zwischen 1859 und 1864 rund 20 Flugschriften erschienen wie z.B. »Dänemark und die deutsche Volkspartei« (Nr. XI/1864) oder »Schleswig-Holstein, Poland and Italy. A Letter from Karl Blind zu Messrs. John McAdam and Robert McTear« (Nr. XX/1864).

24 Bernstein an Elisabeth und Otto Lewald, 22. September 1859 (Nachlaß Lewald-Stahr, StaBi, Berlin).

25 Bernstein an Otto Lewald, 11. November 1859 (ebenda).

26 So Frölich, Die Berliner »Volks-Zeitung« (s. Anm. 22), S. 224.

27 Bernstein, Revolutions- und Reaktions-Geschichte (s. Anm. 1), Bd. 3, S. 62 ff.

28 Frölich, Die Berliner »Volks-Zeitung« (s. Anm. 22), S. 225.

29 Vgl. Kap. III, Anm. 70.

30 Nach der Konfiskation der Nummer 293 vom 16. Dezember 1859 bemerkte Bernstein in einem Leitartikel am folgenden Tag: »Die Zahl der konfiszierten Nummern unserer Zeitung bildet unser Ehrendiplom, das uns an die Spitze unserer besseren Kollegen stellt« (VZ, Nr. 294/1859, 17. Dezember 1859).

31 Stenographische Berichte des Preußischen Abgeordnetenhauses, 1860, Bd. 1, S. 1 ff.

32 Entwurf eines Gesetzes betreffend der Verpflichtung zum Kriegsdienst vom 10. Februar 1860 (ebenda, S. 96).

33 VZ, Nr. 40–49, 16.–26. 2. 1860.

34 Huber, Deutsche Verfassungsgeschichte (s. Anm. 6), Bd. 3, S. 283.

35 Vgl. Siegfried Bahne, Vor dem Konflikt. Die Altliberalen in der Regentschaftsperiode der »Neuen Ära«, in: Ulrich Engelhardt u.a. (Hrsg.), Soziale Bewegung und politische Verfassung. Beiträge zur Geschichte der

modernen Welt, Stuttgart 1976, S. 181; ebenfalls Gerd Fesser, Linksliberalismus und Arbeiterbewegung. Die Stellung der Deutschen Fortschrittspartei zur Arbeiterbewegung 1861–1866, Berlin/DDR 1976, S. 9.

36 VZ, Nr. 99, 27. April 1860.

37 Das Abgeordnetenhaus stimmte am 15. Mai 1860 dem vorgeschlagenen »Provisorium« fast einhellig (mit 350 gegen 2 Stimmen) zu.

38 Frölich, Die Berliner »Volks-Zeitung« (s. Anm. 22) S. 229.

39 Bernstein, Revolutions- und Reaktions-Geschichte (s. Anm. 1), Bd. 3, S. 155 ff.

40 Rolf Weber, Das Unglück der Könige ... Johann Jacoby 1805–1877. Eine Biographie, Berlin 1987, S. 239.

41 VZ, Nr. 289, 8. Dezember 1860.

42 Bei seinen Aufenthalten in Berlin in den 50er Jahren hat Jacoby, wie Polizeiakten belegen, verschiedene Male Bernstein aufgesucht. Vgl. Edmund Silberner, Johann Jacoby. Politiker und Mensch, Bonn–Bad Godesberg 1976, S. 267.

43 Bernstein an Jacoby, 23. November 1861 (Jacoby, Briefwechsel [s. Anm. 8], Bd. II, S. 165).

44 Jacoby an Bernstein, 3. Februar 1859 (ebenda, S. 85).

45 Bernstein an Jacoby, 7. Dezember 1860 (ebenda, S. 126 f.).

46 Hans Viktor von Unruh (1806–1886), Ingenieur und liberaler Politiker, 1848 einer der Führer des linken Zentrums in der preußischen Nationalversammlung, ab 28. Oktober 1848 Präsident derselben, später Mitbegründer der Fortschrittspartei, ging 1866 zu den Nationalliberalen über.

47 Johann Karl Rodbertus (1805–1875), Nationalökonom und Politiker, 1848 Führer des linken Zentrums in der preußischen Nationalversammlung, Kultusminister im Kabinett Auerswald-Hansemann.

48 Jacoby an A. Bernstein, 10. Dezember 1860 (Jacoby, Briefwechsel [s. Anm. 8], Bd. II, S. 128 f.).

49 Friedrich Zabel (1802–1875), Redakteur der Berliner »National-Zeitung«.

50 Bernstein an Jacoby, 16. Dezember 1860 (Jacoby, Briefwechsel [s. Anm. 8], Bd. II, S. 130).

51 Bernstein an Otto Lewald, 23. Dezember 1860: »Ich bin mit dem Entwurf nicht einverstanden« (Nachlaß Lewald-Stehr, BatBi, Berlin).

52 Königsberger Telegraph, Nr. 4, 12. Januar 1861.

53 VZ, Nr. 13, 16. Januar 1861.

54 Vossische Zeitung, Nr. 14, 17. Januar 1861.

55 Heinrich Simon (1805–1860), Jurist und Politiker, Sohn eines zum Christentum übergetretenen jüdischen Kaufmanns in Breslau, Mitglied des Vorparlaments, des Fünfzigerausschusses und der Frankfurter Nationalversammlung, flüchtete nach dem Zusammenbruch der Revolution in die Schweiz. Er ertrank am 16. August 1860 im Wallensee, vermutlich in-

folge eines Schlaganfalls. Der Leichnam wurde nie aufgefunden. Jacoby veröffentlichte seine Biographie »Heinrich Simon. Ein Gedenkbuch für das deutsche Volk«, 2 Bde., Berlin 1865.

56 Vgl. Silberner, Johann Jacoby (s. Anm. 42), S. 276 ff.

57 Jacoby an A. Bernstein, 5. Dezember 1860 (Jacoby, Briefwechsel [s. Anm. 8], Bd. II, S. 125).

58 Bernstein an Jacoby, 7. Dezember 1860 (Jacoby, Briefwechsel [s. Anm. 8] Bd. II, S. 127).

59 Vgl. Ludolf Parisius, Deutschlands politische Parteien und das Ministerium Bismarck, Berlin 1878, S. 32 ff., ebenfalls Reinhard Adam, Der Liberalismus in der Provinz Preußen zur Zeit der neuen Ära und sein Anteil an der Entstehung der Deutschen Fortschrittspartei, in: Altpreußische Beiträge, Königsberg/Pr. 1933, S. 170 ff.; Winkler, Preußischer Liberalismus, S. 7 ff. u. a.

60 Vgl. Frölich, Die Berliner »Volks-Zeitung« (s. Anm. 22), S. 234 ff.

61 Bei der Fraktion »Junglitthauen« handelt es sich um eine Abspaltung von der altliberalen Mehrheitsfraktion, die sich um die ostpreußischen Abgeordneten Heinrich Theodor Behrend, Max von Forckenbeck und Leopold von Hoverbeck gruppierte. Vgl. Gerhard Eisfeld, Die Entstehung der liberalen Parteien in Deutschland 1858–1870. Studie zu den Organisationen und Programmen der Liberalen und Demokraten, Hannover 1969, S. 75 ff.

62 VZ, Nr. 24, 25, 49, 50, 52, 55, 57 und 58, 21. Januar, 27. und 28. Februar, 2., 3., 6., 8. und 9. März 1861.

63 Vgl. Rita Aldenhoff, Schulze-Delitzsch. Ein Beitrag zur Geschichte des Liberalismus zwischen Revolution und Reichsgründung, Baden-Baden 1984, S. 132 f.

64 VZ, Nr. 59 bis 64, 10 bis 16. März 1861.

65 Abgedruckt bei Wolfgang Treue, Deutsche Parteiprogramme seit 1861, Göttingen u. a. 1968, S. 62 f.

66 Erst während des Fortschrittsparteitages vom 24. bis 26. November 1878 wurde ein neues Programm verabschiedet.

67 Der »Kladderadatsch«, Nr. 53, 17. November, Nr. 54, 24. November 1861, Nr. 59/60, 29. Dezember 1861, bezeichnete die »Neue Preußische (Kreuz-)Zeitung« als das Zentralorgan der Konservativen, die »Volks-Zeitung« als das Hausblatt der Fortschrittspartei.

68 VZ, Nr. 160, 12. Juli 1861.

69 Eisfeld, Die Entstehung der liberalen Parteien in Deutschland (s. Anm. 61), S. 110 ff.

70 Hans Viktor von Unruh teilte Jacoby am 3. Dezember 1861 mit: »Viele Wahlmänner sagen, Sie wollen jemand von Ihrer Farbe und Ihrem Charakter, der so stimmt, wie Sie stimmen würden, aber Sie wollen den König durch Ihren *Namen* nicht verletzen. Sie müßten sich also noch geschwinde

taufen! lassen und einen anderen Namen annehmen« (Jacoby, Briefwechsel [s. Anm. 8], Bd. II, S. 175).

71 Bernstein an Jacoby, 23. November 1861 (ebenda, S. 165).

72 Bernstein an Jacoby, 30. November 1861 (ebenda, S. 169).

73 Jacoby schwenkte zögernd auf den Kurs von Bernstein ein. Noch am 29. November wollte er die Einwände Bernsteins gegen seine Kandidatur nicht gelten lassen: »Lastet etwa auf meiner Person allein noch der Bann? Gefährdet mein Eintritt in die Kammer die so notwendige Versöhnung der liberalen Parteien? Welches sind die ›notgedrungenen Illusionen‹, die ich durch entschiedenes Auftreten ›stören‹ oder nur mit ›Selbstverleugnung‹ – auf Kosten meiner Vergangenheit – unterstützen könnte? Auch ich erwarte von den Fortschrittsphilistern nichts Großes. Sind aber ›Illusionen, Schein und Umgehung‹, der ›Weg zum Besseren‹? Ist es nicht gerade die ›Störung der Illusionen‹, die zum wahren Heil uns den Weg bahnt?« Am 4. Dezember 1861 teilte Jacoby Bernstein mit: »die Berliner Kandidatenreden [haben] mich von der Richtigkeit Ihrer Auffassung überzeugt.«

74 Das liberal-konstitutionelle »linke Zentrum« kam auf 52, die Katholiken und die Polen erreichten 54 und 23, die Altliberalen 95 und die Konservativen sogar nur 15 Mandate.

75 Frölich, Die Berliner »Volks-Zeitung« (s. Anm. 22), S. 246.

76 Ludwig Simon (1810–1872), Rechtsanwalt in Trier, Mitglied der Frankfurter Nationalversammlung (äußerste Linke), nach der Revolution 1848/49 Emigrant in der Schweiz, dann 1855 bis 1870 in Paris, zuletzt wieder in der Schweiz. Als Mitglied des Rumpfparlaments wurde er 1849 in Trier in contumaciam zum Tode verurteilt. Die im Jahre 1861 erlassene Amnestie fand auf ihn wegen seiner früheren preußischen Tätigkeit als Landwehroffizier keine Anwendung.

77 Jacoby an Simon, 8. Februar 1862 (Jacoby, Briefwechsel [s. Anm. 8], Bd. II, S. 187).

78 Hermann Schulze-Delitzsch (1808–1883), Jurist, kam 1848 als Demokrat in die preußische Nationalversammlung, dann in das Abgeordnetenhaus, schuf 1849 in Delitzsch die erste Rohstoffassoziation der Schumacher und Tischler. Die größte Verbreitung fanden seine Kreditgenossenschaften (Volksbanken), deren erste er 1850 als Vorschußverein in Delitzsch gründete und die das Rückgrat des Genossenschaftswesens im gewerblichen Mittelstand bildeten.

79 Vgl. das Kapitel »Realpolitische Wende? Schulze-Delitzsch und die Formierung der bürgerlich-liberalen Organisationen 1858–1861«, in: Aldenhoff, Schulze-Delitzsch (s. Anm. 63), S. 107ff.

80 A. Bernstein, Schulze-Delitzsch. Leben und Wirken [Verlag der Buchdruckerei der Volkszeitung (Emil Schilke)], Berlin 1879.

81 Am 15. Oktober 1878 hatte Bernstein seiner Tochter und seinem

Schwiegersohn, Johanna und Richard Meyer, geschrieben: »Ich bin sehr beschäftigt, aber es ist immer eine erfreuliche Arbeit, das Leben Schulzes in seiner Entwicklung zu studieren und wiederzugeben. Ich habe ein Stück Roman von ihm, halb Dichtung, halb Wahrheit aus seinem Leben. Freilich kann ich das nicht für meine Arbeit verwerten, aber es gibt doch ein Bild seines glücklichen Jünglingsalters, voll Heiterkeit und Klugheit. Poesie und Praxis sind gar zu merkwürdig in ihm gemischt. Während man oft bei näherer Kenntnis eines bedeutsamen Menschen auf Momente stößt, wo er an Nimbus verliert, ist es bei Schulze garnicht der Fall« (Zum hundertjährigen Geburtstag Eures Großvaters A. Bernstein, o. O. [1912], S. 29f.).

82 A. Bernstein, Am Sarge eines großen Volksmannes, in: Die Gartenlaube, 1883, S. 352 ff.

83 Zum Beispiel VZ, Nr. 204–207, 1.–4. September 1864.

84 Vgl. Frölich, Die Berliner »Volks-Zeitung« (s. Anm. 22), S. 155.

85 VZ, Nr. 33, 20. Mai 1853.

86 Vgl. Lothar Gall, Liberalismus und »bürgerliche Gesellschaft«. Zu Charakter und Entwicklung der liberalen Bewegung in Deutschland, in: HZ, 220/1975, S. 348; ebenfalls Frölich, Die Berliner »Volks-Zeitung« (s. Anm. 22), S. 165.

87 Nach Jürgen Bergmann, Das Berliner Handwerk in den Frühphasen der Industrialisierung, Berlin 1973, S. 137, hängt das damit zusammen, daß in Berlin der Anteil der Handwerker an der Gesamtbevölkerung weit vor dem der Industriearbeiter (7 %) lag und mit fast 12 % doppelt so hoch war wie im übrigen Preußen.

88 Vgl. Klaus Wrobel, Linksliberale Politik in der Reichsgründungszeit (1866–1871). Die Deutsche Fortschrittspartei zwischen Nationalliberalismus und Radikalismus, Phil. Diss. Erlangen 1973, S. 225 ff.

89 Im Jahre 1869 räumte die VZ den von Franz Duncker, Max Hirsch und Schulze-Delitzsch nach dem Muster der englischen Trade Unions ins Leben gerufenen Gewerkvereinen eine eigene Rubrik ein.

90 Vgl. Frölich, Die Berliner »Volks-Zeitung« (s. Anm. 22), S. 177.

91 Vgl. das Kapitel »Die Anfänge der Auseinandersetzung zwischen der Fortschrittspartei und F. Lassalle, in: Fesser, Linksliberalismus und Arbeiterbewegung (s. Anm. 35), S. 36 ff.

92 Bernstein, Schulze-Delitzsch (s. Anm. 80), S. 124 f.

93 Lina Duncker (1825–1885), Tochter eines Gutsbesitzers am Niederrhein, hatte 1849 Franz Duncker geheiratet.

94 Vgl. Petra Wilhelmy, Der Berliner Salon im 19. Jahrhundert (1780–1914), New York 1989, S. 642 ff.

95 Bernstein an Ferdinand Lassalle, 18. Januar 1861 (Ferdinand Lassalle. Nachgelassene Briefe und Schriften, hrsg. von Gustav Mayer, Bd. 2, Stuttgart/Berlin 1923, S. 234 f.).

96 Über Lassalles Verhältnis zu Bernstein s. Anm. 97, S. 274 ff.

97 Franz Duncker an Ferdinand Lassalle, Januar 1861: »Sie wissen aber, daß Bernstein moralisch und kontraktlich ein absolutes Veto hat und ich also meinerseits ihm nur meine Ansicht vorhalten konnte« (Lassalle, Nachgelassene Briefe und Schriften [s. Anm. 95], Bd. 2, S. 234). Vgl. ebenfalls Lassalle an Lina Duncker, 21. Januar 1861 (ebenda, S. 235 ff.).

98 VZ, Nr. 9 und 11, 11. und 14. Januar 1861.

99 VZ, Nr. 97, 26. April 1863.

100 VZ, Nr, 94, 23. April 1863.

101 Vgl. Huber, Deutsche Verfassungsgeschichte (s. Anm. 6), Bd. 3, S. 305 ff.

102 Frölich, Die Berliner »Volks-Zeitung« (s. Anm. 22), S. 79 ff.

103 Vgl. Hans-Joachim Schoeps, Bismarck über Zeitgenossen. Zeitgenossen über Bismarck, Frankfurt–Berlin–Wien 1972, S. 213.

104 Waldeck war für die Erhaltung der Landwehr, die ihm als Quelle der Sicherheit des preußischen Staates und als eine Bürgschaft des Friedens erschien. Auch die zweijährige Dienstzeit hieß er gut, weil er überzeugt war, daß Preußen niemals durch ein stehendes Heer, sondern bloß durch ein Volksheer und eine volkstümliche Politik den anderen Großmächten gewachsen sein könne. Vgl. Heinrich Bernhard Oppenheim, Benedikt Franz Leo Waldeck, der Führer der preußischen Demokratie (1848–1870), Berlin 1873, S. 150–151 und 169–173.

105 Jacoby an A. Bernstein, 26. März 1863: »In der Militairfrage halte ich Waldecks Standpunkt für den allein richtigen und zeitgemäßen. Jeder andere Weg führt zu unheilvoller, nur den Absichten der Regierung zugute kommender Verwirrung der Sache. Sind Sie derselben Ansicht, so sorgen Sie doch beizeiten dafür, daß W[aldeck] in der Presse und im Volke die nötige Unterstützung findet!« (Jacoby, Briefwechsel [s. Anm. 8], Bd. II, S. 257).

106 Noch Mitte Oktober 1862 hatten Jacoby, L. Walsrode und J. Stahr an Bernstein eine Dankadresse für seine Haltung im Verfassungskonflikt geschickt. Vgl. ebenda, S. 245.

107 »Entwurf eines Gesetzes über die Verantwortlichkeit der Minister«, in: Stenographische Berichte 1863, Anlagen III, Nr. 59, S. 245–258. Vgl. Huber, Deutsche Verfassungsgeschichte (s. Anm. 6), Bd. 3, S. 312 f.

108 VZ, Nr. 231, 3. Oktober 1862.

109 Bernstein, Revolutions- und Reaktions-Geschichte (s. Anm. 1), Bd. 3, S. 242.

110 VZ, Nr. 282, 2. Dezember 1862.

111 Wilhelm Liebknecht mokierte sich über Bernsteins Haltung in dieser Frage in einem Artikel in der Osnabrücker Zeitung vom 23. Juli 1864: »Die ›Volks-Zeitung‹ protestirt bekanntlich gegen die direkte Annexation der Elbherzogtümer, und zwar deshalb, weil ihr die indirekte Anne-

xation praktischer erscheint. Seit einigen Tagen ist sie mit Führung des Beweises beschäftigt, daß die Annexation (die direkte) eine Unmöglichkeit sei – eine Beweisführung über die H. v. Bismarck jedenfalls sehr erbaut sein wird. Herr Bernstein – so heißt der Redacteur des ›Organs für Alle aus dem Volk‹ – hat gestern einen nagelneuen und wirklich originellen Grund für die Unmöglichkeit der Annexation entdeckt, nämlich einen lexikographischen. ›Die Preußen haben Schleswig besetzt. Was man annexirt hat, besitzt man. Ein Blick in jedes Wörterbuch zeigt, daß besetzen und besitzen zweierlei ist. Was man besetzt hat, besitzt man nicht, ergo werden die Preußen Schleswig, das sie besetzt haben, nie besitzen‹ – also deducirt im Jahre des Heils 1864 am 20. Juli, von Herrn Bernstein, dem Leitartikelschreiber der ›Volks-Zeitung‹, die 30 000 Abonnenten hat in Berlin, der Hauptstadt des Intelligenzstaates« (Wilhelm Liebknecht. Leitartikel und Beiträge in der Osnabrücker Zeitung 1864–1866, hrsg. von G. Eckert, Hildesheim 1975, S. 102 f.).

112 Bernstein hatte ein ambivalentes Verhältnis zu Bismarck, den er bewundernd einen »Selbstdenker« nannte, dessen Politik gegen das Parlament er aber skeptisch bis ablehnend bewertete. Vgl. Bernstein, Revolutions- und Reaktions-Geschichte (s. Anm. 1), Bd. 3, S. 235: »In allem, was das System Bismarck bisher geschaffen, ist nichts neu, als die merkwürdige Methode, unter Konfliktformen zu erzielen, was vor ihm denkende Geister im freudigen Eifer der Volkszustimmung erstrebt haben.«

113 Bismarck an Karl Friedrich von Savigny, 4. April 1866 (Bismarck, Gesammelte Werke, Bd. 5, Nr. 288).

114 Ähnlicher Ansicht waren auch andere Liberale wie zum Beispiel der Literaturhistoriker Rudolf Haym, der am 12. April an Georg Reimer schrieb: »Die neueste paradoxe Wendung Bismarcks zum Liberalismus und Parlamentarismus muß, wie frivol sie scheint, von uns ernst genommen werden und so haben wir immerhin eine Mission und eine Zukunftsaussicht« (Ausgewählter Briefwechsel Rudolf Hayms, hrsg. von Hans Rosenberg, Stuttgart 1930, S. 244).

115 VZ, Nr. 85, 13. April 1866.

116 Der brandenburgische Oberbürgermeister Franz Ziegler, der äußersten Linken angehörend, erklärte in einer Versammlung in Breslau am 17. April: »Wer der Feind meines Landes ist, den kenne ich nicht mehr, zwischen ihm und mir kann keine Gemeinschaft bestehen.« Auch die Demokraten würden die Ehre des Landes hoch halten wie jede andere Partei: »Das Herz der Demokratie ist immer da, wo die Fahnen des Landes wehen« (Gesammelte Reden, Berlin 1882, S. 207 ff.).

117 Vgl. H. Oncken, Historisch-politische Aufsätze, Bd. II, Berlin 1914, S. 371.

118 Die Zahl der Abonnenten und der verkauften Exemplare hatte rapide abgenommen, was darauf zurückgeführt wird, daß die von der

»Volks-Zeitung« vertretenen Positionen in der Bevölkerung nicht mehr recht ankamen. Angeblich ist zwischen 1864 und Anfang 1866 die Auflage um rund 40% zurückgegangen. Vgl. Frölich, Die Berliner »Volks-Zeitung« (s. Anm. 22), S. 329.

119 VZ, Nr. 103, 5. Mai 1866.

120 Vgl. Frölich, Die Berliner »Volks-Zeitung« (s. Anm. 22), S. 344.

121 Vgl. Huber, Deutsche Verfassungsgeschichte (s. Anm. 6), Bd. 3, S. 351 ff.; ebenfalls Wrobel, Linksliberale Politik in der Reichsgründungszeit (s. Anm. 88), S. 65 ff.

122 VZ, Nr. 198, 25. August 1866.

123 VZ, Nr. 204, 1. September 1866.

124 Haus der Abgeordneten. Stenographische Berichte, Berlin 1866, I, S. 73, 8. Sitzung vom 23. August 1866.

125 In der VZ, Nr. 112, 15. Mai 1864, waren folgende Fragen gestellt worden: »Erstens: mit welchem Recht? zweitens: mit welchen Mitteln? Drittens: mit welchen Allianzen? Viertens: mit welchem Vorteil?«

126 Insbesondere VZ, Nr. 179, 187 und 194, 3., 12. und 21. August 1866.

127 Bei der Abstimmung gab es 273 Ja-Stimmen, 14 Nein-Stimmen und 16 Enthaltungen. Mit »Nein« stimmten sieben Fortschrittsabgeordnete, unter ihnen Bresgen, Franz Duncker, Johann Joseph Fühling und Jacoby.

128 VZ, Nr. 212, 11. September 1866.

129 Die Fortschrittspartei hatte 65 Mandate verloren, ihre Fraktion besaß nur noch 83 Mandate.

130 Vgl. Hans-Joachim Schoeps, Der Weg ins deutsche Kaiserreich, Frankfurt a. M./Berlin/Wien 1970, S. 135.

131 Rudolf von Ihering in Briefen an seine Freunde, Leipzig 1913, S. 106, 196 f.

132 Vgl. Schoeps, Der Weg ins deutsche Kaiserreich (s. Anm. 130), S. 88 ff.

133 Lothar Gall, Bismarck. Der weiße Revolutionär, Frankfurt a. M. u. a. 1980, S. 381.

134 Vgl. Helga Grebing, Der »deutsche Sonderweg« in Europa 1806–1945, Stuttgart 1986, S. 101 f.

135 Die Bezeichnung ist bereits 1866 nachweisbar und ist möglicherweise auf Bismarck selbst zurückzuführen. Vgl. Gall, Bismarck (s. Anm. 133), S. 373 ff.; Thomas Nipperdey, Deutsche Geschichte 1800–1866. Bürgerwelt und starker Staat, München 1983, S. 779 und 802; Hagen Schulze, Der Weg zum Nationalstaat. Die deutsche Nationalbewegung vom 18. Jahrhundert bis zur Reichsgründung, München 1985, S. 119 ff.

136 Vgl. Wolfram Siemann, Gesellschaft im Aufbruch. Deutschland 1849–1871, Frankfurt a. M. 1990, S. 291 ff.

137 Bismarck forderte zeitweilig ein System, das sich in der Form mehr an den Staatenbund halten sollte, in der Sache aber die Natur des Bundes-

staats habe, »mit elastischen, unscheinbaren, aber weitgreifenden Ausdrücken«. Vgl. Bismarck, Unmaßgebliche Ansichten über eine Bundesverfassung, Diktat vom 19. November 1866, in: Bismarck, GW, Bd. 6, Nr. 616.

138 VZ, Nr. 170, 24. Juli 1866.

139 Vgl. Huber, Deutsche Verfassungsgeschichte (s. Anm. 6), Bd. 3, S. 653 ff.; Wrobel, Linksliberale Politik (s. Anm. 88), S. 100 ff.; Klaus Heinrich Pollmann, Parlamentarismus im Norddeutschen Bund 1867–1870; Düsseldorf 1985, S. 177 ff.; Dieter Langewiesche, Liberalismus in Deutschland, Frankfurt a.M. 1988, S. 107 ff.

140 VZ, Nr. 42, 19. Februar 1867.

141 Zwischen dem 20. Januar und dem 16. Februar 1861 veröffentlichte Bernstein neun Leitartikel zur Verfassungsproblematik (VZ, Nr. 17, 18, 21, 23, 34, 35, 37, 39, 41, vom 20., 21., 25., 27. Januar, 8., 9., 11., 13. und 16. Februar 1871). Vgl. Koch, Berliner Presse und europäisches Geschehen, S. 162 ff.

142 Bernstein, Revolutions- und Reaktions-Geschichte (s. Anm. 1), Bd. 3, S. 242.

DER RELIGIONSREFORMER

Den Zeitgenossen galt A. Bernstein als Mitbegründer und einer
der führenden Köpfe der jüdischen Reform, wie die von Deutschland ausgehende religiöse oder – besser – säkulare Bewegung genannt wird, die in der Epoche nach Moses Mendelssohn einsetzt
und in Deutschland bis 1933 eine große Rolle gespielt hat.[1] Gemeint sind mit dieser Bewegung alle Bestrebungen, die jüdische
Religion umzuformen, namentlich die äußere Gestaltung, und innerhalb dieser besonders die gottesdienstlichen Einrichtungen
und liturgischen Ordnungen. Neben der Neuordnung des synagogalen Gottesdienstes implizierte die Reform aber auch einen
emanzipationspolitischen Gesichtspunkt, die jüdischerseits ge-
hegte Vorstellung nämlich, daß mit der Reform ein eigener Beitrag zur Eingliederung in die europäische Kulturwelt geleistet
werden könnte.

Erste Reformregungen sind schon bei der Bernstein vorange-
gangenen Generation feststellbar. Sie datieren aus Berlin und sind
mit den Namen David Friedländer und Israel Jacobson verbunden. Friedländer, der Freund und Schüler Mendelssohns, stand jüdischerseits an der Spitze derjenigen, die den Juden den Eintritt in
die moderne bürgerliche Gesellschaft zu ermöglichen suchten.
Um dieses Ziel zu erreichen, war Friedländer zu weitreichenden
Konzessionen bereit. In dem berühmten »Sendschreiben« (1799)
bot er dem protestantischen Pastor Wilhelm Abraham Teller sogar die Ablegung eines modifizierten Bekenntnisses der Juden zur
christlichen Gesellschaft und Kirche an,[2] in der Erwartung, daß
dadurch die politische Gleichberechtigung der Juden erreicht
werden würde.[3]

Daß die Juden für die angestrebte staatliche Emanzipation gewisse Vorleistungen zu erbringen hätten, das stand für Friedländer
von Anfang an fest. Nach der Veröffentlichung des Emanzipati-

onsediktes vom 11. März 1812 ließ Friedländer anonym eine Broschüre erscheinen, in der er den Gedanken vertrat, daß ohne eine Reform der Synagoge und der Schule die kommende Generation die verliehenen Bürgerrechte nicht in vollem Maße werde ausnutzen können. Vor allem sei es notwendig, meinte Friedländer, sich vom Hebräischen als Gebetssprache zu lösen, sich von den Passagen zu befreien, die an die nationaljüdische Vergangenheit erinnern. »Ich bin«, heißt es in Friedländers Broschüre, »Staatsbürger und Unterthan, in Deutschland geboren und erzogen. Ich soll fernerhin an allen Rechten und Pflichten eines Bürgers Theil nehmen. In allen Verhandlungen des bürgerlichen Lebens, in allen Verträgen, die ich zu schließen habe, bediene ich mich in Zukunft ausschließlich der Landessprache, welches auch meine Muttersprache ist. Was kann in dieser Hinsicht mir und meinen Kindern, in so fern ich diese nicht zu Sprachlehrern oder Gelehrten erziehe, die hebräische Sprache nützen? In Absicht der wichtigsten Verpflichtungen, in Eheverbindungen und letztwilligen Verfügungen sollen nunmehr, wie weise und billig ist, die Landes-Gesetze entscheiden. Wozu das Studium einer fremden Rechtsgelehrsamkeit, die sich auf Fassung von Verträgen in hebräisch-rabbinischer Sprache gründet, die ich nicht schließen darf, und deren Lehren also auch für mich weder Anwendung noch Gültigkeit haben?«[4]

Neuerungen in den Gottesdienst hat der schon genannte Israel Jacobson eingeführt. In der Literatur wird der aus Halberstadt stammende, später als Braunschweigischer Kammeragent und Finanzmann unter König Jerôme zu Einfluß gekommene Jacobson als »Vater des Konfessionalismus«[5] innerhalb des Judentums bezeichnet. Als Präsident des Konsistoriums in Kassel führte er eine Gottesdienstordnung, geschulten Chorgesang und regelmäßige deutsche Predigten ein. Jacobson, dem der protestantische Gottesdienst als Vorbild galt, ging sogar so weit, 1810 in der Synagoge der von ihm in Seesen gegründeten Internatsschule die Orgel und das Orgelspiel einzuführen. Dies hat zu heftigen Auseinandersetzungen geführt, und noch heute scheiden sich in Reformgemeinden die Geister an der Einführung bzw. Nichteinführung der Orgel.[6]

Abb. 14 Aufnahme der Mitglieder des Vorstandes der Jüdischen Reformgemeinde, vermutlich aus dem Jahre 1855. In der Mitte stehend Sigismund Stern, der neben A. Bernstein und dem Rabbiner Samuel Holdheim (1806–1860) einer der Mitbegründer der Berliner Reformgemeinde war.

Nach Auflösung des Königreichs Westfalen siedelte Jacobson, der entscheidend am Zustandekommen des preußischen Emanzipationsediktes von 1812 beteiligt war, 1815 nach Berlin um. In seinem Hause, später in demjenigen des Bankiers Jacob Herz Beer (des Vaters von Giacomo Meyerbeer), wurden die modernisierten Gottesdienste fortgesetzt. Eine Reihe junger Prediger wie Eduard Kley, ein Schüler Fichtes und Schleiermachers, Isaak Lewin Auerbach und namentlich Leopold Zunz wirkten an dieser Privatsynagoge mit, die 1817 zu einer Gemeindesynagoge erhoben wurde. Auf Betreiben der Orthodoxen, die den Gottesdienst bei den Behörden als »deistisch« denunzierten, kam es zur Schließung dieser Synagoge. In einer vom 9. Dezember 1823 datierten, vom König verfügten Kabinettsordre hieß es, daß »der Gottesdienst der Juden nur nach dem hergebrachten Ritus ohne die geringsten Neuerungen in der Sprache und in der Zeremonie, Gebeten und Gesängen, ganz nach dem Herkommen gehalten werden soll; es sollte unter der Judenschaft Preußens durchaus keine Sekte geduldet werden.«[7]

Innerhalb der Reformbewegung gab es unterschiedliche Standpunkte, die zu Beginn der dreißiger Jahre zu einer Scheidung zwischen »liberalen«, »orthodoxen«[8] oder »gesetzestreuen« Juden führten. Es sind dies Standpunkte, die eng mit den Namen Abraham Geiger und Samson Raphael Hirsch verbunden sind, die beide die Reformbewegung beeinflußt haben, wenn auch in unterschiedliche Richtung. Geiger, der sich als aufgeklärter Rabbiner verstand, hielt die Wiedergeburt des Judentums nur auf dem Boden des wissenschaftlichen Denkens und der freien Kritik für möglich. Er war davon überzeugt, daß das sorgfältige Studium der Vergangenheit, ein Studium, das sich auf alle Gebiete der jüdischen Wissenschaft zu erstrecken habe, auf die Bibel, die Mischna, die historische, philosophische, exegetische, apologetische und poetische Literatur des Mittelalters und der späteren Zeit, das wahre Wesen des Judentums zum Bewußtsein bringen werde. Geiger war Anhänger des Entwicklungsgedankens, der sich bei ihm mit einem bestimmten Bild von der Geschichte des Judentums verknüpfte. Er meinte, daß der Gottesgedanke sich im Verlauf der jüdischen Geschichte immer mehr von der Verbindung mit Land und Volk gelöst habe. Die Juden der Zerstreuung seien Juden nur noch durch ihre Religion geblieben. Der Messianismus gelte nur noch in seiner universalistischen Gestalt. In der Gegenwart, nach Beseitigung der bürgerlichen und rechtlichen Beschränkungen, sei es für das Judentum notwendig, die nationale Zukunftshoffnung aufzugeben. Geiger ging nicht so weit, das Zeremonialwesen gänzlich zu verwerfen. Wo es jedoch nötig erscheint, meinte er, sollten die alten durch neue Formen ersetzt werden.

Im Gegensatz zu Abraham Geiger war Samson Raphael Hirsch, der Begründer der sog. Neo-Orthodoxie, der Auffassung, daß das biblisch-talmudische Judentum nicht das Resultat einer historischen Entwicklung sei, sondern als göttliche Offenbarung aufgefaßt werden müsse. Hirsch betonte, er halte es für notwendig, die Tradition zu festigen und die schriftlichen Überlieferungen des Judentums unangetastet zu lassen. In seinen unter dem Pseudonym Ben Usiel 1838 veröffentlichten »Neunzehn Briefen über das Judentum«[9] verneinte Hirsch sowohl die radikale Reform als auch die »historische« Auffassung vom Judentum. Er kritisierte aber auch – und damit verließ er den Boden des altgläubigen, traditionellen Judentums – die gedankenlose Erfüllung aller Gebote. Hirsch wandte sich gegen leeren Ritualismus, Mystik und jede Art von Aberglaube. Auch er wollte Reformen, jedoch keine, die durch Verzicht und damit durch Aufgabe überlieferter Bräuche zu erreichen waren. Hirsch strebte ein neues Verständnis des modernen Judentums an, und zwar sollte dieses neue Verständnis auf dem Geist der Thora (oder in der von ihm verwendeten askenasischen Aussprache »Thauro« aufbauen. Hirsch war davon überzeugt, daß Israel als Volk eine besondere Aufgabe wahrnehme, nämlich Gottes Existenz in Lehre und Leben zu erweisen. Das Ziel jüdischen Lebens in der Gegenwart könne deshalb nur sein »Erziehung, Erhebung der Zeit zur Thauro! – nicht aber Nivellierung der Thauro nach der Zeit, Abtragung des Gipfels zu der Flachheit unseres Lebens«.[10]

Anfang der vierziger Jahre verschärften sich die Auseinandersetzungen zwischen Orthodoxen (»Gesetzestreuen«), gemäßigten

Reformern und denjenigen, die nicht nur Reformen, sondern radikale Veränderungen anstrebten. In Frankfurt war es der Lehrer des jüdischen Gymnasiums »Philantropin« Michael Creizenach, der mit einem reformierten »Schulchan Aruch«[11] für Aufregung sorgte. In Schwerin wiederum war es der mecklenburgische Landesrabbiner Samuel Holdheim, der als Rabbiner der Reformgemeinde 1847 nach Berlin berufen werden sollte, der für eine Trennung der jüdisch-religiösen und der jüdisch-nationalen Vorschriften auftrat. Mit seiner Forderung, die jüdischen Gesetze (Ehescheidung, Heirat, Beschneidung, Sabbatruhe u. a.) den Anforderungen der Neuzeit anzupassen, stieß er auf erheblichen Widerstand.

Es versteht sich fast von selbst, daß die von Geiger, Creizenach und Holdheim geforderten Reformen in vielen Gemeinden Unruhe auslösten. Auch Bernstein wurde von ihr ergriffen. In seinem Aufsatz »Rationalismus und Judentum«, den er für Gubitz' »Gesellschafter«[12] schrieb und den er im Anhang seines Buches »Plan zu einer neuen Grundlage für die Philosophie der Geschichte«[13] noch einmal publizierte, äußerte er sich 1937 zum ersten Mal öffentlich zu Fragen der Reform des Judentums. Die Anregung zu dieser Wortmeldung hatte Bernstein vermutlich durch die allgemeine Diskussion erhalten, die in jüdischen Kreisen über die Reformfrage geführt wurde, aber auch durch die Lektüre der Schriften des Königsberger Philosophen Johann Karl Friedrich Rosenkranz, der ihn, wie er August Varnhagen von Ense gestand, »angefeuert« hätte, sich um den Nachweis zu bemühen, »daß der wahre Rationalismus in der Grund-Institution des Judentums läge«.[14]

Was Bernstein mit diesem Aufsatz zum Ausdruck bringen wollte, war, daß das Judentum keine statische Größe, nicht dogmatisch festgelegt, sondern durchaus mit den sich wandelnden Zeitbedürfnissen in Einklang zu bringen sei. Das Wandelbare, meinte er, sei als grundlegendes Prinzip im Judentum angelegt, was sich schon daraus ergebe, daß in der jüdischen Tradition zwischen geschriebenem und mündlichem Gesetz unterschieden werde. Das letztere, das mündliche Gesetz also, so Bernsteins Folgerung, bedürfe der fortwährenden Auslegung und wirkte dadurch, daß es schriftlich nicht fixiert und sich den Zeitbedürfnissen entsprechend jeweils anpasse, einer Stagnation des Judentums in leere und sinnlose Formeln entgegen.

Die Gelegenheit, seine Ansichten einer größeren Öffentlichkeit vorzustellen, bot sich Bernstein kurz zuvor. Joel Jacoby, eine üble Renegatengestalt,[15] hatte anonym eine vielbeachtete Schrift »Klagen des Juden« veröffentlicht, in der die Reformbestrebungen innerhalb eines Judentums als »ein Gemisch von Liberalismus, Freigeisterei und ästhetischer Narrheit«[16] denunziert wurden. Bernstein hatte dazu im »Gesellschafter« eine ausführliche Besprechung verfaßt, in der er Jacoby vorwarf, er hetze »unter dem Anschein der gefühlvollsten Klage über den Zustand der Juden« nicht nur mit wüstesten Behauptungen gegen das Judentum, sondern gebe auch den Judengegnern aus der Luft gegriffene Argumente an die Hand. »Wahrlich«, so Bernstein, »eine größere Verleumdung des Judentums haben selber Buxdorf und Eisenmenger nicht ausgesprochen.«[17]

Bernstein warf Jacoby zudem vor, er verstünde weder etwas vom Judentum noch vom Christentum und meldete sich nur aus Wichtuerei zu Wort.[18] Seine Sicht des Judentums sei die Sicht eines christlichen Theologen, wenn er den jüdischen Gott als einen Gott des Zornes, der Rache, der Leidenschaft deute, hingegen den christlichen Gott als Gott der Liebe begreife. Als dessen »Religiöse Rhapsodien«[19] erschienen, meinte Bernstein, in diesem Machwerk rängen inhaltlich Wahnsinn und Methode miteinander. Ihm komme es so vor, als ob er es mit einer Übersetzung Hegels in das Pietistisch-Politische zu tun habe. Von den Artikeln, die er gegen Jacoby schrieb, ist deshalb einem das spöttische Motto vorangestellt: »Glaubst du, daß wir glauben, daß du glaubst, daß wir das glauben, was du zu glauben vorgibst?«[20]

In den Mitte bis Ende der dreißiger Jahre geschriebenen Texten klangen bereits, wenn auch noch nicht konkret ausgesprochen, Überlegungen an, daß eine Reform des Judentums an Haupt und Gliedern unumgänglich sei. Keinen Zweifel daran läßt Bernstein in dem Brief, in dem er dem Buchhändler und späteren Abgeordneten Moritz Veit am 21. Oktober 1839 sein Mißbe-

Abb. 16 Innenansicht der Synagoge Johannisstr. 16, aufgenommen im Jahre 1913. Im Hintergrund eine Orgel, die typisch für Reform-Synagogen ist und seinerseits von der Firma G. F. Steinmeyer & Co., Oettingen/Bayern hergestellt wurde.

Abb. 15 Die Synagoge Johannisstr. 16 wurde von dem Architekten Gustav Stier 1853 entworfen, in den Jahren 1853 und 1854 gebaut und im September 1854 eingeweiht. Am 9./10. November 1938 wurde sie beschädigt und im Zweiten Weltkrieg zerstört. Foto: Abraham Pisarek, Berlin, um 1925

hagen über die bestehenden Zustände mitteilt: »Das Judentum laboriert zu jämmerlich. Die Frommen lustrieren und die Aufgeklärten versagen schmählich.« Und weiter: »Ich bin wahrhaftig kein Zelot und will's auch deshalb nicht veröffentlichen. Aber gehen sie einmal unseren neuen Rabbinern auf den Leib mit der Frage: Glaubst Du was in der Bibel steht? Und wenn er kein Lügner ist, muß er sagen: Nein! Fragen Sie ihn, ob seine Überzeugungen über Gott, Welt und Leben nicht vollkommen andere sind als die wirklich jüdischen, und er muß ja sagen. Und doch soll ich den Kerl die Hände falten und die Augen verdrehen sehen, beten und das Heiligtum anrufen hören, was ihm im Ganzen profan ist. Da ist mir wahrhaftig ein ehrlicher Dummkopf zehnmal lieber als solch ein Lump und Lügner. Was nützt alles Beschönigen! Wählen wir zwischen zwei Übeln, so nehmen wir meistens das Unschädliche …«[21]

Bernsteins Reformvorstellungen konkretisierten sich in einem ausführlichen Beitrag, überschrieben »Unsere Gegenwart«, den er in Wilhelm Freunds Monatsschrift »Zur Judenfrage in Deutschland« unter seinem Pseudonym »Rebenstein« veröffentlichte.[22] Er stimmte hier den Thesen des Rabbiners Samuel Holdheim zu, die dieser in seiner Schrift »Die Autonomie der Rabbiner und das Prinzip der jüdischen Ehe«[23] vertreten hatte, daß nämlich die Kritik an den überalterten Ehe- und Scheidungsgesetzen richtig sei, was er aber in erster Linie mit den allgemeinen gesellschaftlichen und rechtlichen Entwicklungen in Zusammenhang brachte, von denen er meinte, sie hätten auf jüdischer wie auf nichtjüdischer Seite zu Konfusionen geführt. »Der Staat«, kritisierte er, »will reformieren nach rabbinischem, und die Rabbiner nach den Staatsgesetzen.«[24] Welche Konflikte dabei entstehen würden, lasse sich am Beispiel der Institution der Ehe aufzeigen, die von den Strenggläubigen als ein Sakrament, von den Reformern als ein Rechtsverhältnis und von seiten des Staates als eine innere jüdische Angelegenheit angesehen würde, in die der Staat sich nicht einmischen dürfe.

Das eigentliche Problem der jüdischen Zustände sei, daß zu sehr auf die christliche Umwelt geschielt würde. Niemand wolle es im Ernst, aber dennoch orientiere man sich am christlichen Vorbild, so zum Beispiel, was den Chorgesang angehe, der nur deshalb eingeführt würde, weil er christlich klinge.[25] »Das Fundament wankt«, bemerkt Bernstein in seiner Analyse der jüdischen Gegenwartsverhältnisse, »das Gebälk ist gebrochen, die Maurerpoliere schweben aber immer noch auf den Querstangen und reiten gemächlich zwischen Himmel und Erde, um die Wände zu tünchen, und fragt man sie ernstlich, dann zucken sie die Achsel und zeigen auf das große Nachbarhaus, das ja auch nicht viel besser dran ist.« Und weiter heißt es dann: »Es liegt eine furchtbare Ironie des Schicksals darin, die Gebrechen anderer aus Modenarrheit sich mutwillig zuzuziehen.«[26]

Bernstein scheute sich nicht, auch solche heißen Eisen anzufassen, wie die Lehre vom christlichen Staat, die er als reaktionär und als Überbleibsel einer absoluten Herrschaftsordnung ansah. Er kritisierte die Vertreter dieser Lehre aber nicht nur, weil er in dieser eine Attacke gegen das demokratische Prinzip sah, sondern auch deshalb, weil er es nicht akzeptieren konnte, daß Vertreter dieser Lehre sich in innerjüdische Angelegenheiten einmischten, insbesondere weil sie sich gegen die inneren Reformen im Judentum wandten: »Der christlich germanische Staat, der sein Prinzip mit der völligen Gleichstellung nicht vereinbar glaubt, sieht … in dem Indifferentismus der Judenheit, in dem Zurückdrängen des orientalischen Judaismus einen heftigen Angriff auf sein Prinzip.«[27] In der Doppelgegnerschaft, wie er das Zusammengehen von Staat und Christentum definierte, erblickte Bernstein eine unmittelbare Gefahr. Die Konsequenzen der Doppelgegnerschaft konnte er zwar noch nicht voll ermessen, aber er war bereits von dunklen Ahnungen geplagt, daß von ihr nichts Gutes ausgehen könne und daß sie für das Judentum in Deutschland nachteilige Auswirkungen haben werde.

Heftig angegriffen hat Bernstein den Hegelianer Bruno Bauer, dessen Ausführungen »Zur Judenfrage«[28] er in Freunds Monatsschrift besprach.[29] Überhaupt nicht einverstanden war er mit dessen Ansichten, die dieser bekanntlich mit dem jungen Karl Marx teilte. Beide waren der Meinung, Jude wie Christ – gemessen an dem »wahren Wert des Menschen« – sind Sklaven, die durch Beschneidung und Taufe zeitlebens an ein fremdes Wesen gekettet seien. Bernstein monierte insbesondere: »Von dem Hegel'schen Standpunkt ausgehend, daß die objektive Welt nur die Vergegenständlichung gewisser Ideen ist, ist er [Bruno Bauer], wie alle unreifen Jünger dieser Schule, der Ansicht, daß die Relationen unseres Denkens die Notwendigkeiten unserer Ideencomposition involvieren.«[30]

Geradezu erbost war Bernstein über Bruno Bauers These, die Juden hätten, weil sie unfähig seien zur »Hingabe und Auflösung in dem Ganzen« und weil der »besondere Volksgeist« der Juden den »allgemeinen Interessen« von Wissenschaft, Bildung und Staatskunst widerspreche, in den vergangenen achtzehnhundert Jahren keinen Anteil an den Entwicklungen der Menschheit gehabt.[31] »Wer behaupten kann«, so mokiert er sich über die Bauerschen Ansichten, »die Juden haben nie Verdienste um die Wissenschaft gehabt, denn Spinoza z. B. war als Spinozist kein Jude und Mendelssohn ist als Jude kein Philosoph, weil er Spinozist war, dessen Logik ist krank, und der besitzt für vernünftiges Raisonnement keine Sinne. Wenn ich nicht fürchten müßte, daß ihm für gesunde Analogie auch die Gabe fehlt, würde ich ihm die Behauptung entgegenhalten, die Christen haben nie in der Wissenschaft etwas geleistet, denn Bruno Bauer ist als Bauerianer kein Christ und sämtliche Christen sind keine Bauerianer.«[32]

Daß A. Bernstein zu den Mitbegründern der Berliner Reformgemeinde zählt, wissen nur die wenigen Spezialisten, die sich mit der Geschichte der jüdischen Reform im 19. Jahrhundert näher befaßt haben.[33] In der Regel werden in den Geschichtsbüchern nur Sigismund Stern und Samuel Holdheim genannt. Der Grund dafür dürfte zum einen der sein, daß Stern und Holdheim, obgleich deren Anteil an der Gründung der Reformgemeinde nicht größer war als der Bernsteins, sich in den Augen der Öffentlichkeit stärker mit der neugegründeten Gemeinde identifizierten. Zum anderen mag es eine Rolle gespielt haben, daß Bernstein nach anfänglich starkem Engagement zunehmend das Interesse an der Gemeindearbeit verlor, wofür vermutlich persönliche Gründe den

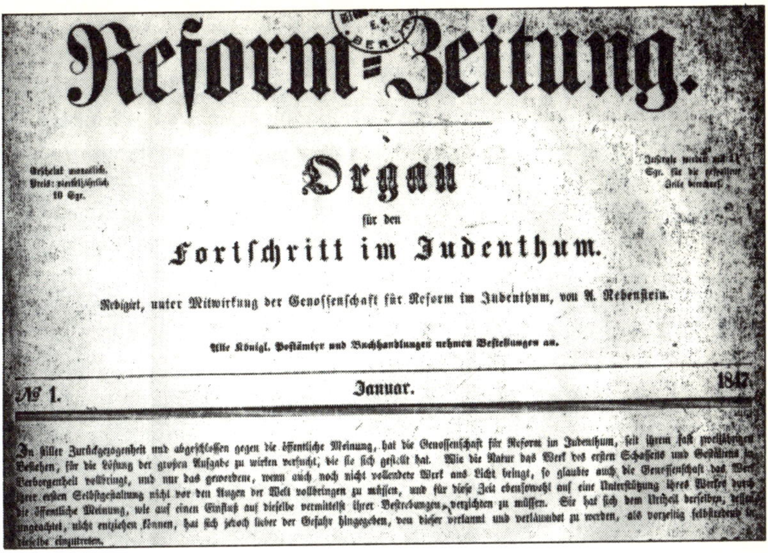

Reform-Zeitung.

Erscheint monatlich.
Preis: vierteljährlich
10 Sgr.

Organ

für den

Fortschritt im Judenthum.

Inserate werden mit 1½ Sgr. für die gespaltene Zeile berechnet.

Redigirt, unter Mitwirkung der Genossenschaft für Reform im Judenthum, von A. Rebenstein.

Alle Königl. Postämter und Buchhandlungen nehmen Bestellungen an.

№ 1. Januar. 1847.

In stiller Zurückgezogenheit und abgeschlossen gegen die öffentliche Meinung, hat die Genossenschaft für Reform im Judenthum, seit ihrem fast zweijährigen Bestehen, für die Lösung der großen Aufgabe zu wirken versucht, die sie sich gestellt hat. Wie die Natur das Werk des ersten Schaffens und Gestaltens in Verborgenheit vollbringt, und nur das gewordene, wenn auch noch nicht vollendete Werk ans Licht bringt, so glaubte auch die Genossenschaft das Werk ihrer ersten Selbstgestaltung nicht vor den Augen der Welt vollbringen zu müssen, und für diese Zeit ebensowohl auf eine Unterstützung ihres Werkes durch die öffentliche Meinung, wie auf einen Einfluß auf dieselbe vermittelst ihrer Bestrebungen, verzichten zu müssen. Sie hat sich dem Urtheil derselben, dessen ungeachtet, nicht entziehen können, hat sich jedoch lieber der Gefahr hingegeben, von dieser verkannt und verläumdet zu werden, als vorzeitig selbstredend für dieselbe einzutreten.

Abb. 17 In der von A. Bernstein (Rebenstein) redigierten »Reform-Zeitung« wurden Vorschläge zur Neuordnung des Gottesdienstes gemacht, Einzelheiten des Religionsunterrichts erörtert und Stellung genommen in Debatten wie zum Beispiel in der um die sog. Mischehe.

Ausschlag gegeben haben, über die an anderer Stelle noch gesprochen werden soll.

Wann Bernstein anfing, sich aktiv mit spezifisch jüdischen Angelegenheiten zu beschäftigen, läßt sich relativ exakt bestimmen. Der erste Hinweis auf öffentliche Aktivitäten ergibt sich aus dem Sachverhalt, daß Bernstein Mitglied des 1839 wieder neu gegründeten Kulturvereins[34] wurde, der sich der Pflege von Kunst und Wissenschaft unter den Juden verschrieben hatte, aber darüber hinaus auch mit allgemeinen Problemen des jüdischen Lebens befaßt war, also auch mit Fragen, die die Reform des Judentums betrafen. Bernstein hat im Kulturverein eine sehr aktive Rolle gespielt, war Gründungsmitglied und gehörte ab Winter 1840 auch dem 15 Mitglieder zählenden Vorstand für eine Zeitlang an.[35]

Am 10. März 1845 trat Bernstein zum ersten Mal öffentlich auf. An diesem Tag wurde er auf Grund einer Rede, die er vor einer Versammlung Berliner Gemeindemitglieder[36] in den Räumen des Kulturvereins hielt, in einen Ausschuß gewählt, dem ausschließlich Nichttheologen angehörten,[37] um den »Entwurf« für ein »Manifest« auszuarbeiten, in dem die Notwendigkeit einer Reform »capita membraque« dargelegt werden sollte. Samuel Holdheim, von dem die schmeichelhafte Bemerkung stammt, Bernstein sei der einzige »Theologe« in einer Versammlung von »Laien« gewesen, hat diese Rede im Fragment in seinem Werk »Geschichte der Entstehung und Entwicklung der jüdischen Reformgemeinde in Berlin« abgedruckt.

»Fragen wir uns«, begann die Rede, »was ist es, das uns die heilige Stätte der Väter unzugänglich macht?«[38] Bernstein antwortet darauf mit der Feststellung, »Ausdruck« und »Form« der väterlichen Religion seien in einen Widerspruch zu den Anforderungen der Gegenwart getreten. Vergeblich seien bis jetzt die Bemühungen der Gelehrten gewesen, diesen Widerspruch auszugleichen. Zweifel und Gleichgültigkeit, Ratlosigkeit und Schmerz darüber, daß den Nachkommen mit den veralteten Formen auch der ewige heilige Kern des Judentums verlorenzugehen drohe, seien die Folgen gewesen. Diese Tatsachen, die keinem Denkenden entgingen, hätten den Eifer, die Energie und den Mut hervorgerufen, zwecks gemeinsamer Verständigung Schritte zu unternehmen: »Zwischen die Gräber unserer Väter und den Wiegen unserer Kinder hingestellt, mahnt uns die Zeit mit heiligem Ernst, uns selbst zunächst herauszuretten aus der großen Kluft, welche Einsicht, Sitte und Leben zwischen zwei Geschlechtern ... gerissen, um sodann ... die *ersten* zu sein, welche mit unerschütterlichem Mut, mit inniger Verbrüderung, durch Wort und Tat den Grundstein legen für die Geschlechter, die uns folgen.«[39]

Der Ausschuß, der sich zur Abfassung eines Aufrufs konstituiert hatte, war bemüht, Begrifflichkeiten festzulegen und das weitere Vorgehen abzusprechen. Bei den Beratungen, die in diesem Gremium geführt wurden, wurde bereits deutlich, daß Bernstein nicht zu den Radikalen gehörte, sondern eine gemäßigte Linie vertrat. Gegenüber jenen, die von Talmud, Messias und Bibel nur das beibehalten wollten, was den »faktischen Bedürfnissen« entspreche, argumentierte er, daß zum Beispiel die Verwerfung des Talmud widersinnig sei, da dieser nichts anderes sei als eine fortschreitende Auslegung und Erklärung des Geistes der im Pentateuch enthaltenen Vorschriften und Gesetze. Es komme nur darauf an, diesen »aus seiner Erstarrung zu lösen und zu frischer Lebendigkeit zu wecken«.[40]

Der ursprünglichen Versammlung wurde am 1. April 1845 vom Ausschuß der gewünschte »Entwurf« für das geplante »Manifest« vorgelegt. In der anschließenden Beratung wurde Bernstein mit der Emendation und Redaktion des »Entwurfes« beauftragt. Der in wesentlichen Teilen von Bernstein mitgestaltete Aufruf »An unsere Glaubensbrüder«, mit dem am 2. April 1845 32 prominente Persönlichkeiten des jüdischen Lebens an die Berliner Öffentlichkeit traten,[41] wurde als eine offene Rebellion gegen das rabbinische Judentum verstanden.[42] Cäsar Seligmann, einer der späteren Führer des liberalen Judentums in Deutschland, hat in seiner »Geschichte der Reformbewegung« den Aufruf ein Dokument genannt, das getragen ist »von sittlichem Ernst und kraftvollem religiösen Bewußtsein«.[43] Und ein heutiger Anhänger der jüdischen Religionsreform geht sogar so weit, den Aufruf in der Brisanz seiner Folgerungen mit Luthers Thesen zu vergleichen.[44]

Warum der »Aufruf« bis heute heftig umstritten ist, wird deutlich, wenn man liest, was die Verfasser kritisierten und was sie an Reformmaßnahmen im einzelnen verwirklichen wollten. Eingegangen wurde zunächst auf die äußeren Bedingungen, unter denen die Juden lebten; dann wurde darauf aufmerksam gemacht, daß der äußeren die innere Emanzipation folgen müsse: »Seitdem der politische Druck im deutschen Vaterlande von unseren Schultern genommen, und in uns der aufstrebende Geist sich seiner Fesseln entledigt, seitdem wir in Bildung und Sitte ganz in das Leben der Gegenwart eingetreten, hat die religiöse Befriedigung mehr und mehr aufgehört, welche der Trost und das Glück unser Voreltern gewesen ist. Unsere Religion hielt unveränderlich fest an den Formen und Vorschriften, in denen sie uns seit Jahrhunderten vererbt wurden; unsere Überzeugungen und unsere innere Religion, der Glaube unseres Herzens, ist nicht mehr in Einklang mit dieser Gestaltung.«

Der Analyse und Bestimmung der äußeren Faktoren folgten die allgemeine Zustandsbeschreibung und die Schilderung der sich daraus ergebenden Konsequenzen: »Wir stehen da in Zerrissenheit mit uns selbst, in Widerspruch des inneren Lebens, des Glaubens, mit dem äußeren Leben, dem gegebenen Gesetz ... Das alte rabbinische Judentum mit seiner festen Basis hat keine Basis mehr in uns. Vergeblich sind die Bemühungen, die es künstlich in sich oder sich in ihm zu erhalten suchen. Die erstarrte Lehre und unser Leben sind für immer auseinander gewichen. Der Zweifel, der zu negieren angefangen, droht alle Grenzen zu überschreiten. Er erzeugt den Indifferentismus und den Unglauben, und gibt uns der Ratlosigkeit preis, in welcher wir mit Schmerz zusehen, wie unserer Nachkommenschaft mit den veralteten Formen auch der ewige, heilige Kern des wahren Judentums verloren zu gehen droht.«

Die Unterzeichner des Aufrufs sprachen sich für die folgenden Grundsätze aus: »Wir wollen: *Glaube*; wir wollen: *positive* Religion; wir wollen: *Judentum*. Wir halten fest an dem Geist der heiligen Schrift, die wir als Zeugnis göttlicher Offenbarung anerkennen, von welcher der Geist unserer Väter erleuchtet wurde. Wir halten fest an allem, was zu einer wahrhaften, im Geiste unserer Religion wurzelnden Gottesverehrung gehört. Wir halten fest an der Überzeugung, daß die Gotteslehre des Judentums die ewig wahre sei, und an der Verheißung, daß diese Gotteserkenntnis dereinst zum Eigentum der gesamten Menschheit werden wird.« Und weiter hieß es: »Aber wir wollen die heilige Schrift auffassen nach ihrem göttlichen Geiste; wir können nicht mehr unsere göttliche Freiheit der Zwingherrschaft des toten Buchstaben opfern. Wir können nicht mehr beten mit wahrhaftem Munde um ein irdisches Messiasreich, das uns aus dem Vaterlande, dem wir mit allen Banden der Liebe anhangen, wie aus einer Fremde heimführen soll in unser Urväter Heimatland. Wir können nicht mehr Gebote beobachten, die keinen geistigen Halt in uns haben, und nicht einen Kodex als unveränderliches Gesetzbuch anerkennen, der das Wesen und die Aufgabe des Judentums bestehen läßt im unnachsichtigen Festhalten an Formen und Vorschriften, die einer längst vergangenen und für immer verschwundenen Zeit ihren Ursprung verdanken.« Der Aufruf endete schließlich mit den Worten: »Und so ergeht denn unser Aufruf an Euch, deutsche Glaubensbrüder, nah und fern, daß Ihr mit Namen Euch zu uns gesellet, und mit Wort und Tat uns Beistand und Hilfe zusichert, damit wir in großer Zahl eine Synode [45] berufen, die das Judentum in derjenigen Form erneuere und festsetze, in welcher es in uns und unseren Kindern fortzuleben fähig und würdig ist.«

In der Geschichte der jüdischen Reformbewegung ist auf die Prinzipien »Glaube«, »positive Religion« und »Judentum« immer wieder hingewiesen worden. In einer Schrift, die als »Vorlage« für eine »Versammlung von jüdischen Reformfreunden« am 25. Oktober 1847 formuliert worden war, unterzog Bernstein die Prinzipien der Reform einer konkreten Erörterung.[46] Zu dem ersten Prinzip »Wir wollen: Glaube« führte er aus: »Wir wollen das Bekenntnis eines einzigen und unendlichen Gottes, nicht erst von der philosophischen Entwicklung dieser Idee, oder sonst einem auf dem Wege der Wissenschaft zu erlangenden Verfahren abhängig machen; sondern wir nehmen das Dasein eines einzigen und unendlichen Gottes als eine von den Vätern uns überkommene

Voraussetzung, als einen Artikel unseres Glaubens an.« Für das zweite Prinzip »Wir wollen: positive Religion« gab er die Erklärung: »Wir wollen das Bekenntnis eines einzigen und unendlichen Gottes, und das daraus hervorgehende Verhältnis des Menschen zu Gott, durch bestimmte Formen gemeinsamer religiöser Handlungen, wie durch bestimmte religiöse Einrichtungen manifestiren.« Als Erklärung für das dritte Prinzip »Wir wollen: Judentum« notierte Bernstein: »Wir wollen die bestimmten Formen und gemeinsamen Einrichtungen, die unseren Glauben an einen einzigen und unendlichen Gott, wie die Grundlehren über Gott, den Menschen, und dessen Verhältnis zu Gott und seinem Nebenmenschen manifestiren sollen, aus den hierzu geeigneten Formen und Einrichtungen, Sprüchen und Lehren der von der Geschichte auf uns vererbten Religion der Juden: aus dem Judenthum, sowohl entnehmen wie fortentwickeln.«[47]

Wenige Wochen nach der Veröffentlichung des Aufrufs »An unsere deutschen Glaubensbrüder« fand die feierliche Gründung der »Genossenschaft für Reform im Judenthum«[48] im Englischen Haus in Berlin statt. Neben Sigismund Stern, Carl Heymann und Ludwig Lesser war auch Bernstein an der Vorbereitung beteiligt, die zur Genossenschaftsgründung führten. Rund 400 bis 500 Personen nahmen an der ersten Versammlung am 8. Mai 1845 teil, auf der 15 Bevollmächtigte, unter ihnen Bernstein, gewählt wurden.[49] Den Bevollmächtigten wurden die Leitung der Gemeinde sowie die Aufgabe übertragen, konkrete Reformvorschläge zu erarbeiten und Kontakt zu der Rabbinerversammlung aufzunehmen, deren erste 1844 in Braunschweig stattgefunden hatte und deren zweite in Frankfurt a. M. (15.–28. Juli) unmittelbar bevorstand.[50]

Während einer Reihe von Beratungen, an deren Bernstein beteiligt war, wurde über die künftigen Reformen beraten. Die wichtigsten Punkte, auf die man sich nach heftigen Streitereien schließlich einigte, waren folgende: 1. bis auf wenige Stellen des Schema, der Keduscha (liturgisches Stück, in dessen Mitte das Trishagion, Jes. 6,3, steht) und des Priestersegens sollte durchgängig die deutsche Sprache in den Gebeten Anwendung finden; 2. am Neujahrsfest der Schofar weggelassen werden; 3. zwischen dem Morgen- und dem Abendgottesdienst am Versöhnungstag eine mehrstündige Pause eingelegt werden, die durch Vorträge ausgefüllt werden sollte; 4. den Männern sollte es künftig gestattet sein, unbedeckten Hauptes zu beten; 5. der in der Synagoge gebräuchliche Gebetsmantel (»Tallis«) sollte künftig weggelassen werden können; 6. der Priestersegen sollte nicht mehr von den Kohanim (Abkömmlinge des alten Priestergeschlechts), sondern von Prediger und Chor gesprochen werden; 7. die Mitwirkung weiblicher Stimmen im Chor sollte gestattet werden; und schließlich 8. das Zusammensein der Männer und Frauen in einem Raum nur dadurch geschieden sein, daß diese die rechte, jene die linke Seite desselben einnehmen sollten.[51]

Die ersten Gottesdienste der jungen Reformgemeinde fanden zu Rosch Haschanah und Jom Kippur (1., 2., und 10. Oktober 1845), also zum jüdischen Neujahr und zum Versöhnungstag, statt. Aus zeitgenössischen Quellen wissen wir, daß zu diesen Gottesdiensten ungefähr 600 Besucher kamen.[52] Es heißt, daß einige der Gottesdienste, die anfänglich im Englischen Haus stattfanden, so überfüllt waren, daß manche Besucher sogar umkehren mußten, weil die vorhandenen Plätze nicht ausreichten. Von denen, die kamen, hatten viele seit langem keine Synagoge mehr besucht. Die Männer trugen zumeist keine Kopfbedeckung. Nur der Gastprediger Ludwig Philippson aus Magdeburg, den Bernstein im übrigen für die Übernahme der Gottesdienste gewinnen konnte, trug neben dem Gebetsschal eine Kopfbedeckung.[53] Der Chor, in dem Männer und Frauen mitsangen, wurde durch eine Orgel begleitet. Die Thora wurde hebräisch mit deutscher Übersetzung vorgelesen. Alle Gebete von der Rückkehr nach Jerusalem waren aus dem Gottesdienst gestrichen, und das messianische Dogma war in die Form von Prophezeiungen von der Verschmelzung aller Völker zu einer einzigen Familie gekleidet.[54]

Es ist darauf aufmerksam gemacht worden, daß die Anpassung der Liturgie an die des Protestantismus zwar zu einer zunehmenden Konfessionalisierung des Judentums führte, auf der anderen Seite aber auch einen spezifischen Prozeß der Verinnerlichung eingeleitet hat, »eine Akzentverschiebung in der Praxis jüdischer

Religiosität von dem auf das Religionsgesetz bezogenen Handeln hin zum Glauben«.[55] Die Einführung der Predigt in der Landessprache war demnach mehr als nur die Übernahme eines äußeren Formelements; sie war gewissermaßen auch Ausdruck eines neuen Verständnisses jüdischer Religiosität. Sie sollte zwar nach protestantischem Vorbild »Andacht und Erbauung« befördern,[56] andererseits aber nach Überzeugung der Reformer nicht zu einer bloßen Kopie bzw. Imitation der christlichen Predigt werden, sondern sich ihres jüdischen Charakters bewußt bleiben.[57]

Innerhalb der Reformgenossenschaft entzündeten sich die Kontroversen an Fragen wie der, ob es angebracht sei, den Gottesdienst vom Sonnabend auf den Sonntag zu verlegen. In der Vorstandssitzung vom 10. November 1845 stießen zum Beispiel die unterschiedlichen Positionen hart aufeinander. Die einen waren gewillt, sofort radikale Beschlüsse zu fassen und mit den traditionellen Formen des talmudischen Judentums zu brechen. Die anderen wollten zwar Reformen, meinten aber, daß man nichts überstürzen dürfe. Bernstein vertrat dabei eine mittlere Position, nämlich die Ansicht, den Gottesdienst auf den Sonntag zu verlegen sei eine solch weitgehende Entscheidung, daß sie nur von einer Synode gefaßt werden könne. Die Auseinandersetzungen innerhalb der Reformgenossenschaft spiegeln sich in dem Brief wider, den Bernstein im November 1845 an seine Cousine Johanna Neumann schrieb: »Du wirst staunen, wenn ich Dir vollsten Ernstes sage, daß wir, ich meine mich im Verein mit mehreren Männern an der Spitze der Reformbewegung, daß wir die Fortschrittsbewegung, wie sie von anderen sich uns aufdrängt, für zu stürmisch zurückweisen, demnach, daß wir die Konservativen sind und sein müssen ...«[58]

Ein Jahr nach der Veröffentlichung des Aufrufs richtete die junge Genossenschaft ein provisorisches Gotteshaus ein, das am 2. April 1846 feierlich eingeweiht wurde. Anfänglich war Bernstein, gemeinsam mit Sigismund Stern, die treibende Kraft.[59] Er war nicht nur an der ersten Revision des Gebetbuches,[60] das bei den regelmäßigen Gottesdiensten benutzt wurde, sondern darüber hinaus auch an den Vorbereitungen zur Gründung einer Religionsschule[61] beteiligt, an der er in den ersten Jahren den Bibelunterricht erteilte. Aushilfsweise hat Bernstein auch in der Gemeinde gepredigt, wie es heißt, bis zum Eintreffen Samuel Holdheims, der im Frühjahr 1847 zum Rabbiner der Genossenschaft bestellt wurde.[62] Mit letzterem zusammen wurden dann die Voraussetzungen geschaffen, die es ermöglichten, am 30. März 1850 die »jüdische Reformgemeinde« zu konstituieren und in der Johannisstraße 16 den Bau einer eigenen Synagoge[63] zu vollenden, deren Einweihung am 10. September 1854 stattfand.

Holdheims Predigten – so ist überliefert – zeichneten sich durch einen immensen Gedankenreichtum aus, obwohl sie in der Form höchst unvollkommen waren, was damit zusammenhing, daß der aus Polen Stammende die deutsche Sprache nur mangelhaft beherrscht haben soll. Der Prediger der Hauptgemeinde Michael Sachs hat über die Redekunst seines reformerischen Kollegen die bissige und wenig freundliche Bemerkung gemacht, daß an den Predigten Holdheims nichts jüdisch sei außer ihrer deutschen Sprache. Kritische Bemerkungen dieser Art richteten sich nicht so sehr gegen die Person Holdheims, sondern gegen die Reformbestrebungen überhaupt. Nur wenige, diese auch nur zögernd, bekannten sich zu dem neuen Reformkurs. Viele Zeitgenossen hatten das unbestimmte Gefühl, der Boden des historischen Judentums werde ihnen unter den Füßen weggezogen. Noch Jahre später schieden sich an der Berliner Reform die Geister. Der Historiker Simon Dubnow ging soweit, die radikalen Neuerungen der Berliner Reformbewegung als eine »gänzliche ·Unterwerfung des Judentums unter die Forderungen und Bedürfnisse des Augenblicks« und als eine »Unterwerfung der Religion unter die Ziele der Germanisierung und der bürgerlichen Emanzipation«[64] zu bezeichnen.

Wie weit die Anpassung an die Umwelt ging, läßt sich u. a. auch an der Neugestaltung der Synagogalmusik ablesen, für die Bernstein deutsche Texte lieferte und alte Melodien vorsang, die dann von dem Komponisten und Musikpädagogen Julius Stern[65] verarbeitet wurden. Sie verfuhren dabei wie die beiden Klassiker der modernen synagogalen Musik, Sulzer und Lewandowski, die ebenfalls althergebrachte Melodien in eine zeitgemäße Form gebracht haben, aber bemüht gewesen waren, das speziell Jüdische herauszuarbeiten. Nach Aussage Bernsteins waren die von ihm für den Gottesdienst der Berliner Reformgemeinde eingeführten Lieder folgende: »Gott der Gnade«, »Herz voll Sinnenlust«, »Die Seele empfehle« und »Ich danke Dir, Herr mein Gott«. An seine Tochter Johanna und deren Mann Richard, die sich Jahre später für die alten Synagogenmelodien interessierten, schrieb Bernstein 1879, er sei der Ansicht, »daß der deutsche Text doch ein richtiges Verständnis der alten Melodien herbeiführen wird«.[66]

Nur wenig bekannt ist, daß die Berliner Reformgenossenschaft auch eine eigene Zeitung herausgebracht hat, die von Bernstein redigiert wurde. Die erste Ausgabe der »Reform-Zeitung«, die den Untertitel »Organ für den Fortschritt im Judenthum« trug, erschien Anfang Januar 1847.[67] In dieser ersten Ausgabe ist eine von Bernstein unterzeichnete »Ankündigung« abgedruckt, in der in bezug auf Inhalt, Form und Redaktion erklärt wurde, daß das Blatt seinem Charakter nach »nicht der Fach-Wissenschaft, sondern dem praktisch-religiösen Bedürfnis der Gegenwart zu dienen bestimmt« sei. Es werde, so hieß es, »nicht nur an das Verständnis des größeren Publikums gerichtet sein, sondern auch die Überzeugungen und Wünsche desselben vertreten« und zahlreiche »Abhandlungen« enthalten, die dazu bestimmt seien, »die verschiedenen Ansichten über Reform des Judentums, sowie über andere wichtige Zeit- und Tagesfragen zu erwägen, gegenseitig auszutauschen und auszugleichen«.[68]

Im Blatt waren nicht nur die Beschlüsse der in Abständen tagenden Generalversammlungen der Genossenschaft in voller Länge abgedruckt, sondern auch die grundlegenden Stellungnahmen von Sigismund Stern, Samuel Holdheim und Bernstein zu allgemeinen Problemen der Genossenschaft und zu Fragen der Reform generell. Ein Thema, an dem reger Anteil genommen wurde, war zum Beispiel die zu jener Zeit die Öffentlichkeit stark beschäftigende Frage, ob zwischen Juden und Christen eheliche Verbindungen erlaubt seien oder nicht. Insbesondere der Fall des 24jährigen Arztes Ferdinand Falkson, der ein Freund und Weggefährte von Johann Jacoby war, beschäftigte die »Reform-Zeitung« und ihren Redakteur Bernstein.

Der aus Königsberg stammende Falkson, der mit einer Christin verlobt war, hatte, als die Gerichte seine wiederholten Gesuche ablehnten, diese zu ehelichen, sich kurzerhand entschlossen, nach Hull in England zu reisen, um seine Braut Frederike dort zu heiraten. Nach der Rückkehr in seine Heimatstadt hatte der Staatsanwalt Klage auf Nichtigkeitserklärung der Ehe eingereicht, die zur Empörung konservativer christlicher Kreise auch noch von einem anglikanischen Geistlichen eingesegnet worden war. Es wurden Gutachten vom Königsberger Konsistorium und vom Berliner Rabbinat angefordert, und zwar darüber, »ob ein Jude, als solcher, nach den Grundsätzen seiner Religion den christlichen Ehegesetzen sich zu unterwerfen gehindert ist«.[69] Beide, Konsistorium wie Rabbinat, argumentierten theologisch und kamen zu demselben Schluß, daß religionsverschiedene Ehen abzulehnen seien.[70]

Der Fall erregte über die Grenzen Preußens hinaus größtes Aufsehen. Auch Bernstein sah sich zu einem Kommentar in der »Reform-Zeitung« veranlaßt. Sollte es, schrieb er, zu einer Nichtigkeitserklärung durch das Gericht kommen, so hoffe er, »daß dieses nicht auf die Inhumanität der jüdischen Gesetze werde geschoben werden können«.[71] Für ihn war die interkonfessionelle Eheschließung vom Prinzip her in erster Linie ein rechtliches, kein religiöses Problem. Der Paragraph 36 des Landrechts, meinte er, sei durch die Bestimmungen des Edikts vom 11. März 1812 aufgehoben. Überraschenderweise sprach er sich aber im Unterschied zu Samuel Holdheim dennoch gegen die sogenannte »Mischehe« aus, weil, so meinte er, »das Judentum der Gegenwart, das sich mit Recht dem Talmud und den Rabbinen als gesetzverbindlich nicht unterwerfen will, ... in einer Zeit, wo durch solche Mischehen sein Bestehen und sein Fortleben, und zwar durch die Kindererziehung, gefährdeter ist als je, nicht Verhältnisse begünstigen [darf], die ein gewaltiges Übergewicht auf der Seite der christlichen Erziehung der Kinder bringt.[72] Wo der Bekenner des Judentums durch Zurücksetzungen vom Staate bedrückt wird, ist die Erziehung im Judentum bei Mischehen selbst auch dann gefährdet, wenn sie durch die Eltern freigestellt sein sollte. Ich halte demnach die Mischehe nicht für ratsam«.[73]

Was die Frühgeschichte der Berliner Reformbewegung angeht, so sind die in der »Reform-Zeitung« abgedruckten Berichte historische Quellen von außerordentlichem Wert, weil sie Einblicke in das Alltagsleben der Gemeinde geben, wie sie in einer solchen Unmittelbarkeit und Plastizität selten sind. Ein gutes Beispiel ist der Artikel, der am 10. April 1847 über die Eröffnung der Religionsschule[74] berichtet, bei der der Buchhändler Moses Simion[75] der Festredner war, oder derjenige anläßlich der Antrittspredigt,[76] die Holdheim als frisch bestallter Rabbiner der Genossenschaft am 5. September 1847 hielt.[77] Aufschlußreich sind auch die Analysen und Kommentare, die zu den Verhandlungen des Vereinigten Landtages erschienen, dessen Ergebnis bekanntlich war, daß am 23. Juli 1847 ein Judengesetz verabschiedet wurde, in dem in Paragraph 1 den Juden »neben gleichen Pflichten, auch gleiche bürgerliche Rechte mit den christlichen Untertanen«[78] zugestanden wurden. Der Kommentar von Sigismund Stern dazu war kurz und bündig: »Die preußischen Juden sind als jüdische Preußen anerkannt.«[79]

In der »Reform-Zeitung« finden sich auch Antworten auf die Attacken der Reformgegner. In einem Aufsatz, der überschrieben ist mit »Die Einheit in Israel«, bemühte sich Bernstein, deutlich zu machen, daß die Reform kein Bruch mit der Judenheit im allgemeinen sei, wie die »Halbreformer« behaupteten, sondern daß dies nur das Problem derjenigen sei, die zwar Veränderungen wollten, aber sich fürchteten, allzu viele Abstriche von der Tradition zu machen. Die wirkliche Orthodoxie, meint Bernstein, sähe in der Reform nichts »als das Zeichen einer göttlichen Verheißung, wonach das fromme Häuflein immer mehr gereinigt werden wird, durch Ausscheidung aller Nichtfrommen und Ceremoniellgläubigen«. Die geforderte »Einheit in Israel« hielt Bernstein für ein fadenscheiniges Argument, das von den »Reform-Gegnern« nur deshalb benutzt würde, um die Reform zu diskreditieren. Für Bernstein stand fest, daß dieses Argument schon deshalb falsch sei, weil es keine Einheit der Judenheit gäbe »außer jener höheren

Einheit des Judentums im Bekenntnis des einzigen und ewigen Gottes«.[80]

Auch nach seinem Rückzug aus der Gemeindearbeit blieb Bernstein am Gemeindeleben interessiert. Als Ende der fünfziger Jahre ein Richtungsstreit unter den Mitgliedern ausbrach, der sich an einer eher beiläufigen Angelegenheit entzündet hatte, aber darauf hinauslief, das Reformprinzip durch eine Statutenänderung zu verwässern,[81] verfaßte Bernstein eine »Vertrauliche Denkschrift«,[82] in der er für eine Reorganisation der Gemeinde plädierte. Bernsteins Kritik richtete sich inbesondere gegen den Vorstand, der am 12. April 1859 in einer handstreichartigen Aktion die Zustimmung der Generalversammlung zur Statutenänderung erzwungen hatte. Der eigentliche Hintergrund dieser Aktion war, wie Bernstein enthüllte, der Wunsch des 15-köpfigen Vorstandes, der Gemeinde korporative Rechte zu verschaffen. Bernstein lehnte das zwar nicht grundsätzlich ab, meinte aber, dem könne man nur dann zustimmen, wenn dies in der Mitgliederversammlung demokratisch beschlossen werde und keine Abstriche vom Reformprinzip gemacht würden.

In einer Schrift, die 1865 zur Erinnerung an den 20. Jahrestag des Aufrufs vom 20. April 1845[83] erschien, verteidigte Bernstein die Reform gegen den Vorwurf, sie habe die nationale Messiashoffnung preisgegeben und die Einheit des Judentums zerstört. »Was wir«, schrieb er in dieser nur wenig bekannten Schrift, »von den politisch-nationalen Anschauungen und Einrichtungen des geschichtlich uns überkommenen Judentums zurückweisen, haben wir nicht zerstört, sondern es hat die Zeit dies bereits längst vor uns getan.«[84] Den Kritikern der Reform, die an einem positiv-historischen Judentum festhalten wollten, hielt er die »sklavische Verwahrlosung« des Judentums in Deutschland in der Zeit vor den Reformen entgegen: »Der Gottesdienst war ein halb verwildeter und wirrer Cultus geworden, entstellt durch Manieren, die für jüdisch gehalten, aber polnisch waren. Die Gelehrsamkeit in Schule und Rabbinat ward, alles realen Wissens ledig, ein bloßes dialektisches Disputieren, wo an die Stelle der Wissenschaft der tiefste Aberglaube, an die Stelle des Forschens eine wilde Spitzfindigkeit ohne Ziel und Maß getreten war.«[85] Seit dem Wirken Moses Mendelssohns aber sei das deutsche Judentum zum »Mittelpunkt« und zum »Bildungskern« des gesamten Judentums geworden. »Für uns ist diese Tatsache«, erklärte Bernstein in seiner Verteidigung der Reformbestrebungen, »nicht ein Zeichen des Verfalls, sondern ein Merkmal des Lebens, das in allen Institutionen sich nur fortentwickeln kann, wenn die Form des Hergebrachten, die ihren Zweck nicht mehr ausfüllt, einer zeitgemäßen Form sich anschließt, die eine Regeneration möglich macht.«[86]

Die radikale Reformbewegung ist in Deutschland bekanntlich wesentlich auf die Berliner Reformgemeinde beschränkt geblieben. Bis zu ihrem Untergang in den Jahren des Nationalsozialismus hielten die Mitglieder an den ursprünglichen Idealen fest. Die Forderung nach einer »jüdischen Kirche« (Sigismund Stern) wandelte sich zwar in den zwanziger Jahren dieses Jahrhunderts in die Forderung nach einer »deutschen Synagoge« (Joseph Wachsner),[87] wesentlich aber blieb, daß sich Geistlichkeit, Laienführung und Mitglieder dieser Reformgemeinde uneingeschränkt zum Deutschtum bekannten. Sie fühlten sich nur durch ihre Religion von ihren Mitbürgern unterschieden und weigerten sich, ihr Bekenntnis zum Deutschtum kritisieren oder gar in Zweifel ziehen zu lassen.

Als nach 1879, bedingt durch den »Gründerkrach« und eine lang anhaltende wirtschaftliche Depression, eine antisemitische Welle das Land überrollte, sah Bernstein sich genötigt, aus seiner Reserve herauszutreten und das Deutschtum der Juden vor der Öffentlichkeit zu verteidigen. Er tat das Ende November 1880 mit einer Leitartikelserie »Ein Wort zur Judenfrage«, wobei allem Anschein nach die heftige Debatte um Heinrich von Treitschkes berüchtigten Artikel in den »Preußischen Jahrbüchern«[88] sowie die Aktivitäten des Hofpredigers Adolf Stoecker[89] der Auslöser für Bernstein gewesen sein dürften, zur Feder zu greifen. Heinrich Siegfried, der Bernsteins Artikel, um ein Zeichen gegen das »widerliche Spiel des Religionshasses und der Racenhetze« zu setzen, in Broschürenform[90] zusammenfaßte und herausgab, vertrat die Ansicht, die Bernsteinschen Äußerungen seien insbesondere deshalb bedeutsam, weil sie nicht um die Angelegenheit herumredeten, sondern den Kern der Sache bloßlegten.

Bei der Artikelfolge »Ein Wort zur Judenfrage« ging es Bernstein nicht nur darum, die Widersinnigkeit der Behauptungen des Berliner Historikers und mancher Antisemiten nachzuweisen,[91] sondern auch darum, der Öffentlichkeit zu zeigen, daß die Juden keine Fremdkörper innerhalb der deutschen Bevölkerung darstellten, wie dies u. a. von den Unterzeichnern der berühmt-berüchtigten von Bernhard Förster initiierten Antisemiten-Petition behauptet wurde. In diesem Zusammenhang verwies Bernstein darauf, daß die Juden sich weitgehend integriert hätten und sich als Bürger des Landes verstünden, in dem sie lebten. Sie hätten sich im Zuge des »Fortschritts der gebildeten Welt« losgesagt von dem »nationalreligiösen Wahn, der ihnen Deutschland als eine Fremde erscheinen ließ«.[92] Sie verstünden sich jetzt als Deutsche, so wie die Juden Frankreichs sich als Franzosen und die Juden Englands sich als Engländer begriffen.

Als Beleg und einprägsames Beispiel für das Deutschtum der Juden führte Bernstein eine Begebenheit aus dem Deutsch-Französischen Krieg an, von der er meinte, diese müßte auch den verstocktesten Antisemiten von der Haltlosigkeit seiner Vorwürfe überzeugen: Es ging um den siegreichen Einmarsch der deutschen Truppen im Jahre 1870 ins Elsaß, bei dem auch eine Reihe deutscher Juden gefallen war. Bemerkenswert und charakteristisch für die Situation sei gewesen, daß die Elsässer Juden sich geweigert hätten, »die Leichen der deutschen Juden auf ihren Kirchhöfen beerdigen zu lassen«.[93] Sie hätten sich als Franzosen gefühlt und in den Gefallenen nur den Deutschen, nicht den Juden gesehen. Es hätte damals erst ein Militärkommando einschreiten müssen, um den Widerstand der Elsässer zu brechen.

Zum Anpassungsprozeß der Juden an die deutsche Umwelt hat Bernstein durch sein Wirken in der Reformgemeinde und das Bemühen, Liberalismus und Judentum miteinander zu verbinden, zweifellos einen wichtigen Beitrag geleistet. Das erkannten bereits einige seiner Zeitgenossen wie zum Beispiel Abraham Geiger, der ihn sehr schätzte und den Bernstein zweimal vergeblich für die Übernahme des Rabbinats in der Berliner Gemeinde zu gewinnen suchte.[94] Geiger verfaßte in der von ihm herausgegebenen »Jüdischen Zeitschrift für Wissenschaft und Leben« einen Artikel, in dem er Bernstein als einen »unverdrossenen Führer« würdigte, der als »Reformjude« das Ideal des »Deutschjudentums« zu verwirklichen suche.[95] Geiger mag, als er diese Worte schrieb, vermutlich an sich selbst gedacht haben, denn Bernstein verkörperte in seiner Person all das, was dem Bild entsprach, das er von sich selber hatte. Umgekehrt galt das auch für Bernstein, der in Geiger nicht nur den Reformer, sondern auch den Gelehrten verehrte,[96] der sich mit religionsgeschichtlichen Fragestellungen beschäftigte, die auch ihn interessierten.

Die Probleme der Reform und damit zusammenhängend die Frage, was Glaube heißt, auf welche Weise sich das Verhältnis des Menschen zu Gott bestimmt und wie Judentum und Christentum in einer sich modernisierenden Welt definiert werden können, haben Bernstein zeitlebens beschäftigt. Er konnte sich zwar nicht mehr in dem Maß um die Gemeindeangelegenheiten kümmern, wie das vor 1848 der Fall war, dennoch war er bemüht, Antworten auf die ihn und die Menschen seiner Zeit beschäftigenden Fragen zu finden. So nahm er mitunter an Bibelstunden teil,[97] die entweder bei sich oder im Haus von Otto und Elisabeth Lewald stattfanden. Gelesen oder erörtert wurden dabei nicht nur Bibeltexte bzw. Passagen aus dem Neuen Testament,[98] sondern auch Probleme der modernen Leben-Jesu-Forschung, die Bernstein besonders interessierten. Vor allem setzte man sich dabei mit David Friedrich Strauß und Ernest Renan auseinander, die sich bemühten, in ihren Büchern die Leben-Jesu-Forschung auf eine historisch-kritische Grundlage zu stellen, und zu jener Zeit heftig umstritten waren.[99]

Am 23. August 1863 schickte Bernstein seiner Freundin Elisabeth Lewald eine Ausgabe von Renans gerade auf deutsch erschienenem »Leben Jesu«,[100] von dem er meinte, es sei zwar ein frivoles Buch, aber eines, aus dem sogar deutsche Gelehrte etwas lernen könnten: »Nach dem kriminalistisch juridischen Strauß wird Ihnen der kritisch romantische Renan gewiß einen Genuß gewähren.« Zum Buch des französischen Religionswissenschaftlers selbst bemerkte er: »Es ist maniriert französisch, mit dem Anliegen taktierend, wie es in Deutschland kein Gelehrter tut, obwohl es sich sonst wie ein Roman liest. Die gelehrte Welt in Deutschland wird es wegwerfend behandeln, schon weil es gar zu populär geschrieben ist; aber es lichtet offensichtlich ganze Partien der Zeit, die es behandelt und versetzt der Wissenschaft einen tüchtigen Stoß, dem sie wird folgen müssen.« Der Brief Bernsteins schließt mit dem Versprechen: »Wenn wir im Winter wieder Bibelstunden haben, werde ich Ihnen Partien zeigen, die noch ganz versteckt daliegen, und die merkwürdige Blicke in die alten Kulturen öffnen, vor welchen wir Respekt haben müssen.«[101]

Bernsteins bibelkritische Interessen schlugen sich in verschiedenen Veröffentlichungen nieder,[102] so u. a. in der Arbeit mit dem Titel »Ursprung der Sagen von Abraham, Isaak und Jacob. Kritische Untersuchung«.[103] »Die Erzählungen vom Ursprung eines Volkes«, heißt es da gleich auf der ersten Seite, »zeigen uns die Ideale, welche im Volk leben … Die Schilderungen des Lebens und Wirkens von Urvätern in grauer Vergangenheit haben ihren wahren Wert nur in der Enthüllung der Tendenzen, aus welchen diese Schilderungen entsprungen sind. Sie lichten das Dunkel der Urzeiten nicht, von welchen sie erzählen; aber sie werfen immerhin ein interessantes Licht auf die Zeiten, in welchen sie gedichtet und niedergeschrieben wurden.«[104]

Die Studie fand hauptsächlich in gelehrten Kreisen Beachtung. Immanuel Ritter veröffentlichte in der »Vossischen Zeitung« eine wohlwollende Besprechung.[105] Abraham Geiger bemerkte in einem an Bernstein gerichteten Brief: »Soviel steht fest, daß in neuerer Zeit bibelkritisch Förderndes fast lediglich von Juden ausgegangen ist; Poppers Stifthütte, Kohlers Segen Jakobs, Ihre Schrift eröffnen – ich darf wohl sagen: neben meiner Urschrift – neue Bahnen.«[106] Ebenfalls zustimmend äußerte sich Leopold Zunz, der Bernstein mitteilte: »Ich habe kursorisch Ihr Buch durchgelesen und über den Scharfblick, der aus der Mythe die dahinterliegende Geschichte herausfindet, mich oft gefreut. Lassen Sie Orthodoxe samt Ochsen bei Seite; auch ich erkenne in den Personen der Genesis – vielleicht Nimrod ausgenommen – keine historischen Existenzen.«[107] Und Berthold Auerbach schrieb seinem Freunde Jakob Auerbach: »Hast du das Buch von Bernstein

über die Patriarchen gelesen? Es ist ein bewundernswerter Frei-
blick darin, oder auch – ich möchte sagen: eine Chemie des My-
thos, die wahrhaft überraschende Resultate bringt.«[108]

In Religionsfragen hat Bernstein, je älter er wurde, einen desto
toleranteren Standpunkt eingenommen. Ob Reformjudentum
oder aufgeklärtes Christentum, war ihm nicht das entscheidende
Problem. Für ihn stellte sich nicht – wie noch einige Jahre zuvor
für Abraham Mendelssohn – die Frage, welche Religion die wahre
oder welche Religion die bessere ist.[109] Als Bertha Meyer,[110] die
spätere Schwiegermutter seiner Tochter Johanna, ihn um Rat
fragte, ob sie ihre beiden Söhne im jüdischen oder im christlichen
Glauben erziehen solle, antwortete Bernstein: »Sie möchten sich
nach den Quellen und Schriften der Religionen die *beste* Religion
für ihre Kinder aussuchen. Hierüber kann ich nur folgendes sagen:
Als Bedürfnis für Geist und Herz ist solches Streben edel und
herzerfreuend; als Praxis aber dürfen Sie so wenig mit der Erziehung Ihrer Kinder auf die *beste* Religion warten, so wenig wir auf
die beste Welt, auf den besten Staat, die besten Familienverhält-
nisse und die besten Wissenschaften warten dürfen.«

Prinzipiell hielt Bernstein eigentlich weder die eine noch die andere Religion für besser oder schlechter. Alle Religionen, so argumentierte er, seien mit Mängeln behaftet. Von einer Erziehung der
beiden Jungen im christlichen Glauben riet er ab, nicht weil er das
Christentum im Vergleich zum Judentum als die schlechtere Al-
ternative angesehen hätte, sondern weil es seiner Ansicht nach
vergleichsweise gleichgültig ist, zu welcher Religion ein Mensch
sich bekennt. »Studieren Sie«, heißt es in dem Brief an Bertha
Meyer, »welche Religionsquelle Sie wollen, Sie werden die Religionen in ihrer Idealität in allen ganz gleich schön, herrlich und
weltbeglückend finden. In ihrer Gestaltung und Verwirklichung
dagegen tragen sie samt und sonders den Stempel der Mangelhaf-
tigkeit. Das neue Testament ist auch voll Heulen und Zähneknir-
schen ... Gleichwohl verehre ich den herrlichen Menschen [Jesus,
der Verf.] als den edelsten Reformjuden und habe die Überzeugung – ganz ernstlich – daß er bei uns [in der Reformgemeinde] die
Predigerstelle annehmen würde, wenn er heutigen Tages lebte.«[111]

Bernstein hat, was die eigene Person und die eigenen Lebensumstände anging, sich schließlich über Konventionen und Regeln
hinweggesetzt. Sein Denken, das in erster Linie von der Beschäftigung mit naturwissenschaftlichen Fragestellungen geprägt war,
führte ihn allmählich zu einer Weltsicht jenseits der Normen, die
Judentum oder Christentum sich zu jener Zeit setzten. Er ging
zwar nicht so weit, sich einem radikalen Atheismus eines Haeckel
oder Darwin zu verschreiben, die nur eine Naturreligion als Ergebnis der Wissenschaft gelten lassen wollten. Seine Grundhaltung gegenüber religiösen Bekenntnissen jeder Art wurde jedoch zunehmend durch Skepsis bestimmt. Persönliche Konsequenzen hat er
daraus für sich selbst jedoch nicht gezogen. Davor hatte er wohl
eine gewisse Scheu. Sich vom Judentum zu lösen, vielleicht sogar
für das »Entréebillet zur europäischen Kultur« (Heinrich Heine)
die Taufe zu nehmen, hätte in gewisser Weise bedeutet, die eigene
Herkunft zu verleugnen. Dazu sah er keinen Anlaß.

Als er nach dem Tode seiner ersten Frau ein Verhältnis mit
einer Nichtjüdin einging, mit der zusammen er dann mehrere Kinder hatte,[112] verschwieg er dies zunächst den erwachsenen Kindern
aus der ersten Ehe. Wahrscheinlich war es ihm peinlich. Er ahnte
wohl, daß sie dies nicht akzeptieren könnten. In den Erinnerungen seiner Kinder finden sich denn auch Bemerkungen, die darauf
schließen lassen, daß sie über das perfekt inszenierte Doppelleben
des Vaters, als sie davon erfuhren, geradezu schockiert waren.
Hinzu kam, daß sie des Vaters Lebensgefährtin als nicht zur Familie passend ansahen. Johanna Meyer, die Tochter Bernsteins, berichtet von dem Tag im September 1873, als der Vater sich seinen
Kindern offenbarte: »Wir saßen da, wie versteinert. Keiner sprach
ein Wort.«[113]

Bernstein blieb weiterhin Mitglied der Reformgemeinde, hat
sich aber dort nur noch selten sehen lassen. Das hing zum einen
damit zusammen, daß er durch seine Tätigkeit als Redakteur bei
der »Volks-Zeitung« kaum mehr Zeit fand, sich um die Belange
der von ihm mitgegründeten Gemeinde zu kümmern. Zudem
ahnte er wohl auch, daß nicht nur seine Kinder aus erster Ehe,
sondern auch manche Gemeindemitglieder mißbilligend die Nase

rümpften über seine Beziehung zu der um 25 Jahre jüngeren Wilhelmine Tetzlaff, die zwar aus dem Christentum ausgetreten, aber nicht zum Judentum übergetreten war.

Die Liberalität in religiösen Fragen hatte vermutlich bei nicht wenigen Mitgliedern der Reformgemeinde ihre Grenzen dort, wo es um die interkonfessionelle Ehe bzw. um eine eheähnliche Verbindung zwischen einem Juden und einer »Dissidentin« ging.[114] Zeitweilig schien es Vorbehalte gegenüber Bernstein und seiner Lebensgefährtin gegeben zu haben. Bernstein ließ das relativ gleichgültig. Er lebte mit Wilhelmine Tetzlaff über zehn Jahre in »wilder Ehe« zusammen, bevor er sich entschloß, sich mit ihr im Herbst 1873 zivilrechtlich trauen zu lassen.[115] Daß ihn die Mischehenproblematik beschäftigte, wird im übrigen beiläufig deutlich an dem Aufsatz »Die Frauen des hebräischen Altertums«, in dem Bernstein von den Mischehen spricht, die Juden in der Zeit Esras und Nehemias mit heidnischen Frauen der Nachbarvölker eingegangen sind.[116]

Die für die damalige Zeit vielleicht nicht ganz schicklichen Umstände, in denen Bernstein lebte, haben seinem guten Ruf letztendlich jedoch keinen Abbruch getan. In den Annalen der Gemeinde blieb er als einer der Väter der Reform verzeichnet, als ein Mann, von dem es heißt, er hätte es verstanden, Wissenschaft und Leben zu einer harmonischen Einheit zu verbinden. Aus Anlaß seines 100. Geburtstages wurde am 8. April 1912 sogar eine Seelenfeier angesetzt. Die Rede in der Synagoge in der Johannisstraße hielt Rabbiner Joseph Lehmann,[117] der nach einer Würdigung der Person insbesondere der Verdienste Bernsteins um die Gemeinde gedachte. Bernstein wird da ein »Maskil« genannt, »ein Mazdik harabbim, ein Führer zum Rechten«,[118] der den Mut gehabt hätte, zur rechten Zeit das Richtige zu tun. Und Lehmann schloß seine Rede an die Gemeindemitglieder mit der Aufforderung, sich Bernstein als Vorbild zu nehmen: »Soll das Judentum blühen in voller Kraft, im Lichte und in der Sonne des 20. Jahrhunderts …«[119]

ANMERKUNGEN

1 Vgl. Berhard Isaak, Der Religionsliberalismus im deutschen Judentum, Phil. Diss. Leipzig 1933; ferner Liberalismus, Emanzipation und jüdische Reform. Aaron Bernstein und die Berliner Reformgemeinde, in: Religion und Zeitgeist im 19. Jahrhundert, hrsg. von Julius H. Schoeps, Stuttgart/Bonn 1982, S. 59 ff.; ebenfalls Michael A. Meyer, Response to Modernity. A History of the Reform Movement in Judaism, New York/Oxford 1988, S. 126 ff.

2 Sendschreiben an Seine Hochwürden, Herrn Oberconsistorialrath und Probst Teller zu Berlin. Von einigen Hausvätern jüdischer Religion, Berlin 1799.

3 Ausführlich darüber vgl. Julius H. Schoeps, Christentum ohne Christus? David Friedländers Versuch einer Glaubensvereinigung auf der Grundlage der Aufklärung und des Rationalismus, in: Das jüdisch-christliche Religionsgespräch, hrsg. von Heinz Kremers und Julius Schoeps, Stuttgart/Bonn 1988, S. 55–70.

4 Die anonym veröffentlichte Denkschrift (»Über die durch die neue Organisation der Judenschaften in den Preußischen Staaten notwendig gewordene Umbildung 1. ihres Gottesdienstes in den Synagogen, 2. ihrer Unterrichtsanstalten und der Lehrgegenstände und 3. ihres Erziehungswesens überhaupt. Ein Wort zu seiner Zeit«) ist abgedruckt bei Moritz Stern, Beiträge zur Geschichte der Jüdischen Gemeinde zu Berlin, Heft 6, Berlin 1934, S. 3–17.

5 Ismar Elbogen, Geschichte der Juden in Deutschland, Berlin 1935, S. 222.

6 Über den sog. »Orgelstreit« vgl. Jüdisches Lexikon, Bd. IV/1, S. 222.

7 S[imon] M. Dubnow, Die neueste Geschichte des jüdischen Volkes (1789–1914), Bd. II, Berlin 1920, S. 34 f. und 71 f.

8 Der Ausdruck »orthodox« ist vom christlichen Sprachgebrauch übernommen und auf das dogmatisch viel weniger festgelegte Judentum nur bedingt anwendbar. In Deutschland hatte sich für die am Religionsgesetz streng festhaltenden Kreise die Bezeichnung »gesetzestreues« oder »thoratreues« Judentum eingebürgert. Eine andere Bezeichnung war »konservativ« im Gegensatz zu »liberal«, wie sich vom Ende des 19. Jahrhunderts an die Reformanhänger nannten. Vgl. Heinz Mosche Graupe, Die Entstehung des modernen Judentums. Geistesgeschichte der deutschen Juden 1650–1942, Hamburg 1969, S. 214 Anm. 140.

9 Igrot Zafon, Neunzehn Briefe über das Judentum. Als Voranfrage wegen Herausgabe von Versuchen desselben Verfassers über Israel und seine Pflichten, hrsg. von Ben Usiel [1836], Frankfurt 1919.

10 Ebenda, S. 98 (Brief 17).

11 Michael Creizenach, Schulchan Aruch oder Encyclopädische Darstellung des Mosaischen Gesetzes, 4 Bde., 1833, 1837, 1839 und 1840.

12 A. Rebenstein, Rationalismus im Judentum, in: Der Gesellschafter, Nr. 48–50/1837.

13 A. Bernstein (Rebenstein), Plan zu einer neuen Grundlage für die Philosophie der Geschichte. Wissenschaftlicher Versuch nebst einigen literarischen Studien, Berlin 1938, S. 27–33.

14 Bernstein an Varnhagen von Ense, 15. März 1837 (Sammlung Varnhagen von Ense, Jg. Bibl., Krakau).

15 Über den Schriftsteller Joel Jacoby (1810–1863), der in der Literatur abwechselnd »politischer Frontenwechsler«, »frömmelnder Konvertit«, »gesinnungsloser Lohnschreiber«, »beamteter Presseüberwacher«, »Agent provocateur«, »Spion« und »Denunziant« genannt wird, vgl. Karl Gutzkow, Rückblicke auf mein Leben, Berlin 1875, S. 142 f., und Heinrich Laube, »Erinnerungen«. Ausgewählte Werke in zehn Bänden, hrsg. von Heinrich Hubert Houben, Bd. 8., Leipzig o. J., S. 322 f. und 339; ebenfalls Horst Denkler, Das »wirkliche Juda« und der »Renegat«: Moses Freudenstein als Kronzeuge für Wilhelm Raabes Verhältnis zu Juden und Judentum, in: The German Quarterly, 60 (Winter 1987), Heft 1, S. 10 ff.

16 Joel Jacoby, Klagen eines Juden, Mannheim 1937, S. X.

17 A. Rebenstein, Herr Jacoby, ein klagender Jude, als Juden-Ankläger, in: Der Gesellschafter, Nr. 29, S. 144, Nr. 30/1838, S. 148 ff.

18 A. Rebenstein, Klagen der Juden über den klagenden Juden: Hr. J. Jacoby, in: Der Gesellschafter, Nr. 8/1838, S. 40: »Es gibt … einen, freilich üblen Drang, geistreicher zu scheinen als man wirklich ist.«

19 J. Jacoby, Religiöse Rhapsodien. Blätter für die höchsten Interessen [Verlag Carl Heymann], Berlin 1837.

20 A. Rebenstein, Herr J. Jacoby, ein Übersetzer Hegel's in's Pietist-Politische, in: Beilage zum »Gesellschafter«, Nr. 5/1837.

21 Bernstein an Moritz Veit, 21. Oktober 1839 (Nachlaß Veit, CAHJP, P 47).

22 A. Rebenstein, Unsere Gegenwart, in: Zur Judenfrage in Deutschland. Vom Standpunkt der Rechts und Gewissensfreiheit, hrsg. von Wilhelm Freund, Berlin 1843, S. 7–25, und Berlin 1844, S. 65–102. Immanuel Heinrich Ritter – Samuel Holdheim. Sein Leben und seine Werke. Ein Beitrag zu den neuesten Reformbestrebungen im Judenthume, Berlin 1865, S. 103–119 – würdigt ausführlich den Aufsatz und bemerkt: »Die Wirkung war damals eine durchschlagende und für die Gleichgestimmten eine hinreißende« (S. 112).

23 Samuel Holdheim, Die Autonomie der jüdischen Rabbiner und das Prinzip der jüdischen Ehe, Schwerin/Berlin 1843.

24 A. Rebenstein, Unsere Gegenwart (s. Anm. 22), S. 13.

25 Vgl. die Antwort von Samuel Holdheim, Unsere Gegenwart. Mit besonderer Beziehung auf den gleichnamigen Aufsatz des Herrn Reben-

stein, in: Zur Judenfrage in Deutschland (vgl. Anm. 22), Berlin 1843, S. 149–171, 231–258, und Berlin 1844, S. 315–340.

26 A. Rebenstein, Unsere Gegenwart (s. Anm. 22), Berlin 1843, S. 13.

27 Ebenda, Berlin 1844, S. 69.

28 Bruno Bauer, Die Judenfrage, erstmals erschienen in: Deutsche Jahr-bücher, Nr. 279–282, 17.–26. November 1842, S. 1093–1126; erweiterter Separatdruck Braunschweig 1843; ders. Neueste Schriften über die Juden-frage, in: Allgemeine Literatur-Zeitung, 1/1843, Dez. 1843, S. 2–8; ders., Neueste Schriften über die Judenfrage, ebenda, Bd. 2, H. 4, März 1844, S. 10–19.

29 Rezension, in: Zur Judenfrage in Deutschland (s. Anm. 22), Berlin 1844, S. 215–216.

30 Ebenda, S. 215.

31 Vgl. Nathan Rotenstreich, The Bruno Bauer Controversy, in: LBIYB, Bd. IV/1959, S. 3–36; Jürgen Gebhardt, Karl Marx und Bruno Bauer, in: Politische Ordnung und menschliche Existenz. Festgabe für Eric Voegelin zum 60. Geburtstag, München 1962, S. 202–242; Christopher Dannen-mann, Bruno Bauer. Eine monographische Untersuchung, Phil. Diss. Er-langen 1969, S. 72 f.; Zvi Rosen, Bruno Bauer and Karl Marx. The Influ-ence of Bruno Bauer on Marx's Thought, The Hague 1977, S. 223; Julius Carlebach, Karl Marx and the Radical Critic of Judaism, London 1978, S. 127 ff.

32 Rezension (s. Anm. 29), S. 215 f.

33 So z. B. Meyer, Response to Modernity (s. Anm. 1), S. 126 ff.

34 Ludwig Geiger, Geschichte der Juden in Berlin. Festschrift zur Säku-lar-Feier. Anmerkungen, Ausführungen, urkundliche Beilagen und zwei Nachträge (1871–1890). Mit einem Vorwort von Hermann Simon, [Nach-druck] Berlin 1988, S. 191, gibt irrtümlich 1841 als Gründungsdatum an. Die Gründungsversammlung fand am 23. Juli 1839, die erste Mitglieder-versammlung am 30. Juli 1839 statt. Teilnehmerlisten und handschriftliche Gründungspräambeln vom 10. Juli 1840 werden im Stadtarchiv Berlin auf-bewahrt.

35 Protokoll einer Mitgliederversammlung des Kultur-Vereins, 18. De-zember 1840 (Nachlaß Veit, P 47/2, CAHJP, Jerusalem). In den Vorstand wurden am 16. Dezember 1840 neben Bernstein [Lazarus?] Auerbach, Ph[ilipp] Hellborn, Carl Heymann, Joel, J. Lehmann, Ludwig Lesser, Dr. Joel Wolff Meyer, J. Muhr, Dr. Robo, Dr. Steinthal, [Sigismund] Stern, Mo-ritz Veit, Leopold Zunz gewählt.

36 Ludwig Lesser hatte am 7. März 1845 zu dieser Versammlung eingela-den, die im Sitzungslokal des 1840 entstandenen Kultur-Vereins in der Spandauerstraße 72 stattfand. Ein schriftliches Protokoll existiert nicht. Samuel Holdheim (Geschichte der Entstehung und Entwicklung der jüdi-schen Reformgemeinde in Berlin. Im Zusammenhang mit den Gesamtbe-

strebungen der Neuzeit, Berlin 1857, S. 28) berichtet, daß der Beschluß gefaßt wurde:»Wir erklären, daß das rabbinische Judentum im Ganzen wie im Einzelnen mit unserer wissenschaftlichen Überzeugung und den Anforderungen des Lebens nicht im Einklang steht. Wir erwählen ein Comité, um uns Vorschläge zu machen, ob und wie in dieser Beziehung ein Fortschritt möglich sei.«

37 Zu Mitgliedern des Ausschusses wurden Sigismund Stern mit 19 Stimmen, A. Bernstein mit 15 Stimmen, Moses Simion mit 13 Stimmen, Ludwig Lesser mit 12 Stimmen, Carl Heymann mit 12 Stimmen, Joseph Behrend mit 11 Stimmen, W. Freund mit 11 Stimmen gewählt. Vgl. Arthur Galliner, Sigismund Stern. Der Reformator und der Pädagoge, Frankfurt a. M. 1930, S. 57.

38 Holdheim, Geschichte der Entstehung und Entwicklung der jüdischen Reformgemeinde in Berlin (s. Anm. 36), S. 31.

39 Ebenda, S. 33.

40 Ebenda, S. 38.

41 Der Text sowie die Namen der Unterzeichner sind bei Galliner, Sigismund Stern (vgl. Anm. 37), auf S. 60 abgedruckt.

42 Bedenken gegen den Aufruf äußerte zum Beispiel Selig Cassel:»Ein ernstes Wort der Warnung ergeht an Sie liebe Landsleute, der Warnung vor verlockender Beredsamkeit und bequemer Unsterblichkeitshascherei. Die Reue folgt mit allen ihren Übelheiten auf den verzückenden Reformationsrausch, und die Religion, die in ihrer Form der Kraft der ganzen Welt, den Waffen der Gothen und Sarrazenen widerstand, streckt nicht vor einigen Phrasenschüssen das Gewehr; sie hat nie diejenigen halten wollen, die sie verlassen; die Treulosen entließ sie entweder mit Schmerz oder Verachtung« (AZJ, Nr. 26/1845).

43 Caesar Seligmann, Geschichte der jüdischen Reformbewegung von Mendelssohn bis zur Gegenwart, Frankfurt a. M. 1922, S. 121.

44 So Klaus J. Herrmann, Weltanschauliche Aspekte der Jüdischen Reformgemeinde zu Berlin, in: Emuna, 2/1974, S. 84.

45 Die nach protestantischem Vorbild geplante Synode ist nie zusammengetreten. Durch den Beschluß vom 27. Mai 1845, noch vor Berufung der Synode»einen dem gegenwärtigen Bedürfnis entsprechenden Gottesdienst für Berlin ins Leben zu rufen«, ist nach Holdheim (s. Anm. 36) das »Todesurteil über die Synode« gesprochen worden.

46 A. Rebenstein, Prinzipien-Entwurf für die Genossenschaft für Reform im Judenthum, Berlin 1847, S. 5 f.

47 Ausführlich behandelt Bernstein in dieser im Selbstverlag veröffentlichten Schrift die Konsequenzen, die sich aus den aufgestellten Prinzipien ergeben. Im Vorwort (ebenda, S. 4) erklärte er, daß er auf Belehrung hoffe, mit Zurechtweisung rechne, auf Angriffe gefaßt und gegen Schmähungen gewappnet sei.

48 Die Einzelheiten der Gründung hat Holdheim (Geschichte der Entstehung und Entwicklung der jüdischen Reformgemeinde [s. Anm. 36), S. 105 ff.] beschrieben.

49 Bei einer ersten Beratung am 17. Mai wurden Sigismund Stern zum Vorsitzenden und Carl Heymann zum stellvertretenden Vorsitzenden gewählt.

50 Die Beratungen der drei Rabbinerversammlungen liegen gedruckt vor. Vgl. Protokolle der ersten Rabbiner-Versammlung abgehalten zu Braunschweig, Braunschweig 1844; Protokolle und Aktenstücke der zweiten Rabbiner-Versammlung, abgehalten zu Frankfurt am Main, Frankfurt a. M. 1845; Protokolle der dritten Versammlung deutscher Rabbiner, abgehalten zu Breslau, Breslau 1847. Die Berliner Genossenschaft hat eine Deputation, der u. a. auch Bernstein angehörte, zu der in Frankfurt tagenden Rabbinerversammlung mit einer Denkschrift entsandt, in der erklärt wurde, das Ziel der Genossenschaft entspreche den Bestrebungen der Rabbinerversammlung. Der Text der Denkschrift ist bei Moritz Levin, Die Reform des Judentums. Festschrift zur Feier des fünfzigjährigen Bestehens der jüdischen Reformgemeinde in Berlin, Berlin 1895, S. 39 ff., abgedruckt. Vgl. ebenfalls Galliner, Sigismund Stern (s. Anm. 37), S. 63 ff.

51 Vgl. Holdheim (s. Anm. 36), S. 142 f.

52 Vgl. u. a. die Augenzeugenberichte von Ludwig Philippson in: AZJ 9/1845, S. 647 ff., 658 f. Die Anzahl der Berliner Mitglieder der Genossenschaft betrug 327, die Zahl der auswärtigen Mitglieder 426. Vgl. Holdheim (s. Anm. 36), S. 146. Aus einem Brief von Julius Waldeck an Johann Jacoby vom 12. Dezember 1845 geht hervor, daß offensichtlich auch Jacoby als »auswärtiges Mitglied« der »Reformgenossenschaft« angehört hat (Johann Jacoby. Briefwechsel 1816–1849, hrsg. und erläutert von Edmund Silberner, Hannover 1974, S. 328).

53 Vgl. Der Festgottesdienst bei der Berliner Genossenschaft für Reform im Judenthum und die daselbst gehaltenen Predigten von dem Rabbiner Doctor Philippson in Magdeburg. Beurtheilt von einem der Mitglieder, Altona 1846.

54 Vgl. Gebete und Gesänge zu dem von der Genossenschaft für Reform im Judenthum eingerichteten Gottesdienst in Berlin, für das Neujahrsfest des Weltjahres 5606, Berlin 1845.

55 Thomas Rahe, Religionsreform und jüdisches Selbstbewußtsein im deutschen Judentum des 19. Jahrhunderts, in: Menora. Jahrbuch für deutsch-jüdische Geschichte, Bd. 1, München 1990, S. 106.

56 Vgl. Alexander Altmann, Zur Frühgeschichte der jüdischen Predigt in Deutschland. Leopold Zunz als Prediger, in: YLBI 6/1961, S. 3–59; ders., The New Style of Preaching in Nineteenths-Century German Jewry, in: Essays in Jewish Intellectual History, Hannover/London 1981, S. 190–245.

57 Sigismund Stern formulierte diese Überzeugung folgendermaßen: »Das Judenthum, das sich eine Zeit lang dem Christenthum zu nähern glaubte, weil es sich aus sich selbst entfernte, nähert sich demselben jetzt wahrhaft, aber mit dem Bewußtsein seiner eigenen Persönlichkeit« (Das Judenthum als Element des Staatsorganismus, in: Freund, Zur Judenfrage in Deutschland [s. Anm. 22], Bd. 1, S. 138).

58 Bernstein an Johanna Neumann, November 1845 (Zum hundertjährigen Geburtstag Eures Großvaters A. Bernstein, o. O. [1912], S. 59).

59 Bernstein war zeit seines Lebens, obgleich er bereits 1846 aus dem Leitungsgremium ausgeschieden war, an allen Vorgängen interessiert, die die Berliner Reformgemeinde betrafen. Als Ende der fünfziger Jahre ein Konflikt ausbrach, der sich an einer Lappalie entzündete, aber der Versuch des amtierenden Vorstandes war, durch eine Satzungsänderung den Reformcharakter der Gemeinde zu ändern, meldete sich Bernstein mit einer Denkschrift zu Wort. Vgl. A. Bernstein, Zur Reorganisation. Vertrauliche Denkschrift an meine Genossen die Mitglieder der Jüdischen Reformgemeinde in Berlin, Berlin: Julius Sittenfeld 1860.

60 Bibliographische Angaben zu den Gebetbüchern finden sich bei Jakob J. Petuchowski, Prayerbook Reform in Europe. The Liturgy of European Liberal and Reform Judaism, New York 1968, S. 4 f.

61 Die Gründung der Religionsschule war von den »Bevollmächtigten« der Genossenschaft am 21. Oktober 1846 beschlossen worden (vgl. Reform-Zeitung, Nr. 4/1847, S. 32). Im »Lehrplan für die Religionsschule« wurde der Schwerpunkt a. auf die »Geschichte des Judentums und seiner Bekenner von den biblischen Erzählungen bis auf unsere Zeit«, b. auf »Bibelkenntnis« sowie c. auf die »Religions- und Sittenlehre des Judentums« gelegt.

62 Ursprünglich war daran gedacht, Abraham Geiger für die Übernahme des Rabbinats zu gewinnen. Mit einem anderen Deputierten zusammen war Bernstein nach Breslau gereist (17. und 18. März 1846), um Geiger im Auftrag der Berliner Reformgemeinde das Amt anzutragen. Vgl. Ludwig Geiger, Abraham Geiger. Leben und Lebenswerk, Berlin 1910, S. 123 und 189; ebenfalls: Rabbiner Karl Rosenthal, Abraham Geigers Stellung zum Reformjudentum, in: Mitteilungen der jüdischen Reformgemeinde zu Berlin, Nr. 4/1935, S. 60 ff.

63 Vgl. Synagogen in Berlin. Zur Geschichte einer zerstörten Architektur, Teil 1, Berlin 1982, S. 26 f.

64 S. M. Dubnow, Die neueste Geschichte des jüdischen Volkes (1789–1914), Bd. II, Berlin 1920, S. 95.

65 Julius Stern (1820–1883) begründete mit Ad. Kullak und A. B. Marx 1850 das Sternsche Konservatorium der Musik, das er seit 1857 allein leitete.

66 Zum hundertjährigen Geburtstag (s. Anm. 58), S. 31.

67 Insgesamt sind zwölf Nummern erschienen. Das Blatt war in Groß-folio-Format und im Umfang von je acht Seiten gehalten. Der Verlag war M. Cohn & Co in Berlin, Kommandantenstr. 10. Die Januarnummer ist bei Julius Sittenfeld, Johannisstr. 4, gedruckt worden, alle übrigen Nummern in der »Friedländerschen Buchdruckerei«. Der Preis war vierteljährlich 10 Silbergroschen. Als die Reform-Zeitung ihr Erscheinen einstellte, wurde versucht, die Arbeit in der in Frankfurt am Main erscheinenden Zeitschrift »Der Israelit des 19. Jahrhunderts« fortzusetzen. Herausgeber war der Rabbiner Mendel Hess (1807–1871). In den letzten Dezember-nummern des Jahres 1847 werden den Lesern die Verbindung mit der Re-formgenossenschaft und die Mitarbeit von Dr. Holdheim angekündigt. Von der ersten Januarnummer des Jahres 1848 an trägt die Zeitung den Vermerk: »Unter der Mitredaktion von S. Holdheim, Rabbiner in Berlin. Herausgegeben von Dr. M. Hess, Großherzogl. Weimar'schem Land-Rab-binen zu Eisenach.« Diese Wochenschrift hat ihr Erscheinen am 24. Juni 1848 eingestellt. Vgl. Walther Michaelis, Zur Geschichte der Reformge-meinde: 1. »Reform-Zeitung« und »Mitteilungen«, in: Mitteilungen der Jüdischen Reformgemeinde zu Berlin, Nr. 4/1935, S. 63 f.

68 Reform-Zeitung, Nr. 1/1847, S. 7

69 Die vom Staatsanwalt beantragte Nichtigkeitserklärung stützte sich auf Paragraph 36, Tit. I, Teil II des Preußischen Allgemeinen Landrechts: »Ein Christ kann mit solcher Person keine Heirat schließen, welche nach den Grundsätzen ihrer Religion sich den christlichen Ehegesetzen zu un-terwerfen gehindert ist.«

70 Die Dokumente zu dem Fall hat Falkson unter dem Titel »Gemischte Ehen zwischen Juden und Christen, Bd. 1: Der Königsberger Staatsanwalt in Ehesachen und der Ehesenat erster Instanz«, Hamburg 1847, veröffent-licht.

71 A. Rebenstein, In Sachen der Mischehe des Dr. Falkson in Königsberg, in: Reform-Zeitung, Nr. 1/1847, S. 11. Vgl. Jacob Toury, Jüdische Bürger-rechtskämpfer im vormärzlichen Königsberg, in: Jb. für die Geschichte Mittel- und Ostdeutschlands, Bd. 32/1983, S. 200 ff.

72 Die Kinder, die aus interkonfessionellen Ehen stammten, wurden in der Regel christlich erzogen. Vgl. Jacob Toury, Soziale und politische Ge-schichte der Juden in Deutschland 1847–1870, Düsseldorf 1977, S. 64 ff.

73 Reform-Zeitung, Nr. 1/1847, S. 12.

74 Reform-Zeitung, Nr. 5/1847, S. 36 ff.

75 Moses Simion (1814–1854), Verlagsbuchhändler, hatte eine Buchhan-delskonzession seit dem 30. 1. 1838, verheiratet mit Frederike Cohn.

76 Reform-Zeitung, Nr. 9/1847, S. 72.

77 Samuel Holdheim, Antrittspredigt bei dessen Einführung in sein Amt als Rabbiner und Prediger der Genossenschaft für Reform im Judenthum zu Berlin am 5. September 1847, Berlin: Behr 1847. Vgl. Rabbiner Dr.

[Benno] Gottschalk, Die Antrittspredigt Samuel Holdheims und die religiösen Grundlagen der Reformgemeinde, in: Mitteilungen der jüdischen Reformgemeinde zu Berlin, Nr. 4/1835, S. 58ff.

78 In der Reform-Zeitung, Nr. 7/1847, S. 52ff., ist der Text der Regierungsvorlage nebst den Beschlüssen der »Herren Kurie« und der »Kurie der drei Stände« abgedruckt.

79 Ebenda, Nr. 9/1847, S. 68.

80 Ebenda, Nr. 6/1847, S. 44–47.

81 Geändert werden sollte Paragraph 1 der Satzung der Gemeindesatzung vom 4. Dezember 1848, in dem es bisher hieß, der Zweck sei »die Herstellung von Reformen im Judentum«. Im neuen Paragraphen sollte nur noch von der »Erhaltung und Fortsetzung des Judentums« durch Gottesdienst und Religionsunterricht gesprochen werden, ohne eine Reform als Tendenz zu erwähnen.

82 A. Bernstein, Zur Reorganisation. Vertrauliche Denkschrift an meine Genossen die Mitglieder der jüdischen Reformgemeinde in Berlin [als Manuskript gedruckt], Berlin 1860.

83 Über die Prinzipien der jüdischen Reformgemeinde zu Berlin. Ein Wort der Erinnerung am 20. Jahrestag des Aufrufes vom 2. April 1845, Berlin 1865.

84 Ebenda, S. 17.

85 Ebenda, S. 23.

86 Ebenda, S. 26.

87 Vgl. Hermann, Weltanschauliche Aspekte der Jüdischen Reformgemeinde zu Berlin (s. Anm. 44), S. 86.

88 Heinrich von Treitschke, Unsere Aussichten, in: Preußische Jahrbücher, November 1879, in: Der Berliner Antisemitismusstreit, Frankfurt 1965, S. 7–14.

89 Bernstein veröffentlichte eine Reihe von Leitartikeln in der VZ, die auch als Sonderdruck (Herrn Stöcker's Treiben und Lehren, Berlin [o. J.] erschienen, in denen er Stoecker als einen christlich-sozialen Agitator bezeichnete, der vom Wesen des Christentums nur wenig Kenntnisse habe.

90 Die fünf Leitartikel gab Heinrich Siegfried ein Jahr später unter dem Titel »Zwei Betrachtungen über die Antisemitenbewegung in Deutschland«, Berlin 1881, S. 17–36, heraus.

91 Der antisemitischen Agitation war Bernstein bemüht, auch mit Aufrufen und öffentlichen Erklärungen entgegenzuwirken. Vgl. Bernstein an Unbekannt, 19. Dezember 1880: »Ich glaube, daß wir – als Reform-Juden – gegenüber dem jetzigen Skandal und namentlich der Verleumdung des Talmuds, die besondere Pflicht haben, ein Wort der Wahrheit an das Volk zu richten. Eine Erklärung, in welcher [wir] sagen, daß wir uns schon seit einem Menschenalter von der Autorität des Talmuds losgesagt und das zu einer Zeit getan haben *bevor* die Emancipation ausgesprochen war, wird

unser Zeugnis, daß der Talmud jene schändlichen Sätze, welche ihm jetzt angedichtet werden, nicht enthält, vollauf glaubwürdig in den Augen des Volkes machen« (Kirchstein Collection, 8/13, Hebrew Union College Library, Cincinnati/Ohio).

92 Bernstein, Ein Wort zur Judenfrage (s. Anm. 90), S. 31 f.

93 Ebenda, S. 35.

94 AM 19. März 1846 hatte Geiger seinem Gemeindevorstand mitgeteilt, daß ihm das »Amt als Geistlicher« angetragen worden sei: »Ich habe diesen Antrag ... zwar nicht angenommen, aber doch nicht geradezu abgelehnt, sondern mir Bedenkzeit ausgebeten.« Vgl. Seligmann, Geschichte der jüdischen Reformbewegung (s. Anm. 43), S. 189; ebenfalls Ludwig Geiger, Abraham Geiger. Leben und Lebenswerk, Berlin 1910, S. 123. Im März 1861 hatte Bernstein wieder versucht, Geiger für die Übernahme des Rabbineramtes in Berlin zu gewinnen. Vgl. Brief Abraham Geigers an Bernhard Wechsler, 8. April 1861: »Ist es übrigens nicht ein wahrer Hohn auf unsere ganze Entwicklung, dass die Reformgemeinde in Berlin Keinen findet, der für sie passt ... Mich quälen sie furchtbar; anfangs vorigen Monats schrieb mir Berthold Auerbach in deren Auftrage, Pesach war Bernstein (Rebenstein) lediglich in dieser Angelegenheit zwei Tage hier – natürlich weiss Niemand davon« (Abraham Geigers Leben in Briefen, Hrsg. von L. Geiger, Breslau 1885, S. 251).

95 Jüdische Zeitschrift für Wissenschaft und Leben, hrsg. von Abraham Geiger, Bd. 7, Breslau 1869, S. 223–226.

96 Bernstein würdigte zum Beispiel Geigers »Urschrift und Übersetzung der Bibel in ihrer Abhängigkeit von der inneren Entwicklung des Judentums«, Breslau 1857, mit einem Leitartikel in der VZ. Vgl. Geiger, Abraham Geiger (s. Anm. 94), S. 184.

97 Johanna Meyer erinnert sich, daß bei diesen Zusammenkünften häufig aus der Bibel vorgelesen wurde, und zwar der Zunz'schen Bibel von 1835, da Bernstein die Luthersche Übersetzung ablehnte: »Der Großvater las uns vieles vor ..., dazu gab er uns ... ganz herrliche Bibelstunden, in denen er uns den Sinn für die geschichtliche Bedeutung der Bibel aufschloß und uns einführte in die Geisteswelt der fernen Jahrtausende« (Zum hundertjährigen Geburtstag [s. Anm. 58], S. 21 f.).

98 Am 21. Januar 1861 schrieb Bernstein an Elisabeth Lewald: »Ich bin seit Sonnabend leidend und kann abends zumal nicht ausgehen. Können wir nicht den Lukas bei uns lesen?« (Nachlaß Lewald-Stahr, StaBi, Berlin).

99 Berthold Auerbach hatte Strauß' »Revision des Christentums« im November 1860 bereits ein »weltgeschichtliches Ereignis« genannt. Vgl. Berthold Auerbach. Briefe an seinen Freund Jakob Auerbach. Ein biographisches Denkmal, Bd. 1, Frankfurt a. M. 1884, S. 146.

100 Um welche Ausgabe es sich handelte, läßt sich nicht rekonstruieren. 1863 erschienen in Deutschland allein fünf verschiedene Übersetzungen.

Vgl. Albert Schweitzer, Geschichte der Leben-Jesu-Forschung, Tübingen 1951, S. 190 f.

101 Bernstein an Elisabeth Lewald, 23. August 1863 (Nachlaß Lewald-Stahr, StaBi, Berlin).

102 Die Arbeit mit dem Titel »Über den Verfasser der Regententafel von Edom im ersten Buche Moses, Kap. 36« [als Manuskript gedruckt], Berlin 1880, konnte nicht eingesehen werden.

103 Erschienen Berlin 1871.

104 Ebenda, S. 1.

105 Immanuel Heinrich Ritter, in: Vossische Zeitung, Sonntagsbeilage, Nr. 26/1871 und Nr. 28/1871; vgl. ebenfalls Brief von Ritter an Bernstein, 30. Januar 1871 (AZJ 8/1893, S. 91 f.).

106 Abraham Geiger an Bernstein, 27. Juni 1871 (AZJ, 6/1893, S. 70).

107 Leopold Zunz an Bernstein, 23. Januar 1871 /AZJ, 4/1893, S. 90).

108 Berthold Auerbach. Briefe an seinen Freund Jakob Auerbach (s. Anm. 99), Bd. 2, S. 60.

109 Als Abraham Mendelssohn gegen den Gedanken ankämpfte, seine Kinder, die Enkel Moses Mendelssohns, taufen zu lassen, schrieb ihm sein Schwager Jakob Salomon-Bartholdy: »… Du sagst, Du seiest es dem Andenken Deines Vaters schuldig – glaubst Du denn etwas Übles getan zu haben, Deinen Kindern diejenige Religion zu geben, die Du für sie für die bessere hältst? Es ist geradezu eine Huldigung, die Du und wir alle den Bemühungen Deines Vates um die wahre Aufklärung im allgemeinen zollen, und er hatte wie Du für Deine Kinder, vielleicht wie ich für meine Person gehandelt. Man kann einer gedrückten, verfolgten Religion getreu bleiben; man kann sie seinen Kindern als eine Anwartschaft auf ein sich das Leben hindurch verlängerndes Märtyrertum aufzwingen – solange man sie für die alleinseligmachende hält. Aber sowie man dies nicht mehr glaubt, ist es eine Barbarei …« (Juden und Judentum in deutschen Briefen aus drei Jahrhunderten, Wien 1935, S. 138). Seinem Sohn Felix teilte Abraham Mendelssohn-Bartholdy im Jahre 1827 seine Beweggründe mit, warum er sich für die Taufe und für das Christentum entschieden hätte: »Daß ich keinen inneren Beruf fühlte, bei meiner Geringschätzung aller Form überhaupt die jüdische [Religion] als die veralteste, verdorbenste, zweckwidrigste für Euch [die Kinder] zu wählen, versteht sich von selbst, so erzog ich Euch in der christlichen als der gereinigteren von der größten Zahl zivilisierter Menschen angenommenen und bekannt mich auch selbst zu derselben, weil ich für mich tun mußte, was ich für Euch als bessere erkannte« (Eckart Kleßmann, Die Mendelssohns. Bilder aus einer deutschen Familie, Zürich und München 1990, S. 100).

110 Bertha Meyer (1822–1896) stammte aus einem alteingesessenen Kaufmannshaus in Berlin, stand mit Adolf Diesterweg in freundschaftlichem Verkehr, war literarisch tätig und wirkte erfolgreich für die Be-

194

gründung Fröbelscher Kindergärten und schloß sich in späteren Jahren der Frauenbewegung an.

111 Richard Meyer, Victor Meyer. Leben und Wirken eines deutschen Chemikers und Naturforschers 1848–1897, Leipzig 1917, S. 19f.

112 Es hat sich nicht ermitteln lassen, wie viele Kinder aus dieser Ehe hervorgegangen sind. Angeblich soll eines der Kinder der spätere Redakteur der Berliner Morgenpost, Arthur Bernstein, gewesen sein, von dem es heißt, er sei am 9. September 1862 geboren worden.

113 Zum hundertjährigen Geburtstag (s. Anm. 58), S. 25.

114 Die Zahl der »Mischehen« wird allgemein höher angesetzt, als sie tatsächlich gewesen ist. In Preußen waren gerade 4,8 % der 1875 bis 1884 von Juden geschlossenen Ehen »Mischehen«. 1895 bis 1899 waren es 7,8 %, während der Anteil im gesamten Deutschen Reich für den Zeitraum 1901 bis 1904 knapp 8 % betrug. Thomas Rahe (Religionsreform und jüdisches Selbstbewußtsein [s. Anm. 55], S. 113) wertet diese Daten als Ausdruck einer »Binnenorientierung« der deutschen Juden. Seiner Ansicht nach hätte der Mischehenanteil bei einer durchgängig »zufälligen« Partnerwahl angesichts der Minoritätenposition der deutschen Juden (etwa 1 % der Gesamtbevölkerung) um ein Vielfaches höher sein müssen.

115 Im »Juden und Dissidentenregister« (VIII. Hpt. Abt., GStA Berlin) findet sich folgende Eintragung: »In der Verhandlung vom 30. October 1873 ... haben der Schriftsteller Aron David Bernstein, 61 Jahre alt, jüdischer Religion und die Anna Charlotte Wilhelmine Tetzlaff, 36 Jahre alt, hier wohnhaft, Tochter des verstorbenen Unteroffiziers Wilhelm Tetzlaff und seiner Ehefrau Dorothee Sophie, geb. Lindner, welche aus der evangelischen Kirche, zu der sie früher gehört hat, ausgetreten ist, erklärt: daß sie fortan als ehelich miteinander verbunden sich betrachten wollen.«

116 A. Bernstein, Die Frauen des hebräischen Altertums, in: Natur und Kultur. Betrachtungen, Leipzig 1880, S. 128–153.

117 Joseph Lehmann (1872–1933) war von 1910 bis 1933 Rabbiner in der Reformgemeinde und Mitglied des Vorstandes des CV.

118 Dr. Joseph Lehmann, Rede zum 100. Geburtstag Aron Bernstein's, gehalten im Gotteshause der Jüdischen Reformgemeinde bei der Seelenfeier am 7. Tage des Passahfestes 8. April 1912, o. O. [1912], S. 4.

119 Ebenda, S. 16.

BILDER AUS DEM GHETTO

In der Literaturgeschichtsschreibung wird A. Bernstein als »Klassiker der Ghettogeschichte«[1] bezeichnet. Seine beiden Novellen »Vögele der Maggid« und »Mendel Gibbor« gelten als »Perlen der Erzählungsliteratur«[2] und sind »moderne Culturdichtungen«[3] genannt worden. Bereits kurz nach dem Ersterscheinen von »Vögele der Maggid« bemerkte Ludwig Philippson, der Herausgeber der »Allgemeinen Zeitung des Judentums« (AZJ), Bernstein habe mit seiner Novelle ein »wahres Meisterstück seiner Art« geliefert. Er habe, hieß es in der Besprechung, eine Gemeinde im Osten Preußens »im Zustande der naiven Orthodoxie« geschildert. Dadurch, daß er die »barocke altjüdische Mundart« gewählt, es aber gleichzeitig verstanden habe, »eine so ansprechende Harmlosigkeit und Naivität darüber zu breiten«, könne das vorgestellte Genrebild »eine der ersten Stellen in unserer Literatur«[4] beanspruchen.

Was die Entstehung der beiden Novellen angeht, so gibt es unterschiedliche Versionen. Im Verlauf der Rezeptionsgeschichte haben sich einige Fehler eingeschlichen, die bis heute in Lexika, Nachschlagewerken und Sammelbändern tradiert werden. Unterschiedlich sind zum Beispiel die Angaben, wann Bernstein die Novellen niedergeschrieben und veröffentlicht haben soll. Lange Zeit galt es als ausgemacht, daß die Erstveröffentlichungen 1837 und 1838 erfolgt seien, was wahrscheinlich auf eine Verwechslung zurückzuführen ist, die Bernstein nicht angelastet werden kann. Ende der dreißiger Jahre hatte er nämlich tatsächlich Novellen geschrieben – nur waren es keine Ghetto-Novellen, sondern Erzählungen allgemeiner Natur, die einen mehr unterhaltenden Charakter hatten und in Zeitschriften wie Gubitz' »Gesellschafter«,[5] Alexis' »Freimütigem«[6] oder in der von Karl Köchy zu jener Zeit redigierten »Mitternachtszeitung«[7] erschienen sind.

Wie kam nun aber Bernstein zu der Ehrenbezeichnung »Vater

der Ghettonovelle«? Es war lange Jahre strittig, wer diese Bezeichnung erfunden hat, Bernstein selbst, der nicht sehr gern über die eigene Person sprach, oder die Literarhistoriker, wie zum Beispiel Ludwig Laistner, die durch ungenaues Recherchieren falsche Fährten gelegt haben. Im »Neuen deutschen Novellenschatz«, herausgegeben von Paul Heyse und besagtem Ludwig Laistner, wird Bernstein als »Bahnbrecher«[8] bezeichnet, der Ende der dreißiger Jahre die Ghetto-Novelle schuf, die nicht nur, wie es dort heißt, die Arbeiten von Leopold Kompert, Salomo Hermann Mosenthal, Alexander Weill und Karl Emil Franzos beeinflußt, sondern auch Berthold Auerbach als Vorbild für dessen berühmte »Dorfgeschichten« gedient hätte.[9]

Es ist das Verdienst von Karl Emil Franzos, Licht in diese ominöse Angelegenheit gebracht zu haben. In seinem in der »Allgemeinen Zeitung des Judenthums« veröffentlichten mehrteiligen Artikel über Bernstein[10] bekannte er, er hätte lange Zeit selbst geirrt, was auf die falschen Auskünfte zurückzuführen gewesen sei, die er erhalten habe. So hätte er sich auf eine Information des Predigers Dr. Jellinek[11] verlassen sowie auf einen Artikel des Rabbiners und Publizisten Isaak Rülf, in dem dieser versicherte, er hätte es 1872 persönlich aus dem Munde Bernsteins erfahren, daß die Novellen Ende der dreißiger Jahre entstanden seien.[12] Nachdenklich geworden und der Angelegenheit nachgegangen sei er erst, als er mit Leopold Kompert zusammengetroffen sei, der Bernstein zwar geschätzt, aber bezweifelt hätte, daß er der Schöpfer der Ghetto-Novelle sei. »Die Herren Literar-Historiker«, hätte Kompert spöttisch bemerkt, »kommen sehr leicht ins Konstruieren.«[13]

Tatsächlich veröffentlicht wurden Bernsteins Ghetto-Novellen zum ersten Mal in den Jahren 1857 und 1858, im »Kalender und Jahrbuch für die jüdischen Gemeinden Preußens«,[14] der von Philipp Wertheim herausgegeben wurde. Der Sekretär der Berliner jüdischen Gemeinde war es auch, von dem der Anstoß dazu ausging, daß Bernstein sich die Zeit nahm, die Novellen niederzuschreiben. Wir verdanken diese Information Franzos, der ein Gespräch,[15] mit Wertheim mit dem Ziel geführt hat, den Gerüchten und wuchernden Spekulationen um die Entstehungsgeschichte der Novellen ein Ende zu bereiten.

Für seine Bemühungen, den wahren Sachverhalt aufgedeckt zu haben, erhielt Franzos von verschiedenen Seiten Anerkennung. So schrieb ihm zum Beispiel der Oppelner Rabbiner A. Wiener: »Mit der strengsten Akribie untersuchen Sie die Priorität bezüglich der Ghetto-Geschichte. Vielen, selbst gelehrten Forschern, mag eine streng-genaue Untersuchung als ganz unwesentlich erscheinen, einem gründlichen Forscher aber mit vollem Rechte nicht. Der bekannte Salomo Jizchak (Raschi) schrieb vor 900 Jahren (siehe Gem. Chul. 17b): Wenn auch eine Untersuchung für die Gegenwart ganz gleichgültig ist, so ist es doch verdienstlich und Pflicht, die Wahrheit des Geschehens nach Möglichkeit zu eruieren.«[16]

Aus dem Puzzle der Andeutungen und Berichte ergibt sich, daß Bernstein im Frühjahr 1857 etwas ganz anderes für Wertheims Kalender hatte schreiben sollen. Vorgesehen war anfänglich nicht eine Novelle, sondern ein Aufsatz zum Problem der Statistik, über das Bernstein sich früher schon geäußert hatte. Um eine Novelle war David Honigmann[17] gebeten worden, der im Bernsteinschen Freundeskreis allgemein nur »Süßkind« genannt wurde. Der Beitrag, den Honigmann daraufhin schrieb, fand aber nicht den Gefallen des Herausgebers. Bernstein, dem Wertheim das Manuskript mit der Bitte um eine Stellungnahme hatte zukommen lassen, bemerkte nur: »Ich habe ja keine Zeit, keinen Stoff, denke auch gar nicht daran, auch wenn ich die Zeit und den Stoff hätte, ich würde unserm Süßkind zeigen, wie man eine solche Novelle schreibt.«[18]

Inwieweit Bernstein mit der für Wertheims Kalender geschriebenen Novelle seiner 1854 verstorbenen Frau ein Denkmal setzen wollte, ist umstritten. Bernsteins Tochter Johanna scheint dieser Überzeugung gewesen zu sein.[19] Fest steht jedenfalls, daß der Umgang mit Philipp Wertheim[20] und dessen Schwager, dem Sanitätsrat Dr. Moritz Goldbaum, die beide, gleich Bernstein, aus dem Osten des preußischen Staates stammten und ihre Jugend unter ähnlichen Eindrücken wie er verlebt hatten, ihn stark beeinflußt hat. An Abenden, die sie gemeinsam verbrachten, soll häufig von der Welt ihrer Kindheit die Rede gewesen und auch darüber gesprochen worden sein, was getan werden könnte, damit die Erinnerung an diese Welt nicht verlorenginge. In diesem Kreis, bemerkte Franzos, konnte Bernstein auf volles Verständnis rechnen, insbesondere dann, »wenn er seinen Lieblingsvers: ›Siehe, wie fein und lieblich ist es, wenn Brüder einträchtiglich nebeneinander wohnen‹ (Ps. 133, Vers. 1), mit dem echten Tonfall anstimmte, oder die schwierige Frage: ›Warum geht der Floh schwarz?‹ mit allem Aufgebot talmudischer Dialektik und den dazugehörigen Gesten löste«.[21]

Weitere Einzelheiten über die Umstände der Entstehung von »Vögele der Maggid« ergeben sich aus zwei bisher unbekannten Briefen, die Bernstein im Sommer 1857 aus Bonn an den mit ihm befreundeten Berliner Rechtsanwalt Otto Lewald geschrieben hat. »Ich fühle«, heißt es in dem Brief vom 23. Juli 1857, »seit längerer Zeit den Drang in mir nach schönwissenschaftlichen Arbeiten, und deshalb war ich sehr freudig erregt, als ich die kleine jüdische Novelle mit rasender Hast in zwölf Tagen, oder richtiger in zwölf Nächten abfaßte.«[22] Und in dem Brief, der das Datum von 9. September 1857 trägt, findet sich die Bemerkung, die Beleg dafür sein könnte, daß Bernstein tatsächlich im Angedenken an seine verstorbene Frau die Novelle geschrieben hat: »Es geht mir wunderbar mit dieser kleinen Novelle. Sie ist mir lieb, weil die Geschichte ihres Entstehens und Werdens mir ganz besonders heilig ist.«[23]

Die biographische Note in Bernsteins Novellen ist unverkennbar. Ort der Handlung ist in beiden Ghetto-Geschichten vermutlich jeweils Fordon, jener Ort, in dem Bernstein in jungen Jahren die Rabbinerschule besucht hat. Beide Erzählungen, die bemüht sind, die Lebenswirklichkeit der jüdischen Welt im Osten des Königreichs Preußen zu Beginn des 19. Jahrhunderts zu schildern, enthalten eine Reihe versteckter und offener Andeutungen, die erkennen lassen, daß Bernstein sich nicht nur märchenhaft wirkende Geschichten ausgedacht, sondern beim Schreiben die realen Umstände seiner Kindheit und Jugend vor Augen hatte. So zum Beispiel gibt es in »Vögele der Maggid« Passagen wie die Charakterisierung der beiden Bachurim, des »Zempelburgers« und des »Kosminers«, die von der Welt außerhalb des Ghettos träumen, Passagen, die in gewisser Weise an die Zeit erinnern, die Bernstein selbst als Talmudschüler in Fordon und Inowrazlaw verbracht hat. »Mich«, sagt »der Zempelburger« in der Novelle, »treibt es fort aus der Kehilla und aus der Jeschiwo, ich will ein ordentlicher Lehrer werden, mein Examen ordentlich machen …«[24]

Die Novelle »Vögele der Maggid« ist aber nicht nur eine idyllische Liebesgeschichte zwischen dem »Zempelburger« und dem »Kosminer«, den beiden Talmudschülern und den Töchtern des Badehausverwalters, dem sogenannten Mikwenitzer. Sie ist auch eine Schilderung der Probleme und Nöte eines Judentums, das aus der Enge der Ghettogassen ausbrechen will, jedoch Angst davor hat, diesen Schritt zu tun. Vögele, die älteste Tochter des Mikwenitzer, die den Beinamen »der Maggid« (Prediger, Redner) trägt, weil sie häufig in ihren Gesprächen mit Zitaten aus Bibel und Talmud brilliert, verkörpert die im Aufbruch befindliche junge Generation, die zwar Ehrfurcht vor der Überlieferung hat, gleichzeitig aber davon überzeugt ist, daß es in der Zukunft möglich sein werde und auch möglich sein müsse, jüdische Tradition und die Erkenntnisse der modernen Welt in Einklang zu bringen.

Bernsteins Erzählung hat ihren Höhepunkt, als Vögele in einer »Deroscho« (Rabbinerrede), die sich mit den beiden Begriffen »Bereschit« (Anfang) und »Tachless« (Ende, Zweck) auseinandersetzt, den Rabbiner überzeugt, für die »Kehilla« würde es von Vorteil sein, wenn ihr und ihrer Schwester Liebster die Talmudschule verließen, um sich im Verlauf von drei Jahren in der Großstadt eine weltliche Bildung anzueignen. »Von heut über drei Jahr«, erklärt sie dem Rabbiner, »kommen die zwei Bachurim heim, und Reb Noachs Haus wird sein gebenscht [gesegnet]. Und Reb Noach wird erfüllen, was er gelobt hat vor Gott und wird auftreten und geben das erste Geld zum Bauen einer Schule für jüdisch und deutsch, für alle Kinder der Kehilla … dann wird man wissen, daß da ist vorhanden Tauro und Derech erez [jüdische Lehre und Bildung des Landes], daß da ist ›Reischess‹ [Anfang] und ›Tachless‹ [Ende].«[25]

Bei der Novelle »Mendel Gibbor« steht nicht ein Talmudschüler im Mittelpunkt der Handlung, sondern ein Hausierer, der ohne staatliche Genehmigung mit Taschentüchern, Kattun, Stecknadeln, Pfropfenziehern, Hosenträgern, Kämmen, Spiegeln und dergleichen handelt. Wie in »Vögele der Maggid« ist auch die Diktion dieser Erzählung mit Bildern, Gleichnissen und witzigen Anspielungen durchwoben, die unverkennbar auf Geschichten aus Bibel und Talmud hinweisen. Beschrieben werden die Mühen und Schwierigkeiten, die Mendel vor allem mit den preußischen Behörden, aber auch mit seiner »K'hille« (Gemeinde) hat. Mit der letzteren hat er hauptsächlich Probleme wegen seiner übernatürlichen Körpergröße und -kraft, derentwegen er »Gibbor« (Starker) genannt wird. Schlägereien mit den »Gojim« führen dazu, daß Mendel, der gutmütig und fröhlich ist, zum Rabbiner bestellt wird. Unter Androhung des gefürchteten »Cherem« (Bann) wird ihm auf Handschlag das Wort abgenommen, »daß er gegen keinen Jüd die Hand und gegen keinen Goj die Faust aufheben werde, so lange er nicht in Aunus Nefoschaus, d. h. in lebensgefährlicher Notwehr, so handeln müsse«.[26]

Mendel, der sich nur ungern unterordnen und lieber zu den Soldaten gehen oder unter den Bauern leben will, ist ungebärdig und zum Ärger des Rabbiners nicht bereit, seine Rauflust zu zügeln. Er tut dies erst, als die greise Malkoh ihm von seinen Vorfahren und von seinem Vater erzählt, der ums Leben kam, als er einer Bäuerin zur Hilfe kommen wollte, die vom reißenden Hochwasser der Weichsel hinweggeschwemmt worden war. Auch Mendel vollbringt eine gute Tat. Er schlägt zwei Koronower Räuber in die Flucht, als diese gerade dabei sind, den Gendarmen des Ortes zu überfallen – eine Tat, die die »K'hille« mit unbändigem Stolz erfüllt und Mendel zu einem vielbewunderten Mitglied der Gemeinde macht. Der Rabbiner, allen aufgestauten Ärger hinunterschluckend, reicht ihm die Hand, und der Landrat ist sogar bereit, ihm einen lebenslang gültigen Hausierschein auszustellen.

Höchst aufschlußreich sind die Passagen, die sich mit der Gestalt des sagenumwobenen Saul Wahl befassen, der nach der Legende Ende des 16. Jahrhunderts einen Tag König von Polen gewesen sein soll.[27] Eine Bernsteinsche Familienüberlieferung besagt, daß Händele, das jüngste Kind von Saul, der angeblich fünf Söhne und zwei Töchter hatte, die »Ältermutter« der Familie gewesen sei. Den Ausspruch der Großmutter »Mein Kind ärgere dich nicht, wir sind von königlichem Geblüt«[28] hat Bernstein in der Erzählung »Mendel Gibbor« verewigt, als er ihn der greisen Malkoh in den Mund legt (»Wir sennen [sind] von Königlichem Geblüt«), die in einer für die Novellen typischen Diktion von den merkwürdigen Umständen berichtet, die dazu führten, daß Saul Wahl nach dem Tode Stefan Báthorys[29] in der Zeit des Interregnums angeblich eine Nacht die Krone des Reichs getragen hat:[30] »In Padua, in Italien, hat gelebt Rabbi Meier, was er hat geschrieben die große Schaalaus utschuwaus (Kontroversen und Gutachten), was man ruft in der Welt nennt nach ihm: ›Maharam Padua‹. – Wie er ist gestorben, hat er hinterlassen einen Sohn, was er hat geheißen Reb Sch'muel Juda, und den haben sie in Padua gemacht zu Rausch beis Din (Rabbinen). Reb Sch'muel Juda hat gehabt einen jungen Sohn, der hat geheißen Schoul, und er ist ausgewandert, um zu lernen Tauroh von K'hille zu K'hille bis er gekommen ist nach Brisk in Polen, und da ist er geblieben. – In jenen Zeiten ist nit gewesen ein ›Melech‹ (König) im Lande Polen, was man hat ihm gegeben die Kron' bij'ruschoh (erblich). Nur die Fürsten sennen (sind) zusammengekommen und haben unter sich gewählt Einen, was er soll königen (regieren) über die etzliche Jahr. Und von den Fürsten ist Einer gewesen, was hat geheißen Radziwill, der ist gewesen klüger und gelernter (gelehrter) wie die anderen; denn er ist gewesen gereist nach Rom und hat gekonnt reden viel Leschaunaus (Sprachen) und leinen (lesen) ihre Bücher. – Er ist gewesen Fürst von viel Medinaus (Provinzen) und hat gehabt große Memscholoh (Gewalt) und ihm hat auch gehört die Stadt Brisk,[31] wo Reb Schoul hat dort gelebt und sich besetzt und hat genommen die fromme Dewauroh, die Tochter von Reb David Drucker, wo sein Herstammung ist gewesen aus Teutschland. – Und Reb Schoul hat gefunden Chein (Gunst) in den Augen von Fürst Radziwill; denn Reb Schoul ist gewesne ein Chochom godaul (sehr kluger Mann) und hat auch gelernt in Italia kol hachochmaus wel'schaunaus hagojim (alle

Weisheiten und Sprachen der Völker). Da hat der Fürst ihn erhoben und hat ihn gemacht zu sein Jauez (Rat), und hat ihn mitgenommen allenthalben und hat mit ihm m'schauel Eizoh gewesen (Rat gepflogen) in allen Sachen.«

Den Überlieferungen nach sind die polnischen Fürsten zusammengekommen, um in Krakau einen neuen König zu wählen. Es kam jedoch zu heftigen Streitigkeiten, so daß sogar befürchtet wurde, es würde Blut fließen. Fürst Christoph Niclaus Radziwill soll daraufhin auf den Tisch gesprungen sein, sich Ruhe verschafft und mit lauter Stimme gerufen haben: »Hört's zu, Ihr Sferorim (Herrscher) von Polen, ich will Euch machen einen Melech für die heutige Nacht, was er wird nehmen die Kron, um zu verlängern unser Wahlzeit, und er wird sie niederlegen morgen früh, daß wir sie können geben Jedem, den wir werden später wählen behaskomas hakol (in gemeinsamer Übereinstimmung); und der Melech von heut Nacht soll nit sein Einer, was kann thun Gewalt gegen uns, der Melech von heut Nacht soll sein mein Jüd: Schoul!«

Die Fürsten ließen sich schließlich überreden, Saul Wahl für einen Tag zum König von Polen zu wählen: »Und Gott boruch hu, was er hat lieb Jisroel und hat gewollt zieren unser Haus mit der Kron' von der Meluchoh (des Königtums), hat gelenkt die hitzige Herzen von den Sferorim nach seinem Willen, und sie haben ausgerufen alle Peh echod (einstimmig): Laß sein Schoul der Jüd unser Melech heut Nacht! Und sie haben hereingebracht Schoul in derselbigen Schooh, und haben ihm angetun bigdei Malchus (die königlichen Gewänder) und gesetzt auf sein Kopf die Kron, und gegeben in sein Hand das Scharwit hasohow (goldene Zepter) und umgartelt seine Lenden mit dem Königlichen Schwerd und umgehangen auf sein Hals die Kett mit dem Chaussem (Siegel) und haben ihn gesetzt wie einen Melech al kissei malchussau (auf seinen königlichen Thron) und sie haben gerufen alle wie der Fürst Radziwill hat gesagt: Jechi adoneinu hammelech! Es soll leben unser Herr, der König Schoul!«

Bernstein läßt schließlich die greise Malkoh sich in ihrem Stuhl aufrichten und in größter Würde und Feierlichkeit sagen: »So ist gekommen auf unser Ältervater Reb Schoul, nach dem Willen von

Gott boruch hu, Kesser Meluchoh (die Krone des Königtums) auf eine Nacht; aber das Malchus (die Königswürde) ist nit gewichen von ihm kol jemei chajow (all die Tage seines Lebens) und es wird nit vergessen werden von seinem Gebiet ad Dnur achraun (bis in die letzten Geschlechter). – Und Gott boruch hu hat gebenscht den Melech noch in derselbigen Nacht mit großer Chomoh (Weisheit). Und wie er hat gesessen auf dem Thron ist gefallen kein Forcht (Ehrfurcht) über all die Sferorim, was haben sich gebückt vor sein Kowaud (seiner Ehre) und sie haben gehorcht nach sein Wort und gethun nach sein Red' – Er hat angehoben und hat gesagt: Mein erst Wort soll sein Demüthigkeit vor Gott boruch hu! Und vor all die Sferorim hat er gethun T'filloh (Gebet) vor Gott, daß das Herz von sein Hörer ist geworden erweicht. – Und dann hat er angehoben und hat gesagt: Jetzund will ich thun ein Werk für meine Brüder, was über sie ist genannt sein heiliger Namen! Und er hat geschrieben eigenhändig die krakower Prawes,[32] was sie hat kein Melech mehr nach ihm mewatel gewesen (vernichtet).«

Bevor Saul die Krone niederlegte, sprach er die folgenden Worte: »Hört's zu, Ihr Fürsten von Polen. Ich bin ein Jüd! Ich komm her von dem Volk, was Gott hat es auserwählt von allen Umaus (Völkern) und hat es gemacht groß, und hat ihm gegeben den ersten Melech, was sein Name ist gewesen Schoul, wie ich thu heißen. Und so lang wie sie sennen gewesen einig nach seinem Willen, hat er erhöcht ihr Horn und hat thun erhalten seinen Gesalbten. Wie es ist aber gekommen Streit und Blutvergießen unter sie, hat Gott boruch hu sich nit erbarmet über sein heilig Haus, und über sein heilig Land, und hat es lassen machriw sein (verwüsten) durch die Händ von sein' Feind, und hat geworfen sein Volk, was trag seinen heiligen Namen zurück unter alle Völker und hat sie zerstreuet in die vier Ecken von der Welt. – Drum hört's mir zu! Wenn ihr werdt sein einig, werden Euer Feind thun fliehen vor Euch auf sieben Wegen, denn ihr seid ein stark Volk; aber wenn ihr thut machen Streit und Blutvergießen unter Euch, dann werdet ihr nit haben ein Kium (Bestand) vor Euer Feind, und sie werden aufstehen und machriw sein (zerstören) Euer

Reich und auslöschen Euren Namen und vertreiben die Großen in Golus (Exil), daß Ihr werdet leben in der Fremd wie wir Jüden!«

Bernstein ging es in seinen beiden Erzählungen darum, das Lebensgefühl und die Lebensumstände einer kleinen Judengemeinde im Osten zu schildern. Fast ist es schon ein Zuviel, ein Übermaß an Gemütsfülle und Warmherzigkeit, die er vor dem Leser ausbreitet. Die »K'hille« wird stets die »gute« genannt, und immer wieder heißt es »die heilige, liebe Schul«, wie auch immer von den »lieben heiligen Büchern« gesprochen wird. »Vögelchen«, »Golde«, »Täubchen«, »Händele« und »Jändele« sind Namen, die jüdisches Leben kennzeichnen sollen, aber darüber hinaus von Bernstein auch bewußt als Mittel eingesetzt worden sind, den Stoff poetisch zu idealisieren.[33]

Die ungezwungen und in naiver Behaglichkeit dahinfließende Erzählweise erfährt ihre besondere Würze durch den von Bernstein im Jargon oder in der hebräischen Sprache benutzten Wortwitz. Dazu tragen die wie gestanzt wirkenden Sprachformeln bei und die immer wiederkehrenden jüdisch-deutschen Ausdrücke und Wendungen, die Bernstein gebrauchte, um dem Atmosphärischen seiner beiden Erzählungen eine spezifische Note zu geben. So spricht Mendel wiederholt aus »wärmster Seele«, und der Sabbat Nachmu wird bald »der liebe Sabbath Nachmu«, bald »der gute Sabbath Nachmu« genannt. Wendungen wie »Gott, gelobt sei er« oder »Gott boruch hu« tauchen immer wieder im Text auf. Typisch auch die Sätze, in denen es heißt, »der Maggid, Friede sei mit ihm« oder »mein Vater, sein Andenken sei gesegnet«. Karl Emil Franzos hat diese Sprache eine für die Bernsteinschen Novellen typische »Empfindungsweise« genannt, »die eine durch und durch jüdische ist«.[34]

Bernsteins Zuneigung für die eigene Kultur und Lebensart, verbunden mit dem Stolz auf den Glauben, spiegelt sich in den Äußerungen seiner Gestalten wider. »Der Kreisdoktor«, sagt Vögele, »ist ein Goj und weiß von sein Gemüth nichts, mikol scheken [geschweige] von unserm Gemüth. Uns Jüden hat Gott boruch hu ein ganz ander Gemüth gegeben wie dem Goj.«[35] Und als der

Kosminer in seinem Liebesgram ausruft: »Ich bin so verzweifelt, wie Kotzebue lehawdil« [mit Vorbehalt des Glaubensunterschiedes],[36] da mahnt ihn der Zempelburger: »Ein Jüd darf gar nicht so verzweifeln wie der Goj.«[37] Ähnlich eine Szene im »Gibbor«. »Wachtmeister«, sagt Jankele der Musikant zu dem gänzlich jüdisch wirkenden christlichen Wachtmeister, als dieser die Vermutung ausspricht, Mendel könnte sich wie sein Vater in die Weichsel stürzen, »Du redest wie ein Goj«, worauf der Wachtmeister, der weiß, wie harmlos dies gemeint ist, repliziert: »Jankele Schaute [Narr], Du redest wie ein Klesmer [Musikant]!«[38]

Bernstein, dem es darum geht, den Leser an die jüdische Welt heranzuführen, ist nicht nur bemüht, Verständnis für den jüdischen Alltag zu wecken, sondern will auch zeigen, daß Juden eigentlich nicht anders leben als Nichtjuden. Einen ironischen Schlenker kann er sich dabei aber nicht verkneifen: »Auch einige Christen wohnten hin und wieder zerstreut unter ihnen; aber daß wir es nur zur Beschämung aller christlichen Germanen sagen, in unserem jüdisch-orientalischen Staat, oder richtiger Städtchen, hatten die paar Christen keine Ursache über ›Rischus‹ [Feindschaft] zu klagen. Sie waren *vollständig emanzipiert*…«[39] Der Gedanke, den Bernstein damit – wohlgemerkt von einem jüdischen Standpunkt aus formuliert – zum Ausdruck bringt, ist der, daß eine Mehrheit mit einer Minderheit friedlich zusammenleben kann und nicht zwangsläufig die Minderheit von der jeweiligen Mehrheit unterdrückt werden muß.

War es nun der für den Leser ungewohnte Stoff, oder war es der spezifisch Bernsteinsche Stil, der es bewirkte, daß die beiden Erzählungen sofort Aufmerksamkeit erregten? Aufschlußreich sind die ersten Kommentare, die unmittelbar nach Erscheinen von »Vögele der Maggid« geäußert wurden. Philipp Wertheim, von dem es heißt, er hätte Bernstein den vermutlich entscheidenden Anstoß gegeben, die Novelle zu schreiben, meinte zum Beispiel, der literarische und ästhetische Wert könne gar nicht hoch genug eingeschätzt werden. »Ich kann«, teilte er ihm mit, »Ihnen aber sagen, daß die Innerlichkeit, die durch die ganze Erzählung geht, jedes Gemüt ergreifen und erfreuen muß … es ist ein wirkliches

Kiddusch Haschem [Heiligung des göttlichen Namens], in der Weise die alten Juden und das Judentum darzustellen.«[40]

Ein wahrer »Ausbruch des Entzückens« sei die Stellungnahme des Buchhändlers Moritz Veit gewesen, teilte Bernstein voll Stolz Otto Lewald mit.[41] Aus einem Brief, den er von Veit Anfang August 1857 erhalten hatte, geht in der Tat hervor, daß der Buchhändler und einstige Paulskirchenabgeordnete vom »jüdischen Geist der Erzählung« sehr angetan war, »in dem alles, bis in das kleinste Detail hinein, gehalten ist«.[42] Veit, der angeblich für die »Volks-Zeitung« eine Besprechung[43] verfaßt hatte,[44] war der Ansicht, Bernstein könne nicht genug dafür gedankt werden, daß er »eine Rechtfertigung der jüdischen Weltanschauung in ihren beschränktesten, wohl gar häßlichsten Erscheinungsformen gegeben«[45] habe.

Veits Bewunderung galt besonders der Tatsache, daß es Bernstein gelungen sei, »das Leben abzubilden mit jener poetischen Wahrheit, die allein den Namen verdient«. Er hätte, so heißt es in dem an Bernstein gerichteten Brief, »oft die Beobachtung gemacht, daß die wirklichen Dinge, in einer camera obscura aufgefangen, einen Schein von Idealität haben, der ihnen in der Wirklichkeit abgeht. Die Verkleinerung des Gegenstandes, die Projektion des Körperlichen auf die Fläche, die Zierlichkeit der Einrahmung, die aus dem bunten Leben da draußen ein Stück gruppenartig hervorhebt – alle diese Umstände tragen dazu bei, den Schein des Genrebildes hervorzurufen«. Gut habe ihm gefallen, daß Bernstein die Figuren der Novelle an den alten Überzeugungen festhalten lasse, ihnen nur eine »neue Sprache« verleihe und sie darüber hinaus lehre, die »alten Ziele« in »besseren und angemesseneren Formen« zu verfolgen. »Denn«, so Veit in einer ironischen Bemerkung, »das gestehe ich Ihnen: wenn Ihr gescheites Bocherchen ein Reform-Prediger geworden wäre, so wäre ich nicht ohne Verstimmung von dem Buch geschieden.«

Geradezu genial fand Veit Bernsteins Einfall, Vögele eine »Deroscho« (Rabbinerrede), eine »Tachliss-Drasche«, wie er sie nannte, halten zu lassen: »Die ganze Wendung der Ereignisse wie der Zustände haben Sie verstanden, in diesem witzigen Einfall auf die anmutigste Weise zu verhüllen.«[46] Im übrigen gab er zu erkennen, daß er die Erzählung zu dem Besten zähle, was jüdische Literatur bisher hervorgebracht habe. Er meinte, die Novelle vermittele nicht nur ein authentisches Bild von der Welt des Judentums im Osten, sondern auch eine gehörige Portion Lebensweisheit, von der zu hoffen sei, sie werde nicht ohne Eindruck auf die Leser bleiben.

Ähnlich wie Veit äußerte sich auch Ludwig Philippson, der schon genannte Herausgeber der »Allgemeinen Zeitung des Judenthums«. Begeistert war er davon, daß Bernstein für sein Genrebild die »barocke altjüdische Mundart« gewählt habe. Ihm sei dadurch ein »wahres Meisterstück seiner Art« gelungen, insbesondere auch deshalb, weil er sich für den Rahmen einer Gemeinde entschieden habe, die sich noch ganz im Zustand einer »naiven Orthodoxie« befinde. »Mag man nun«, bemerkte Philippson, »auch einzelne Personen zu sentimental und weichlich finden, so wird dies doch durch den köstlichen Humor, der über das Ganze gebreitet ist, hinlänglich ersetzt. Man sieht dem Ganzen an, daß es aus der unmittelbarsten Kenntnis in der Jugendzeit erstanden ist ...«[47]

Es gab aber auch andere lobende Äußerungen. Varnhagen von Ense zum Beispiel notierte nach der Lektüre von »Vögele« in sein Tagebuch: »Jüdische Sitte, Denkart und Gefühlsweise in den ursprünglichsten Bezeichnungen! Mir sehr angenehm zu lesen!«[48] Aber auch der Rabbiner Michael Sachs zeigte sich von Bernsteins Erzählung sehr angetan,[49] ebenso wie Abraham Geiger, den Bernstein überaus geschätzt hat. Philipp Wertheim, der ihm den Kalender mit der Erzählung zugeschickt hatte, schrieb Geiger, er halte Bernsteins Arbeit für eine »Perle der Poesie«,[50] »deren Wert allerdings nur von denjenigen vollkommen erkannt wird, welche mit den geschilderten Zuständen und den in ihnen herrschenden geistigen und gesellschaftlichen Voraussetzungen vertraut sind«. Unterschwellig klingt eine leichte Kritik an, wenn er behutsam zu bedenken gibt, daß überwundene und entschwundene Zustände leicht verklärt werden könnten – eine Gefahr, von der er jedoch meinte, sie würde auf Bernsteins Erzählung nicht zutreffen.

Es dürfte ziemlich sicher sein, daß Bernstein einige der Ghetto-Erzählungen gekannt hat, die bereits von anderen vor ihm geschrieben worden sind.[51] Als intimer Kenner des Werkes von Heinrich Heine[52] hat er mit Bestimmtheit dessen »Rabbi von Bacherach« gelesen. Vielleicht kannte er auch die Erzählungen von Hermann Schiff,[53] des Cousins von Heinrich Heine. Mit seinem kurz vor der Märzrevolution erschienenen Ghettoroman »Schief-Levinche mit seiner Kalle oder Polnische Wirtschaft«[54] hatte dieser eine radikal aufklärerische Haltung eingenommen, die nur noch einen für alle Menschen gültigen Glauben an Vernunft, Aufklärung und Toleranz gelten lassen wollte. Eigentlich, meinte Franzos, würde es sich deshalb gehören, Hermann Schiff mit dem Beinamen »Vater der Ghettonovelle«[55] zu ehren.

Wesentliche Anregungen erfuhr Bernstein zweifellos jedoch durch Berthold Auerbach. Dessen Romane »Spinoza« (1837) und »Dichter und Kaufmann« (1840), aber auch die »Schwarzwälder Dorfgeschichten« haben nicht nur ihn, sondern auch eine Reihe anderer Schriftsteller beeinflußt. So wissen wir, daß Auerbach das Vorbild für Leopold Kompert[56] war, dessen im böhmischen und mährischen Judentum angesiedelte Erzählungen wiederum die Werke anderer deutsch-jüdischer Autoren beeinflußt haben, wie zum Beispiel die von Meir Lehmann, David Honigmann, Josef Samuel Tauber, Max Grünfeld, Eduard Kulke und Salomon Kohn, bei denen immer wieder die gleichen Motive in den Ghetto-Erzählungen eine Rolle spielen – die Konflikte, die für viele Juden daraus entstanden, daß sie nicht wußten, ob sie an der überlieferten Tradition festhalten oder den Verlockungen der aus dem Westen herandrängenden bürgerlichen Freiheiten nachgeben sollten.

Auerbach war unverkennbar das große Vorbild für Bernstein. Das hängt nicht nur damit zusammen, daß sie befreundet waren und in einem engen persönlichen Verkehr miteinander standen, sondern vor allem damit, daß Bernstein von Anfang an ein uneingeschränkter Bewunderer der Auerbachschen Arbeiten gewesen ist und großen Wert auf dessen Urteil gelegt hat. Es gibt dafür verschiedene Belege wie zum Beispiel die Bemerkung gegenüber

Otto Lewald, die in dem schon erwähnten Brief vom 9. September 1857 nachzulesen ist. Lewald gegenüber bekannte er hier offen, er schulde Berthold Auerbach Dank: »Wie gerne möchte ich Auerbach ein paar Worte des Dankes schreiben! Aber ich schäme mich, mich ihm zu zeigen, wie ich mich stolz fühle und finde den Ton nicht, in welchem ich die wirkliche Verehrung vor seinem Urteil aussprechen kann ...«[57]

Ob Auerbach »Vögele der Maggid« gelesen hat, läßt sich nicht mit Bestimmtheit sagen. Anders steht es mit »Mendel Gibbor«. Diese Erzählung hat er gekannt, wie aus einem Brief zu entnehmen ist, den er Bernstein, voll des Lobes, schrieb. Er beginnt mit den Worten: »Noch selten in meinem Leben habe ich des Morgens unmittelbar nach dem Frühstück, bei der ersten Cigarre gelesen; es ist das meine wache Dämmerungsstunde und allerlei Träumereien und Phantasien steigen mit den Rauchwölkchen auf. Heute mußte ich Morgens lesen, ich hatte gestern Abend die Geschichte von Ihrem kindhaften Riesen begonnen, lieber Bernstein, wollte gar nicht einschlafen, und doch taten mir die Augen weh und als wäre keine Nacht dazwischen gewesen, mußte ich gleich weiter lesen.«[58]

Auerbach, den »Mendel Gibbor« an Clemens Brentanos bekannte Erzählung »Geschichte vom braven Kasperl und dem schönen Annerl« (1817) erinnerte (»mit der Ihre Erzählung in Ton und Haltung viel Ähnlichkeit hat«), war besonders angetan von der Komposition der Novelle sowie von der Schilderung der Einzelfiguren und -gruppen, von denen er meinte, Bernstein hätte sie zu einem grandiosen Ensemblestück vereinigt. Störend wirkte nur das »Rückwärtserzählen« sowie die Erzählung der Malkoh, die etwas allzu »melodramatisch« arrangiert sei. Auch halte er den Ton für etwas elegisch, beinahe sentimental. »Aber«, so schrieb er ihm, »die Ablösung von Dur und Moll ist Ihnen meisterlich gelungen.« Und auch: »Ich möchte gern, so weit mein Wort reicht, der Welt verkünden und deuten, was Sie geschaffen. Aber ich kann das nicht, jetzt noch nicht ...«[59]

Bernstein war nach Ansicht Auerbachs mit »Mendel Gibbor« ein Meisterwerk in Sprache und Form gelungen.[60] Besonders angetan war er davon, wie Bernstein »Denken und Empfinden im Dialekt« festgehalten hätte. Es gäbe, teilte er ihm mit, vieles zu besprechen, einschränkend und beistimmend: »Sie gewinnen dadurch jene Erzählungsform, die dem tönenden Worte und nicht dem lautlos geschriebenen eigen ist … Ihre Charaktere sind wie die Rembrandt'schen Bilder so aufgetragen, daß die Fläche verschwindet und man die Erhabenheiten greifen zu können glaubt. Aber nein, Rembrandt ist hier falsch angewendet. Sie malen wie jene alten frommen Maler, betend, andächtig, und diese Andacht dringt in das Bild hinein und aus ihm heraus in den Schauenden und Lesenden.« – »Ja, mein herzlich geliebter Freund«, heißt es schließlich, »ich habe beim Lesen Ihrer Erzählung eine tiefinnerste Sättigung empfunden, für die es kein Dankeswort gibt. Aber ich weiß, es macht Sie mit mir glücklich, daß ich Ihnen das sagen kann …«[61]

Auch der Liebling des gebildeten deutschen Bürgertums in den Jahren zwischen 1870 und 1890, der Schriftsteller Paul Heyse, der sich einen Namen als Herausgeber deutscher Novellen machte, war sehr von den Bernsteinschen Novellen angetan.[62] Dadurch, daß er sie in seinen »Novellenschatz« aufnahm, sorgte er für deren Verbreitung. Dem Völkerpsychologen Moritz Lazarus gegenüber äußerte er anerkennende Worte über »Mendel Gibbor«. Lazarus war darüber nicht weiter verwundert, denn auch er schätzte Bernsteins Erzählung, vor allem deshalb, weil »Mendel Gibbor« ihn, wie er bekannte, an einen jüdischen Hausierer seiner Kindheit (»an Gestalt und an schlichter Tüchtigkeit vergleichbar«) erinnerte. An Heyse schrieb er am 27. April 1875: »Ob wir Mendel Gibbor kennen?! Mich wundert Dein Entzücken gar nicht, aber es freut mich herzlich. Denn nur die ganzen Menschen sehen in diesen Menschen und Erlebnissen ein Ganzes.«[63]

Am meisten für die Verbreitung der Bernsteinschen Novellen hat wohl Karl Emil Franzos mit seinem 1895 veröffentlichten Fortsetzungsartikel in der »Allgemeinen Zeitung des Judenthums« getan, der die jüdischen Leser nicht nur ausführlich über die Entstehungsgeschichte der beiden Erzählungen, sondern auch über deren Inhalt informiert hat. Wie Moritz Lazarus fühlte sich auch

Franzos angeregt von der das Gemüt ansprechenden Darstellung, die ihn an seine Jugendzeit in Czernowitz erinnerte, insbesondere an den Schneider Meierl Strisower, ein kleines, häßliches Männchen, das in der »Wassergasse« gelebt hatte. Meierl, berichtet Franzos, hatte wenig gelernt, verstand nur kümmerlich Hebräisch und kannte keinen deutschen Buchstaben, besaß aber dafür Herzensbildung und war in gewisser Weise ein Poet, zwar harmlos und kindlich, aber voll Humor und Ironie: »Nun denn, wenn ich im ›Vögele‹ lese und bei einzelnen Stellen des ›Gibbor‹ klingt's in mir auf: ›Das könnte Meierl gesagt haben!‹ und wie ich so Seite um Seite überlese – ganz langsam, ich lese Bernstein so, wie ich was Gutes esse – sitze ich wieder in dem dumpfen Stübchen in der Wassergasse in Czernowitz und fahre erstaunt auf, wenn mein Blick dann auf die grünen Wipfel des Berliner Tiergartens fällt ...«[64]

Bernstein war selbst sehr überrascht über den Erfolg seiner Novellen, womit er offensichtlich nicht gerechnet hatte. Otto Lewald schrieb er nach Erscheinen von »Vögele der Maggid«, er habe eine ganze Reihe von zustimmenden Briefen erhalten, die ihn zu der Überzeugung gebracht hätten, »daß ich selber in aller Schöpferfreude mein Kind nicht richtig beurteilt habe«. In Frankfurt am Main, bemerkte er, habe er einen kleinen Kreis »halb verzückter Verehrer« der Novelle gefunden, »die in einer Weise über die Vorzüge derselben stritten, welche mich stolz oder närrisch hätte machen können«. Seinem Freunde Lewald gegenüber bekannte er: »Genug, ich habe mehr Freude daran, als ich mir jemals hätte vorstellen können!«[65]

Bernstein ist in den folgenden Jahren von Freunden daraufhin angesprochen worden, ob er nicht an den Erfolg seiner beiden Ghetto-Erzählungen anknüpfen und noch einmal etwas Ähnliches schreiben wolle. Unsicher, ob er es tun solle oder nicht, richtete er an Otto Lewald die Bitte, ob dieser sich nicht als Freund dazu äußern könne: »Ich habe ganz unbedingt anerkennende Urteile über diese kleine Arbeit gehört, und daß die Ihrigen mich entzücken, das fühlten Sie wohl. Ich möchte aber gar zu gerne eine *strenge Kritik* hören, die ich als objektiven Maßstab für meine Begabung im schönwissenschaftlichen Fach festhalten

kann; denn nach diesem mir selbst klar werdenden Maßstab will
ich die Frage entscheiden: ob *ich einen Teil* meiner Zeit solchen
Produktionen widmen soll oder nicht? Dürfte ich bloß Gefühl
und Neigung entscheiden lassen, so würde ich diese Frage: Ja! be-
antworten. Wäre ich zwanzig Jahre jünger, so würde ich im Bewußtsein, daß mein Talent spontan genug zur Entwicklung sei, sogar jedem ›Nein‹! der Kritik spotten. Jetzt jedoch, wo einerseits mein Leben der Pflicht geweiht ist und andererseits meine
Jahre jene Höhe erreicht haben, wo nur Leistungen und nicht
Hoffnungen in die Waage der Verdienstlichkeit gelegt werden
dürften; jetzt bedarf es der kritischen Strenge treuer Freundes-
Urteile, um mir selber die Entscheidung jener Frage näher zu
bringen.«[66]

Obgleich ihm von verschiedenen Seiten zugeredet wurde, weiter zu schreiben, hatte Bernstein manchmal Zweifel an seinen Fä-
higkeiten und frage sich, ob seine beiden Novellen nicht eigentlich
»Dilletantenarbeit« seien. Als ihn Jahre später der Memeler Rabbiner Isaak Rülf fragte, was er davon halte, wenn er statt zu philo-
sophieren sich der schöngeistigen Schriftstellerei hingeben würde,
antwortete Bernstein: »Thun Sie das nicht, ich rathe davon ab, wo
und wie ich nur kann. Wer heutzutage einige Gedichte oder irgend
eine Novelle verfaßt und zum Ausdruck gebracht hat in einer gebildeten Sprache, die für ihn dichtet und denkt, hält sich schon für
einen bedeutenden Schrifsteller. Und sind die Sachen nicht gerade
schlecht und hat er gute literarische Freunde, so werden diese ge-
ringen Arbeiten wie eine Großthat gepriesen und gefeiert. Geschmack und Bildungsstand unserer Leserwelt stimmt hiermit
überein. Alles, was zu seiner Bewältigung auch nur die geringste
geistige Anstrengung erfordert, wird gemieden. Von unserer nun
schöngeistig gebildeten Frauenwelt rede ich schon gar nicht – mit
unseren Akademikern steht es durchaus nicht besser. Am liebsten
lesen sie spannungsvolle, löffelweise gebotene Zeitungsnovellen.
In dem einfachen Handwerker steckt offenbar mehr Bildungs-
und Wissenstrieb, als in allen den Vorgenannten. Es würde mir
sehr leid thun, Sie in der Gemeinschaft dieser geistig herabgekom-
menen Menschen zu treffen … Nein, dann werden Sie doch lieber

Metaphysiker; denn dazu gehört doch immer mehr Ernst und Mannhaftigkeit, wie zu so einem literarischen Schmachtlappen.«[67]

Auch Elisabeth Lewald, die Ehefrau Otto Lewalds, hat Bernstein immer wieder zugeredet, sich weiter literarisch zu betätigen. Wahrscheinlich war es das Vertrauen, das er in sie und ihr literarisches Urteil setzte, daß er ihr frühe Jugendarbeiten[68] von sich mit der Bitte übergab, sie bei Gelegenheit durchzusehen und sich kritisch zu diesen zu äußern. Daß sie dies getan hat, daran dürfte eigentlich kein Zweifel bestehen. Schon aus der Tatsache, daß im Nachlaß Lewald-Stahr sich einige unveröffentlichte Gedichte und Texte Bernsteins befinden, die Elisabeth Lewald und ihrer Familie gewidmet sind, läßt sich ersehen, daß die Beziehung zwischen beiden mehr war als nur eine Freundschaft, die sich allein auf einen Austausch familiärer Informationen und Unverbindlichkeiten beschränkt hatte.

Im Entstehungsstadium von »Mendel Gibbor«, also im Winter 1857 auf 1858, hat Bernstein Elisabeth Lewald Partien aus dem Manuskript zugeschickt oder sogar vorgelesen und sie zu ihrer Meinung befragt, ob die Arbeit einem größeren Leserkreis zugänglich machen solle oder nicht. »Nehmen Sie sie«, schrieb er ihr am 9. Oktober 1857, »nicht mit Schonung, aber doch mit Freundlichkeit auf! Sie ist eine schnell entstandene Zwischenarbeit, vielleicht nur eine Tagesblume, die auch schnell vergessen sein soll. Aber was so leicht vergänglich ist, das verdient zum Trost schon ein wenig Teilnahme.«[69]

Wie wir wissen, hat Bernstein nur die beiden Novellen »Vögele der Maggid« und »Mendel Gibbor« geschrieben. Warum er nach den Erfolgen, die er mit beiden hatte, nicht weiter schrieb, darüber kann nur spekuliert werden. Die beiden Lewalds haben ihn offensichtlich nicht überzeugen können, was wahrscheinlich auch damit zusammenhing, daß die tägliche Arbeit in der Redaktion seine Kräfte so in Anspruch nahm, daß er nicht mehr die Muße hatte, sich literarisch zu betätigen.[70] Karl Emil Franzos berichtet, er hätte sich von diesem Genre abgewendet, da seine Interessen sich zunehmend veränderten. »Weil«, bekannte Bernstein in der für ihn typischen geistreich-ironischen Art, »mein Messias ein An-

derer geworden ist! Ich habe den Entwicklungsgang des Judentums in mir durchgemacht und bin zu allgemeineren Idealen und
Stoffen gelangt.«[71]

Von den literarischen Fragen abgesehen, standen Elisabeth Lewald und Bernstein in einem regen Gedankenaustausch, der sich
auf alle möglichen Wissensbereiche erstreckte, unter anderem auf
Probleme der sie beide interessierenden literarischen Ästhetik.
Aufschlußreich ist ein erhaltener Brief mit Datum vom 7. Januar
1857, in dem Bernstein, ganz in der Tradition der Sokratischen
Philosophie, aber auch Baumgartens, Kants und des deutschen
Idealismus, sich mit dem »Wahren« und dem »Schönen« auseinandersetzt. »Das Urteil für das Wahre«, bemerkt Bernstein hier,
»muß der Sinn für das Schöne sein, zwei Quellen der menschlichen
Erkenntnis.« Und weiter: »Wenn man das, was man Urteil nennt,
in seine Grundbestandteile zerlegt, so ists entweder logisch also
wahr nach den Gesetzen des Geistes, oder es betrifft das Schöne
und Unschöne, worüber ein harmonisches Gesetz unserer Sinne
entscheidet; oder es fällt in den Bereich des Guten und Bösen,
worüber unser sittliches Gefühl entscheidet.« Und Bernstein
kommt zu dem Schluß: »Das Wahre, das Schöne und das Gute sind
daher Maßstäbe unserer Erkenntnis. Ein vierter [Maßstab] ist
nicht vorhanden.«[72]

Es ist behauptet worden, Bernsteins Ghetto-Schilderungen hätten einen ausgesprochen unpolitischen Charakter, sie seien, so
Karl Emil Franzos, »fast tendenzlos«.[73] Dieser Feststellung ist
zuzustimmen,[74] denn Bernstein hat im Gegensatz zu Heinrich
Heine (»Rabbi von Bacherach«), Annette Droste-Hülshoff (»Die
Judenbuche«), Berthold Auerbach (»Dichter und Kaufmann«)
oder Leopold Kompert (»Christian und Lea«) alle Bemerkungen
vermieden, die in den Kampf um die rechtliche und faktische
Gleichstellung eingegriffen oder die innerjüdischen Auseinander-
setzungen thematisiert hätten. Bernstein ging es in seinen beiden
Novellen in erster Linie ganz offensichtlich nur darum, die Lebens-
umstände der Juden im Osten so zu zeichnen, wie er sie noch aus der
Zeit seiner Jugend und Kindheit her kannte. Vorschläge über eine
Veränderung der Zustände, wie man sie eigentlich von dem libe-

ralen Publizisten und aufgeklärten naturwissenschaftlichen Volksschriftsteller Bernstein hätte erwarten können, hatte er jedenfalls nicht im Sinne, als er sich daranmachte, die beiden Novellen für Wertheims »Kalender« niederzuschreiben.

Auf der anderen Seite wäre es falsch, würde man annehmen, Bernstein hätte um jeden Preis an der Welt des Ghettos festhalten wollen. Gerade das Gegenteil ist der Fall. Sein Ideal war der emanzipierte Mensch, derjenige, der sich löst von den Fesseln der Tradition und an den Fortschritt der Menschheit glaubt. Belegt werden kann dies zum Beispiel durch eine in der »Volks-Zeitung« erschienene Besprechung des Franzosschen Buches »Aus Halb-Asien«,[75] in der Bernstein die Ansicht zu erkennen gab, daß, wenn die Völker des Ostens kein demokratisch-parlamentarisches Regime ertragen könnten, sie zu »schmerzhaftem Absterben«[76] verurteilt seien. Diese Bemerkung, dazu noch die von Franzos kolportierte Äußerung Bernsteins,[77] die faktische Gleichberechtigung könne nur durch die Entnationalisierung, die Assimilierung, bewirkt werden, lassen zweifelsfrei erkennen, daß Bernstein die Zukunft nicht im Ghetto, sondern in der Überwindung desselben gesehen hat.

Im Gegensatz zu anderen Ghetto-Schriftstellern hat Bernstein keine der berüchtigten ostjüdischen Klischees benutzt, die seit den siebziger Jahren des letzten Jahrhunderts verstärkt in die Literatur Eingang gefunden haben.[78] Das halb dialektale, halb jargonhafte Sprachgemisch, das Hermann Schiff und manche anderen jüdischen und nichtjüdischen Schriftsteller benutzten, diente dazu, die Welt des traditionellen Judentums als mittelalterlich, abergläubisch und fortschrittsfeindlich zu zeichnen. Anders Bernstein, der mit den in seinen Novellen verwandten idiomatischen Charakterisierungen weder denunzieren noch stereotypisieren, schon gar nicht zwischen einem höherstehenden Westjudentum und einem tieferstehenden Ostjudentum unterscheiden wollte. Ihm ging es um die authentische Wiedergabe des ostjüdischen Lebens, um das Aufzeigen der traditionellen jüdischen Bindungen, wobei die stellenweise humorvollen und satirischen Glossierungen nicht darüber hinwegtäuschen dürfen, daß es Bernstein durchaus bewußt war, »welche persönlichen und sozialen Werte im Rahmen dieser gebundenen Lebensform lebbar sind«.[79]

Ursprünglich waren die Novellen für ein jüdisches Publikum verfaßt. Er schreibe, bemerkte Bernstein am Schluß von »Mendel Gibbor«, für die »lieben Leser mit guten jüdischen Herzen«.[80] Das ergibt sich auch aus der Tatsache, daß die Erstfassungen der beiden Novellen, die in dem »Kalender und Jahrbuch für die jüdischen Gemeinden Preußens« 1858 und 1859 erschienen, in einer Mischung aus drei Sprachen (Hochdeutsch, Jüdisch-Deutsch, Hebräisch) geschrieben waren, die nur von einem jüdischen Publikum verstanden werden konnte. Hätte Bernstein die Erstfassung für ein breiteres Publikum geschrieben, dann hätte er ganz sicher auf manche Wortwitze im Jargon, auf manche Proben talmudischer Dialektik oder kabbalistischer Mystik verzichten müssen.

Vermutlich war es der Zuspruch, den Bernstein von verschiedener Seite erfuhr, der ihn bewegte, die Novellen einem breiteren Publikum zugänglich zu machen. 1860 erschienen bei Gerschel in Berlin beide Novellen in einem Band vereinigt. Sie waren jetzt mit offensichtlichem Blick für ein nichtjüdisches Lesepublikum überarbeitet und von zahlreichen Hebraismen befreit worden – zum Schaden für die Ursprünglichkeit und die Echtheit der Erzählungen. Franzos empfand dies bereits, als er in seiner Bernstein-Abhandlung meinte, die überarbeitete Fassung sei nur ein Notbehelf, der zur Unterdrückung oder Abschwächung vieler charakteristischer Details geführt habe – man lese nun statt des Originals bloß eine gewandte Übersetzung.[81]

»Vögele der Maggid« und »Mendel Gibbor« sind im deutschen Judentum viel gelesen worden. In den Familien hatten die beiden Erzählungen fast den Charakter von Hausbüchern. Immer wieder wurden sie neu aufgelegt.[82] Die einen waren stolz auf die Novellen, weil sie die eigene Herkunft in ihnen wiederzuerkennen glaubten. Die anderen meinten, sie seien ein Stück jüdischer Kultur, das es zu bewahren gelte. Die frühen Zionisten gingen sogar soweit, Bernstein als einen der Ihren anzusehen. Moses Hess zum Beispiel hat die Novellen gelesen. An einer Stelle in »Rom und Jerusalem« bemerkte er, Leopold Kompert, Alexander Weill und A. Bernstein gebühre Lob für ihre »den großen Erinnerungen unserer unsterblichen Nation«[83] gewidmete Poesie. Und Max Aram glaubte sogar, wie aus einem in der zionistischen »Welt« veröffentlichten Artikel hervorgeht,[84] die Ghettogeschichten hätten unterschwellig für das nationale Erwachen eine gewisse Rolle gespielt.

In der Zeit des Nationalsozialismus sind die beiden Novellen noch einmal neu herausgebracht worden, und zwar in der berühmten Schocken-Bücherei, in der zwischen 1933 und 1938 insgesamt 83 Bände erschienen sind, die in Format und Aufmachung der Insel-Bücherei nachempfunden waren. Der Verlag erhoffte sich, jedenfalls anfänglich,[85] mit dieser Bücherei jüdisches Schrifttum dem nichtjüdischen Leser zugänglich zu machen, damit er das Judentum kennenlerne, so wie es ist. Wie die übrigen Bände, die in der Schocken-Bücherei in jenen Jahren erschienen, waren auch »Vögele der Maggid«[86] und »Mendel Gibbor«[87] sorgfältig bearbeitet und ediert worden, und zwar von Hans Bach,[88] der für die Neuausgabe die Urfassung herangezogen und einige Episoden, um eine größere Geschlossenheit zu erzielen, gestrichen hatte.

Der Erfolg der Bücherei war enorm, wozu Bernsteins beide Novellen ebenfalls mitbeigetragen haben dürften. Zweck der Bücherei sollte es sein, den bedrohten deutschen Juden das Bewußtsein zu vermitteln, daß es eine jüdische Volksliteratur gibt, auf die Rückbesinnung notwendig ist. Einer, der das verstand, war der Dichter Hermann Hesse. Er begriff intuitiv, daß für viele durch die Dissimilationspolitik der Nazis entwurzelte Juden die Lektüre von Texten zur jüdischen Religion, Geschichte und Kultur ein notwendiger »Akt der Selbstbehauptung« in schwerer Zeit war. »Der große Zauber, den diese ... jüdische Taschenbuchbibliothek ausübt«, schrieb Hesse 1936 in einer Besprechung, »beruht darin, daß mit der Rückbesinnung weiterer Kreise des deutschen Judentums auf ihre Herkunft und ihr Volkstum ein gewaltig großer, zum Teil bisher unbekannter Schatz an Literatur ans Licht gezogen wird ... Es tut sich plötzlich der Blick in eine tief in die Zeiten zurückreichende, schöne mannigfaltige Literatur der Besinnung, der Dichtung, der Frömmigkeit, des Humors, der Memoiren und Anekdoten auf, welche bisher nur den Gelehrten bekannt war.«[89]

Selbst als die Deportationszüge Richtung Auschwitz rollten, hofften viele, es würde so schlimm schon nicht kommen. Je trüber die Aussichten, je ungewisser die Zukunft wurde, desto mehr klammerten sie sich an ihr Judentum, an die jüdische Geschichte und Kultur. Sie waren davon überzeugt, so würde man mit dem Unvorstellbaren leichter fertigwerden. Trost und Ermutigung fand man in der Beschäftigung mit Autoren wie Richard Beer-Hofmann, Chaim Bialik, Isaac Leib Perez oder Scholem Alechem, die sich ihrer »Jüdischkeit« wegen zunehmender Beliebtheit erfreuten. Und auch A. Bernstein und seine Novellen wurden als lesenswert angesehen, wie die letzte Ausgabe des »Jüdischen Nachrichtenblattes« belegt, die am 31. Dezember 1942 in Berlin erschien.[90] Darin war auf der letzten Seite ein Hinweis der »Reichsvereinigung der Juden in Deutschland« abgedruckt, in dem den Lesern die Lektüre von »Vögele der Maggid« nachdrücklich empfohlen wurde. Im Rückblick hat das gewissermaßen eine symbolische Bedeutung. Diese Ausgabe des »Nachrichtenblattes« war faktisch das letzte gedruckte Zeugnis des deutschen Judentums vor seinem Untergang. Am 28. Januar 1943 wurde die Berliner Gemeinde zwangsweise aufgelöst und der verbliebene Vorstand deportiert. Danach war nur noch Schweigen.

ANMERKUNGEN

1 Hans Otto Horch, Auf der Suche nach der jüdischen Erzählliteratur. Die Literaturkritik der »Allgemeinen Zeitung des Judentums« (1832–1922), Frankfurt a. M. u. a. 1985, S. 168.
2 Ludwig Geiger, A. Bernstein. Ein Gedenkblatt, in: AZJ Nr. 76/1912, S. 161 ff.; im »Nachruf« auf Bernstein, den Rudolf Elchos in der »Volks-Zeitung« am 13. Februar 1884 veröffentlichte, ist im Zusammenhang mit den Novellen von »wahren Perlen der Literatur« die Rede.
3 M. Lazarus, Aus einer jüdischen Gemeinde vor fünfzig Jahren, in: Treu und Frei. Gesammelte Reden und Vorträge über Juden und Judenthum, Leipzig 1887, S. 283.

4 AZJ, Nr. 24/1857, S. 460f.

5 Sohn oder Bruder, Nr. 53–62/1836; Erlebnisse, oder die Nachtwache bei einer Kranken, Nr. 168–189/1836; Die Kinder, Nr. 87–94/1937; Vetter Tonnenmast, Nr. 140–152/1838.

6 Herzenserlösung, Nr. 100–104/1835.

7 Die Göttin, Nr. 58–63/1836.

8 Neuer deutscher Novellenschatz, hrsg. von Paul Heyse und Ludwig Laistner, Bd. X, München/Leipzig 1885, S. 4.

9 Zum vermuteten Einfluß Bernsteins auf Auerbach bemerkte Laistner: »Die Sprache hat etwas Jeanpaulisierendes, auch stört ein tändelndes Übermaß von Herzigkeit, Schönthun und Gescheidreden, was übrigens literar-historisch nicht ohne Interesse ist, sofern es zeigt, woher die Gestalten der Auerbach'schen Dorfgeschichten ihr sentenziöses Wesen haben …« (ebenda).

10 Karl Emil Franzos, Über A. Bernstein, in: AZJ (59) 1895, S. 5–8, 56ff., 67f., 92ff., 116ff., 128ff., 140ff., 247ff., 259ff., 273f., 285ff., 295f., 308f., 330f. Vgl. hierzu auch: Heymann Steinthal an Karl Emil Franzos, 22. Februar 1895, in: Moritz Lazarus und Heymann Steinthal. Die Begründer der Völkerpsychologie in ihren Briefen, Bd. II/2, hrsg. von Ingrid Belke, Tübingen 1986, S. 491, der den Irrtum über die Bernsteinschen Novellen für »literar-historisch höchst bemerkenswert« gehalten hat.

11 Gemeint ist Adolph Jellinek (1820–1893), der seit 1856 Rabbiner in Wien war.

12 I. Rülf, Eine Begegnung mit A. Bernstein, in: AZJ Nr. 37/1896, S. 438ff.

13 Franzos, Über A. Bernstein, in: AZJ 1895 (s. Anm. 10), S. 92.

14 Kalender und Jahrbuch auf das Jahr 5618 (5619) für die jüdischen Gemeinden Preußens, hrsg. von Ph. Wertheim, Zweiter und dritter Jahrgang, Berlin 1857, S. 5–108, und Berlin 1858, S. 5–144.

15 Franzos, Über A. Bernstein (s. Anm. 10), S. 140.

16 L[udwig] G[eiger], Zur Geschichte der jüdischen Novelle, in: AZJ, Jg. 80, Nr. 19/1916, S. 222f.

17 David Honigmann (1821–1885), Jurist und Schriftsteller, Mitglied der Stadtverordnetenversammlung in Breslau, Generalsekretär der Oberschlesischen Eisenbahn, Syndikus der Breslauer Gemeinde, 1869 Mitbegründer des Deutsch-Israelitischen Gemeindebundes.

18 AZJ, Nr. 8/1895, S. 141.

19 Vgl. Zum hundertjährigen Geburtstag Eures Großvaters A. Bernstein, o. O. [1912], S. 12.

20 Wertheim war mit seiner Frau aus Ostrowo gekommen und hatte durch A. Bernstein die Stelle als Sekretär der Gemeinde erhalten.

21 Franzos, Über A. Bernstein (vgl. Anm. 10), S. 141.

22 Bernstein an Otto Lewald, 23. Juli 1857 (Nachlaß Lewald-Stahr, StaBi, Berlin).

23 Bernstein an Otto Lewald, 9. September 1857 (ebenda).

24 Kalender und Jahrbuch auf das Jahr 5618 (s. Anm. 14), S. 88.

25 Ebenda, S. 102.

26 Kalender und Jahrbuch auf das Jahr 5619 (s. Anm. 14), S. 20.

27 Um den angeblichen Eintagskönig von Polen ranken sich viele Legenden. Saul Wahl (geb. 1545 in Padua, gest. 1617 in Brest-Litowsk) stammte mütterlicherseits aus der Familie des bekannten Talmudisten Juda Münz. Vgl. Jüdisches Lexikon, Bd. V, Sp. 1277 f.

28 Vgl. Ludwig Geiger, in: AZJ, Nr. 14/1912, S. 161.

29 Stefan Báthory war von 1575 bis 1586 Wahlkönig in Polen.

30 Für das Folgende vgl. Kalender und Jahrbuch auf das Jahr 5619 (s. Anm. 14), S. 106 ff.

31 Gemeint ist Brest Litowsk.

32 Es heißt, daß Saul Wahl Judenprivilegien erlassen hätte.

33 Vgl. Max Aram, Ghettodichter (1. Aron David Bernstein), in: Die Welt, Nr. 47/1910, S. 13 ff.

34 Franzos, Über A. Bernstein (vgl. Anm. 10), S. 286.

35 Kalender und Jahrbuch auf das Jahr 5618 (s. Anm. 14), S. 29 f.

36 Anspielung auf das Gedicht »Kotzebue's Verzweiflung«, das dreißig Jahre zuvor sprichwörtlich war.

37 Kalender und Jahrbuch auf das Jahr 5618 (s. Anm. 14), S. 14.

38 Kalender und Jahrbuch auf das Jahr 5619 (ebenda), S. 31.

39 Kalender und Jahrbuch auf das Jahr 5618 (ebenda), S. 35.

40 Philipp Wertheim an A. Bernstein, 11. Juli 1857, in: AZJ, Nr. 19/1916, S. 223.

41 A. Bernstein an Otto Lewald, 9. September 1857 (s. Anm. 22).

42 Moritz Veit an A. Bernstein, 4. August 1857, in: AZJ, Nr. 6/1893, S. 69 f.

43 Konnte nicht nachgewiesen werden. Vielleicht in der »Beilage« der VZ vom 11. Juli 1857 erschienen? Weitere bibliographisch nachweisbare Besprechungen: u. a. Leopold Stein, in: Der israelitische Volkslehrer, Frankfurt a. M., Jg. 8/1859, S. 357; derselbe, Aus der Literatur. Anzeige von Volksschriften, Frankfurt a. M., Nr. 1, 7. Januar 1859, S. 15 f.; Dr. Isler, Zur Literatur, in: Der Freitagabend, Nr. 7, 18. Februar 1859, S. 106.

44 Vgl. Philipp Wertheim an A. Bernstein, 11. Juli 1857 (s. Anm. 40): »Dr. Veit ist so entzückt, daß er ihnen wohl schon geschrieben haben wird, um ihnen seine Freude auszudrücken. Irre ich nicht, so ist die Rezension in der heutigen Nummer der ›Volks-Zeitung‹ seiner Feder entflossen.«

45 Moritz Veit an A. Bernstein, 4. August 1857 (s. Anm. 42).

46 Ebenda.

47 AZJ, Nr. 34/1857, S. 460 f.

48 Eintragung am 28. Oktober 1857, in: K. A. Varnhagen von Ense, Tagebücher, Berlin und Leipzig, Bd. 14, S. 122.

49 Michael Sachs an Moritz Veit, 17. Juli 1857, in: Michael Sachs und Moritz Veit. Briefwechsel, hrsg. von Ludwig Geiger, Frankfurt a. M. 1897, S. 104 f.

50 Abraham Geiger an Philipp Wertheim, 14. September 1857, in: AZJ, Nr. 6/1893, S. 70. Vgl. ebenfalls Abraham Geiger, A. Bernstein, in: Jüdische Zeitschrift für Wissenschaft und Leben, Bd. 7. Breslau 1869, S. 224: »Vögele der Maggid und Mendel Gibbor, die so tiefsinnig, so zart in das poetische Idyll des beschränkten altjüdischen Lebens einzuführen wissen und dennoch mit seinem Humor über der Geistesenge und den unschönen Mißbildungen schweben, bei aller Teilnahme an jenem alten Leben, die dem Dichter aus der Seele quillt, und die er ebenso einzuflößen versteht, durch schmerzheiteres Lächeln darüber erhaben.«

51 Unwahrscheinlich ist es, daß Bernstein Texte kannte, wie sie zum Beispiel der Oppelner Rabbiner A. Wiener in Händen gehabt haben wollte: »Nun erinnere ich mich, bereits vor 73 oder 74 Jahren, ich war damals ein Bub von 9 bis 10 Jahren, Bruchstücke einer Ghetto-Geschichte gelesen zu haben, deren Verfasser kein geringerer als Isaak Euchel, Schüler und Freund Moses Mendelssohns, war ... Darauf erinnere ich mich nicht mehr, ob diese Ghetto-Geschichte gedruckt oder handschriftlich – damals pflegte man in den Kreisen kleiner, mitteloser Leute sich noch nicht den Luxus zu leisten, dergleichen Schrifterzeugnisse zu kaufen, sondern man schrieb sie ab – in dem Besitz eines Mannes war« (Wiener an Franzos, 25. März 1895, in: AZJ, Nr. 19/1895, S. 223).

52 Vgl. Julius H. Schoeps, Aron Bernstein über Heinrich Heine. Ein Kapitel Heine-Rezeption in der Zeit des Vormärz, in: Juden in Deutschland. Zur Geschichte einer Hoffnung. Historische Längsschnitte und Einzelstudien (= Veröffentlichungen aus dem Institut Kirche und Judentum, Heft 11), hrsg. von Peter von der Osten-Sacken, Berlin 1980, S. 143–148.

53 Hermann Schiff, eigentlich David Bär Schiff, Pseudonyme Isaak Bernays und Heinrich Preese (1801–1867), hatte als Journalist für den »Dichterspiegel«, den »Gesellschafter« und den »Freimüthigen« gearbeitet, lebte ab 1835 in Hamburg und war dort als Schauspieler, Musiker, Fechtmeister, Ballettänzer, Schriftsteller, Notenschreiber und Journalist tätig. Es heißt, daß er sich hat protestantisch taufen lassen, was aber nicht erwiesen ist. Vgl. Renate Heuer, Heines »Vetter« Hermann Schiff, in: Conditio Judaica. Judentum, Antisemitismus und deutschsprachige Literatur vom 18. Jahrhundert bis zum Ersten Weltkrieg, Erster Teil, hrsg. von Hans Otto Horch und Horst Denkler, Tübingen 1988, S. 214–235.

54 Hermann Schiff [Pseudonym], Schief-Levinche mit seiner Kalle oder

Polnische Wirthschaft. Ein komischer Roman nebst Vorrede von Isaak Bernays, Hamburg 1848.

55 Franzos, Über A. Bernstein (vgl. Anm. 10), S. 93.

56 Leopold Kompert (1822–1896) hatte anfänglich Erzählungen und Reiseskizzen im Stile der Jungdeutschen veröffentlicht, übernahm 1848 von Karl Beck die Feuilletonredaktion des »Österreichischen Lloyd« in Wien, später Mitdirektor einer Bank, Leiter der Schulsektion der israelitischen Kultusgemeinde Wiens, Landschulrat für Niederösterreich und Regierungsrat. Vgl. Wilma A. Iggers, Leopold Kompert. Romancier of the Bohemian Ghetto, in: Modern Austrian Literature 6/1973, S. 78–97.

57 Bernstein an Otto Lewald, 9. September 1857 (s. Anm. 22).

58 Berthold Auerbach an A. Bernstein, 22. September 1858, in: AZJ Nr. 4/1893, S. 43.

59 Ebenda.

60 Etwas anderer Ansicht war Varnhagen von Ense, der am 16. September 1858 in sein Tagebuch notierte:»Früh wach, und Bernstein's ›Mendel Gibbor‹ gelesen; die Erzählung ist rührend, die jüdische Frömmigkeit, Innerlichkeit, tritt schön hervor, aber der Scherzton ist oft verfehlt, besonders im Anfange ...« (Tagebücher, Bd. 14 [s. Anm. 48], S. 382).

61 Berthold Auerbach an A. Bernstein, 22. September 1858 (s. Anm. 58).

62 Theodor Storm hatte Heyse in einem Brief vom 23. März 1870 auf Bernsteins Novellen aufmerksam gemacht, nachdem dieser ihm mitgeteilt hatte, er sammele für einen »Hausschatz deutscher Novellistik«. Vgl. Briefe 1870–1888, hrsg. von Peter Goldammer, Bd. 2, Berlin/Weimar 1984, S. 13:»Werden Sie die jüdischen Novellen von Bernstein berücksichtigen? Bei E. Keil erschien vor ein paar Jahren eine vermenschlichte Ausgabe.«

63 Moritz Lazarus und Heymann Steinthal (s. Anm. 10), S. 666.

64 Franzos, Über A. Bernstein (s. Anm. 10), Nr. 24/1895, S. 286.

65 A. Bernstein an Otto Lewald, 9. September 1857 (s. Anm. 22).

66 A. Bernstein an Otto Lewald, 23. Juli 1857 (ebenda).

67 I[saak] Rülf, Eine Begegnung mit A. Bernstein, in: AZJ, Nr. 37/1896, S. 440.

68 S. Anm. 5, 6 und 7.

69 A. Bernstein an Elisabeth Lewald, 9. Oktober 1857 (s. Anm. 22).

70 Bernsteins Erzählung »Aus vollem Menschenherzen«, die in der »Gartenlaube« (1869, S. 666–669, 683–686) erschien, scheint eine Arbeit zu sein, die bereits Ende der dreißiger bzw. Anfang der vierziger Jahre erschienen ist.

71 Franzos, Über A. Bernstein, in: AZJ, Nr. 6/1895, S. 92.

72 A. Bernstein an Elisabeth Lewald, 7. Januar 1857 (s. Anm. 22).

73 Vgl. Anm. 10.

74 Zurückzuweisen ist die den Sachverhalt verzeichnende Behauptung

Wilhelm Goldbaums, Kompert und Bernstein seien Tendenzpoeten gewesen. Der tolerante Kompert habe die Verächter des Judentums in Freunde verwandeln wollen, während der auf dem Rechtsstandpunkt stehende Bernstein sie unbarmherzig mit den Mitteln der talmudischen Logik geißele. Bernstein, meint Goldbaum, fasse das Judentum nationalpolitisch auf (Literarische Physiognomien, Wien und Teschen 1884, S. 175–184).

75 Karl Emil Franzos, Aus Halb-Asien: Land und Leute des östlichen Europas, 6 Bde. in drei Bänden, Leipzig 1876.

76 Franzos, Über A. Bernstein (s. Anm. 10), S. 5f.

77 Ebenda, S. 6.

78 Vgl. Hans-Peter Bayerdörfer, Das Bild des Ostjuden in der deutschen Literatur, in: Juden und Judentum in der Literatur, hrsg. von Herbert A. Strauss und Christhard Hoffmann, München 1985, S. 211–236.

79 Ebenda, S. 225.

80 Kalender und Jahrbuch auf das Jahr 5619 (s. Anm. 14), S. 144.

81 Franzos, Über A. Bernstein (s. Anm. 10), S. 308f.

82 1892 erschien die siebte Auflage im Verlag Freund & Jeckel (Carl Freund) in Berlin.

83 Moses Hess, Rom und Jerusalem, die letzte Nationalitätsfrage. Briefe und Noten, Leipzig 1862, S. 34f. Vgl. Julius H. Schoeps, Moses Hess – ein Vorläufer des modernen Zionismus, in: Emuna, 3/4 1975, S. 67.

84 Vgl. Anm. 33

85 Vgl. Julius H. Schoeps, Widerstand und Selbstbehauptung. Das jüdische Buch im Dritten Reich, in: ders., Über Juden und Deutsche, Historisch-Politische Betrachtungen, Stuttgart/Bonn 1986, S. 33 ff.

86 Erschien 1934 als Band 7 der Bücherei des Schocken-Verlags.

87 War als Band 44 der Bücherei erschienen.

88 Hans Bach (1902–1977) war seit 1933 Mitherausgeber der Zeitschrift »Der Morgen«, konnte noch 1939 nach England auswandern.

89 Hermann Hesse, Neues in der Schocken-Bücherei, in: National-Zeitung, Nr. 148, 29. März 1936.

90 Jüdisches Nachrichtenblatt, Berlin, Nr. 53, 31. Dezember 1942.

NATURWISSENSCHAFTLICHER VOLKS-SCHRIFTSTELLER

Bis mindestens in die Zeit des Ersten Weltkrieges gehörte der Glaube an die Nützlichkeit des wissenschaftlichen und an die Wirklichkeit des moralischen Fortschritts zu den selbstverständlichen Grundannahmen der westlichen Welt und damit zu ihrer »ungeschriebenen Philosophie«.[1] Das Vorstellungsbild der Menschen begriff Fortschritt noch als Naturbeherrschung und knüpfte an diese die Erwartung, die Menschheit werde sich unablässig moralisch zu einer höheren Stufe fortentwickeln. Naturbeherrschung und moralischer Fortschritt wurden nicht als Parallelerscheinungen, sondern geradezu als zwei Aspekte derselben sich weiterentwickelnden Kultur betrachtet. Der Glaube an den Fortschritt hatte fast schon religiöse Dimensionen, insofern als von ihm die »wirkliche Vervollkommnung des Menschen« (Condorcet) erwartet wurde.

Bernstein stand ganz in dieser aufklärerischen Tradition, da er Fortschritt zwar einerseits als Naturbeherrschung, zum anderen aber als Weiterentwicklung im moralischen Sinne begriff.[2] Die Menschheit, davon war er zutiefst überzeugt, würde durch den Fortschritt auf wissenschaftlichem und technischem Gebiet auf ganz natürliche Weise humaner werden. In einem für die »Volks-Zeitung« im Juli 1857 verfaßten Leitartikel, der mit der Überschrift »Eine Aufgabe der Kultur« versehen war, bemerkte er: »In demselben Grade, wie sich der Mensch zum Herrscher über die Natur macht, in demselben Grade verliert er die Neigung, den Nebenmenschen zu unterjochen, in demselben Grade, wie er beginnt, sich geistig emporzurichten, in demselben Maße empfindet und würdigt er auch das Gefühl der Freiheit.«[3]

Zweifel am Fortschritt als solchem kannte Bernstein noch nicht.

Bedenken, wie sie vor dem Ersten Weltkrieg aufkamen – zum Beispiel in den Schriften Walther Rathenaus, die bekanntlich Krisenstimmung und zunehmende Zivilisationsangst spiegeln[4] – oder wie sie in öffentlichen Debatten heute geäußert werden,[5] waren Mitte des 19. Jahrhunderts noch so gut wie unbekannt. Wie die meisten seiner Zeitgenossen war auch Bernstein davon überzeugt, der Mensch könne die Entwicklung steuern, sei verstandesmäßig jederzeit in der Lage, anstehende Probleme zu lösen. Diese optimistisch-positive Haltung, die für den bürgerlichen Liberalismus in der zweiten Hälfte des letzten Jahrhunderts typisch war, spricht auch aus einer Bemerkung, die Bernstein in einer Rede machte, die er anläßlich des zehnjährigen Bestehens der »Volks-Zeitung« am 28. März 1863 hielt: »Die Weltgeschichte bewegt sich zwar in starken Kurven, allein, so tief sich zuweilen die Kurve auch niedersenkt, auf den früheren Standpunkt kehrt sie nicht wieder zurück; das duldet das Gesetz der Fortentwicklung nicht! Wir gehen stets drei Schritte vorwärts und nur zwei zurück. Das ist eine historische Tatsache ...«[6]

Fortschritt verband Bernstein mit der Vorstellung eines bewußtseinsmäßigen Fortschritts, mit der Fähigkeit des Menschen zu diskursivem Denken also. Jede Gedankenschöpfung, argumentierte er, reize zu weiterem Denken an und schaffe andere, bisher nicht vorhandene, nicht vorstellbare Verhältnisse. Jede technische Neuerung löse zwangsläufig neue Überlegungen aus, die vorher nicht möglich gewesen seien. So hätte zum Beispiel die Erfindung des Schwefelholzes das Denken nicht nur angeregt, sondern auch Konsequenzen zur Folge, die zum Teil noch gar nicht absehbar seien: »Ich erinnere mich noch mit wahrhaft kindlicher Rührung der Zeit, wo das erste Stipp-Feuerzeug in meinem väterlichen Haus eine wahrhafte Gedankenrevolution erzeugte und nicht bloß die alte gute Blechdose mit Stahl, Stein und Zunder, sondern ganze Berge autorisierter Weltanschauungen erschütterte und antiquierte. Als mein seliger Vater das erste Schwefelhölzchen auflodernd aus dem Asbest-Fläschchen zog, erklärte er halb erschrocken, halb verwundert, daß er nunmehr alles für möglich halte.«[7]

Bernsteins Glauben an den Fortschritt hatte in der Unbeirrbarkeit, mit der er an diesem festhielt, teilweise fast schon irreale Züge. Er selbst war sich des Zusammenhangs zwischen Glauben und Fortschritt sehr wohl bewußt. Der Fortschritt, so meinte er, riefe im Menschen die gleiche Gläubigkeit und Begeisterung hervor, wie es in früheren Jahrhunderten nur der religiöse Glaube vermocht habe. Bernstein, davon überzeugt, daß technische und wissenschaftliche Erfindungen am Anfang einer zukunftsträchtigen Reise zu unendlichen Horizonten stünden, schloß nicht aus, daß an deren Ende vielleicht sogar die Erlösung erfolgen, der Tag der Befreiung der Menschheit von Unwissenheit und Aberglauben mit der Ankunft des Messias zusammenfallen werde.

Äußerungen des späten Bernstein lassen erkennen, daß ihn Fragen dieser Art gegen Ende seines Lebens zunehmend mehr zu beschäftigen begannen. Ein Brief, in dem er dem Schriftsteller Karl Emil Franzos über seine Person Auskunft gibt, enthält zum Beispiel zwei sehr bezeichnende Passagen. Die eine berichtet von dem Besuch eines Rabbiners, eines gründlichen Kenners und Bearbeiters des Talmuds und der Midraschim, der ihn in seinem Privatlaboratorium aufgesucht hatte, wo er – Bernstein – sich gerade mit einer elektro-chemischen Arbeit beschäftigte. Der Rabbiner, der ihm bei seiner Arbeit freundlich zusah, hätte dann gefragt: »Was machen Sie denn da?« Bernstein darauf: »Ich sitze hier und berechne die Tage des Messias; man nennt sie nur so nicht mehr; sie heißen jetzt: das elektro-dynamische Zeitalter.« Daraufhin wieder der Rabbiner: »Glauben Sie, daß er kommt?« Bernsteins Antwort: »Gewiß. Er muß kommen, denn ich will ihn eben herbeizaubern.«[8]

Die andere Passage des Briefes verknüpft den Messiasglauben direkt mit dem wissenschaftlichen Fortschritt. Auf die Frage von Franzos, ob er im Verlauf seines Lebens seinen einstigen religiösen Überzeugungen nicht untreu geworden sei, antwortete Bernstein: »Niemals! Ich bin derselbe wie damals; aber mein Messias hat sich sehr verändert. Ich habe ihn kommen sehen, als ich die erste Arbeit von mir gedruckt sah. Ich sah ihn kommen, als ich die erste Lokomotive erblickte, ich sah ihn in der Zeit der Telegraphie

... Er erschien mir immer und immer in neuer Gestalt, in jeder Epoche sittlicher Erhebung, politischen Fortschritts, naturwissenschaftlicher Erfindung. Heute arbeite ich ihm vor mit der Konstruierung eines neuen elektrischen Lichts. Sollte ich sein Kommen nicht erleben, so will ich meinen Kindern die Hoffnung auf ihn empfehlen, gleichviel unter welchem Namen sich das Ideal der Versittlichung und der geistigen Erhebung des Menschengeschlechtes wieder und wiederum melden wird.«[9]

Die Vorstellung, der Messiasglaube sei mit seiner Arbeit und der sittlichen Zukunft des Menschengeschlechtes unmittelbar verknüpft, teilte Bernstein mit sehr vielen Angehörigen seiner Generation. Er vertrat damit letztlich die später von dem Philosophen Hermann Cohen thematisierte Idee des assimilierten Judentums, die sich in einem weltzugekehrten Optimismus, in freudiger Arbeit an der Verbesserung der Welt sowie in praktischer Diesseitsgesinnung konkretisierte.[10] »Die heutigen Juden«, so hat der Schriftsteller Ludwig Kalisch in seinen »Bildern aus meiner Knabenzeit« diese Einstellung beschrieben, »glauben ebenso wenig als ihre Vorfahren, daß der Messias bereits gekommen [ist]. Aber die heutigen Juden erwarten nicht mehr, daß er auf einem Esel reitend kommen wird, um sie zu befreien und sie in's gelobte Land zurückzuführen. Sie erwarten keinen Extra-Messias für sich, sondern für die ganze Menschheit. Dem heutigen Juden ist jeder Mensch ein Messias, der für die Freiheit der Völker, für das Wohl der Menschheit wirkt, und er sieht das gelobte Land da, wo die Freiheit waltet.«[11]

Gegen Mitte des 19. Jahrhunderts wandelte sich die Kulturgeschichtsschreibung zunehmend von deduktiv-normativen Kategorien ab und stärker sozialen Themen zu und begann sich dann mit dem »Selbstverständlichen« und »Alltäglichen« zu befassen. Auch Bernstein war von dieser kulturwissenschaftlichen Methode nicht unbeeinflußt, wenn er über das Verhältnis von Natur und Kultur nachdachte und u. a. bemüht war, eine Antwort auf die Frage zu finden, wie es denn komme, daß aus der Idee eines Wissenschaftlers oder dem schöpferischen Gedanken eines Erfinders zum Beispiel Alltagsbewußtsein werde. Bernstein entwickelte dafür den

Begriff der »Verdichtung«, der von Moritz Lazarus aufgenommen würde[12] und dadurch später in die »Völkerpsychologie« Eingang gefunden hat.

In einer literarischen Reflexion, veröffentlicht in Berthold Auerbachs »Volkskalender« 1861, beschrieb Bernstein an den Beispielen einer »Uhr«, eines »Wochenmarkts« und eines »Briefkastens«, was er unter »Verdichtung« verstand. An diesen Beispielen, so Bernstein, könne gezeigt werden, »welche Fülle großartiger Gedanken in unserer Ordnung der Alltäglichkeit verkörpert ist«. Damit wollte er zum Ausdruck bringen, daß der Mensch für jede soziale Institution sich bestimmte Gedankengebäude ersonnen habe, so u. a. die Prinzipien der Teilung der Arbeit, des Austauschs der Bedürfnisse, der Gegenseitigkeit und gegenseitigen Ergänzung der Dienstleistungen. »Man kann«, so Bernstein, »an diesen Beispielen deutlich ersehen, wie der Mensch sich nachgerade willkürlich und unwillkürlich, absichtlich und zufällig Organe der Verdichtung seines Denkens schafft ... Auf diesem Prozeß der Verdichtung des Gedachten als der Kunst der Zusammenfassung des Mannigfaltigen und der steigenden Erleichterung des Schwierigen beruht auch allein die Aussicht, daß der Culturmensch nicht allmählich durch den von allen Seiten massenhaft anwachsenden Stoff der Erkenntnis völlig erdrückt werde ...«[13]

Trotz seiner ausgeprägten, schon seit der frühen Berliner Zeit aufzeigbaren geschichtsphilosophischen Interessen[14] äußerte sich Bernstein im Alter immer skeptischer über die Systeme dialektischer und spekulativer Philosophie. Er machte keinen Hehl daraus, daß er sie als Verirrungen des menschlichen Geistes ansah. In einer Schrift, veröffentlicht anläßlich des 100. Geburtstages von Alexander von Humboldt, bemerkte er: »In den ersten drei Jahrzehnten dieses Jahrhunderts wurde Deutschland von einer Geistes-Abirrung beherrscht, welche unter dem Titel ›Philosophie‹ ein leeres Spiel mit Worten trieb und mit unglaublichem Hochmuth auf alles Wissen niederblicken lehrte, was nicht a priori dialektisch entwickelt, sondern aus der Erfahrung geschöpft wurde.«[15] Und an einer anderen Stelle derselben Schrift heißt es: »Eine mystisch-symbolische Anschauung über Naturkräfte, über

Lebenskräfte griff um sich und ließ im dichterischen Gewande, halb philosophierend, halb experimentierend, Speculationen und Naturwahrheiten durcheinander gleiten, um sich ein Welt-Ganzes beliebig auszumalen.«[16]

Bernstein hielt wenig von Philosophen vom Zuschnitt Hegels, über die er spottete, sie spännen ihre Gedanken in Übereinstimmung mit dem Weltgeist. Nur solche Denker, meinte er, seien in der Lage, die Erkenntnis über das geistige Wesen des Menschen zu bereichern, »die den gewissenhaftesten Versuchen und Untersuchungen der Naturwissenschaft folgen«. Ihnen fiele die Aufgabe zu, die Erkenntnis der Naturwissenschaft zu »großen Gesetzen« zusammenzufassen. In der Verbindung von Philosophie und Naturwissenschaft sah Bernstein den einzig gangbaren Weg, um zu einem »Fortschritt der Erkenntnis« zu gelangen. »Ein Philosoph« bemerkte er einmal, »der wirklich Anspruch darauf machen will, durch richtiges Denken seines Geistes mit dem Geist des Weltalls in Übereinstimmung zu sein, der muß sich probehaltig in solchen Dingen erweisen, wo wir gewöhnlichen Menschenkinder ihn kontrollieren können.«[17]

Bernsteins harsche Kritik an der zeitgenössischen Philosophie blieb nicht unwidersprochen. Als sein »dem treuen Volksfreunde Schulze-Delitzsch« gewidmetes Buch »Natur und Cultur«[18] erschien, bemerkte ein Rezensent in der »Vossischen Zeitung«: »Was wir nicht billigen können, ist die feindselige Haltung des Verfassers gegen alles, was nicht Naturwissenschaft heißt, seine Polemik nicht blos gegen religiöse und philosophische Irrtümer, sondern gegen Religion und Philosophie überhaupt.« Insbesondere zeigte sich der Rezensent darüber pikiert, daß der Philosoph, der von Bernstein als ein unnützer, anmaßender Alleswisser charakterisiert wird, dem »Erfahrungsmenschen« gegenübergestellt wird, demjenigen Menschen also, der seine Erkenntnisse nur aus den Ergebnissen der naturwissenschaftlichen Forschung zu ziehen bereit ist. Mit Waage, Seziermesser, Pinzette und Retorte allein könne man aber die Welt des Geistes nicht enträtseln, mokierte sich der Rezensent, der über Bernstein das abfällige Urteil fällte: »Die Consequenzen, welche Bernstein aus naturwissenschaft-

lichen Theorien, Hypothesen und Experimenten für das Geistes-
leben und die Geisteswissenschaften zieht, sind irrig.«[19]

Nicht nur als politisch-historischer und literarischer Schriftsteller hat Bernstein sich Verdienste erworben. Beachtlich waren
auch seine Tätigkeiten, die er auf dem naturwissenschaftlichen
Sektor entwickelte. Obwohl Autodidakt, hatte er sich auf diesem
Gebiet ein umfassendes Wissen aneignen können, das er allge-
meinverständlich umzusetzen wußte. Für die Leser der »Volks-
Zeitung« verfaßte er regelmäßig jede Woche einen speziell ausge-
wählten Beitrag, der über ein jeweils anderes naturwissenschaft-
liches Problem oder Phänomen unterrichtete und belehrte. »Auf
diesem Gebiete«, urteilte Isidor Kastan im Rückblick, »kann man
Bernstein ohne jede Übertreibung als einen unübertroffenen Meister bezeichnen.« Und: »Diese Bernsteinschen naturwissenschaftlichen Aufsätze verschafften der ›Volks-Zeitung‹ einen über ihre
parteipolitischen Grenzen weit hinausgreifenden Leserkreis und
eine hohe Beachtung selbst unter den erbittertsten politischen
Gegnern.«[20]

Seine in der »Volks-Zeitung« erschienenen Aufsätze veröffentlichte Bernstein später in Buchform unter dem Titel »Naturwissenschaftliche Volksbücher«.[21] Die allgemeinverständliche Dar-
stellungsweise sicherte den »Volksbüchern« eine große Resonanz
und eine weite Verbreitung. Sie erlebten eine Reihe von Neuauf-
lagen[22] und wurden in mehrere Sprachen übersetzt.[23] Sprachlich
und in der Darstellung waren die Aufsätze so gehalten, daß selbst
der Leser ohne größere Vorbildung komplexe Sachverhalte begreifen konnte.[24] Der erste die »Volksbücher« einleitende Beitrag
zum Beispiel, der über das Phänomen der Lichtgeschwindigkeit
referiert,[25] beginnt mit zwei schlicht formulierten Sätzen, die jedoch deutlich erkennen lassen, worauf der Autor hinaus will:
»Wenn man sonst von der Geschwindigkeit sprach, mit welcher
das Licht die Räume durchfliegt, so hielten es viele für eine Fabel
oder eine wissenschaftliche Übertreibung. Jetzt, wo man täglich
Gelegenheit hat, die Geschwindigkeit des elektrischen Stromes
am elektromagnetischen Telegraphen zu bewundern, jetzt leuchtet es auch wohl Allen ein, daß es Naturkräfte gibt, die in unbe-

greiflichen Geschwindigkeiten sich durch den Raum fortpflanzen.«[26]

Die Bernsteinschen Ausführungen sind, gemessen an unserem heutigen wissenschaftlichen Erkenntnisstand, ohne Zweifel überholt. Dennoch bleiben sie beachtenswert, und zwar in erster Linie deshalb, weil sie zum einen zeigen, was damals interessierte, zum anderen, wie und auf welche Weise wissenschaftliche Erkenntnisse seinerzeit populär aufbereitet wurden. Die Fragen, die sich Bernstein stellte, wirkten anregend und haben manchem jungen Menschen die Naturwissenschaften nähergebracht, so zum Beispiel dem jungen Albert Einstein, der Bernsteins »Volksbücher«, wie er selbst einmal bekannte, »mit atemloser Spannung«[27] gelesen hat.[28] Es ist sogar darüber spekuliert worden, ob Einstein vielleicht nicht sogar über Bernstein zum ersten Mal auf die Frage der Lichtgeschwindigkeit und deren grundlegende Bedeutung gestoßen ist. In seiner autobiographischen Skizze findet sich darüber jedoch nichts. Der Siebzigjährige hat lediglich betont, daß er Glück gehabt habe, die wesentlichen Ergebnisse und Methoden der gesamten Naturwissenschaft in einer populären, fast durchweg aufs Qualitative sich beschränkenden Darstellung kennengelernt zu haben.

Die in Bernsteins »Volksbüchern« vorgestellten Themen waren nicht trocken abgehandelt, sondern in der Regel so aufbereitet, daß beim Leser erst Neugier geweckt, dann ein »Aha«-Effekt ausgelöst wurde. »Wie viele Pfund wiegt die ganze Erde?« fragte Bernstein zum Beispiel im Zusammenhang der Erörterung der Beschaffenheit der Erdkugel. Diese Frage, erklärte er, klinge wie ein Scherz, sei aber keiner. Im Gegenteil: Der Frage nachzugehen, sei von wirklichem naturwissenschaftlichen Interesse. Experimentell sei es schließlich erwiesenermaßen möglich, die Erde zu wiegen. Der Beweis sei zum einen ermöglicht worden durch die Newtonschen Entdeckungen, insbesondere aber durch den englischen Naturforscher Henry Cavendish,[29] dessen Versuche Bernstein ausführlich beschreibt. »Die Dichtigkeit der Erde«, erfuhr der neugierig gewordene Leser, »ist fast fünf und ein halb Mal größer als die des Wassers. Hieraus ergibt sich denn das wirkliche Gewicht der Erde auf nahe 14 Quadrillionen Pfund ...«[30]

Was Bernstein seinen Lesern mit der Schilderung bestimmter naturwissenschaftlicher Phänomene und Erscheinungen vermitteln wollte, war die Erkenntnis, daß das Spekulieren allein in der Welt der Natur nicht weiterhelfe, sondern es notwendig sei, Beobachtungen anzustellen und exakte Messungen vorzunehmen, um zu weiterführenden Hypothesen zu gelangen. Bei der Behandlung der Frage zum Beispiel, wie alt denn wohl das Menschengeschlecht sei, plädierte er dafür, den Spuren nachzugehen, die frühere Geschlechter hinterlassen hätten. Die Aufmerksamkeit seiner Leser für dieses Problem erregte er dadurch, daß er auf »merkwürdige« Entdeckungen verwies, die in den Torfmooren Dänemarks zu jener Zeit gemacht worden waren. Dänische Naturforscher hatten damals bei Grabungen entdeckt, daß in den verschiedenen übereinander liegenden Torfschichten (Bernstein: »gleichsam die Gedenkblätter der Menschen- und Pflanzengeschichte«) eine besondere Verteilung von Bäumen, Tieren und menschlichen Werkzeugen vorhanden sei, was Aussagen über das Alter der Menschheit zuließ und dazu führte, daß zeitweilig ernsthaft eine Zahl von 400 000 Jahren genannt wurde. Bernstein, der diese Zahl kolportierte, ahnte aber bereits, daß die »im rüstigen Fortschritt begriffene Wissenschaft« vermutlich bald »die Beweise von einem noch viel höhern Alter unseres Geschlechts beibringen werde«.[31]

Breiten Raum nehmen in den »Volksbüchern« die Bemühungen ein, so etwas wie eine naturwissenschaftlich begründete Anthropologie zu entwickeln. Bernstein holt dafür weit aus, klärt, definiert und grenzt ab. Als typische Merkmale des Lebens nennt er mit Blick auf Pflanzen, Tiere und Menschen zum Beispiel »Zeugung«, »Geburt«, »Ernährung«, »Wachstum«, »Stoffwechsel«, »Vermehrung« und »Tod«. Vermutlich würden diese Merkmale heute nicht viel anders beschrieben werden, als Bernstein dies tat: »Alles, was von seinesgleichen gezeugt und geboren wird; alles was während seines Daseins fremde Stoffe in sich aufnimmt und dadurch wächst; alles, was verbrauchte Stoffe von sich ausscheidet und so die Stoffe wechselt; alles, was in seinem Wachstum die höchste Stufe erreicht und nun seinesgleichen zeugt und gebärt;

alles, was nach dieser Zeit seines höchsten Wachstums wieder zu verkümmern anfängt, bis es dann wieder vergeht ...«[32]

Gefragt wird nicht: »Was ist der Mensch?«, sondern: »Wie ist der Mensch beschaffen?« Zur Beantwortung dieser Frage benutzt Bernstein nicht eine geisteswissenschaftliche,[33] sondern eine naturwissenschaftliche Herangehensweise, was aber nicht heißt, daß er der Ansicht gewesen wäre, das eine oder das andere würde sich gegenseitig ausschließen. Er war bemüht, naturwissenschaftliche Erkenntnis und geisteswissenschaftliche Kritik in ihrer wechselseitigen Beziehung zu begreifen. Ausgehend von der Überzeugung, daß die menschliche Geschichte in die allgemeine Naturgeschichte oder Evolution eingebettet sei, sah Bernstein den Menschen als Gegenstand der Naturgeschichte, den er vom Tier und von der Pflanze jedoch durch die Fähigkeit des Denkens, »des Vergessens alter und des Erzeugens neuer Gedanken« unterschied. Der Mensch, so Bernstein, ist ein geistiges Wesen, »dadurch, daß er die Fähigkeit besitzt, den Gründen der Erscheinungen nachzuspüren und von den Dingen, die er durch die Sinne wahrnimmt, auf die Ursachen zu schließen, aus welchen sie entspringen«.[34]

Das Gehirn bezeichnet Bernstein als das »Zentralbureau des Lebens«.[35] Sinnen, Trachten, Lust, Liebe, Lassen, Wollen, Streben, Begehren, Empfinden und Bewußtwerden des eigenen Ich würden von hier gesteuert. Bernstein beschreibt nicht nur Aufbau und anatomische Struktur des Gehirns, sondern fragt nach dessen Funktionen. Besonderen Wert legt er dabei auf die Erörterung der Fragen, die bis heute Biologen, Biochemiker, Mediziner, Psychologen und Kybernetiker beschäftigen, wie wohl das Denken abläuft und wie Gedächtnis und Erinnerungsvermögen funktionieren. Bernstein gibt in diesem Zusammenhang zu bedenken, ob die Naturwissenschaften, die bis heute bei der Beantwortung dieser Fragen nicht sehr viel weitergekommen sind als zu seiner Zeit, nicht überfordert sind und an die Grenzen dessen stoßen, was sie eigentlich zu leisten vermögen.

Bernstein war kein Anhänger der sogenannten »Maschinentheorie«, einer rein kausal-mechanischen Erklärungsweise des

Lebensgeschehens, die allein messen und empirisch verifizieren will. Er war bemüht, auf der Basis naturwissenschaftlicher Erkenntnis die verschiedenen Stufen des Lebens näher zu bestimmen, darüber hinaus aber aufzuzeigen, was Pflanzen, Tiere und Menschen miteinander verbindet und was sie voneinander unterscheidet. Von Pflanze und Tier, meinte er, unterschiede sich der Mensch vor allem dadurch, daß er ein »geistiges Wesen« sei und die Fähigkeit der »geistigen Entwicklung« besitze, die ihm seine Existenz auf Erden möglich macht. Aufklärer, der er war, war er zutiefst davon überzeugt, der Mensch besäße ein bei weitem höheres Maß an Freiheit und Unabhängigkeit von der Natur als das Tier, was seiner Ansicht nach wiederum bedingt wird durch die Sprache, als das Mittel, das den Menschen zum Menschen macht. »Die Sprache«, so Bernstein, »ist ein Produkt des Geistes, ist ein Erbteil von vielen Geschlechtern, ist ein Erzeugnis einer weit in die Vergangenheit reichenden Geschichte, eine Entwicklung vom Einfachen zum Höheren ...«[36]

Wie viele Vertreter des die zweite Hälfte des 19. Jahrhunderts bestimmenden Fortschrittsdenkens war auch Bernstein in seinen Ansichten hin- und hergerissen zwischen Glauben und Rationalität, zwischen dem Festhalten an der Tradition und dem Wunsch, die Entwicklung voranzutreiben. Einerseits war er sich darüber klar, daß sich das Leben der Menschheit nach Gesetzen gestaltet, »die wir ahnen, aber nicht zu umschreiben vermögen«. Andererseits war er aber auch davon überzeugt, der Mensch werde sich die Natur zunehmend untertan machen: »Wo wir hinblicken, ist die Erde voll von Werken der Menschen, welche die Werke der Natur verdrängt oder umgestaltet haben. Feld, Garten, Wiese, Haus, Straße, Dorf, Stadt, alles ist Zeugnis des die Natur beherrschenden Menschengeistes. Wo Menschengeist waltet, bleibt ein Gebirge nicht wie es war, bleibt ein Wald nicht wie er gewesen, bleibt ein Strom nicht wie er von Natur aus gestaltet.«[37]

Letztlich ist es der Geist, meinte Bernstein, der den Menschen befähigt, die Natur zu beherrschen. Dem Menschengeist sprach er die Fähigkeit zu, die Natur durch die Kräfte der Natur zu bezwingen. Das war für ihn die »wahre« Herrscherweise, »die zu walten weiß über die Kraft des Dieners, um sich durch diese den Diener zu unterwerfen«. Der Mensch, »das höchste der bekannten Schöpfungen, hat sich zum Schöpfer alles unter ihm Geschaffenen aufgeschwungen«.[38] Allerdings war Bernstein nicht so vermessen, das Vorhandensein von Kräften auszuschließen, auf die der Mensch keinen Einfluß hat. Vielleicht, so räumte er ein, gibt es Kräfte jenseits unserer Vorstellungswelt, die auch die Gesetze der Natur bestimmen. Sollte dies zutreffen, so wären die Grenzen naturwissenschaftlichen Erkennens erreicht.

Im Zusammenhang mit dem immer wieder behandelten Problem der »Geschwindigkeit« kommt Bernstein in seinen »Volksbüchern« auch auf eines seiner Lieblingsthemen zu sprechen, nämlich die »Telegraphie«, die ihn in praktischer wie theoretischer Hinsicht lange Jahre beschäftigt hat. Fasziniert von den Erfindungen eines Gauß und eines Weber, die bekanntlich den Nadeltelegraphen miterfunden haben, dessen Grundprinzip die von dem dänischen Chemiker Hans Christian Ørstedt 1820 entdeckte Ablenkung einer Magnetnadel durch das Feld eines stromdurchflossenen Leiters war, bemühte sich Bernstein, seine Leser von der Eigenschaft des elektrischen Stroms zu überzeugen, »Eisen in einen Magneten zu verwandeln, sobald der Strom durch einen um das Eisen gewickelten Metalldraht geht«.[39] Am Beispiel der Beschreibung der Funktionsweise des von Siemens und Halske 1833 erfundenen Telegraphen[40] führte Bernstein seinen Lesern vor, was mit einer galvanischen Batterie, einem geerdeten Draht mit zwei Polen und einem Hufeisen, der zum Magneten wird, alles angefangen werden kann – und daß »all' die Wunder der Telegraphie nicht Zauber, sondern sinnreiche Benutzung der Kräfte der Natur sind«.[41]

Bernstein hat in seiner kärglich bemessenen Freizeit auch mit der damals in den Kinderschuhen steckenden »Telegraphie« experimentiert. Julius Bernstein, sein ältester Sohn, schreibt in seinen Erinnerungen, Arbeitszimmer und Gartenhaus seien zeitweilig so vollgestellt gewesen mit Batterien und Telegraphenapparaturen,[42] daß kaum ein Hineinkommen gewesen sei. In den Jahren zwischen 1856 und 1858, berichtet er, habe Bernstein an dem Problem des

»Doppelsprechens« gearbeitet, d. h. der gleichzeitigen Beförderung zweier Depeschen auf einem Draht. Er stellte dafür nicht nur praktische Studien auf Telegraphen-Stationen an,[43] sondern löste auch das Problem. Die Erfindung, die er machte, ließ er sich patentieren.[44] Franz Duncker und er hofften, sich durch diese Erfindung materiell verbessern zu können.[45] Seiner Cousine Johanna Neumann teilte Bernstein am 25. Februar 1858 mit: »Auch bin ich der Aussicht froh, daß wohl bald eine dauernde Arbeit im telegraphischen Fache, die mich als Arbeit schon interessiert, mir äußerlich günstige Früchte bringen wird, die meinen Kindern zugute kommen sollen.«[46]

Einen anscheinend größeren Erfolg hatte Bernstein mit der Erfindung eines sogenannten Münzenprüfers, der von den Fachleuten zu jener Zeit als durchaus brauchbar angesehen wurde. Das Patent auf diese Erfindung, um das Bernstein sich sogleich bemühte, wurde ihm am 30. März 1876 auf drei Jahre erteilt.[47] Mit diesem Apparat, der dazu diente, mangelhafte oder gefälschte Münzen von vollwichtigen auszuscheiden, scheint auch ein finanzieller Erfolg verbunden gewesen zu sein. Bernsteins Sohn Alex, der sich zum »Civil-Ingenieur« hatte ausbilden lassen, hatte in Berlin eine Firma gegründet,[48] in der u. a. »Bernstein's Patent-Münzprüfer« gebaut wurde. Im renommierten »Verein zur Beförderung des Gewerbefleisses im Kgr. Preußen«, dem u. a. Beuth, Siemens, Wedding, Reuleaux als Mitglieder angehörten, stellte Alex Bernstein[49] am 6. November 1876 den von seinem Vater erfundenen und von ihm gebauten Apparat der Öffentlichkeit vor.[50]

Auf der Suche nach Einkünften, insbesondere auch für seinen Bruder Moritz, wandte sich Bernstein der Photographie zu, die sich zu jener Zeit gerade aus der Daguerrotypie entwickelt hatte. Übereinstimmend berichten Bernsteins Kinder Julius und Johanna, daß ihr Vater in seiner Freizeit mit der Photographie experimentierte. Julius Bernstein vertrat später die heute von Fachleuten jedoch umstrittene Ansicht, sein Vater sei in Deutschland der erste gewesen, der Glaspositive und ganz besonders schöne Glasstereoskopbilder hergestellt hätte.[51] Ähnlich die Tochter Johanna, die wiederum meinte, ihr Vater hätte Neuerungen ersonnen, »die vielen Photographen zugute kamen«.[52] Sie erinnert sich, daß die Kinder »unaufhörlich für Sitzungen gerufen wurden und unzählige Bilder von uns in der Welt herumschwirrten«.[53]

Die Erfindung der Photographie, bemerkte Bernstein in einem für Berthold Auerbachs »Volks-Kalender« geschriebenen Essay,[54] hätte nicht nur die Sehgewohnheiten der Menschen revolutioniert, sondern auch die Ästhetik (Bernstein spricht vom »Kunstsinn« der Menschen) demokratisiert. Könnten wir, so gab er zu bedenken, die »Unsterblichen der Kunst«, könnten wir Raffael und Correggio, Rubens und Rembrandt, Dürer und Holbein in die Wohnungen von Arbeitern führen, »sie würden in den naturgetreuesten photographischen Familien-Portraits, die sie an den Wänden finden, Gegenstände ihrer erhabensten Bewunderung erblicken«. Sie würden »über unser Zeitalter staunen, wo fast an jeder Straßenecke ein Photograph zu finden ist, der eine Sammlung von kleinen Meisterwerken zur Schau stellt, von deren Feinheit und Naturwahrheit die Kunst der Vorzeit gar keinen Begriff hatte«.[55]

Zu den Lieblingsbeschäftigungen Bernsteins zählte die Astronomie, insbesondere die Astrophysik, die sich zu jener Zeit gerade herausbildete. Eine seiner ersten Veröffentlichungen, darauf wurde schon an anderer Stelle hingewiesen, hatte den »Gesetzen der Rotation«[56] gegolten. Am Beispiel der Anziehungskraft, die Planeten aufeinander ausüben, hatte Bernstein diese Gesetzmäßigkeiten bereits 1840 beschrieben. Später ist er auf diese Zusammenhänge immer wieder zurückgekommen. Er verfolgte die einschlägige Forschungsliteratur, korrespondierte mit Astronomen wie Bessel, wohl zu dem Zweck, die neuesten Erkenntnisse auf dem Feld der Astronomie seinen Lesern vorstellen zu können.

Einen breiten Raum nimmt in den »Volksbüchern« die Darstellung der Entdeckungen von Galle[57] und Leverrier[58] ein, zweier zu jener Zeit bedeutender Astronomen. Insbesondere die Theorien Leverriers, der nachgewiesen hatte, daß auch die fernsten Glieder unseres Himmelssystems dem Newtonschen Attraktionsgesetz gehorchen, hat Bernstein geschätzt. Als Leverrier aus Störungen der Bahn des Uranus 1846 auf die Existenz eines weiteren Planeten schloß und dessen Bahn mathematisch berechnete, bezeichnete Bernstein dies als den »größten Triumph, den jemals eine Forschung erlebt hat«,[59] ähnlich im übrigen wie Alexander von Humboldt, der diese Entdeckung ebenfalls hymnisch feierte und von einer »Sternstunde der Wissenschaft« sprach.[60]

In den »Volksbüchern« war Bernstein bemüht, vor dem Leser den Stand der damaligen naturwissenschaftlichen Erkenntnisse über das Universum auszubreiten. Der nicht vorgebildete, aber wißbegierige Leser erfährt dabei nicht nur von den Entdeckungen eines Galilei, der bekanntlich die Gesetzmäßigkeiten für den Fall, die Pendel- und die Wurfbewegung festgestellt hatte. Er wird auch mit dem Gravitationsgesetz Newtons vertraut gemacht und in die Gedankenwelt eines Kopernikus eingeführt, der Anfang des 16. Jahrhunderts in seiner Denkschrift »Commentariolus« die Annahme ausgesprochen hatte, daß die Sonne nicht nur den Mittelpunkt der kreisförmigen Planetenbahnen bilde, sondern daß auch die Erde um sie kreiste, die sich wiederum täglich um ihre Achse drehe und ihrerseits vom Mond umkreist werde.

Die Abhandlungen in den »Volksbüchern« befassen sich mit der Entstehungsgeschichte des Sonnensystems; es werden Vermutungen angestellt, wie wohl die Planeten Mars, Jupiter und Saturn beschaffen sind, und wird gefragt, auf welche Weise neue Sterne entstehen und wie sie vergehen. Die wenige Jahre zuvor gemachte Entdeckung des Planeten Neptun durch J. G. Galle, den späteren Direktor der Breslauer Sternwarte, regte Bernstein zum Nachdenken darüber an, wie es sich wohl auf einem Planeten wie dem Neptun leben ließe. Er räumte dabei jedoch ein, daß dies allem Anschein nach eine Frage ist, »die für unsere Begriffe vollkommen unbeantwortlich ist«.[61]

Bernstein verstand es immer wieder, die Aufmerksamkeit seiner Leser in einer dezenten und unaufdringlichen Weise zu wekken. Allgemeine Neugier und Wißbegierde voraussetzend, führte er sie an Fragestellungen heran, von denen er annehmen konnte, sie würden deren Interesse finden. Wissenswertes über die Astronomie vermittelte er zum Beispiel dadurch, daß er den Einstieg über Phänomene wie »Sternschnuppen« und »Kometen« suchte,[62] die bekanntlich mit einer Reihe mythischer Vorstellungen verbunden werden, die auch heute von vielen Menschen assoziiert werden, wenn die Rede auf Himmelserscheinungen dieser Art kommt. Sternschnuppen werden als »Boten der Erfüllung heimlicher Herzenswünsche« gesehen und Kometen als »himmlische Verkünder drohenden Unheils«[63] gedeutet.

Interpretationen dieser Art hielt Bernstein für abwegig und verwies in diesem Zusammenhang auf die Forschungen der Astronomen, zum Beispiel auf diejenigen von Schiaparelli,[64] der Mitte des letzten Jahrhunderts die Verwandtschaft zwischen Kometen und Sternschnuppen nachwies und eine Reihe wertvoller Arbeiten vorgelegt hatte, die nicht nur wissenschaftliches Neuland erschlossen, sondern durch ihre Erkenntnisse auch zur Entmythologisierung bestimmter Himmelsphänomene beigetragen haben.

Eine gewisse Faszination auf den heutigen Leser der »Volksbücher« üben jene Passagen aus, in denen Bernstein fast schon in zeitgenössischer Science-fiction-Manier darüber spekuliert, wie es wohl auf dem Mond aussieht und was wohl dem Menschen begegnen wird, der diesen als erster betritt. Wir erinnern uns alle noch an den Astronauten Neil Armstrong, den ersten Menschen, der – am 21. Juli 1969 – den Mond betrat mit den berühmt gewordenen Worten: »Es ist ein kleiner Schritt eines Menschen, aber ein großer in der Geschichte der Menschheit.« Bernsteins vor über 100 Jahren verfaßte Beschreibung der Mondlandschaft kommt nahe an die Wirklichkeit jener Bilder heran, die damals zur Erde übertragen wurden: »So weit unser Auge reicht, sehen wir um uns Gebirge und Täler ...«[65]

Der Erdenmensch, der auf Bernsteins »Phantasie-Reise« durch das Weltall den Mond erreicht, wird mit der überraschenden Erkenntnis konfrontiert, daß die Beschaffenheit dieses Planeten, der in ungleichförmiger Geschwindigkeit die Erde umkreist, anders ist als die der Erde. Die erste Erfahrung, die er macht, ist die, daß der Mond keine Atmosphäre besitzt: »Wir setzen kaum den Fuß auf den Mond, so greifen wir auch schon wie gutgesinnte, legitimierte Erdbewohner eines deutschen Vaterlandes nach unseren Paßkarten; aber niemand empfängt uns. Wir blicken um uns; wir sind in einer gebirgigen Einöde. Wir rufen: Holla! Heda! Aber zu unserem Schrecken hören wir unser eigenes Wort nicht. Wir sind taub, total taub, und wir merken's auch schon, woher dies kommt; es ist keine Luft da, welche den Schall des Wortes fortpflanzt.«[66]

Der »Phantasie-Reisende«, der den Mond betreten hat, stellt verblüfft fest, daß wegen der nicht vorhandenen Atmosphäre weder Sauerstoff noch Stickstoff, weder Wasserstoff noch Kohlenstoff vorhanden sind, also auch menschliches Leben auf dem Mond nicht möglich sein kann. Gleichzeitig macht er die ihm seltsam erscheinende Erfahrung der verminderten Körperschwere: »Vor allem fühlen wir uns so leicht, daß wir uns eher wie Vögel als wie Menschen vorkommen. Die Anziehungskraft auf der Oberfläche des Mondes ist sechsmal schwächer als die auf der Erdoberfläche. Unsere Glieder können wir daher mit einer Leichtigkeit heben, die uns wahrhaftig wie eine Fabel vorkommt. Wäre es nur möglich, hier Musik zu machen – ohne Luft gibt es auch keine Musik – so würden wir tanzen und Sprünge machen, daß selbst die geschickteste Ballett-Tänzerin über diese unsere Poesie der Beine den Kopf verlieren müßte.«[67]

Bernstein, der sich auch mit Fragen der Meteorologie befaßte, war geradezu fasziniert von der Möglichkeit, Wetterverhältnisse vorauszusagen. Von Prophezeiungen, die das künftige Wetter aus dem Lauf der Planeten oder nach dem »Hundertjährigen Kalender« abgeleitet wissen wollten, hielt Bernstein nicht viel. Verkündungen dieser Art qualifizierte er als Scharlatanerie ab und nannte sie eine »Schande unseres gebildeten Zeitalters«.[68] Allein durch sorgfältige empirische Beobachtungen der Witterungsbedingungen, meinte er, seien Voraussagen möglich, denn das Wetter werde bestimmt durch feste Regeln, die ihren Ursprung erstens im Lauf der Sonne haben, zweitens durch die Zirkulation der Luft von den Polen zum Äquator sowie drittens durch die Passatwinde, die durch die Umdrehung der Erde entstehen: »Alle diese Dinge sind genau zu berechnen und sind auch berechnet, und somit ist die Grundlage für die Witterungskunde vorhanden ...«[69]

Im Zeitalter der aus polaren Umlaufbahnen die Erde umkreisenden Wettersatelliten, die meteorologische Beobachtungen per Fernsehkamera und Strahlenmeßgerät anstellen, sind die Anfänge der Wettervoraussage Mitte des 19. Jahrhunderts eigentlich nur noch von kulturhistorischem Interesse. Dennoch sind die damals angestellten Überlegungen lehrreich, weil sie deutlich machen, daß methodisch an die Wettervoraussage heute nicht anders als Mitte des letzten Jahrhunderts herangegangen wird. Zumindest sind die Grundlagen für die Wettervoraussage in jener Zeit gelegt worden. Bernstein gebührt dabei das Verdienst, als einer der ersten den Aufbau von meteorologischen Stationen überall in Europa gefordert zu haben. Mit ihnen sollte das Wetter auf wissenschaftlicher Grundlage gemessen, vor allem aber sollten die Ergebnisse per Telegraph in alle Richtungen hin übermittelt werden.

Erst, so formulierte Bernstein bereits 1853, wenn man dahin kommt, »daß Stationen zur Witterungskunde durch das ganze Festland Europas vorhanden und diese durch elektrische Telegraphen verbunden sind – ein Gedanke, der uns jetzt ungeheuer, aber unseren Kindern wahrscheinlich einst sehr einfach und natürlich klingen wird – erst dann wird man in Berlin z. B. am Sonnabend die Nachrichten aus allen Stationen erhalten, wie es um die Luftströme steht. An jedem Ort wird man die Stärke des Luftstromes, die Wärme, die Feuchtigkeit und die Schwere desselben genau durch Instrumente messen. Und dann freilich läßt sich's berechnen, welche Luftströme sich begegnen und wo sie sich begegnen werden, welche Wirkung die Bewegung haben wird, und – die Zeitungen werden am Sonntag erscheinen können mit einer ziemlich genauen Angabe, ob die Spaziergänger sich mit Paletots oder Fracks, mit Sonnen- oder Regenschirmen zu versehen haben«.[70]

Allen Unvollkommenheiten des damaligen wissenschaftlichen Standes der Wind- und Wetterkunde zum Trotz entschloß sich Bernstein, regelmäßige Wetterberichte und Wettervoraussagen in der »Volks-Zeitung« zu veröffentlichen. Irrtümer, Fehlvoraussagen waren verständlicherweise dabei unvermeidlich, so daß die Berliner, wie sich Isidor Kastan erinnert, »über die ewigen Falschmeldungen im Wetterbericht der ›Volks-Zeitung‹ ihre schlechten und manchmal auch guten Witze machten«.[71] Bernstein ließ sich dadurch aber nicht im allermindesten stören, sondern fuhr noch eine ganz geraume Weile mit den Wetterprognosen fort. Schließlich gab er den Kampf gegen die unaufhörlichen Sticheleien jedoch auf und stellte die Veröffentlichung seiner Wetterberichte ein. Den späteren Siegeszug, den die Wettervoraussage machte, hat er nicht mehr erlebt. Dieser wäre ihm sicher eine Genugtuung gewesen.

Bernstein hatte seit den vierziger Jahren Umgang mit einer Reihe von Wissenschaftlern. So verkehrte er zum Beispiel mit Heinrich Wilhelm Dove,[72] mit dem er vermutlich über Probleme der Meteorologie gefachsimpelt hat, besuchte den Physiker Heinrich Gustav Magnus[73] und den Medizinern Robert Remak, um, wie sich sein Sohn Julius erinnert, »von ihnen zu lernen«.[74] Kontakt hatte er auch mit Peter Theophil Riess,[75] der der erste Jude war, der sich nicht taufen lassen mußte, um in die Preußische Akademie der Wissenschaften aufgenommen zu werden, aber nur deshalb, weil Alexander von Humboldt sich 1842 nachdrücklich für dessen Wahl eingesetzt hatte.[76] Mit ihm, das wissen wir aus einem erhaltenen Brief, der an anderer Stelle schon erwähnt worden ist, erörterte er seine These, die er Jahrzehnte hindurch bemüht gewesen ist, experimentell zu untermauern, daß »das Licht eine Rotation auf Körper bewirkt, die sich im Raum normal auf die Richtung der Lichtstrahlen bewegen«[77].

Alexander von Humboldt, den er als Persönlichkeit geschätzt, als Reisenden, Entdecker und Schriftsteller geradezu verehrt hatte, war für Bernstein ein nacheifernswertes Vorbild. Er machte nie ein Hehl daraus, daß er dessen »Kosmos« für ein großes Werk hielt, von dem er meinte, es würde noch nach Jahrhunderten »das herrlichste Kompendium des Wissens seiner Zeit bleiben«.[78] Ihn faszinierte Humboldts »Entwurf einer physischen Weltbeschreibung«,[79] der »tolle Einfall«, wie es Humboldt selbst in dem berühmt gewordenen Brief an Varnhagen von Ense einmal formuliert hat, »die ganze materielle Welt, alles was wir heute von den Erscheinungen der Himmelsräume und des Erdenlebens, von den Nebelsternen bis zur Geographie der Moose auf den Granitfelsen, wissen, alles in einem Werke darzustellen …«[80]

In gewisser Weise erinnert Bernsteins Herangehensweise an die Naturwissenschaften, die Anlage der von ihm verfaßten »Volksbücher« an Humboldts Versuch »einer physischen Weltbeschreibung«. Auch Bernstein war an einer Naturbeschreibung, einem »Naturgemälde« (A. v. Humboldt), interessiert, das möglichst umfassend sein sollte, einheitlich in der Darstellung, das zu der Zeit von der Forschung erarbeitete Wissen zusammenfassend. Es findet sich zwar keine Aussage Bernsteins, in der dies expressis verbis formuliert worden wäre, doch ist ganz offensichtlich, daß er sich in der Tradition Herders, Goethes und der Philosophen des deutschen Idealismus stehend sah, insbesondere aber in der Humboldts, der bekanntlich den Kosmos begriff als Universum, als Weltordnung, als Inbegriff von Himmel und Erde. Der programmatische Satz, der in der Einleitung zu Humboldts erstem Band des »Kosmos« nachzulesen ist, könnte auch von Bernstein stammen: »Was mir den Hauptantrieb gewährte, war das Bestreben, die Erscheinungen der körperlichen Dinge in ihrem allgemeinen Zusammenhange, die Natur als ein durch innere Kräfte bewegtes und gelebtes Ganzes aufzufassen.«[81]

Ähnlich wie Humboldt war auch Bernstein davon überzeugt, daß Natur und Kosmos sich gegenseitig bedingten. Der Mensch, als Produkt der Natur, sei nur dann richtig zu begreifen, wenn er im Zusammenhang mit den »kosmischen Weltgesetzen« gesehen würde. Der Kosmos wiederum könne zur Selbsterkenntnis nur durch den Geist des Menschen gelangen: »Die Natur in ihren ewigen Gesetzen ist bewußtlos. Die Sonne weiß nicht, daß ihre Anziehungskraft eine Planetenwelt regiert. Sie weiß nicht, daß ihr Licht Leben spendet in weitem Umkreis. Sie weiß nicht, daß ihre Wärme auf der Erdoberfläche eine unzählbare Pflanzenwelt, eine ihres Seins bewußte Thierwelt und eine von Geistesthätigkeit bewegte Menschenwelt erst ermöglicht. Und der Mensch, so lange er die Gesetze des Weltalls nicht erkannte, betete die Sonne, die unbewußte Natur an. Erst in der Erkenntnis der kosmischen Gesetze begann der Geist der Menschen Wahrheit von Irrthüm und Dichtung zu unterscheiden.«[82]

Bernstein, der Humboldt persönlich gekannt hat, scheint ab und an Gast in dessen Haus gewesen zu sein. Wir sind darüber durch seinen Sohn Julius unterrichtet, der in seinen Erinnerungen beiläufig anmerkt: »Auch Alexander von Humboldt, der in dieser Zeit in der Oranienburger Strasse dicht hinter unserem Garten wohnte, hat er mehrmals besucht.«[83] In dem Gedenkartikel, den Bernstein anläßlich von Humboldts hundertstem Geburtstag 1869 unter dem Titel »Alexander von Humboldt und der Geist zweier Jahrhunderte« verfaßte, werden über diese persönlichen Begegnungen, die in den fünfziger Jahren stattgefunden haben müssen, leider keine Aussagen gemacht. Die Sympathie, mit der Humboldt als ein bedeutender Forschungsreisender und als einer der großen Gelehrten des Jahrhunderts gewürdigt wird, läßt jedoch darauf schließen, daß Bernstein nicht nur von einem allgemeinen Erkenntnisinteresse geleitet war, sondern daß auch persönliche Anschauungen und Gefühle ihn beim Schreiben dieses Artikels bestimmt haben.

Das gebildete jüdische Bürgertum im 19. Jahrhundert hat die Gebrüder Humboldt in hohem Maße verehrt, weil diese sich nicht nur für die rechtliche Gleichstellung der Juden eingesetzt,[84] sondern auch die Ideen der modernen Wissenschaft in jüdische Häuser getragen haben. Bernstein machte da keine Ausnahme. Er sah in den zwei Brüdern, wie er das einmal formulierte, »Führer der Erkenntnis«, die jeder auf unterschiedliche Weise die Aufklärung vorangetrieben, aber vom gleichen Geist beseelt gewesen seien. Wilhelm von Humboldt, meinte er, hätte die Entwicklungsgeschichte des Menschengeistes in der Sprache behandelt, während Alexander von Humboldt die Urkraft der Naturgesetze zu ergründen versucht habe, »in der sich erst der Menschengeist entwickeln konnte«.[85]

Eine überraschende und vermutlich nicht erwartete Ehrung erfuhr Bernstein im Sommer 1877 durch die Naturwissenschaftliche Fakultät der Universität Tübingen. Als aus Anlaß des 400jährigen Universitätsjubiläums[86] eine Reihe von Persönlichkeiten des öffentlichen Lebens mit der Ehrendoktorwürde ausgezeichnet werden sollte, wurde auch der Name Bernstein genannt. In den Akten des Universitätsarchivs findet sich der Hinweis, daß der Vorschlag in der Fakultätssitzung am 13. Juni von dem Mathematiker Paul Du Bois-Raymond gemacht wurde,[87] dem Bruder des berühmten Berliner Physiologen Emil Du Bois-Raymond. Der Vorschlag wurde angenommen, und Bernstein, der kein Universitätsstudium absolviert und sich sein Wissen im Lauf der Jahre autodidaktisch angeeignet hatte, war vermutlich sehr stolz auf diese Auszeichnung. Sie zeigte ihm, daß seine Bemühungen um die Naturwissenschaften nicht nur in weiten Kreisen der Bevölkerung, sondern auch seitens der etablierten Gelehrtenwelt auf Anerkennung stießen.

Am 10. August erhielt Bernstein neben einer Reihe anderer Persönlichkeiten die Urkunde überreicht.[88] Der feierliche Akt fand am Vormittag des Tages im Festsaal der Universität statt. Eine Kapelle spielte den Krönungsmarsch aus der Oper »Der Prophet« von Giacomo Meyerbeer, anschließend sprach der Kanzler der Universität, und danach wurden den zu Ehrenden von den Dekanen der verschiedenen Fakultäten die Urkunden ausgehändigt.[89] Der Dekan der naturwissenschaftlichen Fakultät würdigte Bernstein als naturwissenschaftlichen Schriftsteller, der es verstanden hatte, »die Entdeckungen der Naturwissenschaft, insbesondere die für das Verständnis schwierigeren, in der Art zu bearbeiten, dass allen Gebildeten der Weg zur vollen Einsicht in die Bedeutung der Hauptsätze gebahnt wurde«.

ANMERKUNGEN

1 Robert Waelder, Fortschritt und Revolution, Stuttgart 1970, S. 33.
2 Antoine Condorcet, Entwurf einer historischen Darstellung der Fortschritte des menschlichen Geistes, deutsch-französische Parallelausgabe, hrsg. von W. Alff, Frankfurt 1963.
3 VZ, Nr. 161–165, 1857, hier Nr. 161, 14. Juli 1857.
4 Vgl. Joachim H. Knoll/Julius Schoeps (Hrsg.), Von kommenden Zeiten. Geschichtsprophetien im 19. und 20. Jahrhundert (= Studien zur Geistesgeschichte, Bd. 4), Stuttgart/Bonn 1984, insbesondere S. 122 ff.
5 Vgl. Hermann Lübbe, Fortschritts-Reaktionen. Über konservative und destruktive Modernität, Graz/Wien/Köln 1987 S. 144 ff.

6 Zum hundertjährigen Geburtstag Eures Großvaters A. Bernstein, o. O. [1912], S. 20.

7 A. Bernstein, Naturkraft und Geisteswalten. Betrachtungen über Natur- und Kulturleben, Berlin [Verlag Franz Duncker] 1874, S. 110. Eine zweite umgearbeitete und vermehrte Auflage erschien 1884.

8 AZJ, Nr. 1/1895, S. 7.

9 Ebenda.

10 Vgl. Hermann Cohen, Die Messiasidee, in: Jüdische Schriften, Bd. I: Ethische und religiöse Grundfragen, Berlin 1924, S. 105 ff.

11 Ludwig Kalisch, Bilder aus meiner Knabenzeit, Leipzig 1872, S. 220.

12 Vg. Moritz Lazarus, Verdichtung des Denkens in der Geschichte. Ein Fragment, in: Zeitschrift für Völkerpsychologie und Sprachwissenschaft, hrsg. von Moritz Lazarus und Chaim Steinthal, Berlin 1862, S. 58 ff.

13 A. Bernstein, Ein alltägliches Gespräch, in: Berthold Auerbach's Volkskalender für 1861 [Verlag von A. Hofmann & Comp.], Berlin o. D. Später noch einmal veröffentlicht in: Naturkraft und Geisteswalten (s. Anm. 7). S. 90–110. Das Originlamanuskript befindet sich im Nachlaß Lewald-Stahr, StaBi, Berlin.

14 Vgl. oben.

15 A. Bernstein, Alexander von Humboldt und der Geist zweier Jahrhunderte, in: Sammlung gemeinverständlicher Vorträge, hrsg. von Rudolf Virchow und Friedrich von Holtzendorff, IV. Serie, Heft 89, Berlin 1869, S. 667.

16 Ebenda, S. 650.

17 A. Bernstein, Naturwissenschaftliche Volksbücher, Bd. 11, Berlin 1869, S. 95.

18 A. Bernstein, Natur und Cultur, Betrachtungen [Verlag R. E. Albrecht], Leipzig 1880.

19 Vossische Zeitung, Nr. 11/1880, Sonntagsbeilage.

20 Isidor, Kastan, Berlin wie es war, Berlin o. J., S. 180.

21 A. Bernstein, Aus dem Reiche der Naturwissenschaft. Für Jedermann aus dem Volke, 18 bzw. 12 Bde., Berlin 1852–1857.

22 Die zweite Auflage der »Naturwissenschaftlichen Volksbücher« erschien 1858, die vierte Auflage in 21 Bänden 1880 bis 1885, die fünfte »reich illustrierte« Auflage, durchgesehen und verbessert von H. Potonié und R. Hennig, erschien 1895 bis 1897 in 42 Lieferungen à 30 Pf. in der Ferd. Dümmler Verlagsbuchhandlung in Berlin.

23 Übersetzungen erschienen u. a. auf schwed.: »Naturvetenskaplig boksammling för läsare af alla samhällsklasser«, 3. genomsedda uppl., übersetzt von Wilhelm Kjellgren, Stockholm, und hebr. in der Bearbeitung von P. Rudermann und D. Frischmann unter dem Titel »Yedi'ot ha-Tabe« in Warschau 1881 ff.

24 In zwei Besprechungen, die in der von Robert Prutz herausgegebenen

Zeitschrift »Deutsches Museum« erschienen, wurde zunächst die »Weit-schweifigkeit« kritisiert und bemängelt, daß die Anordnung der Beiträge wenig systematisch sei: »Doch enthält das Ganze immerhin einen Schatz von Wissen sowie eine Fülle gesunder und tüchtiger Ansichten, welche, in das größere Publikum verbreitet und zum Gemeingut von Bürger und Bauer erhoben, auch auf das praktische Wohlbefinden derselben nicht ohne segensreichen Einfluß bleiben werden« (Nr. 12/1854). Lobend ver-merkt wird, daß die »besten und neuesten Quellen mit Sorgfalt benutzt worden sind« (31/1854). Den Hinweis auf diese beiden Besprechungen erhielt der Verf. von Hanne-Lore Heilmann-Vollmer, der an dieser Stelle dafür aufrichtig gedankt sei.

25 Für die nachfolgenden Ausführungen wurde die dritte »vielfach ver-besserte und vermehrte Auflage« der im Verlag von Franz Duncker 1869 erschienenen »Naturwissenschaftlichen Volksbücher« herangezogen.

26 Ebenda, Bd. 1, S. 1.

27 Albert Einstein als Philosoph und Naturforscher, hrsg. von Paul Schilpp, Stuttgart 1951. S. 5.

28 Von Einsteins Schwester, Maja Winteler-Einstein, wissen wir, daß ein jüdischer Medizinstudent [Max Talmey] polnischer Nationalität, dem die jüdische Gemeinde einen Freitisch in der Familie Einstein verschafft hatte, dem jungen Albert Ende der 80er Jahre Bernsteins »Volksbücher« zur Lektüre empfohlen hat. Vgl. The Collected Papers of Albert Einstein, Bd. 1: The Early Years, 1879–1902, hrsg. von John Stachel, Princeton, NY 1987, S. 1 XII.

29 Henry Cavendish (1731–1810) hatte u. a. mit der heute nach ihm be-nannten Drehwaage 1790 die Gravitationskonstante, die Dichte und das Gewicht der Erde bestimmt.

30 Naturwissenschaftliche Volksbücher (s. Anm. 25), Bd. 1, S. 14f.

31 Ebenda, Bd. 8, S. 123.

32 Ebenda, Bd. 10, S. 1.

33 Vgl. Hans-Joachim Schoeps, Was ist der Mensch? Philosophische An-thropologie als Geistesgeschichte der neuesten Zeit, Göttingen u. a. 1960, S. 13ff.

34 Naturwissenschaftliche Volksbücher (s. Anm. 25), Bd. 11, S. 66.

35 Ebenda, Bd. 11, S. 8.

36 Ebenda, Bd. 11, S. 76.

37 Ebenda, Bd. 11, S. 77ff.

38 Ebenda, Bd. 11, S. 81.

39 Ebenda, Bd. 4, S. 55.

40 Zur Verwertung der Erfindung des Telegraphen, bei dem statt eines Uhrwerkes der elektromagnetische Neefsche Hammer mit Selbstunter-brechung verwendet wurde, hatte Werner Siemens zusammen mit dem

Mechaniker J. G. Halske 1847 eine Telegraphenbauanstalt gegründet, die die Keimzelle der späteren Firma Siemens wurde.

41 Naturwissenschaftliche Volksbücher (s. Anm. 25), Bd. 4, S. 55.

42 Vgl. Julius Bernstein, Erinnerungen an das elterliche Haus [als Manuskript gedruckt], Halle 1913, S. 26.

43 A. Bernstein an Elisabeth Lewald, 11. und 12. Dezember 1857 (Nachlaß Lewald-Stahr, StaBi, Berlin).

44 Dafür spricht, daß Bernstein die Erfindung am 26. Februar 1856 zum Patent anmeldete. In der »Preußischen Patentliste«, Nr. 10/1856, findet sich die Eintragung: »Eine Telegraphen-Vorrichtung zur gleichzeitigen Beförderung mehrerer Depeschen auf einem Drahte nach derselben Richtung in der durch Zeichnung und Beschreibung nachgewiesenen Zusammensetzung und ohne Jemand in der Anwendung bekannter Theile zu beschränken.« Eine andere Erfindung meldete Bernstein am 26. September 1857 auf fünf Jahre an: »Ein als neu und eigenthümlich erkannter Commutator-Schlüssel zu telegraphischen Zwecken, in der durch Zeichnung etc.« (Nr. 45/1857). Die Hinweise erhielt der Verf. von Johannes Lindner (Berlin) in einem Brief, datiert am 19. Mai 1988, der auch darauf aufmerksam machte, daß die Erfindung der automatischen Eisenbahnschrankensicherung fälschlich A. Bernstein zugeschrieben wird. Lindner hält es für wahrscheinlich, daß hier eine Verwechslung mit Patenten seines Sohnes Alex vorliegt, der für einen »Electropneumatischen Contact« und einen »Weichenkontrollapparat« Patente in mehreren Ländern besessen hat.

45 Lina Duncker an Gottfried Keller, 29. Februar 1856: »An unserem Himmel ist eine elektrische Sonne aufgegangen, vorläufig leuchtet sie bloß und erwärmt noch nicht, aber ich denke, daß ihre Strahlen erst klar bleiben. Herr Bernstein hat nämlich eine Erfindung gemacht, auf einem elektrischen Draht gleichzeitig die Depeschen zu befördern, und Franz beteiligt sich an den Kosten und Erträgen dieser Erfindung. Die beiden Herren sind geblendet von dem kommenden Glanz und Gold unserer Häuser; ich bin ein sehr nüchterner ungläubiger Thomas, und wenn ich nicht wenigstens eine goldene Wiege daraus kommen sehe, mit der ich als Rivalin der Kaiserin Eugenie auftreten kann, so finde ich wirklich das Geschrei zu groß gegen die Resultate.« Gottfried Keller an Lina Duncker, 6. Martii 1856: »Ich wünsche ihm [Franz Duncker] indessen viel Glück zu Herrn Bernsteins famoser Erfindung. Ich begreife jetzt, warum die Naturartikel in der ›Volkszeitung‹, die ich in Zürich eingeschleppt habe, seit einiger Zeit so selten werden, da solche elektrische Dinge die Atmosphäre schwängern. Ich wünsche auch, daß es nicht damit geht wie mit jenem Paar neuer Stiefeln, welche ein französischer Bauer für seinen Sohn an der Krim an den Telegraphendraht hing und, als ein Landstreicher sie herunternahm und sein zerfetztes Schuhwerk an die Stelle hing, sagte:

›Seht, unser Sohn hat schon die alten retour geschickt, daß man sie besohle!‹ (Gottfried Keller, Gesammelte Briefe, Bd. 2, Bern 1951, S. 148 f. und 151).

46 Zum hundertjährigen Geburtstag (s. Anm. 6), S. 75.

47 Johannes Lindner hat nachgewiesen, daß der Apparat mindestens 25mal patentiert worden ist, und zwar in 20 deutschen Staaten, in vier europäischen Ländern und in den USA. Das preußische Patent wurde am 30. März 1879 in ein deutsches Reichspatent umgewandelt. Vgl. Johannes Lindner, Die Geschichte der »patentierten Reitz'schen Münzprüfer«, in: Maß und Gewicht. Zeitschrift für Metrologie, Nr. 5/1988, S. 90 ff.

48 Recherchen im Deutschen Reichsanzeiger haben ergeben, daß die Fa. Alex Bernstein erstmalig am 18. November 1871 in das Berliner Handelsregister eingetragen wurde. 1873 hat Bernstein zusammen mit dem Kaufmann Alex Nathan die Handelsgesellschaft Alex Bernstein & Co. gegründet, die 1878 wieder aufgelöst wurde. Die Fa. wurde unter dem alten Namen bis 1880 von Alex Nathan allein weitergeführt, von wann ab sie »Alex Bernstein & Co. Nachf.« hieß und unter verschiedenen Eigentümern bis 1923 bestand.

49 Alex Bernstein gehörte dem »Verein« seit dem 1. Januar 1873 als Mitglied an. 1874 wurde er in dessen »Technischen Ausschuss« gewählt. Von ihm stammt eine Reihe von Patenten, u. a. für einen »Electropneumatischen Contact«, der für einen für die Eisenbahn benutzen »Weichenkontrollapparat« bestimmt war (vgl. Anm. 44).

50 Weitere Reichspatente hielt Bernstein u. a. unter Nr. 1029 »Meßapparat für Flüssigkeiten« (28. 10. 1877), Nr. 4879 »Neuerungen an einem Meßapparat f. Flüssigkeiten, insbesondere für brennbare« (25. 4. 1878), Nr. 23906 »Neuerung an galvanischen Elementen« (16. 9. 1882).

51 Vgl. Bernstein, Erinnerungen an das elterliche Haus (s. Anm. 42), S. 32. Nachum T. Gidal hat den Verf. am 8. April 1985 in einem Brief darauf hingewiesen, daß stereoskopische Bilder auf Glasplatten 1851 von A. und C. M. Ferrier auf den Markt gebracht wurden und Bernstein vermutlich nur einer von vielen gewesen ist, der sich in jenen Jahren mit diesem neuen Medium befaßt hat.

52 A. Bernstein an Julius Bernstein, Dezember 1858: »Sonst ist eine kleine Veränderung hier insofern vorgegangen, als im Verein mit Breslauer ein kleines Geschäft begonnen [wurde], nämlich eine Stereoskopenfabrik, die uns wenig Auslage kostet … Onkel Moritz findet dabei Beschäftigung … Du würdest lachen, wenn Du sehen würdest, welch ein prächtiges Atelier aus Deinem chemischen Laboratorium im Garten geworden ist …« (ebenda, S. 41).

53 Zum hundertjährigen Geburtstag (s. Anm. 6), S. 17.

54 A. Bernstein, Verlorene Dinge, in: Berthold Auerbach's Volks-Kalender für 1862, Berlin o. D., S. 121 ff.

55 Ebenda, S. 134.

56 A. Bernstein (Rebenstein), Die Gesetze der Rotation [als Manuskript gedruckt], Berlin 1840.

57 Johann Gottfried Galle (1812–1910) war von 1851 bis 1897 Direktor der Breslauer Sternwarte.

58 Urbain Jean Joseph Leverrier (1811–1877) war seit 1854 Direktor der Pariser Sternwarte.

59 Naturwissenschaftliche Volksbücher (s. Anm. 25), Bd. 16, S. 3.

60 Alexander von Humboldt, Kosmos oder Entwurf einer physischen Weltbeschreibung, Stuttgart/Tübingen 1845, Bd. II, S. 211: »Das geistige Auge sah einen Weltkörper und wies ihm seine Bahn und seine Masse an, ehe noch ein Fernrohr auf ihn gerichtet wurde.«

61 Ebenda, S. 150.

62 Vgl. das Kapitel »Die Rätsel der Sternschnuppen und der Kometen« (ebenda, Bd. 20, S. 97 ff.).

63 Die »Kometen-Furcht« hielt Bernstein für eine Art »Menschenthorheit«. In einer Fußnote bemerkte er, »die neuesten Aufschlüsse über das Wesen der Kometen, die wir dem Leser … mitteilen, werden am besten geeignet sein, die Kometen-Furcht gründlich zu bannen« (ebenda, Bd. 16, S. 107).

64 Giovanni Schiaparelli (1835–1910) war von 1862 bis 1900 Direktor der Brera-Sternwarte in Mailand.

65 Naturwissenschaftliche Volksbücher (s. Anm. 25), Bd. 16, S. 24.

66 Ebenda, Bd. 16. S. 23.

67 Ebenda, Bd. 16, S. 27.

68 Ebenda, Bd. 1, S. 61.

69 Ebenda, Bd. 1, S. 36.

70 Ebenda, Bd. 1, S. 56f.

71 Kastan, Berlin wie es war (s. Anm. 20), S. 181.

72 Heinrich Wilhelm Dove (1803–1879), Professor der Physik, Direktor des Meteorologischen Instituts, Begründer der Witterungskunde.

73 Heinrich Gustav Magnus (1802–1870), Physiker und Chemiker, Entdecker des sogenannten »Magnus-Effekts«.

74 Bernstein, Erinnerungen an das elterliche Haus (s. Anm. 42), S. 34.

75 Peter Theophil Riess (1805–1883), Physiker, lebte als Privatgelehrter und befaßte sich hauptsächlich mit Problemen der Reibungselektrizität.

76 Peter Honigmann, Peter Theophil Riess, der erste Jude in der Preußischen Akademie der Wissenschaften. Eine Betrachtung über sein Verhältnis zum Judentum, in: Jahrbuch des Instituts für deutsche Geschichte, Bd. 14, Tel Aviv 1985, S. 181–191.

77 A. Bernstein an Peter Theophil Riess, 27. Oktober 1875 (Sammlung Darmstädter, Handschriftenabteilung, StaBi, Stiftung Preußischer Kulturbesitz, Berlin).

78 Bernstein, Alexander von Humboldt (s. Anm. 15), S. 45.

79 Alexander von Humboldt, Kosmos. Entwurf einer physischen Weltbeschreibung, 5 Bde., Stuttgart/Tübingen 1845–1862.

80 Humboldt an Varnhagen von Ense aus den Jahren 1827 bis 1858. Nebst Auszügen aus Varnhagen's Tagebüchern, Briefen von Varnhagen und Andern an Humboldt, Leipzig 1860, S. 20.

81 Humboldt, Kosmos (s. Anm. 79), Bd. I, S. VI.

82 A. Bernstein, Zwei Brüder, in: Die Gartenlaube, 1883, S. 390.

83 Bernstein, Erinnerungen an das elterliche Haus (s. Anm. 42), S. 34.

84 Vgl. Peter Honigmann, Alexander von Humboldts Verhältnis zu Juden, in: BLBI 76/1986, S. 3 ff. ders.: Der Einfluß von Moses Mendelssohn auf die Erziehung der Brüder Humboldt, in: Mendelssohn-Studien, Bd. 7, Berlın 1990, S. 39 ff.

85 Bernstein, Zwei Brüder (s. Anm. 82), S. 390.

86 Vgl.: Die Universität Tübingen 1477 bis 1977 in Bildern und Dokumenten, gesammelt, bearbeitet und herausgegeben von Hansmartin Dekker-Hauff und Wilfried Setzler, Tübingen 1977, S. 258 f.

87 Protokollbuch, UAT 136/145. Die Liste mit den Vorschlägen wurde am 20. Juni in der Fakultät verabschiedet und ging am 24. Juni ins Rektorat (Dekanatsbuch, UAT 136/140). Außer Bernstein wurden folgende Namen genannt, die mit der Ehrendoktorwürde ausgezeichnet werden sollten: Joseph Probst, Pfarrer in Unteressendorf, Johann Herger, Köstritz, Fritz Müller, Arzt in Destero/Brasilien, Julius Jobst, Fabrikant in Stuttgart, Wilhelm Steeg, Vorstand eines optischen Instituts in Homburg v. d. H., Paul von Zech, Professor der Physik an der polytechnischen Schule in Stuttgart.

88 Eine Beschreibung des Festaktes findet sich in: Die vierte Säcularfeier der Universität Tübingen im Jahre 1877, Tübingen 1878, S. 32 ff.

89 Bernstein erhielt den Titel eines Dr. rer. nat. h. c. verliehen, nicht den eines Dr. phil. h. c., wie das Siegmund Hirsch (Ein jüdischer Volksschriftsteller. Zum 6. April, dem 125. Geburtstag, in: Frankfurter Israelisches Gemeindeblatt 1937, S.10) und andere behauptet haben.

DIE SPÄTEN LEBENSJAHRE

In seinen späteren Lebensjahren erfreute sich A. Bernstein in weiten Kreisen der Berliner Bevölkerung einer großen Beliebtheit. Man erinnerte sich seines entschiedenen Eintretens für die in den 50er Jahren unterdrückten demokratischen Rechte und Freiheiten. Das sicherte ihm noch im hohen Alter die Sympathie und den Beifall von Liberalen der verschiedensten Schattierungen. Vor allem die mehr demokratisch Gesinnten sahen Bernstein als einen der ihren an. Johann Jacoby, der Königsberger Arzt und 48er-Demokrat zum Beispiel, hat sich zwar in seinen Publikationen über Bernstein nicht expressis verbis geäußert, aber in seinen Briefen bezeichnet er ihn als einen »Gesinnungsgenossen«, dessen Leitartikel als »treffliche Wegbahner der Demokratie«[1] er zu schätzen wußte.

Im Verlauf des gemeinsamen politischen Weges hat Jacoby Bernstein verschiedene Male um Hilfe oder Unterstützung gebeten. Bernstein ist dem meist nachgekommen, aber nicht immer. Er hat Wert auf Unabhängigkeit gelegt und wollte sich nur auf das eigene Urteil verlassen, was zur Folge hatte, daß er nicht selten zu anderen Schlüssen als Jacoby kam. Als dieser zum Beispiel wegen einer seiner berühmten Reden[2] von allen Seiten gelobt wurde, schrieb Bernstein ihm in einer Mischung von Bewunderung und Ablehnung: »Ich bin so eifersüchtig und stolz auf den unantastbar reinen Jacoby, daß ich mit aller Energie dagegen auftreten muß, wenn er selber aus bloß subjektiven Gründen sich der eigenen Kritik und somit jeder anderen ohne Not aussetzt. Was wollen Sie? Rechtfertigen, was die Nemesis rechtfertigt? Objektiv darstellen, was nicht verdunkelt ist? Oder gar milder darstellen und abschwächen? Verehrtester Freund, Sie sind in einem Irrthum befangen!«[3]

Manche von Jacobys Freunden standen Bernstein mit einer gewissen Distanz gegenüber. Die Schriftstellerin Fanny Lewald, die Bernstein vermutlich über ihren Bruder Otto näher kennengelernt hatte, bekannte zum Beispiel, ihr sei Bernstein »ganz zuwider«, und zwar wegen »seiner lavierenden Allwissenheit«.[4] Sie hielt ihn für den »Typus eines Gothaers«, von dem sie meinte, er sei »sehr abgebraucht und verweichlicht ...«.[5] Nicht viel anders urteilte ihr Verwandter Simon Meyerowitz, ein Rentier und Privatlehrer, der 1834 die Taufe genommen und lange Jahre Stadtrat in Königsberg war: »Bernstein besitzt einen sehr glänzenden Stil der Oberfläche, wird aber schwankend, wenn die Wellen der Zeit aufschlagen, er läßt dann hohle Worte banaler Meinungen erschallen und bekundet sich als eine tönende Schelle; er ist und bleibt der kecke Reformjude, wenn nicht sogar der polnische Jude ...«[6]

Äußerungen Linksliberaler über Bernstein – zum Beispiel von Benedikt Waldeck oder Hermann Schulze-Delitzsch – sind leider nicht überliefert. Daß es solche gab, kann als gesichert angenommen werden. Wahrscheinlich existierten im heute verschollenen Bernstein-Nachlaß Briefe, aus denen sich vermutlich Hinweise entnehmen ließen, wie die persönlichen Beziehungen der beiden zu Bernstein waren. Fest steht, daß beide ihm über das Maß des Üblichen hinaus verpflichtet gewesen sind. Immerhin hatte Bernstein sich 1849 im Prozeß gegen Waldeck auf dessen Seite gestellt und war für dessen Freilassung in zahlreichen seiner Leitartikel eingetreten. Und was Schulze-Delitzsch angeht, so hat Bernstein nicht nur zu dessen Lebzeiten eine Würdigung von dessen Schaffen in Buchform verfaßt, sondern ist zu diesem auch in einem durchaus freundschaftlichen Kontakt gestanden. Aus den Berichten seiner Kinder wissen wir, daß er häufig zu Gast in dessen Potsdamer Haus war. Es kann deshalb davon ausgegangen werden, daß Waldeck und Schulze-Delitzsch gleichermaßen Bernstein gegenüber positiv eingestellt waren.

Im Gegensatz zum Liberalismus stand Bernstein der Arbeiterbewegung indifferent gegenüber. Sowohl in seinen Schriften als auch in seinen für die »Volks-Zeitung« geschriebenen Leitartikeln ist eine grundsätzliche Abgrenzung zum Sozialismus und zur Arbeiterbewegung nur bedingt feststellbar. Bernstein erkannte zwar das Vorhandensein einer »Arbeiterfrage«, glaubte aber, wie das an anderer Stelle bereits ausgeführt worden ist, daß deren Lösung nicht »im großen Stil der Weltbeglückungspläne«, sondern allenfalls über den Weg der Bildung von »Associationen« zu erreichen sei, Zusammenschlüssen auf genossenschaftlicher Basis also. Er befand sich hier auf der Linie von Hermann Schulze-Delitzsch, dessen sozialpolitische Anschauungen er teilte und über dessen Positionen, wie die Sozialisten kritisierten, er zeit seines Lebens nicht hinausgekommen ist.[7]

Bei Bernstein lassen sich nur einige, eher beiläufige, Äußerungen über Karl Marx und Friedrich Engels nachweisen. Das ist aber auch umgekehrt der Fall. In der Regel sind Bemerkungen über Bernstein nur im Zusammenhang mit seinem Neffen Eduard Bernstein[8] feststellbar. Marx nennt ihn in einem Brief an Friedrich Albert Sorge den »Berliner Rebenstein von der Berliner Volks-Zeitung«.[9] Und Engels fühlt sich bei einer Begegnung mit Eduard Bernstein fatal an dessen Onkel erinnert. In einem Brief an August Bebel vom 12. Oktober 1893 heißt es: »Er ist noch gar nicht wie er sein soll, hat die Manie der Kleinkrämereien und erinnert mehr und mehr an die Weisheit seines Volkszeitungsonkels – ich meine oft, ich habe den alten Aron leibhaftig vor mir.«[10] Ob Engels Bernstein jemals persönlich von Angesicht zu Angesicht gegenübergestanden hat, läßt sich nicht mit Bestimmtheit sagen. Es ist durchaus möglich, daß er ihm während seines Berliner Aufenthaltes Mitte der 40er Jahre bei einem seiner Besuche bei den Junghegelianern im Café Stehely begegnet ist.

Entschieden bösartiger, weil auch verletzender, war der von Ferdinand Lassalle gegenüber Bernstein und der »Volks-Zeitung« angeschlagene Ton. In der 1863 gehaltenen Rede »Die Feste, die Presse und der Frankfurter Abgeordnetentag« bezeichnete Lassalle die bürgerliche Presse als eine »industrielle Kapitalanlage und Geldspekulation« und beschimpfte Bernstein als einen »gehorsamen Diener des Kapitals«. Wörtlich heißt es in der berühmt gewordenen Rede: »Wer aber sollte sich ... überwinden, die zugleich widerlichste und komischste Erscheinung unserer Tage, die Berliner ›Volkszeitung‹ und ihren Redakteur, Herrn Bernstein, zu charakterisieren, einen gewissen Leihbibliothekar, der in seinem Geschäft durch die Lektüre seiner Leihbibliothek profitiert hat und damit die Bildung erlangt zu haben glaubt, die erforderlich ist, um ein großes Volk zu führen? Ein Mann, der täglich über Gott und die Welt und noch vieles andere Leitartikel schreibt und dies nur deshalb kann, weil er in seiner glücklichen Unwissenheit gar nicht ahnt, wie auf jedem Schritt und Tritt alle Elemente fehlen. Ein Mann, der nicht einmal Deutsch zu schreiben vermag, sondern durch ein eigentümliches Kauderwelsch, das er seinen Lesern eingibt, das sogenannte Jüdisch-Deutsch – kein Satz ohne grammatikalischen Fehler – dem Volk langsam und sicher sogar noch seine Sprache und seinen Genius verdirbt!« Und auch an der »Volks-Zeitung«, für die Bernstein es abgelehnt hatte, Lassalle zu Wort kommen zu lassen,[11] ließ er kein gutes Haar. »Je schlechter«, bemerkte er spöttisch, »heute ein Blatt, desto größer ist sein Abonnentenkreis.«[12]

Ähnlich abfällig sind die Bemerkungen in der Schrift »Herr Bastiat-Schulze von Delitzsch«, in der Lassalle den Genossenschaftstheoretiker Hermann Schulze-Delitzsch in scharfen Worten abkanzelte. In einer Passage kommt Lassalle dabei auch beiläufig auf Bernstein zu sprechen: »Sie [Schulze-Delitzsch] haben sich derselben Unwissenheit schuldig gemacht, wie der Herr Bernstein, der Redakteur der ›Volkszeitung‹; aber Ihre Sache steht noch viel schlimmer. Herr Bernstein konnte sich doch wenigstens mit seiner tiefen und ihm als Zeitungsredakteur berufsmäßigen Unwissenheit entschuldigen.«[13]

Lassalles gestörtes Verhältnis zu Bernstein läßt sich fraglos zurückführen auf den Bruch, den er Anfang Januar 1861 mit Franz Duncker, dem Verleger der »Volks-Zeitung« provozierte. Der Lassalle-Biograph Shlomo Na'aman meint sogar, daß von diesem Zeitpunkt an, die »Volks-Zeitung« und ihr Redakteur A. Bernstein für Lassalle zum Symbol alles Verwerflichen wurden.[14] Ein Beleg für diese These dürfte u. a. der Brief sein, den Lassalle unter dem Eindruck des Bruches mit Duncker an Lina Duncker schrieb. In ihm werden die Vorbehalte, die Lassalle gegenüber der »Volks-Zeitung« und ihrem Redakteur hatte, auf folgende Formel gebracht: »Ihr [der Volks-Zeitung] Geheimredakteur hat so wenig von den literarischen wie von den politischen Pflichten eines Redakteurs auch nur die leiseste Ahnung. Abgesehen von seinen Leitartikeln ist ihm alles, was zu den Pflichten eines Blattes gehört, so fremd wie mir der Urwald. Woher sollte ihm das auch kommen? Er hat nie auch nur einen Jahrgang der großen französischen und englischen Blätter durchgelesen, hat weder die großen politischen Parteikämpfe darin unmittelbar von Tag zu Tag verfolgt, noch hat er sie nachträglich konsultiert und so weder die politischen noch literarischen Pflichten eines Redakteurs und Grundsätze der Weltjournalistik kennengelernt ...«[15]

Lassalles Invektiven gegen die bürgerliche Presse, insbesondere gegen Bernstein und die »Volks-Zeitung«, waren auch gegen die Führer der Fortschrittspartei gerichtet, deren Anhängerschaft in Bürger- und Arbeitervereinen er für den Allgemeinen Deutschen Arbeiterverein (ADAV) gewinnen wollte. Um diese der Fortschrittspartei abspenstig zu machen, zeichnete Lassalle das Schreckbild des liberalen Bourgeois, wobei er einzelne Vertreter, von denen er wußte, daß sie jüdischer Herkunft waren, zu negativen Symbolfiguren stilisierte. Leopold Sonnemann zum Beispiel, den Mitbegründer der »Frankfurter Handelszeitung«, die 1859 in die »Neue Frankfurter Zeitung« umgewandelt wurde, nannte er abfällig »Löb Sonnemann«. Und A. Bernstein versah er mit Namen wie »Reb Bernstein« oder »Rabbi Ben Tschoppe«. Mit dieser Taktik, bewußt auch angewendet von Karl Marx und Moses Hess, die den Eindruck erwecken wollte, jüdisches Literatentum und jüdisches Bourgeosie seien identische Größen, wurde eine antijüdische Note in die politischen Querelen und Tagesauseinandersetzungen hineingetragen, was zur Folge hatte, daß antisemitische Ressentiments und Vorurteile allmählich auch in der Arbeiterbewegung Fuß faßten.[16]

Der Historiker Franz Mehring, bekannt geworden insbesondere durch seine Werke zur Geschichte der Arbeiterbewegung, hat Bernstein später vor den Invektiven Lassalles in Schutz zu nehmen versucht. Er sah in Bernstein, seinem Vorgänger in der Redaktion der »Volks-Zeitung«, einen Manchester-Liberalen, von dem er meinte, er hätte »mehr mit biedermännischer Gesinnung als mit wirklichen Kenntnissen« in der Ökonomie und Politik gearbeitet. Andererseits ließ er sich nicht wie andere Sozialisten zu vorschnellen Urteilen hinreißen. Die Lassalleschen Attacken auf Bernstein lehnte er als unverhältnismäßig ab: »Lassalle schoß ... weit über das Ziel hinaus: Wenn Bernstein als Kind seiner Zeit auch tief in manchesterlichen Vorurteilen steckte, so hat er sich doch durch seinen Kampf gegen die politische Reaktion und durch seine heute noch unerreichten volkswissenschaftlichen Volksbücher ... große Verdienste erworben, und vor allem geschah ihm bitteres Unrecht, wenn er als ein publizistischer Kommis des Kapitalismus angegriffen wurde.«[17]

Auch Eduard Bernstein verteidigte seinen Onkel, meinte, es sei wohl nicht angebracht gewesen, ihn in einem derartig beleidigenden Ton zu attackieren. An einer Stelle seiner »Jugenderinnerungen« bemerkte er: »Lassalles überhitzte Sprache in dem genannten Buche [Herr Bastiat-Schulze von Delitzsch] stieß mich ungemein ab. Was er darin über den fortschrittlichen Sozialpolitiker Schulze-Delitzsch und meinen Oheim Aron Bernstein geschrieben hat, war, soweit das soziale Wollen dieser Männer in Frage kam, gehörig verzerrt und gegen sie als Menschen durchaus ungerecht. Man konnte Aron Bernstein als Politiker in manchem kritisieren, aber diesen Mann, von dem Lassalle wußte, daß er kaum aus dem Studier- und Arbeitszimmer herauskam, als den Typus eines oberflächlichen Tagesliteraten hinzustellen, war nicht einmal durch berechtigte Kampfzwecke zu entschuldigen.«[18]

Auch in den Anmerkungen zu der von ihm betreuten Lassalle-Edition finden sich Bemerkungen Eduard Bernsteins, die erkennen lassen, daß er der Ansicht war, Lassalle sei mit seinen Äußerungen über seinen Onkel doch etwas über das Ziel hinausgeschossen. Vielleicht war es Loyalität gegenüber der Familie, vielleicht aber auch schlicht wirkliche Ungehaltenheit, die ihn dazu brachte, den Onkel gegen Angriffe von dritter Seite zu verteidigen. Es könnte sogar sein, daß er dabei das Vorbild seines Onkels vor Augen hatte, der schon großen Eindruck auf seinen Vater gemacht[19] und stets auch die Hand über ihn gehalten hat. So wis-

Abb. 18 Eduard Bernstein (1850–1932): Schriftsteller und Politiker. Schloß sich 1872 den Sozialdemokraten an. Neffe von A. Bernstein. Bedeutendster Vertreter des Revisionismus in der SPD.

sen wir durch im Nachlaß Eduard Bernsteins befindliche Briefe, daß A. Bernstein regen Anteil am Fortkommen seines Neffen nahm. »Mein lebhafter Wunsch«, schrieb er ihm zum Beispiel am 18. Juli 1870, »ist es, Dich wieder in Berlin zu wissen und in einer Thätigkeit beschäftigt, welche Dir eine praktische Lebensbahn eröffnet, ohne Dich in Deinem idealen Streben zu stören.«[20]

Dessen ungeachtet war Eduard Bernstein weit weniger empfindlich, wenn es um die eigenen Bemerkungen ging, mit denen er über seinen Onkel herzog. Sie sind nicht gerade freundlich, schon gar nicht von irgendwelchen Familienrücksichten bestimmt. Als A. Bernstein in der »Volks-Zeitung« einen Artikel veröffentlichte, in dem er die sozialdemokratische Parole »Kampf gegen die kapitalistische Produktion« für falsch, ja geradezu für abwegig erklärte, da eine kapitalistische Produktion, wie er meinte, nur in einigen Ausnahmefällen existiere,[21] verfaßte der Neffe in »Der Sozialdemokrat« unter seinem Pseudonym »Leo« einen Artikel »Alte Irrtümer in neuer Form«,[22] in dem er gegen seinen Onkel in heftigen Worten polemisierte und diesen einen »deutschen Spießbürger« nannte, dessen »kleinbürgerliches Gehirn« das System und die Auswirkungen der kapitalistischen Produktionsverhältnisse nicht recht begreifen wolle.

Äußerungen dieser Art mögen vielleicht nicht so gemeint gewesen sein, wie sie heute in unseren Ohren klingen. Eduard Bernstein war damals in erster Linie der Parteidisziplin verpflichtet, konnte also gar nicht anders reagieren, als er es getan hat. Später, klüger geworden, auch gemäßigter in seinen Ansichten, hätte er vermutlich nachsichtiger über den Verwandten geurteilt, ähnlich wie der Historiker Gustav Mayer,[23] der zum 100. Geburtstag A. Bernsteins in der »Frankfurter Zeitung« einen Artikel veröffentlichte,[24] der aus sozialdemokratischer Sicht Verständnis und sogar so etwas wie Sympathie für die Persönlichkeit Bernsteins erkennen läßt: »Der milde und im Grunde seines Herzens allem Radikalismus abholde Mann verabscheute jene skrupellose Machtpolitik, wie sie später von seinen Gegnern zur Rechten und zur Linken angepriesen und angewandt wurde. Mit allen liberalen Publizisten seiner Epoche glaubte er an die Macht und den endlichen Sieg der Ideen, von deren Wahrheitsgehalt er tief durchdrungen war. Aber er zeigte sich hierbei niemals als ein Doktrinär und berücksichtigte Situationen und Persönlichkeiten. Auch scheute er sich keineswegs, entschiedeneren Parteigenossen, die wähnten, sie könnten mit dem Kopf durch die Wand gehen, nüchterne Erwägungen entgegenzuhalten. Bernstein wußte und sprach aus, daß die Logik des Radikalismus wohl Einfachheit, Mut und Konsequenz für sich hat, aber die Klugheit und damit den Erfolg oft gegen sich hat.«

Im Gegensatz zu den bis auf Lassalle eigentlich moderaten Beurteilungen der Sozialisten waren die Konservativen kompromißlose Gegner Bernsteins und der »Volks-Zeitung«. In der »Neuen Preußischen (Kreuz-)Zeitung«, dem Blatt der Konservativen, erschienen in regelmäßigen Abständen Artikel, in denen Bernstein als Revolutionär denunziert und die »Volks-Zeitung« als Organ der Demokratie attackiert wurde. Nicht selten war dabei die Argumentation antisemitisch. Vorbehalte wurden meist zwischen den Zeilen geäußert, insbesondere gegenüber dem »Reformjuden«, wie Bernstein meist genannt wurde. Hinter diesen Angriffen steckte in der Regel Hermann Wagener, der Chefredakteur der NPZ, der von den Reformbestrebungen innerhalb des Judentums meist nur als einem »judaistischen Absud des Junghegelianismus« sprach. Wagener, dem es zusammen mit der Gruppe Gerlach/Stahl darum ging, die Idee des »christlichen Staates« in die Tat umzusetzen, meinte, die eigentliche Gefahr für den preußischen Staat seien Reformjuden à la Bernstein, die er verdächtigte, sie würden den christlichen Charakter des Staates unterminieren. Sie nähmen Rechte für sich in Anspruch, die ihnen als Juden – Wagener sprach ganz in der Diktion späterer Rasse-Ideologen vom »Instinkt der Fremdlingschaft« – eigentlich nicht zuständen.[25] Bezeichnenderweise plädierte Wagener für ein Bündnis zwischen jüdischer Orthodoxie und preußischem Konservativismus. Das tat er aber vermutlich nur deshalb, weil er wußte, die »rechtgläubigen Juden« lehnten es ab, »Diener eines christlichen Staates« zu sein. Wie zynisch die Argumentation war, wird daran deutlich, daß er zur gleichen Zeit, als er Verständnis für die Orthodoxie äußerte, Bruno Bauer beauftragt hatte, antisemitische Artikel für das von ihm herausgegebene »Staats- und Gesellschaftslexikon« zu schreiben.[26]

In Schriftstellerkreisen hatte Bernsteins Name einen guten Klang. Das hing wohl nicht so sehr mit seinen eigenen schriftstellerischen Qualitäten zusammen als vielmehr damit, daß man sich der Förderung erinnerte, die ihm durch Willibald Alexis und Friedrich Wilhelm Gubitz zuteil geworden war. So war es allgemein bekannt, daß es Willibald Alexis gewesen war, der ihm den Zutritt zur literarischen Gesellschaft Berlins geebnet hatte. Und von Gubitz wiederum wußte man, daß dieser ihm die Chance eröffnet hatte, regelmäßig im »Gesellschafter« zu schreiben. In der literarischen Öffentlichkeit hat man diese Umstände nicht vergessen. Daß Männer wie Gubitz und Willibald Alexis sich des jungen, mittellos und ohne Beziehungen nach Berlin gekommenen Mannes angenommen hatten, wurde allgemein als eine große Auszeichnung empfunden.

Bernstein hat später die Umstände geschildert, wie es dazu kam, daß Alexis ihn aufforderte, für ihn zu schreiben, und wie er von diesem in die Berliner »Mittwochgesellschaft« eingeführt wurde, wo er u. a. den Dante-Übersetzer Karl Friedrich Adolf Streckfuß, den Dichter Adelbert Chamisso, Ludwig Rellstab, den Musikkritiker der »Vossischen Zeitung«, aber auch den als überaus »charakterlos« geltenden Journalisten und Schriftsteller Moritz Gottlieb Saphir kennenlernte. Bernstein nennt diese Männer später in fast schon verklärender Weise »Ideale meiner Jugend« und erinnert sich, daß diese ihn damals wegen seiner ersten in Alexis' »Freimüthigem« veröffentlichten Artikelserien überschwenglich gelobt hätten. Er ist immer stolz darauf gewesen, daß es die »Männer der berühmten Mittwochgesellschaft« waren, die als »Förderer meiner literarischen Laufbahn«[27] aufgetreten sind.

Es gibt zahlreiche anekdotenhafte Geschichten, die von Bernsteins Umgang mit Literaten handeln. Eine ist überliefert von Heinrich Kurtzig, der sich erinnert, daß Bernstein mit dem Dichter Ludwig Kossarsky befreundet war, der häufig nachmittags zum Kaffee kam und dann mit Bernstein Schach spielte. Kossarsky, der sich für einen bedeutenden Literaten hielt, soll sehr eingebildet gewesen sein und etwas mitleidig auf Bernstein herabgesehen haben, und zwar deshalb, weil er der Ansicht war, dieser arbeite zu kompilatorisch. Einmal bemerkte er unter Bezug auf Bernsteins Buch »Aus dem Reiche der Naturwissenschaften«: »Bernstein, Deine Arbeiten können mir nicht imponieren. Du sammelst aus allen möglichen bereits gedruckten Schriften Material zusammen und gibst es dann als ein Buch von Dir an die Öffentlichkeit. Das ist doch keine schöpferische Produktion. Sieh mich an! Ich schaffe alles aus mir heraus, Neues, Eigenes. Das nenne ich ›schaffen‹!« Bernstein soll darauf lächelnd erwidert haben: »Kossarsky, Du kennst die Spinnen und die Bienen. Die Spinne spinnt aus sich heraus, sie ist also nach Deinem Ausspruch schöpferisch. Aber was bringt sie hervor? Spinngewebe, wertloses Spinngewebe. Die kleine Biene aber fliegt von Blume zu Blume und sammelt, sammelt emsig. Ihr Produkt ist nicht wertlos; es ist süßer, köstlicher Honig, der die Menschen erquickt und labt. Kossarsky, bleibe Du eine Spinne, ich will eine Biene sein.«[28]

Die engste und wohl auch dauerhafteste Beziehung zu einem Schriftsteller hatte Bernstein zu Berthold Auerbach, dem er nicht nur freundschaftlich verbunden war, sondern den er auch zeit seines Lebens außerordentlich verehrt hat. Wahrscheinlich hing das damit zusammen, daß sie eine ähnliche Charakterstruktur besaßen. Beide werden beschrieben als umgänglich, vor allem aber als gutmütig, eher den Kompromiß suchend als die Auseinandersetzung. Bernsteins Bekenntnis gegenüber seiner Cousine Johanna Neumann, zu der er einmal gesagt hatte, »zum Rigorismus bin ich durch mein Naturell schon nicht geeignet«,[29] könnte auch von Berthold Auerbach geäußert worden sein. Hinzu kam, daß beide stolz auf ihre jüdische Herkunft waren, diese nicht verdrängten, sondern immer bemüht gewesen sind, der Umwelt vorzuführen, daß es möglich sei, Jude und Deutscher gleichzeitig zu sein.

Wann und wo Bernstein und Auerbach sich persönlich kennenlernten, ist nicht genau festzustellen. Wahrscheinlich ist dies irgendwann Anfang bis Mitte der 50er Jahre in Berlin geschehen. Vielleicht sind sie sich bei Otto und Elisabeth Lewald begegnet, mit denen beide befreundet waren; vielleicht trafen sie sich aber auch bei Moritz Veit und dessen Frau, die Auerbach ebenfalls gut kannte. Möglich ist aber auch, daß Auerbach bei einem seiner Berliner Aufenthalte in der Redaktion der »Volks-Zeitung« erschienen ist, wo er dann Bernstein angetroffen haben wird. Aus den Briefen, die er Bernstein im Laufe der Jahre schrieb, geht jedenfalls hervor, daß Bernstein und die Linie des Blattes ihm zugesagt haben. Wiederholt ist er zu den in regelmäßigen Abständen stattfindenden Geburtstagsfeiern der »Volks-Zeitung« erschienen, berichtet Bernsteins ältester Sohn Julius. Neben dem Toast, den er bei dieser Gelegenheit ausbrachte, pflegte Auerbach gegenüber Bernstein und der Redaktion des Blattes seine Verbundenheit zum Ausdruck zu bringen, daß er deren Arbeit »mit dem strammen Dienst eines Soldaten« verglich.[30]

Die Beziehungen zwischen Auerbach und Bernstein wurden fast familiär gegen Ende der 50er Jahre. Dazu beigetragen haben wird der Brief, in dem Auerbach sich hymnisch über Bernsteins Novelle »Mendel Gibbor« geäußert hatte. Es kann als sicher angenommen werden, daß Bernstein sehr geschmeichelt war. Vermutlich hat er es als eine große Auszeichnung empfunden, daß der von ihm verehrte Schriftsteller ihn ernst nahm und seine Novelle lobte. Der Briefwechsel zwischen beiden, der sich nach diesem Zeitpunkt entwickelte, belegt nicht nur eine zunehmende Vertrautheit des Umgangs miteinander, sondern läßt auch erkennen, daß Auerbach an Bernsteins Mitarbeit an dem von ihm ins Leben gerufenen »Volks-Kalender«[31] interessiert war: »Ich weiß, ich weiß sehr gut, wie sehr Sie jetzt in Anspruch genommen sind, das hilft aber alles nichts. Sie müssen mir Ihren Beitrag liefern und zwar sehr bald, Sie müssen, weil Sie alles können …«[32]

Im Briefwechsel zwischen Auerbach und Bernstein finden sich nur einige wenige Anspielungen auf beider Judentum. Wenn, dann geschah das dadurch, daß antijüdische Vorkommnisse angesprochen oder eine entsprechende Grußformel benutzt wurde, die bei dem jeweiligen Empfänger sofort die entsprechenden Assoziationen auslöste. Bernstein zum Beispiel begann eine Geburtstagsgratulation mit den Worten: »Herzlichsten Gruß und Glückwunsch zu Ihrem Gojim-Geburtstag.«[33] Auerbach wiederum wandte sich an Bernstein in einem Ton, der auf große Vertrautheit schließen läßt, die ganz offensichtlich daher kam, daß er der Ansicht war, er könne auf Grund der gemeinsamen Herkunft und ähnlicher Erfahrungen offen mit Bernstein reden. Beide wußten um die vorhandenen antijüdischen Stimmungen in der Bevölkerung, aber beide verband die Hoffnung, es würden einst bessere Zeiten für die Juden anbrechen. »Wolle Gott«, bemerkte Bernstein gegenüber Auerbach, »daß wir den Tag erleben, wo man Haman samt Achaschwerosch los wird!«[34]

Das liberale jüdische Bürgertum hat in Bernstein einen seiner großen Vertreter gesehen, was deutlich wird in den Gedenkartikeln, die anläßlich seines 100. bzw. seines 125. Geburtstages geschrieben wurden. Gewürdigt wird in diesen einerseits der engagierte Publizist, der sich für die allgemeinen demokratischen Rechte und Freiheiten eingesetzt hat, andererseits klingt in den Artikeln die Wertschätzung an, die Bernstein entgegengebracht wurde, insbesondere deshalb, weil er nicht wie viele seiner Zeitgenossen sein Judentum verleugnete, sondern im Gegenteil sich sogar für Angelegenheiten der Juden engagierte. Geschildert wird er als eine »tief religiöse Natur«, die »von kindlich-gläubigem Gottvertrauen durchdrungen«[35] war. Zumeist wird in diesem Zusammenhang auf seine Verdienste bei der Gründung der Berliner Reformgemeinde eingegangen und auf die beiden aus seiner Feder stammenden Novellen »Vögele der Maggid« und »Mendel Gibbor«, auf deren kulturhistorische Bedeutung immer wieder hingewiesen wird.

Männer wie Moritz Veit, Leopold Zunz und Abraham Geiger zollten Bernstein nicht nur höchstes Lob ob seiner talmudischen Bildung, sondern bewunderten ihn auch wegen seines scharfen Verstandes, »der«, wie Abraham Geiger es einmal formulierte, »das verflochtene Geäder der Zustände und der Parteistellungen zu zerlegen, bis zum innersten Grunde zu enthüllen versteht«.[36] David Honigmann, der in frühen Jahren mit Bernstein befreundet war und sich wie dieser als Deutscher und Jude zugleich begriff, brachte die in der jüdischen Welt für Bernstein weitverbreitete Verehrung folgendermaßen zum Ausdruck: »So hoch und weit sein Geist in die Regionen der Philosophie und der allermodernsten Wissenschaften von der Natur hinausreichte, so wurzelte er doch mit seinem Herzen in den Erinnerungen und Anschauungen des altjüdischen Denkens und Fühlens, die ihm aus seinen frühesten Jugendzeiten vertraut und lieb waren ...«[37]

Sehr beeindruckt von der Persönlichkeit Bernsteins hat sich auch der Memeler Rabbiner und Gelehrte Isaak Rülf gezeigt. Rülf, der seit 1865 den »Memeler Dampfbooten« redigierte und der Generation der Zionisten vor Theodor Herzl zugerechnet wird, war Bernstein irgendwann im Verlauf des Jahres 1872 in Berlin begegnet. In der »Allgemeinen Zeitung des Judenthums« hat er seine Erinnerungen an diese Begegnung niedergeschrieben, bei der sie sich über Bernsteins Schrift »Die Sagen von Abraham, Isaak und Jakob« unterhielten, um dann darüber zu spekulieren, zu welchem Zeitpunkt das älteste biblische Schrifttum entstanden sei und warum die Texte zwiespältig und widerspruchsvoll erschienen. Bernstein soll dabei angeblich nicht nur Rülfs These von der »Doppelfärbung« der Texte zugestimmt haben, die bedingt wird durch den Einfluß der mündlichen Überlieferung auf das Schriftwort, sondern auch einverstanden gewesen sein mit dessen Ansicht, daß die Vorväter die Lehren, Erzählungen und Verkündigungen nur deshalb aufgeschrieben hätten, um im Exil in Babel, Ägypten und anderen Ländern die Erinnerung an das Reich lebendig zu halten.

Bei dieser Gelegenheit erzählte Rülf, daß er sich mit dem Gedanken herumschlüge, eine neue Metaphysik zu schreiben.[38] Was Bernstein davon wohl hielte? Entgegen aller Erwartung zeigte sich dieser jedoch überhaupt nicht davon angetan. Seine Skepsis gegenüber philosophischen Konstruktionen, der gesunde Pragmatismus, auf den er sich regelmäßig zu berufen pflegte, wenn es galt, sich zu Problemen der Philosophie zu äußern, wird auch in seiner Entgegnung an Rülf deutlich: »In philosophischen Dingen, bin ich völlig inkompetent. Mir hat die Natur eine jede philosophische Anlage versagt. Ich habe absolut kein Verständnis für unsere Schulphilosophie. Mir kommen alle diese philosophischen Systeme, möge man es meinethalben als Beschränktheit betrachten und verzeihen, als Ausgeburten verschrobener Köpfe vor. Man soll niemals tiefer ins Wasser gehen, als man Grund sieht; auch das ist bisweilen schon viel zu weit und viel zu gefährlich.«[39]

Aus den erhaltenen Zeugnissen, Briefen und Erinnerungen der Zeitgenossen wissen wir, daß Bernstein ein treusorgender Familienvater war, der regen Anteil nahm an allem, was in seinem Haus vor sich ging. In den Erinnerungen des Sohnes Julius und der Tochter Johanna wird das Bild eines Mannes gezeichnet, der seinen Kindern und seiner Frau liebevoll zugetan war. Als »Lineken«, wie er seine erste Frau nannte, am 19. Januar 1854 starb, nahm ihn das sehr mit. Übereinstimmend wird berichtet, daß eine »überaus traurige Zeit« begann. »Der Großpapa«, erinnert sich Tochter Johanna, »wurde elend nervös; Schwermut wechselte ab mit maßloser Heftigkeit, im Hause wurde kein lautes Wort gesprochen ...«[40]

Durch einen mehrmonatigen Aufenthalt mit den jüngeren Kindern in Bonn im Sommer 1857 fand Bernstein wieder zu neuer Lebensfreude. August Friedrich Bloch, einstiger Präsident der Königlichen Preussischen Seehandlung hatte ihn gebeten, dorthin zu kommen, um ihm bei der Abfassung seiner »Denkwürdigkeiten« behilflich zu sein. Bei dieser Gelegenheit lernte er nicht nur den greisen Ernst Moritz Arndt kennen, der seinem Sohn Julius in lebendiger Erinnerung geblieben ist »mit seinen Wadenstrümpfen und blauen Frack«,[41] sondern auch die Umgebung Bonns. »Die Tage«, schrieb er am 9. September 1857 an seinen Freund Otto Lewald nach Berlin, »fließen mir harmonisch hin. Heiterkeit und Wohlsein der Kinder, mäßige Tätigkeit und überaus freundliche Naturgenüsse vereinigen sich, um ein lebensfrohes Naturell in mir wieder frisch zu erwecken. Ich störe dies Erwachen nicht und laß es über mich walten, wie ich ein Geschick in anderer Weise walten lassen mußte.«[42]

Den Kindern ist in Erinnerung geblieben, daß der Vater seine väterlichen Pflichten sehr ernst nahm, sich mit ihnen beschäftigte und stets ansprechbar war, wenn sie Probleme hatten oder seinen Rat benötigten. »Dein redliches Streben«, bemerkte er einmal in einem an seinen Sohn Julius gerichteten Geburtstagsbrief, »wird auch Dir innere Befriedigung geben, ohne welche nichts Besseres im Leben erreicht werden kann.«[43] Es kam nicht selten vor, daß er sich mit den Söhnen und deren Freunden zusammensetzte, um über Probleme zu diskutieren, die diese beschäftigten. Dabei war er ihnen, »ohne jemals doktrinär zu werden, Lehrer und Führer«.[44] Es heißt, er habe sie mitunter sogar einzeln in sein Zimmer gebeten, sich über ihre Arbeiten unterrichten lassen und mit ihnen die neuesten Erscheinungen auf den verschiedensten Gebieten besprochen. »Ein jeder«, erinnert sich Tochter Johanna, »kam bereichert von solchen Unterhaltungen zur Gesellschaft zurück und war begeistert von der Art dieser Belehrungen.«[45]

Zu seinen beiden ältesten Kindern, der Tochter Fanny,[46] die früh starb, und seinem Sohn Julius, hatte Bernstein ein besonders inniges Verhältnis. Zahlreich sind die Briefe an Freunde und Verwandte, in denen er sich beglückt über deren Entwicklung äußert. Seiner Cousine Johanna Neumann zum Beispiel schreibt er im November 1845: »Meine Fanny ist eine halbe Nekrive [Schriftgelehrte], merkwürdig klug, lauter Intriguen, und doch dabei voll Herzlichkeit; wie die sich noch entwickelt, weiß ich nicht. Dabei ist sie schwarz und hübsch, tanzt wunderniedlich und hat über Welt und Menschen bei sich schon ein rechtes Urteil. Mein Julius ist Dir aber die Simplizität selber, ein äußerst munterer, heiterer Junge, auch fleißig, aber dabei die Unschuld in Person. Wie sich der entwickelt, weiß ich nun garnicht; er ist von einer Gradheit des Charakters, wie sie in der Welt unmöglich ist, hat Genie zur Mathematik, sonst aber durchaus keine glänzenden Gaben verratend …«[47]

Von den sieben Kindern, von denen drei Söhne waren, hat später vor allem Julius Bernstein Karriere gemacht. Die Begabung für die Naturwissenschaften, die gegen alle Erwartung bei ihm zunehmend erkennbar wurde, ist vom Vater systematisch gefördert worden. Er nahm Anteil an dessen Studium in Breslau und half bei der Berufswahl. Als sich seinem Sohn nach Beendigung der Ausbildung die unverhoffte Chance bot, Nachfolger des berühmten Physiologen Hermann Helmholtz auf dessen Lehrstuhl in Heidelberg zu werden, wandte sich Bernstein an seinen Freund Berthold Auerbach mit der – wenn auch vergeblichen – Bitte, sich für seinen Sohn bei der Regierung in Karlsruhe zu verwenden. »Sie sind«, heißt es in dem Brief vom 28. Dezember 1870, »Psychologe genug, um zu wissen, wie schwer mir, auch Freunden gegenüber, jede Bitte um Protektion wird. Nicht für mich, sondern für meinen Julius, der in dieser Beziehung noch eine ganze Portion zurückhaltender ist als ich und der schwerlich mit Ihnen über seine Verhältnisse in Heidelberg wird Rücksprache genommen haben.«[48]

In seinem Sohn Julius, der sich später als Wissenschaftler einen Namen machte und es immerhin bis zum Rektor der Universität Halle bringen sollte, hat Bernstein alle die Möglichkeiten verkörpert gesehen, die er nicht gehabt und die er vermutlich als junger Mensch sich inständig gewünscht hat. Er beklagt es nicht, aber es klingt fast so etwas wie Neid an, wenn er in einem Brief zu Julius' 30. Geburtstag anmerkt, daß der Sohn im Unterschied zu ihm wohl weit bessere Bildungschancen besessen hätte. Andererseits meinte er, käme es eigentlich nicht darauf an: »Ich [hege] keinen Wunsch als den, daß Du Dich in Deiner Weise und nach den guten Grundsätzen Deines Herzens fortentwickeln mögest. Es lebt und wirkt in Dir ein heiliges Erbe, dessen Segen Dich durchs Leben begleiten wird und dessen Zuversicht auch mich dann trösten und beruhigen würde, wenn ich zu Besorgnissen Ursache und Veranlassung hätte.« Und was das berufliche Fortkommen des Sohnes angeht, so gibt er in dem in Matthias-Claudius-Manier geschriebenen Vater-Sohn-Brief zu bedenken, ob nicht »Seelenfreudigkeit« wichtiger sei als der schnell errungene Erfolg: »Ich weiß nicht, lieber Sohn, ob ich Dir in diesen Jahren schon jene rastlose Strebsamkeit wünschen soll, die mich durch Tag und Nacht trieb, um mir völlig verschlossene Gebiete des Wissens mindestens in den ersten Spuren zu eröffnen.«[49]

Die Kontakte zu Otto und Elisabeth Lewald, die vermutlich bis auf das Revolutionsjahr 1848 zurückgingen, vertieften sich nach dem 1854 erfolgten Tod von Bernsteins erster Frau Caroline. Bernstein fand in den Lewalds Freunde, die ihm nicht nur politisch nahestanden, sondern auch halfen, über den Verlust seiner Frau hinwegzukommen. Insbesondere hat dabei die aus der Theo-

Abb. 19 Julius Bernstein (1839–1917): Naturwissenschaftler.
Professor für Physiologie in Halle. Ältester Sohn von
A. Bernstein.

Abb. 20 Wilhelm Sklarek (1839–1915): Arzt und Begründer der Wochenschrift »Der Naturforscher«. Schwiegersohn von A. Bernstein.

logenfamilie Althaus stammende Elisabeth Lewald, die mit Berthold Auerbach befreundet war und mit David Friedrich Strauß verkehrte, eine wichtige Rolle gespielt. Sie wurde im Verlauf der Jahre Bernsteins Vertraute. In den zahlreichen Briefen, die er ihr schrieb, nennt er sie »Liebste Freundin«, »Geliebte Freundin« oder »Herzensfreundin«. Wenn er deprimiert war und des Zuspruchs von dritter Seite bedurfte, um sich wieder mit neuem Mut in die Tagesgeschäfte stürzen zu können, dann wandte er sich an sie, die ihm, wie er in verschiedenen Briefen bekannte,[50] »Erfrischung und Aufrichtung« vermittelte. Wie das seitens Bernsteins gemeint war, wird aus einem Brief deutlich, den er Elisabeth Lewald schrieb: »In dem schönen idyllischen Psalm 23, der leider durch zwei falsche Schlußweisen entstellt ist, kommt die Stelle vor: ›Dein Stab und die Stütze sind immerdar mein Trost«. Die Erklärer sind sich darüber einig, daß unter Stab die ›Stütze‹ und unter Stütze die ›Züchtigung‹ zu verstehen sei, und ich meine dies auch so, wenn ich dieselben Worte an Sie richte. Ob Stütze, ob Züchtigung, ich nehme jede Zeile von Ihnen mit gleicher Liebe auf.«[51]

Mitte der 60er Jahre verbrachte Bernstein mehrmals die Ferien zusammen mit den Lewalds im Harz. Einmal ist er der Quartiermacher, das andere Mal sind es die Lewalds, die ebenfalls regelmäßig mit ihren Kindern im Sommer von Berlin dorthin zur Erholung reisen.[52] Mit von der Partie waren häufig auch Bertha und Jacques Meyer, ein Berliner Fabrikant und dessen Ehefrau. Mit der letzteren, die sich als Pädagogin und Frauenrechtlerin einen Namen machte, arbeitete Bernstein gelegentlich publizistisch zusammen.[53] Die Söhne des Ehepaars Meyer wiederum, Richard und Victor Meyer, die beide bedeutende Naturforscher wurden und an deren Karrieren Bernstein regen Anteil genommen hat, waren mit dessen Kindern befreundet und haben mit diesen zusammen »manche vergnügte Tage«[54] in der Villa der Meyers im Schulroder Tal im Harz verbracht. Julius Bernstein berichtet, die Familien seien noch enger zusammengerückt, als Bernsteins Tochter Johanna 1871 Richard Meyer ehelichte, der später als Professor an der Technischen Hochschule in Braunschweig tätig wurde und im Weltkrieg eine vielbeachtete Biographie über seinen Bruder Viktor geschrieben hat.[55]

Auffallend ist, daß Bernstein Umgang mit Menschen pflegte, die einen ähnlichen Hintergrund wie er hatten. Seit seiner Ankunft in Berlin Anfang der 30er Jahre bewegte er sich mit Vorliebe in Kreisen, die in irgendeiner Form jüdisch geprägt waren. Die engen Beziehungen, die er zum Beispiel zu Männern wie Johann Jacoby oder Moritz Veit hatte, erklären sich u. a. aus der Tatsache, daß er davon ausgehen konnte, in ihnen auf Gleichgesinnte zu stoßen, auf Menschen, deren Herkunft und Erfahrungshintergrund dem seinen ähnlich waren. Bei befreundeten Familien wie den Lewalds oder den Meyers, mit denen er die Jahre über engeren Umgang pflegte, dürfte es eine Rolle gespielt haben, daß sie ein spezifisch deutsch-jüdisches Milieu verkörperten, dem Bernstein sich zugehörig fühlte und das ihm Geborgenheit vermittelte.

Bernstein war zeit seines Lebens von schwächlicher gesundheitlicher Konstitution. Aus den Berichten der Kinder wissen wir, daß er insbesondere für Erkältungskrankheiten anfällig war. War er krank, dann war er jedoch stets bemüht, seinen Kindern und der Umwelt nicht allzusehr zur Last zu fallen. Das galt auch später, als sich mit dem Alter sein Gesundheitszustand zunehmend verschlechterte. Er begann an rheumatischen Beschwerden zu leiden und hatte Probleme mit dem Magen. Im Winter 1872 erkrankte er an einem plötzlichen Bluterbrechen. Die Ärzte hielten es für eine Magenblutung und waren in größter Sorge. Es war, wie sich seine Tochter Johanna erinnerte, »eine lebensgefährliche Erkrankung«.[56] Die Tage der Angst dauerten jedoch nur kurze Zeit, Bernstein erholte sich und konnte seinen Tagesgeschäften bald wieder nachgehen.

Als Johanna und ihr Ehemann Bernstein 1879 in Berlin besuchten, fanden sie ihn stark gealtert. Sein Gehör und seine Augen hatten gelitten, »seine Stimme hatte nicht mehr den melodischen Klang, sie klang müde und eintönig«.[57] Die Tochter berichtet, daß er viel zu Hause war und las. So zeigte er sich zum Beispiel sehr angetan von dem aus der Feder Sebastian Hensels stammenden dreibändigen Werk »Die Familie Mendelssohn«,[58] was vermutlich damit zusammenhing, daß er sich mit der Geschichte dieser Berliner Familie identifizieren konnte, die in gewisser Weise ja auch seine eigene Geschichte spiegelte. Die Mendelssohns hatten nämlich nicht nur bedeutende Philosophen, Komponisten, Wissenschaftler, Schriftsteller und Bankiers hervorgebracht, sondern ihre Vertreter waren zugleich typisch für jene Generation von Juden im 19. Jahrhundert, der sich auch Bernstein zugehörig fühlte und die sich für Emanzipation und Deutschtum entschieden hatten.

Bernstein las aber nicht nur, sondern beschäftigte sich zusätzlich mit dem Sichten von Unterlagen, die er für das Verfassen seiner »Revolutions- und Reaktions-Geschichte« benötigte. Das Durchsehen der Leitartikel, die er vor vielen Jahren geschrieben hatte, stimmte ihn nachdenklich, fast etwas melancholisch. »Ich habe für alles von mir Gedruckte keine rechte Vorliebe«, schrieb er seiner Tochter Johanna am 15. August 1880. »Es kommt mir alles, was hinter mir liegt, wie eine abgetane Epoche vor, in der ich mich nicht einen Augenblick bespiegeln kann. Im allgemeinen mag das wohl ein gutes Zeichen sein, daß ich mich noch nicht ausgeschrieben habe, und immer nach Besserem strebe. Wenn Ihr aber dies als ein Zeichen annehmen wollt, daß es mir an Eitelkeit fehlt, so ist dies doch nur sehr bedingt der Fall. Es bleibt sich am Ende gleich, ob sich jemand am Geleisteten oder an noch zu Leistendem ergötzt; ein Stück Eitelkeit steckt immer dahinter. Ob auf die Vergangenheit oder auf die Zukunft, das möchte sich gleichbleiben. Indessen hat der Trieb zum Arbeiten in letzterem einen wohltätigen Impuls, und wenn ich mich nicht täusche, ist dieses noch stark genug in mir, um Besseres ans Licht zu bringen.«[59]

Kurz nach seinem 70. Geburtstag, den er im Kreis der Familie und der Freunde feierte, verschlechterte sich Bernsteins Gesundheitszustand. »Als wir im Spätsommer nach Berlin kamen«, berichtet seine Tochter Johanna, »fanden wir den Großpapa traurig verändert; recht schwach, fast immer im Lehnstuhl sitzend und mühsam hörend und sehend. Er war wie immer zärtlich und liebevoll, war glücklich mit unseren Kindern, aber hatte viele rheumatische Schmerzen, so daß wir stets nur kurze Zeit bei ihm blieben. Wir trennten uns sehr schwer. Wir fühlten gegenseitig, daß es ein

Abschied fürs Leben sei, wir sprachen heiter vom Wiedersehen, an das keiner glaubte ...«[60]

Bernstein litt an einem chronischen Magenkatarrh, der begleitet wurde von einer Gelbsucht, die seine Umgebung ein »ernsteres Leberleiden« vermuten ließ. Die Kinder und die Freunde, die ihn besuchten, sahen seinen Zustand als sehr bedenklich an. Bernstein selbst, dessen Schmerzen nur noch mit Morphium gelindert werden konnten, war es äußerst unangenehm, daß man ihn leiden sah. Er bat deshalb seine Kinder, ihn nicht mehr zu besuchen. In der Vorahnung, daß es wohl bald mit ihm zu Ende gehen würde, ließ er seiner langjährigen Freundin Elisabeth Lewald noch einmal Grüße übermitteln. »Die alten Indier«, bemerkte er dabei in der ihm eigenen ironischen Art, »haben ihre Alten und Gebrechlichen, wenn sie sterben wollten, auf eine einsame Insel gebracht, gaben ihnen Lebensmittel mit, legten sie auf einen schönen Platz und ließen sie allein sterben. Ich wünschte, ich wäre solch ein alter Indier.«[61]

In der Nacht vom 11. zum 12. Februar 1884 starb Bernstein.[62] Sein Schwiegersohn Willy Sklarek,[63] der die Nacht im Sterbezimmer verbrachte, schrieb dort einen ausführlichen Brief, der Auskunft über die letzten Stunden Bernsteins gibt. In diesem an die Kinder gerichteten Brief, der datiert ist mit »Lichterfelde, den 11./12. Februar, nachts 1 Uhr«, heißt es, daß »Papa vor 3/4 Stunden gestorben ist«. Seine Gedanken seien bis zum letzten Moment klar gewesen, »selbst dann, als die langsam sinkenden Kräfte nicht mehr ausreichten, denselben Worte zu geben«. Und an einer anderen Stelle des Briefes lesen wir: »Er war auf seinem Sterbebette ganz Mensch geworden, wie ihn die Natur gemacht.«[64]

Bernstein wurde am 15. Februar 1884 auf dem Friedhof in der Schönhauser Allee zu Grabe getragen. Es entsprach vermutlich seinem ausdrücklichen Wunsch, neben seiner ersten Frau Caroline[65] bestattet zu werden. »Der herrliche Baum«, bemerkte Julius Bernstein, »der aus dem Grabe der seligen Mutter emporgewachsen, wird als Zeichen ihrer selbstlosen Liebe auch sein Grab beschatten.«[66] Johanna Neumann, die Freundin und Gefährtin seiner Jugendzeit, die in einer kleinen Ansprache am Tag der

Beerdigung im Familienkreis die Persönlichkeit des Verstorbenen würdigte, legte Wert vor allem auf die Feststellung, daß Bernstein während seines langen erfolgreichen Lebens nie nach äußeren Würdezeichen gestrebt habe, nie nach vergänglichen Namen und Titeln: »Seine Fesseln sind gelöst, die seine schöne Seele die letzten Jahre banden. Sie haben auch uns gedrückt, uns alle, die wir ihn so sehr geliebt. Jetzt, wo sie fallen, ist uns wie dem von Kettenlast Befreiten; die Kette ist gefallen, aber wir empfinden noch den schmerzhaften Druck, den sie ausgeübt.«[67]

ANMERKUNGEN

1 Jacoby an A. Bernstein, 3. Februar 1859 (Jacoby, Briefwechsel, Bd. II, S. 85).

2 Demokratische Programmrede des Dr. Joh. Jacoby, gehalten in der Urwählerversammlung vom 10. November 1858, abgedruckt in: VZ, Nr. 272, 19. November 1858.

3 Bernstein an Jacoby, 24. November 1858 (Jacoby, Briefwechsel, Bd. II., S. 74f.).

4 Fanny Lewald an Jacoby, 20. August 1863 (ebenda, S. 281).

5 Fanny Lewald an Johann Jacoby, 31. Mai 1862 (ebenda, S. 228).

6 [Johann] Simon Meyerowitz an Johann Jacoby, 15. Juni 1859 (ebenda, S. 94).

7 Vgl. A. Bernstein, Schulze-Delitzsch, Leben und Wirken, Berlin 1879, S. 101.

8 Eduard Bernstein (1850–1932), Redakteur und Publizist, seit 1872 Mitglied der Sozialdemokratischen Arbeiterpartei, ging 1878 als literarischer Sekretär Karl Höchbergs nach Zürich, seit Dezember 1880 mit Marx und Engels bekannt, 1881 bis 1890 Redakteur des »Sozialdemokraten«, bekannte sich seit 1896 offen zum sog. Revisionismus.

9 Karl Marx an F. A. Sorge, 19. September 1879 (MEW, Bd. 34, S. 411).

10 MEW, Bd. 39, S. 141.

11 Ebenda, S. 143 ff.

12 Ferdinand Lassalle, Die Fest, die Presse und der Frankfurter Abgeordnetentag. Drei Symptome des öffentlichen Geistes. Eine Rede gehalten in den Versammlungen des Allgemeinen Deutschen Arbeiter-Vereins zu Barmen, Solingen und Düsseldorf [1863], in: Gesammelte Reden und Schriften, hrsg. und eingel. von Eduard Bernstein, Bd. 3, Berlin 1919, S. 357f.

13 Herr Bastiat Schulze von Delitzsch, der ökonomische Julian oder Capital und Arbeit [1864], in: ebenda, Bd. 5, S. 328.

14 Vgl. Shlomo Na'aman, Lassalle, Hannover 1970, S. 434.

15 Ferdinand Lassalle. Nachgelassene Schriften, hrsg. von Gustav Mayer, Bd. 2, Stuttgart/Berlin 1923, S. 244.

16 Vgl. Rosemarie Leuschen-Seppel, Sozialdemokratie und Antisemitismus im Kaiserreich. Die Auseinandersetzungen der Partei mit den konservativen und völkischen Strömungen des Antisemitismus 1871–1914, Bonn 1978, S. 38 ff.

17 Franz Mehring, Kapital und Presse. Ein Nachspiel zum Fall Lindau, Berlin 1891, S. 7.

18 Eduard Bernstein, Von 1850 bis 1872. Kindheit und Jugendjahre, Berlin 1926 S. 23. Vgl. ebenfalls Heinrich Graetz an Moses Hess, 4. März 1864: »Ich weiß nicht, ob Sie noch für Lassalle schwärmen. Eins hat er, was den anderen Führern fehlt, Courage. Aber seine Mittel sind nicht die nobelsten. Seine Angriffe auf Bernstein sind des plus ordinaires ...« (Heinrich Graetz. Tagebuch und Briefe [= Schriftenreihe Wissenschaftlicher Abhandlungen des LBI, Bd. 34], hrsg. von Reuven Michael, Tübingen 1977, S. 243.

19 In seinem Erinnerungsbuch »Sozialdemokratische Lehrjahre« (Berlin 1928, S. 12) berichtet Eduard Bernstein: Der Vater war ein erbitterter Gegner der Sozialdemokratie, »nicht aus einem Klassenempfinden heraus, sondern aus sentimentalen Eingebungen«. Und weiter: »Die schroffen Antworten der sozialdemokratischen Presse auf die Artikel meines Onkels in der ›Volks-Zeitung‹ sowie die Kämpfe der Sozialdemokratie gegen die Fortschrittspartei überhaupt mochte er absolut nicht vertragen. Er sagte es nicht rund heraus, aber es war kein Zweifel, daß die große Liebe und Verehrung, die er für seinen Bruder Aron empfand, ihn in diesem Punkte überempfindlich machte.«

20 A. Bernstein an Eduard Bernstein, 18. Juli 1880 (Nachlaß Bernstein, IISG, Amsterdam).

21 VZ, Nr. 36, 12. Februar 1881.

22 Der Sozialdemokrat, 27. Februar 1881.

23 Gustav Mayer (1871–1948), Historiker und Journalist, war 1896 bis 1906 Korrespondent der »Frankfurter Zeitung«, seit 1922 Professor der Geschichte der Demokratie und des Sozialismus in Berlin.

24 Gustav Mayer, Der Volkszeitungs-Bernstein. Zu seinem 100. Geburtstag, in: Frankfurter Zeitung, Nr. 94, 4. April 1912.

25 Vgl. Das Judentum und der Staat. Eine historisch-politische Skizze zur Orientierung über die Judenfrage, hrsg. und mit einem Vorwort versehen von H. Wagener, Mitglied des Hauses der Abgeordneten für Neustettin, Berlin 1857, S. 66.

26 Vgl. Julius H. Schoeps, Christlicher Staat und jüdische Gleichberech-

tigung. Der Antisemitismus der Konservativen und der jüdische Abwehrkampf im Reaktionsjahrzehnt in Preußen, 1850–1858, in: Konservativismus. Eine Gefahr für die Freiheit? Für Iring Fetscher, hrsg. von Eicke
Henning und Richard Saage, München 1983, S. 38ff.

27 A. Bernstein, Mein erstes Opus, in: Natur und Kultur. Betrachtungen,
Leipzig 1880, S. 300.

28 Heinrich Kurtzig, Ein Erinnerungsblatt zum 125. Geburtstag Aron
Bernsteins, in: Gemeindeblatt der jüdischen Reformgemeinde zu Berlin,
Nr. 8/1937, S. 81.

29 A. Bernstein an Johanna Neumann, November 1845 (s. Anm. 40,
S. 59).

30 Julius Bernstein, Erinnerungen an das elterliche Haus, Halle 1913,
S. 30.

31 Berthold Auerbach's Volks-Kalender erschien in ununterbrochener
Fortsetzung bis 1869 (Jahrgänge 1860 bis 1865 in Leipzig bei E. Keil, in
Berlin bei A. Hofmann & Comp.; 1866 bis 1869 in Berlin bei Dümmler).

32 Berthold Auerbach an A. Bernstein, 21. Juli 1859 (AZJ, Nr. 4/1893,
S. 44).

33 A. Bernstein an Berthold Auerbach, 29. Februar 1864 (Nachlaß Auerbach, Deutsches Literaturarchiv, Marbach).

34 Ebenda.

35 Ludwig Geiger, A. Bernstein, Ein Gedenkblatt, in: AZJ, Nr. 14/1912,
S. 162.

36 Abraham Geiger, A. Bernstein, in: Jüdische Zeitschrift für Wissenschaft und Leben, Bd. 7, Breslau 1869, S. 224.

37 David Honigmanns Aufzeichnungen aus seinen Studienjahren
(1841/5), hrsg. von M[arcus] Brann, in: Jahrbuch für jüdische Geschichte
und Literatur, Bd. 7, Berlin 1904, S. 175.

38 Rülf hat später eine ganze Anzahl heute weitgehend vergessener phi-
losophischer Abhandlungen veröffentlicht, u. a. »Wissenschaft des Welt-
gedankens und der Gedankenwelt« (2 Bde., 1888); »Wissenschaft der
Krafteinheit« (1895); »Wissenschaft der Geisteseinheit« (1898), »Wissenschaft der Gotteseinheit« (1898–1903).

39 Dr. I. Rülf, Eine Begegnung mit A. Bernstein, in: AZJ Nr. 37/1896,
S. 493.

40 Zum hundertjährigen Geburtstag Eures Großvaters A. Bernstein,
o. O. [1912], S. 13.

41 Bernstein, Erinnerungen an das elterliche Haus (s. Anm. 30), S. 34.

42 Bernstein an Otto Lewald, 9. September 1857 (Nachlaß Lewald-Stahr,
StaBi, Berlin).

43 Bernstein, Erinnerungen an das elterliche Haus (s. Anm. 30), S. 40.

44 Zum hundertjährigen Geburtstag (s. Anm. 40), S. 20.

45 Ebenda.

46 Fanny Bernstein (1837–1865) heiratete am 26. August 1863 (VIII. Hauptabt., Juden und Dissidentenregister, Nr. 46. GStA Berlin, Stiftung Preußischer Kulturbesitz) den praktischen Arzt und Mitarbeiter Emil Du Bois-Reymonds, Wilhelm Sklarek (22. September 1839 – 10. Oktober 1915). Nach Fannys Tod heiratete Sklarek deren Schwester Hulda (18. 6. 1845 – 26. 5. 1923). Hulda und Wilhelm Sklarek sind auf dem Friedhof in der Schönhauser Allee in Berlin bestattet.

47 Zum hundertjährigen Geburtstag (s. Anm. 40), S. 61.

48 Bernstein an Auerbach, 28. Dezember 1870 (Nachlaß Auerbach, Deutsches Literaturarchiv, Marbach).

49 Bernstein, Erinnerungen an das elterliche Haus (s. Anm. 30), S. 104f.

50 Bernstein an Elisabeth Lewald, 24. November 1855 und 11. Dezember 1857 (s. Anm. 42).

51 Bernstein an Elisabeth Lewald, 7. Januar 1858 (ebenda).

52 Im Nachlaß Lewald-Stahr findet sich eine Reihe Gedichte Bernsteins, die dieser anläßlich der Geburtstage der Lewald-Kinder Martha und Felix verfaßte.

53 Bernstein veröffentlichte 1879 in der populär aufgemachten und von Bertha Meyer herausgegebenen »Victoria-Bibliothek für Frauen des deutschen Volkes« (Heft 1–10, Berlin 1879), die auch unter dem Titel »Alice-, Carola-, Elisabeth-, Gisela-, Luisen- und Olga-Bibliothek« erschien, die Beiträge »Die Ernährung« (Heft 1) und »Über Bäder und deren Wirkung« (Heft 4).

54 Bernstein, Erinnerungen an das elterliche Haus (s. Anm. 30), S. 137.

55 Vgl. Richard Meyer, Victor Meyer. Leben und Wirken eines deutschen Chemikers und Naturforschers 1848–1897, Leipzig 1917.

56 Zum hundertjährigen Geburtstag (s. Anm. 40), S. 24.

57 Ebenda, S. 30.

58 S[ebastian] Hensel, Die Familie Mendelssohn 1729–1847. Nach Briefen und Tagebuchblättern, 3 Bde., Berlin 1879.

59 Zum hundertjährigen Geburtstag (s. Anm. 40), S. 32f.

60 Ebenda, S. 34.

61 Ebenda, S. 38.

62 Auf der Sterbeurkunde, die von den Behörden 1884 ausgefertigt wurde, findet sich der Hinweis: Bernstein, verheiratet mit Wilhelmine Bernstein, geb. Tetzlaff, sei am 12. Februar 1884 um 11 Uhr 30 verstorben. Dr. Hermann Simon, der sich dankenswerterweise um diese Angaben bemüht hat, ermittelte, daß der Tod durch den »Volonteur Erich Bernstein, wohnhaft in Tegel« angezeigt worden ist.

63 Wilhelm Sklarek (1839–1915), Arzt mit eigener Praxis in Berlin, arbeitete im Handwerkerverein mit und begründete 1868 die Wochenschrift »Der Naturforscher«, die er bis 1885 leitete. Von 1885 bis 1912 gab er die

»Naturwissenschaftliche Rundschau« heraus. 1900 wurde ihm der Titel »Professor« verliehen.

64 Zum hundertjährigen Geburtstag (s. Anm. 40), S. 38.

65 Das Grab Bernsteins und seiner Frau konnte bisher auf dem Friedhof in der Schönhauser Allee noch nicht identifiziert werden. Es wird vermutet, daß das Grab dort war, wo im Zweiten Weltkrieg eine Fliegerbombe auf dem Friedhof eingeschlagen ist.

66 Zum hundertjährigen Geburtstag (s. Anm. 40), S. 43.

67 Ebenda, S. 44.

ANHANG

Abkürzungsverzeichnis

Anm.	Anmerkung
AZJ	Allgemeine Zeitung des Judentums
Bd.	Band
CAHJP	Central Archives of the History of the Jewish People
CV	Central-Verein deutscher Staatsbürger jüdischen Glaubens
frz.	französisch
GStA	Geheimes Staatsarchiv
IISG	Internationaal Instituut voor Sociale Geschiedenis, Amsterdam
JB	Biblioteká Jagiellonska, Krakau
JNUL	The Jewish National and University Library, Jerusalem
LBIYB	Leo Baeck Institute, Year Book
MEW	Marx-Engels Werke
Nr.	Nummer
o. D.	ohne Datum
o. O.	ohne Ort
Sp.	Spalte
S.	Seite
s.	siehe
StA	Staatsarchiv
StaBi	Staatsbibliothek, Stiftung Preußischer Kulturbesitz
u. a.	unter anderem
UZ	Urwähler-Zeitung
vgl.	vergleiche
VZ	Volks-Zeitung

Werkverzeichnis A. Bernstein*

(Blumen-Sprache, oder) das Buch der Blumen, Berlin 1834

Nachklänge. Lieder von F. Brunold, E. Ferrand, W. Jäger, L. Kossar-sky, A. Rebenstein, Berlin 1834

Das Lied der Lieder, oder das Hohe Lied Salomos. Bearbeitet und er-läutert von A. Rebenstein. Bevorwortet von Dr. Zunz, Berlin 1834

Plan zu einer neuen Grundlage für die Philosophie der Geschichte. Wissenschaftlicher Versuch nebst einigen literarischen Studien, Berlin 1838

Novellen und Lebens-Bilder, Berlin: Vereins-Buchhandlung 1840

Das 19te Jahrhundert. Ein Volksbuch zur Unterhaltung und Beleh-rung über alle Ereignisse, Begebenheiten und Interessen des gegen-wärtigen Jahrhunderts, Berlin 1840

Einige Worte über das Circular an die Königl. Ober-Präsidien, die Handhabung der Censur betreffend. Nebst einem Abdruck dieses Circulars, Berlin 1841 [anonym]

Zahlen frappiren! oder die Preußische Finanzverwaltung. Ein erstes Gegenwort wider die Schrift: »Preußen, seine Verfassung, seine Verwaltung, sein Verhältnis zu Deutschland« von Bülow-Cumme-row, Berlin 1842

Die Gesetze der Rotation, Berlin: als Manuskript gedruckt 1840

Prinzipen-Entwurf für die Genossenschaft für Reform im Judentum. Berlin: Selbstverlag 1847

Aus dem Reiche der Naturwissenschaft. Für Jedermann aus dem Volke, Berlin 1852 ff. [Bd. 1 erschien 1852, Bd. 2–12 zwischen 1854 und 1857, die 2. Aufl. erschien unter dem Titel »Naturwissenschaft-liche Volksbücher« 1858, die 3. Auflage in 20 Bänden 1869, die 4. Auflage in 21 Bänden von 1880 bis 1885]

Blicke in das Leben der Natur. Ein Bild für Jedermann aus dem Volke, Berlin: Verlagshandlung des allgemeinen-deutschen Volksschrif-ten-Vereins 1853

Vögele der Maggid und Mendel Gibbor, in: Kalender und Jahrbuch auf das Jahr 5618 (5619) für die jüdischen Gemeinden Preußens, hrsg. von Ph. Wertheim, Berlin 1857, S. 5–108, und Berlin 1858, S. 5–144

* Das Werkverzeichnis enthält nur die Schriften A. Bernsteins, die in Broschüren- oder Buchform erschienen sind. Die Auflistung der Auf-sätze und Zeitungsartikel muß einem späteren Zeitpunkt vorbehalten bleiben.

[die Novellen erschienen überarbeitet und in einem Band bei Gerschel 1860, 7. Auflage 1892]

Zur Reorganisation. Vertrauliche Denkschrift an meine Genossen die Mitglieder der Jüdischen Reformgemeinde in Berlin, Berlin 1860

Über die Prinzipien der jüdischen Reformgemeinde zu Berlin. Ein Wort der Erinnerung am 20. Jahrestag des Aufrufs vom 2. April 1845, Berlin 1865

Alexander von Humboldt und der Geist zweier Jahrhunderte, Berlin 1869 [= Sammlung gemeinverständlicher wissenschaftlicher Vorträge, 89]

Ursprung der Sagen von Abraham, Isaac und Jacob, Kritische Untersuchung, Berlin: Verlag von Franz Duncker 1871

Die März-Tage. Geschichtliche Skizze, Berlin 1873

Aus dem Jahre 1848. Historische Erinnerungen, Berlin 1873

Naturkraft und Geisteswalten. Betrachtungen über Natur und Kulturleben, Berlin: Verlag Franz Duncker 1874 [eine 2. Auflage 1884]

Die Jahre des Volkes. Geschichtliche Skizzen, Berlin: Verlag Franz Duncker 1875 [enthält »Die März-Tage« sowie »Aus dem Jahre 1848«; hinzugekommen sind zwei weitere Abschnitte »1849. Verfassungskämpfe und Kabinetts-Intriguen« und »Bis nach Olmütz«]

Wie man Kriege einfädelt! Populärer Beitrag zur Kennzeichnung der russischen Politik mit besonderer Berücksichtigung des Krimkrieges ..., Berlin: Separatdruck aus der Volks-Zeitung 1877

Schulze-Delitzsch. Leben und Wirken, Berlin: Verlag der Buchdruckerei der Volkszeitung (Emil Schilke) 1879, 3. Aufl. 1883

Natur und Cultur. Betrachtungen, Leipzig: Verlag R. F. Albrecht 1880

Über den Verfasser der Regententafel von Edom im ersten Buche Moses, Kap. 36, Berlin: als Manuskript gedruckt 1880

Die Jahre der Reaktion. Historische Skizze, Berlin 1881

Ein Wort zur Judenfrage [autorisierter Separatdruck der Berliner Volks-Zeitung], in: Zwei Betrachtungen über die Antisemitenbewegung in Deutschland, hrsg. von Heinrich Siegfried, Berlin 1881

Revolutions- und Reaktions-Geschichte Preußens und Deutschlands von den Märztagen bis zur neuesten Zeit, 3 Bde., Berlin 1882: C. Wortmann'sche Buchhandlung [enthält »Die März-Tage«, »Aus dem Jahre 1848«, »1849. Verfassungskämpfe und Kabinettsintriguen«, »Bis nach Olmütz« sowie neu »Die Neue Ära«]

Quellen- und Literaturverzeichnis

A. Quellen

1. Ungedruckte Quellen

Bayerische Staatsbibliothek Handschriftenabteilung, München

- E. Petziana V

Biblioteka Jagiellónska, Krakau/Polen

- Lessingsche Autographensammlung

- Varnhagen-Ensensche Sammlung

Central Archives of History of the Jewish People, Jerusalem

- Nachlaß Moritz Veit P 47

Deutsches Literaturarchiv, Marbach

- Nachlaß Berthold Auerbach

The British Library, London

- Blind Papers ADD 40124

Geheimes Staatsarchiv der Stiftung Preußischer Kulturbesitz, Berlin-Dahlem

- Nachlaß Saegert, Rep 192

- Juden- und Dissidentenregister, VIII. Hauptabt.

Hebrew Union College Library, Cincinnati/Ohio

- Kirchstein Collection

Internationaal Instituut voor Sociale Geschiedenis, Amsterdam

- Nachlaß Eduard Bernstein Nr. A 51

Deutsche Staatsbibliothek, Berlin

- Nachlaß Lewald-Stahr

- Sammlung Autographa

Staatsarchiv Potsdam

- Rep 30 Berlin C Tit 95 Ifde. Nr. 14764, 14765, 14774
- Rep 30 c Tit 94 Lit. S. Nr. 729, Ifde. Nr. 12879

Staatsbibliothek Preußischer Kulturbesitz, Handschriftenabteilung

- Sammlung Adam
- Nachlaß Franz Brümmer
- Sammlung Darmstädter
- Nachlaß August Dillmann

The Leo Baeck Institute, New York

- AR 734/1, AR 3755/1

The Jewish National and University Library, Jerusalem, Department of Manuscripts and Archives

- Leopold Zunz Arc. 4° 792/G 8
- Schwadron Collection, Aut., Bernstein, A.

Universitätsarchiv Tübingen

- Protokollbuch UAT 136/145
- Dekanatsbuch UAT 136/140

2. Zeitungen, Zeitschriften, Jahrbücher

Allgemeine Zeitung des Judenthums (Jg. 1845, 1857, 1893 ff., 1912, 1916)
Berlinische Nachrichten von Staats- und gelehrten Sachen [Spenersche Zeitung] (Jg. 1834)
Frankfurter Israelisches Gemeindeblatt (Jg. 1936)
Der Freimüthige, oder: Berliner Conversationsblatt (Jg. 1834 ff.)
Der Gesellschafter, oder Blätter für Geist, Gemüth und Herz (Jg. 1834 ff.)
Die Gartenlaube. Illustriertes Familienblatt (Jg. 1861, 1883)
Gemeindeblatt der jüdischen Reformgemeinde zu Berlin (Jg. 1937)
Jahrbuch für jüdische Geschichte und Literatur (Jg. 1904)

Jüdische Zeitschrift für Wissenschaft und Leben (Jg. 1869)
Jüdische Allgemeine Zeitung (Jg. 1936)
Kladderadatsch. Humoristisch-satirisches Wochenblatt (Jg. 1853 ff.)
Königlich Privilegierte Berlinische (»Vossische«) Zeitung
    von Staats- und gelehrten Sachen (Jg. 1834, 1879 f., 1900)
Leipziger Illustrierte Zeitung (Jg. 1884)
Literarischer Zodiacus. Journal für Zeit und Leben, Wissenschaft und
    Kunst (Jg. 1835 f.)
Mitternachtzeitung für gebildete Stände (Jg. 1836)
Reform-Zeitung. Organ für den Fortschritt im Judentum (Jg. 1847)
Urwähler-Zeitung. Organ für Jedermann aus dem Volke (Jg. 1849 ff.)
Volks-Zeitung. Organ für Jedermann aus dem Volke (Jg. 1853 ff.)

3. Gedruckte Quellen

Auerbach, Berthold, Briefe an seinen Freund Jacob Auerbach. Ein
    biographisches Denkmal, 2 Bde., Frankfurt a. M. 1884
Belke, Ingrid (Hrsg.), Moritz Lazarus und Heymann Steinthal. Die
    Begründer der Völkerpsychologie in ihren Briefen, Bd. II / 2, Tübin-
    gen 1986
Bernstein, Eduard, Sozialdemokratische Lehrjahre, Berlin 1928
Ders., Von 1850 bis 1872. Kindheit und Jugendjahre, Berlin 1926
Bernstein, Julius, Erinnerungen an das elterliche Haus, Halle: als Ma-
    nuskript gedruckt 1913
Börsch-Supan, Helmut (Hrsg.), Die Kataloge der Berliner Akademie-
    Ausstellungen 1786–1850, Bd. 2, Berlin 1971
Bülow-Cummerow, Ernst von, Preußen, seine Verfassung, seine Ver-
    waltung, sein Verhältnis zu Deutschland, 2 Tle., Berlin 1842
Creizenach, Michael, Schulchan Aruch oder Encyclopädische Dar-
    stellung des Mosaischen Gesetzes, 4 Bde., 1833–1840
Diwald, Hellmut (Hrsg.), Von der Revolution zum Norddeutschen
    Bund. Politik und Ideengut der preußischen Hochkonservativen
    1848–1866. Aus dem Nachlaß von Ernst Ludwig von Gerlach,
    2 Bde., Göttingen 1970
Franzos, Karl Emil, Aus Halb-Asien: Land und Leute des östlichen
    Europas, 6 Bde. in 3 Bänden, Leipzig 1876
[Friedländer, David] Sendschreiben an Seine Hochwürden, Herrn
    Oberconsistorialrath und Probst Teler zu Berlin. Von einigen Haus-
    vätern jüdischer Religion, Berlin 1799

[Friedrich III.] Kaiser Friedrich III. Das Kriegstagebuch von 1870/71, hrsg. von Heinrich Otto Meisner, Berlin 1926

[Friedrich Wilhelm IV.] Reden und Trinksprüche König Friedrich Wilhelms IV., Leipzig 1855

Geiger, Abraham, A. Bernstein, in: Jüdische Zeitschrift für Wissenschaft und Leben, Bd. 7/1869, S. 223–226

Geiger, Ludwig (Hrsg.), Abraham Geigers Leben in Briefen, Breslau 1885

[Haym] Ausgewählter Briefwechsel Rudolf Hayms, hrsg. von Hans Rosenberg, Stuttgart 1930

[Heine] Heinrich Heine, Sämtliche Schriften, hrsg. von Klaus Briegleb, 6 Bde., München 1968–1975

[Heine] Heine in Deutschland. Dokumente und Rezeption 1834–1856, hrsg. von Karl Theodor Kleinknecht, Tübingen 1976

[Hirsch, Samson Raphael] Igrot Zafon. Neunzehn Briefe über das Judentum. Als Voranfrage wegen Herausgabe von Versuchen desselben Verfassers über Israel und seine Pflichten, hrsg. von Ben Usiel [1836], Frankfurt 1919

Holdheim, Samuel, Die Autonomie der jüdischen Rabbinen und das Prinzip der jüdischen Ehe, Schwerin/Berlin 1843

Humboldt, Alexander von, Kosmos. Entwurf einer physischen Weltbeschreibung, 5 Bde., Stuttgart/Tübingen 1845–1862

[Humboldt] Briefe von Alexander von Humboldt an Varnhagen von Ense aus den Jahren 1827 bis 1858. Nebst Auszügen aus Varnhagens Tagebüchern, Briefen von Varnhagen und Anderen an Humboldt, Leipzig 1860

[Ihering] Rudolf von Ihering in Briefen an seine Freunde, Leipzig 1913

Jacobson, Jacob (Hrsg.), Die Judenbürgerbücher der Stadt Berlin. Mit Ergänzungen für die Jahre 1791–1809, Berlin 1962

[Jacoby] Vier Fragen, beantwortet von einem Ostpreußen, Mannheim 1841, in: Johann Jacobys Gesammelte Schriften und Reden, Bd. 1, Hamburg 1877, S. 116ff.

[Jacoby] Johann Jacoby, Briefwechsel, 2 Bde., hrsg. und erläutert von Edmund Silberner, Hannover 1974 und 1978

Jacoby, Johann, Heinrich Simon. Ein Gedenkbuch für das deutsche Volk, 2 Bde., Berlin 1865

[Keller] Gottfried Keller, Gesammelte Briefe, hrsg. von Carl Hebling, 4 Bde., Bern 1950–1954

Kobler, Franz (Hrsg.), Juden und Judentum in deutschen Briefen aus drei Jahrhunderten, Wien 1935

Lasalle, Ferdinand, Die Feste, die Presse und der Frankfurter Abgeordnetentag. Drei Symptome des öffentlichen Geistes. Eine Rede gehalten in den Versammlungen des Allgemeinen deutschen Arbeiter-Vereins zu Barmen, Solingen und Düsseldorf [1863], in: Gesammelte Reden und Schriften, hrsg. und eingel. von Eduard Bernstein, Bd. 3, Berlin 1919, S. 333–402

Ders., Herr Bastiat Schulze-Delitzsch, der ökonomische Julian oder Capital und Arbeit [1864], in: ebenda, Bd. 5, Berlin 1919, S. 27–358

Ders., Nachgelassene Briefe und Schriften, hrsg. von Gustav Mayer, Bd. 2, Stuttgart/Berlin 1923

[Laube] Heinrich Laubes gesammelte Werke in fünfzig Bänden, Bd. 40 [=Erinnerungen], hrsg. von Heinrich Hubert Houben, Leipzig 1910

Lazarus, Moritz, Treu und Frei. Gesammelte Reden und Vorträge über Juden und Judenthum, Leipzig 1887

Lehmann, Joseph, Rede zum 100. Geburtstag Aron Bernsteins gehalten im Gotteshaus der Jüdischen Reformgemeinde bei der Seelenfeier am 7. Tag des Passahfestes 8. April 1912 o. O. [1912]

[Manteuffel] Unter Friedrich Wilhelm IV., Denkwürdigkeiten des Ministers Freiherrn von Manteuffel, hrsg. von Heinrich Poschinger, 3 Bde., Berlin 1902

Mayer, Gustav, Der Volkszeitungs-Bernstein. Zu seinem 100. Geburtstag, in: Frankfurter Zeitung, Nr. 94, 4. April 1912

Mehring, Franz, Kapital und Presse. Ein Nachspiel zum Fall Lindau, Berlin 1891

[Meyer, Johanna] Zum hundertjährigen Geburtstag Eures Großvaters A. Bernstein. Für Euch, die Enkelkinder, niedergeschrieben von seiner Tochter Johanna, o. O. [1912]

[Philippson] Der Festgottesdienst bei der Berliner Genossenschaft für Reform im Judenthum und die daselbst gehaltenen Predigten von dem Rabbiner Doctor Philippson in Magdeburg. Beurtheilt von einem der Mitglieder, Altona 1846

Pietsch, Ludwig, Wie ich Schriftsteller geworden bin. Erinnerungen aus den Fünfziger Jahren, Berlin 1893

Reuven, Michael (Hrsg.), Heinrich Graetz. Tagebuch und Briefe, Tübingen 1977 [=Schriftenreihe Wissenschaftlicher Abhandlungen des LBI, Bd. 34]

Schoeps, Julius H., Die Märzrevolution 1848 im Spiegel des Briefwechsels zwischen Moritz Steinschneider und Auguste Auerbach,
in: Jahrbuch des Instituts für Deutsche Geschichte, hrsg. von Walter
Grab, Bd. XIV, Tel Aviv 1985

Stachel, John (Hrsg.), The Collected Papers of Albert Einstein, Bd. 1:
The Early Years, 1879–1902, Princeton, NY 1987

Strauß, David Friedrich, der Romantiker auf dem Throne der Cäsaren, oder Julian der Abtrünnige (1847), in: Gesammelte Schriften,
Bd. 1, Bonn 1876, S. 175 ff.

Storm, Theodor. Briefe 1870–1888, hrsg. von Peter Goldammer, Bd. 2,
Berlin/Weimar 1984

[Tübingen] Die vierte Säcularfeier der Universität Tübingen im Jahre
1877, Tübingen 1878

Varnhagen von Ense, Karl August, Tagebücher, Bd, 6, 7 und 8, Berlin
und Leipzig 1862 und 1865

Wienbarg, Ludolf, Ästhetische Feldzüge, Hamburg 1834

[Zunz] Leopold Zunz. Jude – Deutscher – Europäer. Ein jüdisches
Gelehrtenschicksal des 19. Jahrhunderts in Briefen an Freunde,
hrsg. und eingel. von Nahum N. Glatzer, Tübingen 1964

B. Allgemeine Darstellungen

1. Beiträge in Zeitschriften und Sammelbänden

Altmann, Alexander, Zur Frühgeschichte der jüdischen Predigt in
Deutschland. Leopold Zunz als Prediger, in: YLBI 6/1981, S. 3–59

Ders., The New Style of Preaching in Nineteenth-Century German
Jewry, in: Essays in Jewish Intellectual History, Hannover/London
1981, S. 190–245

Bayerdörfer, Hans-Peter, Das Bild des Ostjuden in der deutschen Literatur, in: Juden und Judentum in der Literatur, hrsg. von Herbert
A. Strauss und Christhard Hoffmann, München 1985, S. 211–236

Cohen, Hermann, Die Messiasidee, in: Jüdische Schriften, Bd. 1: Ethische und religiöse Grundfragen, Berlin 1924, S. 105 ff.

Denkler, Horst, Das »wirkliche Juda« und der »Renegat«: Moses
Freudenstein als Kronzeuge für Wilhelm Raabes Verhältnis zu Juden und Judentum, in: The German Quarterly 60/1987, S. 10 ff.

Ermatinger, Emil, Gottfried Keller und das Dunckersche Haus in
Berlin, in: Deutsche Rundschau, Bd. 153, S. 36 ff. und 221 ff.

Gebhardt, Jürgen, Karl Marx und Bruno Bauer, in: Politische Ordnung und menschliche Existenz. Festgabe für Eric Voegelin zum 60.
Geburtstag, München 1962, S. 202–242

Goemann, Gerd-Hesse, Die Krankheit Friedrich Wilhelm IV. von
Preußen. Eine pathographische Skizze, in: Festschrift für Werner
Leibbrand zum siebzigsten Geburtstag, hrsg. von Joseph Schuma-
cher, Mannheim 1967

Grünthal, Günther, Zwischen König, Kabinett und Kamarilla. Der
Verfassungsoktroi in Preußen vom 5. 12. 1848, in: Jahrbuch für die
Geschichte Mittel- und Ostdeutschlands 32/1983, S. 119 ff.

Herrmann, Klaus, Weltanschauliche Aspekte der Jüdischen Reformgemeinde zu Berlin, in: Emuna, 2/1974, S. 69 ff.

Heuer, Renate, Heines »Vetter« Hermann Schiff, in: Conditio Judaica. Judentum, Antisemitismus und deutschsprachige Literatur
vom 18. Jahrhundert bis zum ersten Weltkrieg, Erster Teil, hrsg. von
Hans Otto Horch und Horst Denkler, Tübingen 1988

Heynen, Walther, Kinkels Flucht. Eine Schurz-Nachlese auf Grund
der Akten, in: Preuß. Jbb., 236/1934, S. 162 ff.

Hirsch, Helmut, Wahrscheinlich oder vielleicht? Zu einem Bettine-
Dubiosum in der »Urwähler-Zeitung«, in: Internationales Jahrbuch der Bettina-von-Arnim Gesellschaft, 2/1988, S. 182 ff.

Honigmann, Peter, Alexander von Humboldts Verhältnis zu Juden, in:
BLBI, 76/1986, S. 3 ff.

Ders., Der Einfluß von Moses Mendelssohn auf die Erziehung der
Brüder Humboldt, in: Mendelssohn-Studien, Bd. 7, Berlin 1990, S.
39 ff.

Ders., Peter Theophil Riess, der erste Jude in der Preußischen Akademie der Wissenschaften. Eine Betrachtung über sein Verhältnis
zum Judentum, in: Jahrbuch des Instituts für deutsche Geschichte,
Bd. 14, Tel Aviv 1985

Iggers, Wilma A., Leopold Kompert. Romancier of the Bohemian
Ghetto, in: Modern Austrian Literature, 6/1973, S. 78–97

Kutzsch, Georg, Friedrich Wilhelm IV. und Carl Wilhelm Saegert, in:
Jahrbuch für die Geschichte Mittel- und Ostdeutschlands, Bd. VI,
Tübingen 1957, S. 133–172

Lazarus, Moritz, Verdichtung des Denkens in der Geschichte. Ein
Fragment, in: Zeitschrift für Völkerpsychologie und Sprachwissenschaft, hrsg. von Moritz Lazarus und Haim Steinthal, Berlin
1862

Martino, Alberto, Publikumsschichten und Leihbibliotheken, in: Deutsche Literatur. Eine Sozialgeschichte, Bd. 6, hrsg. von Bernd Witte, Reinbek bei Hamburg 1980

Mieck, Ilja, Von der Reformzeit zur Revolution (1896–1847), in: Geschichte Berlins, Bd. 1: Von der Frühgeschichte bis zur Industrialisierung, München 1987

Obermann, Karl, Die deutsche Einheitsbewegung und die Schillerfeiern 1859, in: Zeitschrift für Geschichtswissenschaft, 3/1955, S. 705 ff.

Rahe, Thomas, Religionsreform und jüdisches Selbstbewußtsein im deutschen Judentum des 19. Jahrhunderts, in: Menora. Jahrbuch für deutsch-jüdische Geschichte, Bd. 1, München 1990, S. 89 ff.

Richter, Günter, Friedrich Wilhelm IV. und die Revolution von 1948, in: Jahrbuch für die Geschichte Mittel- und Ostdeutschalnds, Bd. 36, Berlin 1987, S. 107–131

Rotenstreich, Nathan, The Bruno Bauer Controversy, in: LBIYB, Bd. IV/1959, S. 3–36

Schoeps, Hans-Joachim, Der Widerstand der Berliner Geistlichkeit gegen die Gründung des Bistums zu Jerusalem, in: Neue Quellen zur Geschichte im 19. Jahrhundert, Berlin 1968

Ders., Der Erweckungschrist auf dem Thron. Friedrich Wilhelm IV., in: Preußens Könige, hrsg. von Friedrich Wilhelm von Preußen, Gütersloh/Wien 1971

Schoeps, Julius H., Die Neue Preußische (Kreuz-)Zeitung, in: Criticon, Nr. 22/1974, S. 67 ff.

Ders., Agenten, Spitzel, Flüchtlinge. Wilhelm Stieber und die demokratische Emigration in London, in: Im Gegenstrom. Für Helmut Hirsch zum Siebzigsten, hrsg. von Horst Schallenberger und Helmut Schrey, Wuppertal 1977

Ders., Im Kampf um die deutsche Republik. Karl Blind und die Revolution in Baden 1848/49, in: Revolution und Demokratie in Geschichte und Literatur. Festschrift für Walter Grab, Duisburg 1979, S. 259 ff.

Ders., A. Bernstein über Heinrich Heine, in: Entgegnung in Unabhängigkeit. Ernst Liebermann zum 65. Geburtstag. Kastellaun/Hunsrück 1979

Ders., Christlicher Staat und jüdische Gleichberechtigung. Der Antisemitismus der Konservativen und der jüdische Abwehrkampf im Reaktionsjahrzehnt in Preußen, 1850–1858, in: Konservativismus.

Eine Gefahr für die Freiheit? Für Ingrid Fetscher, hrsg. von Eicke Hennig und Richard Saage, München 1983

Ders., Christentum ohne Christus? David Friedländers Versuch einer Glaubensvereinigung auf der Grundlage der Aufklärung und des Rationalismus, in: Das jüdisch-christliche Religionsgespräch, hrsg. von Heinz Kremers und Julius H. Schoeps, Stuttgart/Bonn 1988, S. 55–70

Schulze, Berthold, Polizeipräsident Carl von Hinkeldey, in: Jahrbuch für die Geschichte Mittel- und Ostdeutschlands, hrsg. vom Friedrich-Meinecke-Institut der Freien Universität Berlin, Tübingen 1955, S. 81 ff.

Wichert, Ernst, Der Verein Berliner Presse, in: Beiträge zur Kulturgeschichte in Berlin. Festschrift zur Feier des 50jährigen Bestehens der Korporation der Berliner Buchhändler, Berlin 1898, S. 97 ff.

Zuchold, Gerd-H., »Und ein talentvoller König wird vergebens deklamiren!« Friedrich Wilhelm IV. in der Sicht Heinrich Heines, in: Jahrbuch Preußischer Kulturbesitz, 24/1987, S. 403 ff.

2. Gesamtdarstellungen und Monographien

Adam, Reinhard, Der Liberalismus in der Provinz Preußen zur Zeit der neuen Ära und sein Anteil an der Entstehung der deutschen Fortschrittspartei, in: Altpreußische Beiträge, Königsberg/Pr. 1933

Aldenhoff, Rita, Schulze-Delitzsch. Ein Beitrag zur Geschichte des Liberalismus zwischen Revolution und Reichsgründung, Baden-Baden 1984

Aschkewitz, Max, Zur Geschichte der Juden in Westpreußen, Marburg/L. 1967 (= Wissenschaftliche Beiträge zur Geschichte und Landeskunde Ost- und Mitteleuropas)

Bahne, Siegfried, Vor dem Konflikt. Die Altliberalen in der Regentschaftsperiode der »Neuen Ära«, in: Ulrich Engelhardt u. a. (Hrsg.), Soziale Bewegung und politische Verfassung. Beiträge zur Geschichte der modernen Welt, Stuttgart 1976

Benz, Ernst, Bischofsamt und apostolische Sukzession im deutschen Protestantismus, Stuttgart 1953

Bergmann, Jürgen, Das Berliner Handwerk in den Frühphasen der Industrialisierung, Berlin 1973

Bittel, Karl (Hrsg.), Der Kommmunistenprozeß zu Köln 1852 im Spiegel der zeitgenössischen Presse, Berlin 1955

Buchholtz, Arend, Die Vossische Zeitung. Geschichtliche Rückblicke auf drei Jahrhunderte, Berlin 1904

Bußmann, Walter, Zwischen Preußen und Deutschland. Friedrich Wilhelm IV. Eine Biographie, Berlin 1990

Carlebach, Julius, Karl Marx and the Radical Critic of Judaism, London 1978

Condorcet, [Antoine], Entwurf einer historischen Darstellung der Fortschritte des menschlichen Geistes, deutsch-französische Parallelausgabe, hrsg. von W. Alff, Frankfurt 1963

Dahms, Gustav, Das literarische Berlin. Illustriertes Handbuch in der Reichshauptstadt, Berlin [1895]

Dannenberg, Kurt, Die Anfänge der »Neuen Preußischen (Kreuz-)Zeitung« unter Hermann Wagener 1848–1952, Phil. Diss. Berlin 1942

Dannenmann, Christopher, Bruno Bauer. Eine monographische Untersuchung, Phil. Diss. Erlangen 1969

Decker-Hauff, Hansmartin/Setzler, Wilfried (Hrsg.), Die Universität Tübingen 1477 bis 1977 in Bildern und Dokumenten, Tübingen 1977

Demps, Laurenz, Der Gensd'armen-Markt. Gesicht und Geschichte eines Berliner Platzes, Berlin 1988

Dubnow, S. M., Die neueste Geschichte des jüdischen Volkes (1789–1914), Bd. 2, Berlin 1920

Elbogen, Ismar, Geschichte der Juden in Deutschland, Berlin 1935

Elkan, Georg, Die preußische Zeitungssteuer, Jena 1922

Fenske, Hans, Der Weg zur Reichsgründung, 1850–1870, Darmstadt 1970

Fesser, Gerd, Linksliberalismus und Arbeiterbewegung. Die Stellung der Deutschen Fortschrittspartei zur Arbeiterbewegung 1861–1866, Berlin/DDR 1976

Frölich, Jürgen, Die Berliner »Volks-Zeitung« 1853 bis 1867. Preußischer Linksliberalismus zwischen »Reaktion« und »Revolution von oben«, Frankfurt a. M. 1990

Gall, Lothar, Bismarck. Der weiße Revolutionär, Frankfurt a. M. u. a. 1980

Galliner, Arthur, Sigismund Stern. Der Reformator und Pädagoge, Frankfurt a. M. 1930

Geiger, Ludwig, Geschichte der Juden in Berlin. Festschrift zur Säkular-Feier. Anmerkungen, Ausführungen, urkundliche Beilagen und zwei Nachträge (1871–1890). Mit einem Vorwort von Hermann Simon, Berlin 1988 [Nachdruck]

Ders., Abraham Geiger. Leben und Lebenswek. Berlin 1910

Goldbaum, Wilhelm, Literarische Physiognomien, Wien und Teschen 1884

Graupe, Heinz Mosche, Die Entstehung des modernen Judentums. Geistesgeschichte der deutschen Juden 1650–1942, Hamburg 1969

Grebing, Helga, Der »deutsche Sonderweg« in Europa 1806–1945, Stuttgart 1960

Groth, Otto, Die Zeitung. Ein System der Zeitungskunde, Bd. 1. Mannheim 1928

Hamerow, Theodore S., 1848, in: Die deutsche Revolution von 1848/49, hrsg. von Dieter Langewiesche, Darmstadt 1983

Hensel, S[ebastian], Die Familie Mendelssohn 1729–1847. Nach Briefen und Tagebuchblättern, 3 Bde., Berlin 1879

Herrnstadt, Rudolf, Die erste Verschwörung gegen das internationale Proletariat. Zur Geschichte des Kölner Kommunistenprozesses 1852, Berlin 1958

[Heymann] Carl Heymanns Verlag Berlin. Zum Gedenktage des einhundertjährigen Bestehens der Buchhandlung, Berlin 1915

Hilaris, Ernst, Die Berliner Presse, Leipzig 1863

Holdheim, Samuel, Geschichte der Entstehung und Entwicklung der jüdischen Reformgemeinde in Berlin. Im Zusammenhang mit den Gesamtbestrebungen der Neuzeit, Berlin 1857

Hohendahl, Peter Uwe, Literarische Kultur im Zeitalter des Liberalismus 1830–1870, München 1985

Höhle, Thomas, Franz Mehring. Sein Weg zum Marxismus 1869–1891, Berlin 1958

Houben, H[einrich] H[ubert]. Hier Zensur – wer dort?, Leipzig 1918

Huber, Ernst Rudolf, Deutsche Verfassungsgeschichte seit 1879, Bd. II: Der Kampf um Einheit und Freiheit 1830 bis 1850 – und Bd. II: Bismarck und das Reich, Stuttgart 1960 und 1963

Isaak, Bernhard, Der Religionsliberalismus im deutschen Judentum, Phil. Diss. Leipzig 1933

Jolles, Charlotte, Fontane und die Politik. Ein Beitrag zur Wesensbestimmung Theodor Fontanes, Berlin/Weimar 1983

Kastan, Isidor, Berlin wie es war, Berlin [o. D.]

Kleßmann, Eckart, Die Mendelssohns. Bilder aus einer deutschen Familie, Zürich/München 1990

Knoll, Joachim H./Schoeps, Julius H (Hrsg.), Von kommenden Zeiten. Geschichtsprophetien im 19. und 20. Jahrhundert, Stuttgart/Bonn 1984 (=Studien zur Geistesgeschichte, Bd. 4)

Koch, Ursula E., Berliner Presse und europäisches Geschehen 1871. Eine Untersuchung über die Rezeption der großen Ereignisse im ersten Halbjahr 1871 in den politischen Tageszeitungen der deutschen Reichshauptstadt, Berlin 1978

Kramme, Monika, Franz Mehring. Theorie und Alltagsarbeit, Frankfurt/New York 1980

Kroll, Frank Lothar, Friedrich Wilhelm IV. und das Staatsdenken der deutschen Romantik, Berlin 1990

Kurtzig, Heinrich, Ostdeutsches Judentum. Tradition einer Familie, Mit einem Vorwort von Erdmann Graeser, Leipzig 1930

Lewin, Moritz, Die Reform des Judentums. Festschrift zur Feier des fünfzigjährigen Bestehens der jüdischen Reformgeschichte in Berlin, Berlin 1895

Lübbe, Hermann, Fortschritts-Reaktionen. Über konservative und destruktive Modernität, Graz/Wien/Köln 1987

Lützen, Werner, Geschichte der Urwähler-Zeitung und ihrer Weiterentwicklung zur Berliner Volks-Zeitung. Ein Beitrag zur Geschichte der deutschen Parteipresse im 19. Jahrhundert, Phil. Diss. Berlin 1940

Mayer, Hans, Das unglückliche Bewußtsein. Zur deutschen Literaturgeschichte von Lessing bis Heine, Frankfurt a. M. 1986

Mehring, Franz, Gesammelte Schriften, Bd. 1: Geschichte der deutschen Sozialdemokratie. Erster Teil. Von der Julirevolution bis zum preußischen Verfassungsstreite 1830 bis 1863, Berlin 1960

Meyer, Michael A., Response to Modernity. A History of the Reform Movement in Judaism, New York/Oxford 1988

Meyer, Richard, Viktor Meyer. Leben und Wirken eines deutschen Chemikers und Naturforschers 1848–1897, Leipzig 1917

Na'aman, Shlomo, Der deutsche Nationalverein. Die politische Konstituierung des deutschen Bürgertums 1859–1867, Düsseldorf 1987

Ders., Lassalle, Hannover 1970

Nipperdey, Thomas, Deutsche Geschichte 1800–1866. Bürgerwelt und starker Staat, München 1983

Noltenius, Rainer, Dichterfeiern in Deutschland. Rezeptionsgeschichte als Sozialgeschichte am Beispiel der Schiller- und Freiligrath-Feiern, München 1984

Oncken, Hermann, Historisch-Politische Aufsätze, Bd. II, Berlin 1914

Oppenheim, Heinrich Bernhard, Benedikt Franz Leo Waldeck, der Führer der preußischen Demokratie, Berlin 1873

Parisius, Ludolf, Deutschlands politische Parteien und das Ministerium Bismarck, Berlin 1978

Paschen, Joachim, Demokratische Vereine und preußischer Staat. Entwicklung und Unterdrückung der demokratischen Bewegung während der Revolution von 1848/49, München/Wien 1977

Pfannschmidt, Anneliese, Der Staatsstreich Napoleons III. und seine Aufnahme in der deutschen öffentlichen Meinung, Phil. Diss. München 1922

Pollmann, Klaus Heinrich, Parlamentarismus im Norddeutschen Bund 1867–1870, Düsseldorf 1985

Ritter, Immanuel Heinrich, Samuel Holdheim. Sein Leben und seine Werke. Ein Beitrag zu den neuesten Reformbestrebungen im Judenthume, Berlin 1865

Rosen, Zwi, Bruno Bauer and Karl Marx. The Influence of Bruno Bauer on Marx's Thought, The Hague 1977

Schilpp, Paul (Hrsg.), Albert Einstein als Philosoph und Naturforscher, Stuttgart 1951

Schoeps, Hans-Joachim, Was ist der Mensch? Philosophische Anthropologie als Geistesgeschichte der neuesten Zeit, Göttingen u. a. 1960

Ders., Der Weg ins deutsche Kaiserreich, Frankfurt/Berlin/Wien 1970

Ders., Bismarck über Zeitgenossen. Zeitgenossen über Bismarck, Frankfurt/Berlin/Wien 1972

Ders., Das andere Preußen. Konservative Gestalten und Probleme im Zeitalter Friedrich Wilhelms IV., Berlin 1981

Ders. (Hrsg.), Salomon Ludwig Steinheim zum Gedenken. Ein Sammelband, Hildesheim 1987

Schoeps, Julius H. [Hans Julius], Von Olmütz nach Dresden 1850/51. Ein Beitrag zur Geschichte der Reformen am Deutschen Bund (= Veröffentlichungen aus den Archiven Preußischer Kulturbesitz, Bd. 7), Köln und Berlin 1972

Schulze, Hagen, Der Weg zum Nationalstaat. Die deutsche Nationalbewegung vom 18. Jahrhundert bis zur Reichsgründung, München 1985

Schurz, Carl, Sturmjahre. Lebenserinnerungen 1829–1852, Berlin 1982

Schwab, Rudolf, Der deutsche Nationalverein, seine Entstehung und sein Wirken, Berlin 1902

Seligman, Caesar, Geschichte der jüdischen Reformbewegung von Mendelssohn bis zur Gegenwart, Frankfurt a. M. 1972

Siemann, Wolfram, »Deutschlands Ruhe, Sicherheit und Ordnung«. Die Anfänge der politischen Polizei 1806–1866, Tübingen 1985

Siemann, Wolfram, Gesellschaft im Aufbruch. Deutschland 1849–1871, Frankfurt a. M. 1990

Silberner, Johann Jacoby. Politiker und Mensch, Bonn-Bad Godesberg 1976

Streckfuss, Adolf, 500 Jahre Berliner Geschichte. Vom Fischerdorf zur Weltstadt. Geschichte und Sage, Berlin 1886

Thomas, Lionel, Willibald Alexis. A German Writer of the Nineteenth Century, Oxford 1964

Toury, Jacob, Die politischen Orientierungen der Juden in Deutschland. Von Jena bis Weimar [= Schriftenreihe wissenschaftlicher Abhandlungen des LBI, Bd. 15], Tübingen 1966

Ders., Soziale und politische Geschichte der Juden in Deutschland 1847–1870, Düsseldorf 1970

Waelder, Robert, Fortschritt und Revolution, Stuttgart 1970

Weber, Rolf, Das Unglück der Könige ... Johann Jacoby 1805–1877. Eine Biographie, Berlin 1987

Wilhelmy, Petra, Der Berliner Salon im 19. Jahrhundert (1780–1914), New York 1989

Winkler, Heinrich August, Preußischer Liberalismus und deutscher Nationalstaat. Studien zur Geschichte der Deutschen Fortschrittspartei 1861–1866, Tübingen 1964

Wrobel, Klaus, Linksliberale Politik in der Reichsgründungszeit (1866–1871). Die Deutsche Fortschrittspartei zwischen Nationalliberalismus und Radikalismus, Phil. Diss. Erlangen 1973

Personenregister

Abbildungsnachweis

Abb. 1, 2, 3, 4, 5, 6, 8, 9, 10, 11, 12, 13, 14, 15, 17, 19, 20 Steinheim-
Bildarchiv; Abb. 7, 16 im Privatbesitz Julius H. Schoeps; Abb. 18
Archiv Abraham Pisarek